HISTOIRE
ROMAINE

TOME TROISIÈME

IMPRIMERIE L. TOINON ET Cie, A SAINT-GERMAIN

HISTOIRE ROMAINE

PAR

THÉODORE MOMMSEN

TRADUITE PAR

C. A. ALEXANDRE

Conseiller à la Cour impériale de Paris

TOME TROISIÈME

PARIS
LIBRAIRIE A. FRANCK
ALBERT L. HEROLD, SUCCESSEUR
Rue Richelieu, 67

1865

Seule édition autorisée par l'auteur et l'éditeur

AVIS AU LECTEUR

Au cours même de l'impression de ce volume, M. Mommsen a publié une quatrième édition des trois premiers livres de son *Histoire Romaine*. Nous avons eu communication de son travail, en bonnes feuilles ; et nous en avons fait profiter notre édition française, à partir du ch. IV, du livre III (V. *infra*, p. 110).

Mais comme des additions, modifications ou rectifications d'une certaine importance ont été aussi introduites dans le texte de certains chapitres des deux premiers volumes, nous avons de même voulu que nos lecteurs pussent en prendre connaissance. Nous les donnerons en *appendice* à la fin du quatrième volume dont l'impression est commencée : elles se réfèrent en effet pour la plupart aux institutions, à la religion, à l'économie politique et aux arts, toutes matières qui y occuperont une grande place.

Pour l'avenir, toute la traduction sera revue sur le texte amendé de l'édition nouvelle de Berlin.

A.

Paris, mars 1865.

LIVRE TROISIÈME

DEPUIS LA RÉUNION DE L'ITALIE
JUSQU'A LA SOUMISSION DE CARTHAGE
ET DE LA GRÈCE

..... *Arduum res gestas scribere.*
(SALLUST.)

..... Écrire l'histoire, chose arduel

CHAPITRE PREMIER

CARTHAGE

Placée au milieu des peuples de l'ancien monde clas- — Les Phéniciens.
sique, la race des *Sémites* est restée pourtant en dehors
de lui. Elle a l'Orient pour centre, tandis qu'il a le sien
dans la Méditerranée; et à mesure que la guerre ou
les émigrations vont élargissant les frontières et rejetant les nations les unes sur les autres, les Indo-Germains et les Syriens, Israélites ou Arabes, se séparent
et s'éloignent, obéissant au sentiment croissant de leur
hétérogénéité. Il en faut dire autant des *Phéniciens* ou
de la *nation punique*, de cette branche des Sémites qui,
plus que toute autre, s'est étendue jusque dans l'ouest.
Elle eut pour patrie l'étroite bande de terre située entre
l'Asie Mineure, les hauteurs de la Syrie, et l'Égypte,
et qu'on appelle à proprement parler *la plaine* ou
Chanaan. Tel était en effet le nom qu'elle se donnait à
elle-même : jusque dans les temps chrétiens, le paysan
africain voulut être un *Chanaanite*. Pour les Grecs, la
terre de Chanaan était la *terre de la pourpre* ou
la terre des hommes rouges [Φοίνικη]. Les Italiens et
nous-mêmes aujourd'hui, nous l'avons appelée toujours
la *Phénicie*. Cette contrée, d'ailleurs propice à l'agri- — Leur commerce.

culture, avait, avant tout, des havres excellents, du bois, des métaux en abondance. Aussi, est-ce bien sur ces plages, où le continent oriental, avec tous ses produits luxuriants, vient aboutir à la vaste mer intérieure, toute parsemée d'îles et de rades, que l'on a vu, pour la première fois peut-être, parmi les hommes, le mouvement commercial naître et prendre aussitôt un immense essor. Tout ce que peuvent l'audace, l'intelligence et l'inspiration dans les conceptions, les Phéniciens l'ont tenté, pour donner à leur commerce et à ses branches accessoires, navigation, industrie, colonisation, tous les développements qu'elles comportent, et pour rattacher l'est à l'ouest par le lien des relations internationales. Dès les temps fabuleusement reculés, nous les rencontrons dans l'île de *Chypre* et en *Égypte*, en *Grèce* et en *Sicile*, en *Afrique* et en *Espagne*, et jusque sur les rivages de l'*Atlantique* et de la *mer du Nord*. Leur rayon commercial s'étend depuis *Sierra-Leone* et la terre de *Cornouailles* dans l'ouest, jusqu'à la côte de *Malabar*, dans l'est. C'est par leurs mains que passent l'or et les perles d'Orient, la pourpre tyrienne, les esclaves, l'ivoire, les peaux de lion et de panthère de l'intérieur de l'Afrique, l'encens d'Arabie, le lin d'Égypte, les poteries et les vins généreux de la Grèce, le cuivre de Chypre, l'argent de l'Espagne, l'étain de l'Angleterre et le fer de l'île d'Elbe. Les vaisseaux phéniciens apportent à tous les peuples tout ce qui peut leur faire besoin, ou tout ce qu'ils peuvent acheter; ils parcourent les mers, mais reviennent toujours dans la patrie à laquelle ils restent attachés de cœur, si resserrées qu'en soient les frontières. Ce peuple a mérité vraiment que l'histoire le célébrât à côté des Grecs et des Latins : mais chez lui aussi, et plus que chez nul autre peut-être, se vérifie d'une manière éclatante le phénomène caractéristique des époques antiques : l'iso-

Leur génie intellectuel.

lement des forces vives des nations, au milieu même de leurs progrès. Du reste, les créations les plus grandioses et les plus indestructibles qui, dans l'ordre intellectuel, soient sorties du sein de la race *araméenne* n'appartiennent pas directement à la Phénicie. Si, en un sens, la science et la foi ont été tout d'abord l'apanage des *Araméens;* si c'est bien d'eux et de l'Orient que les peuples indo-germaniques les ont reçues, encore faut-il le reconnaître, ni la religion, ni la science, ni les arts de la Phénicie ne se sont jamais fait une place indépendante dans la civilisation araméenne. Ses mythes religieux sont informes, dépourvus de toute beauté : son culte excite et nourrit les passions de la luxure et les instincts de la cruauté, bien plus qu'il ne les refrène ; et pour nous borner aux époques qu'éclaire la lumière de l'histoire, nulle part nous ne rencontrons les témoignages d'une action quelconque de la religion purement phénicienne sur la religion des autres peuples. Encore moins existe-t-il trace d'une architecture, d'une plastique nationale, qui se puissent comparer, non pas même à celles des métropoles illustres de l'art, mais seulement à l'art italique. La patrie la plus ancienne des observations scientifiques, le lieu où pour la première fois elles ont été pratiquées et mises en valeur, c'est *Babylone*, c'est la région *euphratéenne*. Là, ce semble, pour la première fois, on étudia le cours des astres : là, de même, furent distingués et notés les sons de la langue parlée : là, l'homme s'essaya à méditer sur les notions du temps et de l'espace, et sur les forces puissantes et agissantes de la nature : là enfin se retrouvent les débris des plus anciens monuments de l'astronomie, de la chronologie, de l'alphabet, des poids et des mesures. Les Phéniciens ont tiré grand parti, pour leur industrie, des œuvres artistiques fort remarquables de la Babylonie; pour leur navigation, de celles de l'astronomie babylonienne; pour leur commerce, de l'écriture et du système des poids et mesures des Assyriens. A leur tour, ils ont transporté au loin, avec leurs marchandises, tous ces germes féconds de la civilisation. Mais que jamais ils aient tiré de leur propre fond l'alphabet ou quelque autre des grandes créations de l'esprit humain, c'est ce que rien ne démontre! Dira-t-on que les Hellènes ont reçu d'eux maintes notions religieuses et scientifiques? Il se peut; mais alors les Phéniciens les leur ont apportées bien plus comme le grain de blé tombant au hasard du bec de l'oiseau, que comme la semence intelligente jetée par la main du laboureur. Ils n'avaient point, tant s'en faut, le génie civilisateur et d'assimilation des peuples avec lesquels ils entrèrent en contact, les Hellènes, ou même les Italiens. Dans les contrées qu'ils ont conquises, les Romains ont étouffé les langues indigènes, l'*ibère*, le *celte*, remplacés désormais par l'idiome latin : les Berbères de l'Afrique, au contraire, parlent de nos jours encore la langue qu'ils ont parlée au temps des *Hannon* et des fils de *Barca*.

<small>Leur génie politique.</small> Mais ce qui fait le plus défaut aux Phéniciens, le trait commun par où tous les peuples de souche araméenne se distinguent fortement de la famille indo-européenne, c'est l'absence du génie politique qui fonde les sociétés et les fait se gouverner elles-mêmes au sein d'une liberté féconde. Au temps des prospérités les plus éclatantes de *Sidon* et de *Tyr*, la terre phénicienne joue le rôle de la pomme de discorde parmi les puissances établies sur les bords de l'Euphrate et du Nil. Un jour elle est la sujette des Assyriens; le lendemain elle obéit à l'Égypte. Avec moitié moins de ressources, des cités grecques auraient constitué solidement leur indépendance! Mais les hommes d'État de Sidon étaient gens avisés : ils calculaient tout ce qu'il leur en eût coûté si les routes des caravanes en Orient, si les

ports égyptiens s'étaient fermés devant eux : mieux valait cent fois un lourd tribut ; mieux valait payer à juste échéance les lourds impôts exigés par Ninivé ou Memphis, où aller avec leurs flottes livrer des combats sur toutes les mers pour le compte des rois leurs suzerains. De même que, chez eux, les Phéniciens acceptaient le joug d'un maître, de même au dehors ils ne se laissaient guère entraîner à échanger les paisibles pratiques du commerce contre les hasards d'une politique ambitieuse. Leurs colonies sont des comptoirs : apporter des marchandises aux indigènes, exporter leurs produits, voilà leur grande affaire ! Ils n'ont souci, d'ailleurs, d'occuper de vastes territoires dans les pays lointains, et de s'y consacrer aux longs et difficiles labeurs de la véritable colonisation. Avec leurs rivaux mêmes, la guerre leur répugne ; c'est presque sans résistance qu'ils se laissent expulser de l'Égypte, de la Grèce, de l'Italie, de la Sicile occidentale. Aux jours des grandes batailles jadis livrées dans les eaux de la Méditerranée, vers le couchant, à *Alalie* (217) (I, p. 197), à *Cymé* (280) (II, p. 106), les Étrusques, bien plus que les Phéniciens, avaient eu à supporter le poids de la lutte contre les Grecs, leurs communs adversaires. La concurrence commerciale devient-elle inévitable, ils entrent en accommodement du mieux qu'ils peuvent : jamais, par exemple, ils n'essaieront la conquête de Massalie ou de Cœré ; encore moins leur humeur les pousse-t-elle aux guerres offensives. Une seule fois, dans les anciens temps, on les vit prendre les premiers les armes : partis des côtes d'Afrique, ils étaient descendus en foule en Sicile : mais dans cette circonstance encore, ils agissaient en sujets obéissants du Grand-Roi ; et pour n'avoir point à prendre part plus directement à la grande invasion médique, ils marchaient contre les Grecs occidentaux. Dans les mers de l'ouest (II, p. 105), on a vu

537 av. J. C

474.

déjà qu'ils trouvèrent devant eux Gélon, le tyran de Syracuse, qui les battit à plate couture (274) sous Himère (II, p. 105). A la même heure, leurs frères de Syrie étaient écrasés à Salamine à côté des Perses. — La lâcheté pourtant n'était pas le vice de ce peuple. Il faut, certes, du courage au capitaine qui commande un vaisseau de guerre, au navigateur qui s'aventure dans des eaux inconnues : or, l'on sait qu'il s'est trouvé chez les Phéniciens bon nombre d'excellents marins. Dira-t-on qu'ils n'avaient ni la persistance ni l'énergie exclusive du sentiment national ? Mais les Araméens ne se sont-ils pas signalés, au contraire, par l'obstination indomptable de leur génie ? Quel peuple, parmi les Indo-Germains, leur pourrait être comparé sous ce rapport ? Ne nous est-il pas arrivé à nous-mêmes de nous demander s'ils étaient au-dessus ou bien au-dessous de l'humaine nature, ces Sémites endurcis qui, s'armant de tout leur fanatisme, ou versant leur sang à flots, ont su résister jusqu'au bout aux entraînements de la civilisation grecque et aux moyens de contrainte des dominateurs venus de l'est ou de l'ouest ? Sentiment profond de la race, amour ardent de la patrie, telles furent aussi les vertus des Phéniciens : mais encore une fois, ils n'eurent point avec elles le sens politique, et c'est là le trait essentiel de leur caractère. La liberté n'a point pour eux son attrait ordinaire : ils n'aspirent point à la domination, et pour emprunter le langage de la Bible, « ils » vivent comme ont accoutumé d'être les Sidoniens, » sans aucune crainte, en paix et en assurance, extrême- » ment riches [1]. »

Parmi les établissements phéniciens, les plus rapidement et les plus constamment prospères furent ceux, sans

---

[1] [Livre des Juges, XV, 7: (Lemaistre de Sacy). *Populum habitantem in ea, absque ullo timore, juxta consuetudinem Sidoniorum, securum et quietum... et magnarum opum.*]

contredit, que les Tyriens et les Sidoniens avaient fondés le long des côtes de l'Espagne méridionale et de l'Afrique septentrionale. Là, ni le bras du Grand-Roi, ni la dangereuse concurrence des marines grecques ne venaient les atteindre : les indigènes qu'ils y rencontrèrent étaient pour eux, à peu près, ce qu'étaient pour les Européens, les Indiens de l'Amérique. Ils fondèrent de nombreuses et florissantes villes dans ces parages : mais entre toutes brillait la « *ville neuve* » ou *Carthage* (*Karthada* ou Καρχηδών, et *Carthago*, pour l'appeler comme les Occidentaux). Plus récemment bâtie que les autres cités phéniciennes de la contrée, elle avait été d'abord, à ce qu'il semble, dans la dépendance d'*Utique*, sa voisine et la plus ancienne des colonies libyques; puis, grâce à une situation merveilleuse et à l'activité intelligente de ses habitants, elle avait devancé promptement tous les comptoirs de la côte, et l'emportait même sur la mère-patrie. Non loin de l'embouchure actuellement déplacée du *Bagradas* (la *Medjerdah*), qui traversait les régions alors les plus riches en céréales de l'Afrique septentrionale, Carthage était assise sur une hauteur fertile, chargée de bois d'oliviers et d'orangers, et de nos jours encore couverte de nombreuses maisons de campagne. D'un côté, le terrain s'abaisse doucement vers la plaine : de l'autre, il s'avance en promontoire jusque dans la mer qui l'entoure, au centre même du vaste golfe de *Tunis*, et forme un havre splendide, donné par la nature à cette région de l'Afrique. Un vaste bassin y offre un sûr ancrage aux plus grands vaisseaux; et l'eau douce y descend jusque sur le rivage. L'agriculture et le commerce y trouvent donc réunies les conditions les plus favorables [1]. Colonie tyrienne, Carthage

---

[1] [V. l'*Atlas antiquus* de Spruner, carte XIII (3ᵉ éd.), et le plan de *Carthage* qui y est joint.]

devint la plus importante place de commerce que les Phéniciens aient possédée : conquise par les Romains, à peine est-elle sortie de ses ruines, qu'elle devient la troisième ville de l'empire : aujourd'hui enfin, tels sont les avantages du lieu, qu'une autre ville y compte quelque cent mille habitants, quoique moins bien située et moins heureusement peuplée. La position de Carthage, le génie de ses habitants, expliquent à eux seuls sa prospérité agricole, mercantile, industrielle : mais comment, par quels moyens ce comptoir phénicien avait-il pu se transformer en chef-lieu d'un empire tel que les Phéniciens n'en avaient nulle part fondé un pareil? La question mérite qu'on y réponde.

Carthage à la tête des Phéniciens d'Occident dans leur lutte avec les Grecs.

Les preuves abondent qu'à Carthage comme ailleurs, les Phéniciens n'avaient point démenti les habitudes passives de leur politique. Jusque dans les temps de leur plus haute fortune, les Carthaginois payèrent à une peuplade de Berbères indigènes, les *Maxitains* ou *Maziques*, la rente du terrain sur lequel était bâtie leur ville. Séparés qu'ils étaient du Grand-Roi par la mer et les déserts, n'ayant rien à craindre des monarchies de l'Orient, ils reconnurent cependant leur suzeraineté nominale, et leur payèrent tribut dans l'occasion, pour assurer la facilité de leurs relations commerciales avec Tyr, avec les régions du soleil levant. Mais en dépit de tant de docilité et de souplesse, un jour vint où la force des choses leur imposa une politique plus virile. Le flot des émigrations helléniques allait se déversant dans l'ouest. Chassés déjà de la Grèce propre et de l'Italie, les Phéniciens allaient aussi se voir expulsés de la Sicile, de l'Espagne et de la Libye. C'en était fait de leur existence, s'ils ne luttaient, et ne mettaient une digue devant l'invasion. Avec les trafiquants grecs, il ne suffisait plus d'une soumission plus ou moins effective, comme elle eût suffi avec le Grand-Roi : le payement d'un tribut ne sauvait plus ni leur commerce ni leur industrie. Déjà les Grecs avaient fondé *Massalie* et *Cyrène*; déjà ils occupaient toute la Sicile orientale : l'heure avait sonné d'une résistance à outrance. Les Carthaginois prirent leur parti en braves : après de longues et opiniâtres guerres, ils refoulèrent les *Cyrénéens* dans leurs limites, et l'*Hellénisme* désormais ne put prendre pied au delà des déserts de la *Tripolitaine*. Avec l'aide de Carthage, les Phéniciens établis à la pointe de la Sicile occidentale parvinrent aussi à repousser les agressions des Grecs, et entrèrent de pleine bonne volonté dans la clientèle de la puissante cité fondée par leurs compatriotes (I, p. 196). C'est au iie siècle de Rome, que se passent ces grands événements : ils garantissent aux Phéniciens leur suprématie dans les mers sud-occidentales, en même temps que Carthage, dont les efforts et les armes ont tout décidé, prend naturellement la tête de sa nation, et que sa politique a radicalement changé avec les nécessités de sa position. Elle n'est plus simplement un grand comptoir de commerce : il lui faut se faire un empire en Libye, dans toute une portion de la Méditerranée; et elle s'y emploie avec vigueur. Dans l'accomplissement de sa tâche, elle rencontre alors un puissant secours dans les mercenaires qui lui arrivent en foule. Le métier de soldat de fortune, qui n'a pas pris faveur en Grèce avant le ive siècle de Rome, était de toute ancienneté pratiqué dans l'Orient, chez les *Cariens* notamment, peut-être aussi chez les Phéniciens. Grâce aux *condottieri*, les enrôlements faits à l'étranger transformaient la guerre en une sorte de spéculation commerciale, ce dont s'accommodèrent facilement les Phéniciens de l'Afrique.

Le contre-coup des évènements extérieurs amena également Carthage à modifier sa situation en Afrique. Elle n'y possédait le sol qu'à titre de *location* ou de

654-554 av. J.-C.

Vers 354 av. J.-C.

Empire africain de Carthage.

précaire : elle s'y fit conquérante et propriétaire. Vers l'an 300 de Rome, ses marchands s'affranchirent de la rente foncière qu'ils avaient jusque-là payée aux tribus indigènes, et le champ de la grande agriculture s'ouvrit aussitôt devant eux. De tout temps, les Phéniciens avaient volontiers attaché leurs capitaux à la terre, et cultivé leurs vastes exploitations, non par eux-mêmes, mais par des esclaves ou des travailleurs à gages ; et, près de Tyr, les Juifs en grand nombre se plaçaient au service des marchands de la cité. A leur tour, les Carthaginois purent enfin soumettre le sol fertile de la Libye à un système ressemblant fort à celui des plantations coloniales modernes. Des esclaves enchaînés labourèrent la terre ; certains domaines en comptaient jusqu'à vingt mille. Non contente de cela, Carthage s'empara de tous les villages peuplés par les tribus environnantes. (Les traditions agricoles des Libyens étaient de beaucoup antérieures à la descente des Carthaginois sur les côtes, et leur venaient sans doute de l'Égypte.) — Domptés par la force des armes, ces libres paysans furent réduits à la condition de *fellahs* tributaires remettant à leurs maîtres la quatrième partie des fruits, et fournissant à l'armée carthaginoise les contingents d'un recrutement régulier. La lutte se perpétuant sur les frontières avec les tribus pastorales (νόμαδες), une ligne de postes avancés assura la tranquillité de la zone intérieure, et les nomades furent peu à peu refoulés dans le désert ou dans la montagne : d'autres reconnurent la souveraineté de Carthage, lui payèrent tribut et lui envoyèrent des soldats. Au temps de la première guerre punique, la grande ville des indigènes *Thevesté* (*Tébessa*, près des sources de la *Medjerdah*) est conquise. Tous ces Libyens, dans les actes publics, sont désormais compris sous la dénomination suivante : « Les villes et les peuples (ἔθνη) des sujets » : les villes sont les *douars* ou bourgs assujettis ; les peuples sont les nomades qui subissent la suzeraineté de Carthage.

Tous les Phéniciens établis en Afrique, les *Liby-Phéniciens,* comme on les appelle, se reconnurent ensuite ses vassaux. Les uns, sortis jadis de Carthage même, avaient fondé une multitude de colonies sur toute la côte du nord et sur une partie de la côte du nord-ouest de l'Afrique; colonies souvent importantes, puisque nous savons que trois mille colons furent, en une seule fois, envoyés sur les côtes de l'Atlantique. Les autres, venus de la mère-patrie asiatique, avaient occupé les côtes de la province actuelle de *Constantine* et du beylick de *Tunis.* Parmi leurs villes on comptait *Hippone* (*Hippo regius,* plus tard; aujourd'hui *Bone*), *Hadrumète* (*Sousa*), la *petite Leptis* (*Lepta,* au sud de Sousa), seconde ville des Phénico-Africains, *Thapsus* (*Demsas,* même situation), la *grande Leptis* (*Lébédah,* non loin de *Tripoli*). Toutes ces cités s'étaient-elles volontairement soumises, pour trouver dans Carthage une défense contre les incursions des *Cyrénéens* et des *Numides?* Avaient-elles été réduites par la force, au contraire? On l'ignore. Ce qu'il y a de sûr, c'est qu'elles figuraient comme sujettes dans tous les actes officiels; c'est qu'elles avaient dû abattre leurs murailles et envoyer leurs contingents à l'armée carthaginoise; non qu'elles fussent astreintes à une conscription régulière et à l'impôt foncier : elles avaient simplement à fournir un chiffre déterminé en hommes et en argent. *Leptis la petite*, par exemple, donnait chaque année l'énorme somme de 365 *talents* (625,000 *thalers* [ou 2,343,750 fr.]). Il y avait d'ailleurs entre elles et Carthage la communauté du droit civil et des mariages [1].

<hr>

[1] Cette classe importante de sujets est nettement caractérisée dans un acte public carthaginois (cité par Polybe, VII, 9), où on les voit mis en regard des gens d'*Utique*, d'une part, et des sujets libyens de l'autre : οἱ Καρχηδονίων ὕπαρχοι ὅσοι τοῖς αὐτοῖς νόμοις χρῶνται [*les sujets car-*

Les Libyphéniciens.

Seule Utique n'avait pas été enveloppée dans l'assujettissement général ; seule elle avait gardé ses murailles et son indépendance, non point tant par l'effet de sa force réelle que d'un sentiment de piété de la part de Carthage envers son ancienne protectrice. Tout autres que les Grecs, si renommés pour leur indifférence oublieuse, les Phéniciens respectaient au plus haut point de pareils souvenirs. Dans les relations avec l'étranger on voit toujours « Carthage et Utique » stipuler ou s'engager ensemble, ce qui n'empêchait pas naturellement la *Ville neuve*, devenue prépondérante, d'exercer sur sa voisine une incontestable hégémonie.

Ainsi, l'obscur comptoir de Tyr s'était fait peu à peu la capitale d'un vaste empire nord-africain ; ses possessions allaient, à l'ouest, du désert de la Tripolitaine à la mer Atlantique, ne faisant souvent qu'occuper à demi la longue zone des côtes (*Maroc* et *Alger*) ; et du côté de l'est, poussant tous les jours au sud, et s'avançant à l'intérieur dans les provinces plus riches de *Constantine*

---

thaginois usant des mêmes lois que Carthage]. Ailleurs il est parlé d'eux sous le nom de *villes fédérées* (συμμαχίδες πολεις, Diod. xx, 10), ou de *villes tributaires* (liv. 34, 62. — Justin, 22, 7, 3 [*urbes vectigales, urbes tributariæ*]). Diodore (xx, 55) mentionne aussi leur droit de *connubium* avec Carthage ; quant au *commercium*, il résulte de la communauté des lois, à laquelle fait allusion Polybe. Maintenant, il est certain que les anciennes colonies phéniciennes étaient rangées parmi les libyphéniciennes. Tite-Live (25, 40: [*Libyphœnicum generis Hipponiates*]) parle d'Hippone comme d'une ville libyphénicienne ; d'un autre côté, le même nom appartient aussi aux établissements fondés par Carthage. Ainsi, on lit dans le *Périple d'Hannon* que « les Carthaginois décidèrent qu'Hannon ferait voile au delà des » colonnes d'Hercule, et irait fonder des villes libyphéniciennes. » Au fond, les Libyphéniciens, au regard des Carthaginois, ne forment pas une nation séparée : leur nom ne constitue qu'une distinction politique. Grammaticalement, nous l'admettons aussi, le mot libyphénicien veut dire Phéniciens et Libyens mêlés. (Liv. 21, 22 [*mixtum Punicum Afris genus*] commentaire vrai du texte de Polybe.) De fait, lors de la fondation des colonies plus exposées, il était adjoint souvent des Libyens aux Phéniciens (Diod. xiii. 79. — Cic., *pro scauro*, § 42). L'analogie du nom et des droits réciproques entre les Latino-Romains et les Libyphéniciens-Carthaginois est frappante.

et de *Tunis*. « Les Carthaginois » dit un ancien, « de Tyriens qu'ils étaient d'abord, s'étaient changés en Libyens. » La civilisation phénicienne dominait en Libye, absolument comme la civilisation grecque avait conquis, avec une énergie plus grande encore, l'Asie Mineure et la Syrie, à la suite d'Alexandre. On parlait, on écrivait en phénicien sous la tente des *cheiks* nomades, et les peuplades indigènes témoignaient de leur première et incomplète culture, en faisant de l'alphabet phénicien l'instrument de leur langue [1]. Quant à les dénationaliser complétement, quant à les changer en des Phéniciens, c'est ce qui n'était ni dans l'esprit ni dans la politique des Carthaginois.

Impossible de déterminer l'époque à laquelle leur ville est décidément devenue la capitale de la Libye. Cette révolution s'est faite peu à peu. L'écrivain que nous venons de citer nomme *Hannon* comme le *réformateur* de sa nation. S'il s'agit ici d'Hannon, le contemporain de la première guerre punique, il n'a pu que mettre la dernière pierre au vaste édifice, dont la construction s'est continuée sans doute pendant tout le cours des IVe et Ve siècles de Rome.

Chose remarquable, en même temps que grandissait Carthage, la décadence était venue pour les grandes villes phéniciennes de la mère-patrie; Sidon, et Tyr surtout, ne connaissaient plus de jours prospères. Assaillies

---

[1] L'alphabet libyque ou numide, celui usité chez les Berbères, aujourd'hui comme au temps jadis, pour l'écriture de la langue non sémitique, est l'un des innombrables dérivés du type araméen primitif. Dans quelques-uns de ses détails, il semble même s'en rapprocher plus encore que celui des Phéniciens. Qu'on n'aille cependant pas croire que les Libyens auraient reçu l'écriture d'importateurs plus anciens que les Phéniciens eux-mêmes; il en est de même ici qu'en Italie, où certaines formes évidemment plus vieilles n'empêchent pourtant pas que l'alphabet local ne se rattache aux types grecs. Tout ce qu'on en peut induire, c'est que l'alphabet libyque appartient à l'écriture phénicienne d'une époque remontant au delà de celle où furent tracés les monuments phéniciens qui nous sont parvenus.

par les dissensions intérieures et par les calamités venues du dehors, elles tombaient au 1er siècle de Rome sous les coups de *Salmanassar;* de *Nabuccodrossor* (*Nabuchodonosor*) au IIe, et du Macédonien *Alexandre*, au Ve siècle. Alors les nobles familles, les antiques maisons commerciales de Tyr, en grand nombre émigrées, allaient demander la paix et la sécurité à la ville sœur qui florissait en Afrique, et lui apportaient le surcroît de leur intelligence, de leurs richesses et de leurs traditions. Quand les Phéniciens entrent en contact avec Rome, Carthage est devenue la grande cité du monde chananaite, de même que Rome est la première entre les cités du monde latin.

Puissance maritime de Carthage.

Mais l'empire continental de Carthage en Afrique ne constitue que la moitié de sa puissance : dans le même temps, elle a aussi fondé un empire maritime non moins grandiose.

L'Espagne.

En Espagne, où *Gadès* (*Cadix*), la vieille factorerie tyrienne, est aujourd'hui l'établissement principal, à l'est et à l'ouest s'étend une longue chaîne de comptoirs : à l'intérieur, Carthage a pris possession des mines d'argent : elle détient en un mot l'*Andalousie* et la province actuelle de *Grenade*, ou tout au moins leurs côtes. Enlever l'intérieur du pays aux nations guerrières indigènes, c'est ce qu'elle n'essaye pas de faire; il lui suffit d'avoir la main sur les trésors que recèle le flanc des montagnes et d'avoir des stations maritimes pour le commerce, la pêche du poisson et des coquillages : là seulement elle prend la peine d'entrer en lutte avec les peuplades environnantes. Toutes ces possessions, on le suppose, étaient tyriennes bien plutôt que carthaginoises, et Gadès ne comptait probablement pas parmi les villes tributaires; mais comme tous les autres établissements phéniciens de l'Occident, les stations espagnoles ont été successivement englobées dans l'hégémonie de la ville africaine. J'en vois la preuve dans les secours envoyés d'Afrique aux Gaditans contre les indigènes, et dans les colonies que Carthage fonde au delà de Gadès, plus à l'ouest encore. *Ebusus* [*Iviça*] et les *Baléares*, au contraire, ont été de très-bonne heure occupées, soit pour la pêche, soit comme avant-postes contre les Massaliotes, avec qui, dans ces régions, ont lieu les combats les plus acharnés.

Vers le IIe siècle de Rome, nous trouvons les Carthaginois pareillement établis en Sardaigne : ils en exploitent les ressources comme ils font des richesses de la Libye. Pendant que les indigènes vont demander aux montagnes du centre de l'île un asile contre la servitude et l'enchaînement à la glèbe, de même qu'en Afrique les Numides se sont réfugiés sur la lisière du grand désert, les Phéniciens fondent *Caralis* (*Cagliari*) et d'autres colonies importantes, et ils mettent en valeur les côtes les plus fertiles en y amenant des laboureurs africains. La Sardaigne.

En Sicile, où le détroit de Messine et la plus grande moitié orientale de l'île avaient fini par rester dans la main des Grecs, les Phéniciens, avec l'assistance de Carthage, possèdent, sans compter toutes les petites îles voisines, les *Ægades*[1], *Mélite*, *Gaulos* et *Cossyra* [*Malte*, *Gozzo*, *Pantellaria*] : parmi celles-ci, la colonie maltaise était surtout florissante. Ils occupaient aussi toute la côte de l'ouest et du nord-ouest dans la grande terre, par *Motyé* et par *Lilybée* [*Marsala*] ; plus tard, ils entretenaient de faciles communications avec l'Afrique, par *Panorme* [*Palerme*] et *Soloeïs*, avec la Sardaigne. Les *Élymiens*, les *Sicanes* et les *Sicèles*, indigènes, vivaient cantonnés à l'intérieur. Les Grecs, ne pouvant plus agrandir leurs domaines, il s'était établi entre eux et leurs concurrents une sorte d'entente La Sicile.

---

[1] [*Levanzo*, *Favignana*, *Maritima*, à la pointe ouest de la Sicile.]

et de paix, un seul instant rompue, le jour où, à l'instigation des Perses, les Carthaginois avaient de nouveau attaqué les Hellènes (274). Après cette tentative, la paix avait duré jusqu'à l'expédition athénienne en Sicile (339-341). Chacun supportait son voisin tant bien que mal, et se contentait de ses anciennes conquêtes. — Mais quelque importantes que fussent par elles-mêmes toutes les possessions de Carthage, elles avaient une bien autre valeur encore à titre de soutiens de sa puissance sur mer. Maîtres de l'Espagne du sud, des Baléares, de la Sardaigne, de la Sicile occidentale et de Malte ; empêchant les progrès de la colonisation grecque sur la côte espagnole orientale, en Corse et dans la région des deux *Syrtes*; assis eux-mêmes sur le rivage du nord de l'Afrique, les Carthaginois avaient fait une mer fermée [*mare clausum*] de la mer environnante, et monopolisaient les détroits occidentaux. Les autres nations n'entraient avec eux en partage que dans les eaux gauloises et tyrrhéniennes. Encore cet état de choses ne pouvait-il subsister qu'autant que les Grecs et les Étrusques continueraient à s'y maintenir à égalité de forces ! Carthage, contre ses autres concurrents, fit de suite alliance avec les Tyrrhéniens, rivaux moins dangereux pour elle ! Après la chute des Étrusques, qu'elle ne s'était guère efforcée d'empêcher, ainsi qu'il arrive toujours dans ces sortes de coalitions forcées; après l'insuccès de la vaste entreprise d'Alcibiade contre Syracuse, cette dernière occupa sans conteste le premier rang parmi les puissances grecques maritimes. Les maîtres de Syracuse, à leur tour, aspirèrent à l'empire sur toute la Sicile et l'Italie du sud, sur les mers Tyrrhénienne et Adriatique, et les Carthaginois se virent aussitôt et violemment rejetés dans les voies d'une politique énergique. De longs, d'opiniâtres combats s'en suivirent entre eux et leur puissant et trop fameux adversaire, *Denys l'Ancien* (348-389), combats dont le premier résultat fut la ruine ou l'affaiblissement des petites cités siciliennes moyennes, qui avaient pris couleur pour les Africains ou pour Syracuse. L'île, coupée en deux, appartint par moitié aux Carthaginois et aux Syracusains. Les villes les plus florissantes, *Sélinunte*, *Agrigente*, *Himère*, *Géla*, *Messine* avaient été ruinées de fond en comble par les premiers au milieu de ces luttes furieuses ; et Denys, insensible à de tels désastres, alors que tout l'édifice de la colonisation hellénique craquait et s'écroulait, s'empressa d'en tirer avantage à la tête de ses mercenaires soudoyés en Italie, dans les Gaules, en Espagne : il crut sa tyrannie mieux assurée, régnant désormais sur des campagnes désertes ou sur des colonies militaires. Le général carthaginois *Magon* avait été victorieux à *Cronion* (371) : la paix conclue avec les Phéniciens attribuait à Carthage les villes grecques de *Thermœ* (*Himère la vieille*), *Egeste*, *Héraclée Minoa*, *Sélinunte*, et une partie du territoire agrigentin jusqu'à l'*Halycus*. Entre les deux rivales qui se disputaient l'île, cette paix ne put durer. A tous les instants, c'était à qui attaquerait et chasserait l'autre. A quatre reprises, aux temps de Denys l'Ancien (360), de Timoléon (410), d'Agathocle (445) et de Pyrrhus (476), les Carthaginois envahirent toute la Sicile, hormis Syracuse, dont les murs défiaient leurs efforts : autant de fois, en revanche, sous la conduite de généraux habiles comme ce même Denys, comme Agathocle, comme Pyrrhus, les Syracusains se crurent à la veille de jeter le dernier Africain à la mer. Pourtant chaque jour Carthage prenait le dessus, et ses attaques se succédaient régulières, non pas sans doute avec toute la persistance clairvoyante de Rome en face de son but, mais pourtant bien autrement combinées, énergiques, que la défense des Grecs dans leur ville en proie aux tiraillements et aux désordres des partis. Les Carthaginois étaient en droit d'attendre une

383 av. J.-C.

394. 344.
309. 278.

issue favorable à leur entreprise, en dépit de la peste et des *condottieri* étrangers. Déjà sur mer la victoire s'était décidée pour eux (II, p. 230); et Pyrrhus avait en vain tenté une dernière résurrection de la marine syracusaine. Désormais les vaisseaux carthaginois parcourent en maîtres toutes les mers occidentales, et à les voir attaquer Syracuse, Rhégium et Tarente, on comprend ce que peut et ce que veut Carthage. En même temps ils s'assurent avec un soin jaloux le monopole de tout le commerce, et vis-à-vis de l'étranger, et vis-à-vis de leurs propres sujets. Ils n'hésitent jamais, on le sait, à user de violence, si la violence leur donne le succès. Un contemporain des guerres puniques, le père de la géographie, *Eratosthène* (479-560), déclare que tout vaisseau étranger, faisant voile vers la Sardaigne ou le détroit de Gadès, était sans pitié coulé à fond, si les Carthaginois venaient à s'en emparer. Qu'on se rappelle aussi les traités avec Rome. En 406, les Carthaginois avaient ouvert aux marchands romains les havres d'Espagne, de Sardaigne et de Libye; en 448, ils les leur ferment tous, à l'exception du seul port de Carthage (II, pp. 231-234).

Aristote, qui mourut cinquante ans environ avant le commencement de la seconde guerre punique, nous dépeint la constitution de Carthage comme ayant passé de l'état monarchique à l'aristocratie, ou mieux à la démocratie tempérée d'oligarchie; il lui donne à la fois ces deux noms [1]. Le gouvernement avait appartenu d'abord au *Conseil des Anciens*, ou *Sénat*, composé, comme la *Gérousie* [Γερούσία] de *Sparte*, de deux rois annuels à la désignation du peuple, et de vingt-quatre *gérousiastes*, probablement aussi nommés par lui, chaque année. C'est à ce sénat que revenaient de droit toutes les

---

[1] [V. *Politique*, liv. II, ch. viii.]

grandes affaires : les préparatifs de guerre, par exemple, les levées, les enrôlements étaient faits par lui : il nommait le général d'armée, et lui adjoignait un certain nombre de *gérousiastes*, parmi lesquels se recrutaient les officiers en sous-ordre ; il recevait enfin toutes les dépêches d'État. On doute qu'à côté de ce conseil restreint, il y en ait eu un autre plus nombreux : en tous cas, son autorité n'aurait eu que peu de poids. Les rois n'ont pas eu davantage de pouvoir ou d'influence : ils siégeaient comme *grands juges*, voilà tout : et ce nom leur est souvent donné (*schofeth*, *suffètes* : *prætores*). Les généraux étaient bien plus forts. Isocrate, aussi contemporain d'Aristote, rapporte que chez eux les Carthaginois vivaient en oligarchie, mais qu'à l'armée la monarchie l'emportait ; en telle sorte que les écrivains latins ont pu, non sans raison, comparer les fonctions du général carthaginois avec la dictature romaine : dictature mitigée toutefois par la présence des gérousiastes, commissaires du sénat, et par l'obligation, inconnue à Rome, de rendre un compte sévère en sortant de charge. Mais elle n'avait point de terme fixe, et sous ce rapport elle se distingue essentiellement de la royauté annuelle, ou consulat, avec laquelle Aristote se garde de la confondre. Enfin, les Carthaginois pratiquaient souvent le cumul, et l'on voit, sans qu'il faille s'en étonner, le même homme à la fois suffète dans la cité et général à la tête de l'armée.

<small>Les fonctionnaires.</small>

Au-dessus de la Gérousie, au-dessus des fonctionnaires suprêmes siégeait le *conseil des Cent-Quatre*, ou plus brièvement le *conseil des Cent* ou des *Juges*, vraie citadelle de l'oligarchie carthaginoise. Ils n'existèrent point à l'origine, et pareils aux *Éphores* spartiates, ils étaient sortis de l'opposition aristocratique, à titre de réaction contre l'élément monarchique qui se manifestait au sein des institutions. La vénalité des charges, le

<small>Les juges.</small>

petit nombre des citoyens appelés à avoir part commune aux fonctions suprêmes, laissaient prise au danger : une famille puissante entre toutes par sa richesse et la gloire des armes, la famille de Magon (II, p. 103), semblait prête à mettre la main sur le gouvernement des affaires, en temps de paix et de guerre, et sur l'administration même de la justice. Il fallut conjurer le péril ; de là une réforme, contemporaine sans doute des *décemvirs* de Rome, et la création du nouveau corps des *Juges*. Tout ce que nous en savons, c'est que l'entrée dans les *Cent-Quatre* était subordonnée à l'exercice préalable de la *questure* ; mais que pour être admis parmi eux, le candidat avait encore à passer par l'élection et les votes de ce qu'Aristote nomme les *Pentarchies* (*quinquevirs*), lesquelles se recrutaient d'elles-mêmes. De plus, bien que nommés pour l'année seulement, sans doute, les juges surent se faire continuer au delà, à vie même, dans leurs fonctions ; ce qui fait que les Romains et les Grecs les désignent souvent par le nom de *sénateurs*. Quoi qu'il en soit des attributions de détail, demeurées pour nous obscures, les hauts magistrats constituent dans leur essence un corps tout oligarchique, formé et choisi dans son propre sein par une aristocratie prévoyante. Citons un fait caractéristique : à Carthage, à côté du bain public destiné aux simples citoyens, il y avait le *bain des juges*. Leur principale mission en faisant une sorte de *jurés* politiques, devant eux le général rendait compte de sa gestion de guerre ; devant eux et le cas échéant, étaient appelés de même les suffètes et les gérousiastes à leur sortie de charge : impitoyables et cruels dans leur droit de sentence arbitraire, ils envoyaient bien souvent l'accusé à la mort. Comme il arrive toujours, là où l'exécutif est placé sous une surveillance effective, le centre du pouvoir s'était déplacé, et du corps contrôlé avait passé au corps contrôlant. Par un effet naturel, celui-ci s'immisça tous les jours davantage dans l'administration : la *Gérousie* en vint à lui soumettre les dépêches d'État importantes, avant de les notifier au peuple, et bientôt, devant la menace d'un jugement mesuré sur le succès ou l'insuccès, hommes d'État et généraux se sentirent comme paralysés dans les conseils de la cité, et sur les champs de bataille.

Le peuple, à Carthage, s'il n'était pas réduit, comme à Sparte, à assister passivement aux actes publics du gouvernement, n'a pas joui pour cela d'une beaucoup plus grande influence. Dans les élections aux siéges de la Gérousie, la corruption électorale était tout : s'agissait-il de nommer un général, le peuple était interrogé, il est vrai, mais quand, en réalité, le choix avait été fait à l'avance par la désignation des gérousiastes. Ailleurs, on ne le consultait que selon le libre arbitre de la Gérousie, ou que s'il y avait là désaccord. Enfin, point de tribunaux populaires. Une telle insignifiance politique chez le peuple tenait sans doute à son organisation même : peut-être que les *associations de repas en commun* (ainsi on les nommait), pareilles aux *phidities* lacédémoniennes [1], n'étaient-elles autre chose que des corporations exclusives et oligarchiques. En tous cas, nous voyons qu'on distinguait entre les *citoyens* proprement dits et les *artisans et manœuvres*, d'où l'on peut conclure que ces derniers n'avaient qu'une humble condition, sans droits aucuns.

Les citoyens

Rassemblons tous ces traits divers. La constitution carthaginoise met le gouvernement dans la main des riches, ainsi qu'il arrive dans toute cité sans classe moyenne, et composée d'une plèbe urbaine, pauvre et vivant au jour le jour, et d'une classe de gros trafiquants, de riches planteurs et de hauts fonctionnaires. Car-

Caractère de cette constitution

---

[1] [Arist., *Polit.*, II, vi, § 21, et viii, § 2.]

thage a pour habitude, quand les notables sont tombés et appauvris, de leur rendre la richesse aux dépens de ses sujets : elle les envoie dans les villes de son empire à titre d'officiers d'impôt et de corvée, signe infaillible de corruption dans toute oligarchie. Aristote, il est vrai, voit là la cause de la solidité éprouvée des institutions carthaginoises. Je conviens que jusqu'à son temps, Carthage n'avait passé par aucune révolution qui méritât ce nom. La foule était sans chefs. L'oligarchie savante des riches avait toujours des avantages matériels à offrir à quiconque se montrait intelligent, ambitieux et besogneux ; et quant à la plèbe, on lui fermait la bouche avec les miettes de pain jetées en récompense d'un vote électoral, ou tombées de la table des grands. Que sous un tel régime il y eût prise pour une opposition démocratique, on le conçoit facilement ; mais à l'heure où commencèrent les guerres avec Rome, cette opposition était encore sans force. Plus tard, après les désastres de l'armée, son influence politique grandit bien plus vite qu'à Rome, où s'agite un parti pareil. Alors, les assemblées populaires veulent dire le dernier mot dans les grandes questions, et dépouillent l'oligarchie de son omnipotence. A la fin des guerres d'Hannibal, et sur la motion même du grand capitaine, on décidera que nul membre du conseil des *Cent* ne pourra siéger plus de deux ans. La démocratie coule désormais à pleins bords : elle seule alors eût sauvé Carthage, si Carthage avait pu être sauvée. L'opposition, d'ailleurs, avait pour mobile, il le faut bien reconnaître, un patriotisme puissant, en même temps que l'ardeur des réformes ; mais les appuis solides lui manquaient : tout était gâté et pourri sous elle.

Le peuple, au dire des Grecs instruits, qui le comparent à celui d'Alexandrie, se montra au plus haut point indiscipliné, incapable de mériter et conquérir la puissance ; et l'on avait à se demander, en vérité, à quoi les révolutions pouvaient être bonnes, faites seulement par de jeunes fous et les mauvais sujets de la rue.

En matière de finances, Carthage a droit à la première place entre tous les États de l'antiquité. Le plus grand historien des Grecs déclare qu'au temps des guerres du Péloponèse, la ville phénicienne l'emportait par sa richesse sur toutes les cités de l'Hellade ; il compare ses revenus à ceux du Grand Roi ; et Polybe aussi l'appelle : « *la plus opulente cité de l'univers* ». L'agriculture était florissante et industrieuse : les généraux, les hommes d'État aimaient, comme à Rome, à y consacrer leurs exemples et leurs enseignements, témoin le *traité* spécial écrit par Magon, et que plus tard les Romains et les Grecs considéreront comme le code de l'*Agronomie rationnelle* ; qui sera traduit en grec ; que le Sénat romain donnera l'ordre de mettre également en latin, et qu'il propagera officiellement parmi les possesseurs fonciers de l'Italie [1]. Ce qui caractérise l'agriculture phénicienne, c'est son étroite alliance avec la loi du capital. Le laboureur de Carthage tient à maxime, de ne pas disperser ses ressources en argent sur un terrain plus grand qu'elles ne le comportent ; il pratique avant tout la *culture intensive*. Les régions libyques produisent en troupeaux innombrables les chevaux, les bêtes à cornes, les brebis, les chèvres, richesse de leurs peuplades nomades, et dont Carthage sait aussi tirer bon parti. Comme ils en remontrent aux Romains en fait d'utilisation savante du sol, les Carthaginois leur enseignent encore l'exploitation des nations sujettes : ils font rentrer dans leur ville la rente foncière « *de la meilleure partie de l'Europe* » et des riches terres de l'Afrique du nord, comblées alors des dons de la nature ; de la *Byzacène* et de la petite *Syrte*,

Les capitaux.
Puissance financière de Carthage.

---

[1] [*Columelle* appelle Magon le « *rusticationis parens.* » — *De re rust.*, I, 1 ; 12, 4. — Plin., *Hist. nat.*, XVIII, 5, 7. — Cic., *de Orat.*, I, 58.]

par exemple. Le commerce avait toujours été tenu à profession honorable chez eux : les fabriques, les armements, alimentés par le commerce, rapportaient des moissons d'or annuelles à quiconque s'était établi dans leur ville. Déjà, enfin, nous avons fait voir leur immense monopole accaparant tout le trafic d'importation et d'exportation dans les parages de la Méditerranée occidentale : de même, tout le négoce international entre l'ouest et l'est venait se concentrer dans leur port. D'ailleurs, chez eux, comme plus tard à Rome, la science proprement dite et les arts, s'assujettissant peu à peu à l'influence hellénique, étaient aussi cultivés, non sans succès. La littérature phénicienne avait son importance; et quand les Romains prirent Carthage, ils y trouvèrent de riches collections d'art, non créées, il est vrai, avec les produits indigènes, mais rapportées des temples de la Sicile conquise, et des bibliothèques non moins précieuses. Mais ici encore l'esprit s'était mis au service du capital. La littérature punique, à en juger par le peu que nous en savons, se composait surtout d'écrits sur l'agriculture et la géographie : témoin le livre cité plus haut de Mâgon : témoin le fameux *Périple d'Hannon*, qu'une traduction grecque nous a conservé, et qui, affiché publiquement sur la muraille d'un temple, racontait le voyage de circumnavigation de cet amiral le long des côtes de l'Afrique de l'ouest[1]. Les connaissances utiles, les langues étrangères étaient étudiées à Carthage, et nous voyons que sous ce dernier rapport elle était aussi avancée peut-être que la Rome impériale le devint dans les temps postérieurs. Les enseignements de la culture grecque y étaient tous dirigés dans les voies les plus pratiques[2].

---

[1] [M. Ed. Charton en a donné une traduction, avec de bonnes remarques critiques et géographiques, au tome I de ses *Voyageurs anciens et modernes*.]

[2] Il n'est pas jusqu'à l'intendant d'un domaine rural qui, quoique esclave, ne doive savoir lire et n'ait reçu une certaine éducation. Tel est

S'il est absolument impossible d'évaluer l'immense quantité des capitaux affluant dans ce *Londres* de l'ancien monde, on se fera du moins une idée de la fécondité des sources où il lui était donné de puiser, par ce seul fait, qu'en dépit de son organisation militaire excessivement coûteuse, et de son administration fiscale infidèle ou mal conduite, les contributions payées par les sujets et les douanes suffisaient à couvrir amplement les dépenses, et permettaient de ne demander aucun impôt aux citoyens. Après la seconde guerre punique, alors que l'empire de Carthage était brisé déjà, il suffit d'un certain remaniement dans le système financier pour parfaire aussitôt, et de même sans création d'impôt nouveau, aux dépenses courantes, et au paiement de l'annuité de 340,000 *Thalers* [1,275,000.fr.] à servir aux Romains. Enfin, 14 ans après la paix, Carthage offrit à ceux-ci de verser en une fois les 36 termes restant à courir. Mais ce n'est point seulement par la grandeur de ses revenus que se manifestait la supériorité financière de la ville phénicienne: nous constatons aussi chez elle, et chez elle seule, parmi les grands États du monde ancien, l'observation de principes économiques qui n'appartiennent d'ordinaire qu'aux temps modernes, aux temps plus avancés dans la science économique. Carthage prête et emprunte aux autres puissances. Dans son système des valeurs elle fait entrer l'or et l'argent en lingots, les monnaies d'or et d'argent pour son commerce de Sicile, et enfin un signe de convention,

---

le précepte de Magon l'agronome. (Varr., *De re rust.*, 1; 17. — Au prologue du *Carthaginois* (*Pœnulus*) de Plaute, l'auteur dit ce qui suit de son héros :

Et is omnes linguas scit : sed dissimulat sciens
Se scire : Pœnus plane est : Quid verbis opu'st.

« Il sait toutes les langues : mais il dissimule sa science, en vrai Carthaginois qu'il est : c'est tout dire ! »

sans valeur matérielle, et dont l'usage est encore inconnu partout ailleurs. Si un État pouvait n'être qu'une vaste entreprise de spéculation commerciale, il faudrait convenir que jamais sa fonction ne s'est mieux et plus complétement réalisée.

<small>Parallèle entre Rome et Carthage. Économie politique.</small>

Comparons maintenant les deux puissances rivales. Les Romains et les Carthaginois constituaient deux peuples agriculteurs et marchands, avant tout : chez l'un et l'autre, la situation faite aux arts et à la science, situation toute subordonnée et pratique, était au fond semblable : seulement, Carthage avait sur Rome une notable avance. Mais chez la première, l'argent l'emportait sur le sol : à Rome, au contraire, le sol l'emportait encore sur l'argent ; et tandis qu'en Afrique les grands propriétaires et possesseurs d'esclaves accaparaient l'agriculture, à Rome, à cette époque, la plupart des citoyens mettaient la main à la charrue. Ici, le peuple possédait d'ordinaire : à Carthage, il était exclu de la propriété ; il appartenait à l'or des riches, ou au premier cri de réforme des démagogues. L'opulence et le luxe, apanage des grandes places de commerce, régnaient déjà dans la ville phénicienne : chez les Romains, extérieurement du moins, les mœurs et la police maintenaient assez fortement l'austérité antique et les habitudes frugales. Quand les envoyés de Carthage revinrent pour la première fois d'Italie, ils racontèrent à leurs collègues que, dans les relations intimes et réciproques entre sénateurs romains, la simplicité dépassait toute imagination ; qu'il n'y avait pour tout le sénat qu'un seul service de table en argent ; qu'on le portait dans chaque maison où étaient invités les convives et les hôtes ! J'insiste sur ce trait plaisant : il est le signe de l'état économique des deux cités.

<small>Institutions.</small>

Les deux constitutions appartenaient au régime aristocratique. Le sénat romain, les juges de Carthage exerçaient le pouvoir, les uns et les autres, dans des conditions politiques absolument pareilles. Les deux gouvernements obéissent à la même pensée, à Rome et à Carthage : témoin, chez celle-ci, la dépendance où sont maintenus les divers fonctionnaires, la défense faite aux citoyens d'apprendre le grec sans autorisation, et l'injonction de ne communiquer avec les Grecs que par l'intermédiaire du truchement officiel. Mais à Carthage, la tutelle de l'État se souille par des rigueurs cruelles, par les excès d'un arbitraire poussé jusqu'à l'enfantillage : à côté, les peines de *simple police* et la *note de censure*, à Rome, semblent douces et intelligentes à la fois. Le sénat romain, accessible à quiconque brillait par ses talents, était la représentation vivante du peuple ; il avait confiance dans le peuple, et n'avait rien à redouter des hauts magistrats. A Carthage, le sénat avait sa raison d'être dans le contrôle jaloux de l'administration par un pouvoir en réalité maître du gouvernement suprême ; il ne représentait que quelques familles plus considérables : en haut, en bas, partout, la méfiance était sa loi ; ne sachant jamais ni si le peuple irait où il le voulait conduire, ni si les magistrats n'aspiraient point à quelque dangereuse usurpation. Aussi, voyez la marche ferme et réglée de la politique romaine ! L'insuccès ne la fait point reculer ; les faveurs de la fortune n'endorment pas sa vigilance et ne l'arrêtent jamais à moitié route. Nous verrons les Carthaginois, au contraire, éviter le combat au moment même où un dernier effort pourrait tout sauver peut-être ; ils se dégoûtent des desseins les plus vastes, les plus nationaux : ils oublient l'édifice à demi bâti et qui s'écroule ; puis, tout à coup, au bout de quelques années, ils reviennent, mais trop tard, à la charge. Par suite, à Rome, tout magistrat habile marche en plein accord avec le gouvernement ; tandis qu'à Carthage, presque toujours il est en guerre ouverte avec les sénateurs : pour leur résister, il viole la constitution et fait cause commune avec les partis révolutionnaires.

Gouvernement des sujets.

Carthage et Rome avaient toutes deux à administrer des peuples de la même nationalité que la leur propre, et de nombreux peuples étrangers. Mais la seconde avait successivement admis à la cité toutes les tribus romaines les unes après les autres, et quant aux villes latines, elle leur en avait également ouvert l'accès légal. La première, au contraire, se ferme et s'isole, elle ne laisse même pas l'espoir aux provinces sous sa dépendance d'arriver jamais à l'égalité civile. Les alliés de Rome avaient part aux profits de sa victoire, aux domaines conquis notamment. Enfin, dans les autres pays soumis, la république voulait donner des satisfactions matérielles aux notables et aux riches, visant ainsi à se créer un parti dévoué. Carthage, non contente de garder pour elle seule tout le butin de la guerre, enlève jusqu'à la liberté du commerce aux villes les plus favorablement traitées. Jamais Rome n'a totalement ravi leurs droits d'autonomie intérieure aux cités qu'elle frappait des plus rigoureuses mesures ; jamais elle ne leur a imposé une taxe régulière. Carthage, elle, envoyait partout ses intendants ; surchargeait jusqu'aux anciennes cités phéniciennes d'impôts périodiques et excessifs, et courbait sous une sorte de servitude politique les nationalités tombées en son pouvoir. Aussi, dans tout l'empire carthaginois-africain, à l'exception d'Utique, peut-être, on n'eût pas pu rencontrer une seule localité pour qui la ruine de la métropole ne fût un bienfait matériel ou politique. Dans l'empire romano-italique, on n'en eût pas trouvé une qui n'eût plus perdu que gagné, au contraire, à la chute d'un régime toujours soucieux des intérêts matériels de tous, et qui se gardait d'irriter les opposants par des mesures extrêmes, ou de les pousser au combat. Les hommes d'État de Carthage croyaient tenir leurs sujets phéniciens par la crainte d'une révolte des Libyens indigènes; ils croyaient tenir les grands possesseurs fonciers par le lien du *signe représentatif* monétaire. Dans leur erreur grossière, ils appliquaient le calcul du commerçant à des matières où il n'a rien à voir; et l'expérience des faits a démontré qu'en dépit du relâchement apparent de son lien fédéral, la Symmachie romaine, inébranlable à l'égal d'un mur de roc, a su repousser les attaques de Pyrrhus, tandis que la Symmachie carthaginoise se déchira comme une toile d'araignée le jour même où une armée étrangère mit le pied sur la terre africaine. Avons-nous besoin de rappeler les débarquements d'*Agathocle* et de *Régulus*, et la *guerre des mercenaires*? L'hostilité des Africains contre Carthage est certaine; et dans cette dernière circonstance, par exemple, on voit les femmes libyennes donner leurs bijoux pour défrayer la révolte : en Sicile, toutefois, il semble que les Carthaginois, s'étant montrés plus doux, y aient été récompensés par un résultat meilleur. Leurs sujets y jouissaient d'une certaine franchise commerciale avec le dehors: le trafic intérieur s'y faisait non plus avec la monnaie conventionnelle de Carthage, mais avec la monnaie grecque ordinaire : enfin les Siciliens se mouvaient plus librement qu'il n'était permis de le faire aux Sardes et aux Libyens. Que si Carthage avait pu prendre Syracuse, les choses eussent assurément changé: mais Syracuse tint bon, et les possessions carthaginoises continuant à vivre sous une loi tolérable, au milieu des dissensions cruelles qui déchiraient les cités gréco-siciliennes, il se forma dans l'île un parti vraiment carthaginois dont la persistante influence a marqué sa trace jusque dans les écrits de *Philinos* d'Agrigente. C'est lui qui, même après la conquête romaine, a raconté les grandes guerres puniques, demandant de préférence ses inspirations à des sources tout africaines. Quoi qu'il en soit, et pris en masse, les Siciliens, en tant que sujets et Hellènes, ont dû détester Carthage au moins autant que les Samnites et les Tarentins ont haï les Romains.

Les finances.

Sous le rapport des ressources financières, Carthage était, sans nul doute, bien au-dessus de Rome. Mais celle-ci rachetait son désavantage, à raison de ce que les sources de la richesse africaine, tributs, douanes et autres, pouvaient tout à coup tarir au moment du plus pressant besoin, et bien plus tôt qu'à Rome : la guerre coûtait aussi démesurément plus cher aux Carthaginois.

Le système militaire.

Le système des guerres différait essentiellement chez les deux peuples, quoique sous plus d'un rapport il y eût équilibre des forces. Quand Carthage fut prise, elle comptait encore 700,000 têtes, femmes et enfants compris[1] : on ne peut dès lors lui assigner une population

200 av. J.-C.

moindre que celle-là à la fin du ve siècle, alors qu'elle pouvait à elle seule mettre 40,000 Hoplites en campagne. Au commencement du même siècle, Rome, placée dans des conditions semblables, avait levé une armée de citoyens aussi nombreuse (II, p. 245, *en note*); et plus tard, après les agrandissements de territoire qui signalèrent cette époque, elle aurait pu en lever une du double plus forte. Mais la supériorité de ses ressources militaires ne se doit pas seulement mesurer au nombre des citoyens proprement dits, ayant l'aptitude

---

[1] On a élevé des doutes sur l'exactitude de ce chiffre; et prenant pour base de calcul la superficie de Carthage, on a évalué sa population possible à un *maximum* de 250,000 têtes. Mais ces calculs sont tout hypothétiques, surtout quand il s'agit d'une ville où les maisons avaient *six étages* de hauteur. D'ailleurs nous donnons là le total de la population *citoyenne*, et non celle de la ville seulement, comme le faisaient les rôles du *cens romain*; et nous y comprenons tous les Carthaginois, soit qu'ils résidassent en ville, soit qu'ils vécussent dans la banlieue, dans les provinces sujettes, ou même à l'étranger. Les *absents* étaient extrêmement nombreux. Nous savons expressément que le cens des *Gaditans* était de même bien supérieur au nombre effectif des citoyens de Gadès résidant à Gadès.

aux armes. Quelque soin que l'on prît à Carthage d'appeler aussi les citoyens au service, on n'y pouvait ni donner la force physique de l'homme des champs au simple artisan et à l'ouvrier de fabrique, ni surtout vaincre l'insurmontable répugnance du Phénicien pour le métier de la guerre. Au ve siècle, on voit encore combattre, dans les expéditions de Sicile, « une troupe sacrée » de 2,500 Carthaginois : au vi^e, à l'exception des officiers, on n'en rencontre plus un seul dans les armées appartenant à Carthage, et notamment dans les corps espagnols. Le paysan romain n'est pas seulement immatriculé dans les milices ; il est aussi dans le rang sur le champ de bataille. Les mêmes résultats se constatent au regard des nationalités alliées de l'une et de l'autre République : les Latins font le même service que les soldats citoyens de Rome : mais les Libyphéniciens sont aussi peu propres que les Carthaginois eux-mêmes aux choses de la guerre, et ils l'aiment encore moins ; si bien qu'ils s'arrangent pour ne pas se rendre aux armées, et que les villes rachètent, à prix d'argent, sans doute, l'exemption des contingents qu'elles doivent. Dans la première armée hispano-carthaginoise dont fasse mention l'histoire, sur les 15,000 hommes environ qui la composent, on compte à peine un escadron de 250 cavaliers venus d'Afrique, Libyphéniciens pour la plupart. Le noyau des troupes carthaginoises se recrutait de Libyens. Ceux-ci, instruits par d'habiles officiers, pouvaient, à la vérité, fournir une bonne infanterie : leur cavalerie légère était incomparable, à certains égards. Ajoutez-y les levées faites chez les peuplades libyennes ou espagnoles plus ou moins soumises, et surtout les fameux *frondeurs* des Baléares, tenant le milieu entre un contingent confédéré et un contingent mercenaire. Enfin, dans les cas d'urgence, Carthage embauchait la soldatesque à louer dans les pays étrangers. Une telle armée pouvait être réunie vite et sans peine, à quelque nombre qu'il plût de la porter. Sous le rapport du personnel en officiers, de l'habitude des armes et du courage, elle pouvait aussi être amenée à se mesurer avec les légions romaines; mais pour faire des soldats de ces masses confuses, il fallait du temps, alors que souvent l'heure et le danger pressaient? Les milices romaines, au contraire, étaient à tout instant prêtes à se mettre en marche; et ce qu'il faut surtout noter, pendant que les troupes carthaginoises n'avaient pour lien que l'honneur militaire et la cupidité, les soldats romains se sentaient unis et associés par tous les liens et les intérêts d'une patrie commune. Aux yeux de leur officier, les soldats carthaginois valaient ce que valent aujourd'hui les munitions de guerre et les boulets de canon. Étaient-ils Libyens, celui-ci n'en faisait pas plus de cas. Aussi, quelles abominations les généraux de Carthage ne se permettaient-ils pas envers eux? Témoin la trahison d'*Himilcon* envers son corps d'armée libyen, en 358, trahison suivie d'une révolte terrible, et qui mérita aux Carthaginois l'injure proverbiale et funeste de *la foi punique* [1]. Tout le mal que peut causer dans l'État une armée se recrutant parmi les *fellahs* et les mercenaires, Carthage l'a éprouvé par l'effet de son système; et souvent ses bandes de *soudards* lui ont été plus dangereuses que l'ennemi.

Les vices de son état militaire sautaient aux yeux, et les chefs du gouvernement tentèrent tous les moyens pour y porter remède. Les caisses du trésor tenues pleines, les arsenaux regorgeant d'armes permettaient l'équipement immédiat des soldats gagés. On veillait à

---

[1] [Ne pouvant plus tenir devant Syracuse, qu'il avait vainement assiégée, Himilcon acheta de Denys l'ancien, moyennant 300 talents, la faculté de se retirer avec ses Carthaginois seulement; laissant à la merci des Syracusains le reste de son armée qui dut se rendre sans conditions. — Diodore, xiv, 64.]

l'entretien des engins et des machines, cette artillerie des anciens. Les Carthaginois les construisaient encore mieux que les Siciliens eux-mêmes; ils avaient des éléphants toujours prêts, depuis que ces animaux avaient pris la place des chars de combat : dans les casemates de la ville, on voyait des écuries pour 300 bêtes de bataille : mais, comme Carthage n'osa jamais fortifier les villes soumises, celles-ci, comme le plat pays, appartenaient sans coup férir à toute armée qui débarquait en Afrique. Il n'en était point ainsi en Italie, où la plupart des villes conquises avaient gardé leurs murailles, et où les Romains, jetant sur toute la péninsule le vaste réseau de leurs forteresses, y avaient implanté leur indestructible domination. A Carthage, en revanche, on voyait accumulées toutes les défenses que l'art et l'argent avaient pu réunir. Plusieurs fois la ville ne dut son salut qu'à la force de ses murailles; tandis que Rome, défendue principalement par sa situation politique et son système militaire, n'a jamais subi de siége en règle. — Le véritable boulevard de Carthage fut sa marine; aussi lui prodigua-t-elle tous ses soins. Là les navires étaient mieux construits, mieux commandés qu'en Grèce : là furent lancées pour la première fois des galères ayant plus de trois ponts à rameurs. Les navires carthaginois, comptant cinq ponts à l'ordinaire, se montraient plus fins coureurs que les vaisseaux des Grecs : les rameurs, tous esclaves d'État, ne sortaient pas des bagnes et étaient admirablement exercés : les capitaines étaient instruits et pleins d'audace. Ici, la supériorité marquée appartenait à Carthage; et les Romains, avec leurs quelques navires provenant des Grecs alliés, ou des arsenaux de la République en plus petit nombre encore, n'auraient pas pu seulement se montrer en haute mer devant les flottes de sa rivale, maîtresse absolue de toutes les eaux de l'Ouest.

Pour nous résumer et conclure, après ce long parallèle de Rome et de Carthage, nous souscrivons au jugement porté par un Grec contemporain, à la fois clairvoyant et impartial. Au début de leurs guerres, les forces se balançaient entre les deux grandes républiques. Ajoutons, et rappelons surtout que si Carthage n'avait rien omis de ce que peuvent procurer l'intelligence et la richesse, en fait de moyens d'attaque et de défense, elle était restée impuissante à remplir l'énorme lacune d'une armée nationale, et à élever sur un pied solide l'édifice d'une Symmachie vraiment phénicienne. Rome ne pouvait être attaquée qu'en Italie : Carthage ne pouvait aussi l'être qu'en Afrique. Le fait est incontestable. Pour celle-ci, de plus, il était de même certain qu'elle ne saurait pas toujours éviter une telle attaque. La navigation était encore dans l'enfance : une flotte ne constituait pas chez les peuples une sorte de richesse héréditaire ; et il s'en pouvait construire en tout lieu où se trouvaient à la fois les bois, le fer et l'eau. Quelque puissante que fût une cité, elle n'avait pas les moyens, on le comprend, d'empêcher le débarquement, même d'un ennemi plus faible ; et l'Afrique en a fait maintes fois l'expérience. Agathocle ayant montré la route, on vit bientôt un général romain suivre ses traces. Un jour, la guerre commença en Italie, apportée par une armée d'invasion ; un autre jour, tirant vers sa fin, elle fut reportée en Libye, et se transforma aussitôt en un long siége. A dater de ce moment, à moins de hasards heureux, Carthage était condamnée à tomber, en dépit des plus héroïques, des plus opiniâtres efforts.

CHAPITRE II

GUERRE DE SICILE ENTRE ROME ET CARTHAGE.

Depuis plus d'un siècle la rivalité des Carthaginois et des Syracusains appelait sur la belle terre de Sicile les ravages de la guerre. Chacun des belligérants combattait et par les armes, et par la propagande politique. Carthage avait noué des intrigues avec l'opposition aristocratique et républicaine dans Syracuse; les dynastes syracusains s'entendaient avec le parti national dans les villes grecques tributaires de Carthage. Chacun des adversaires avait son armée de mercenaires; *Agathocle* et *Timoléon*, pour mener leurs guerres, louaient des soldats, aussi bien que les généraux phéniciens. Et comme des deux côtés on luttait par les mêmes moyens, des deux côtés aussi la lutte fut entachée de manquements à l'honneur et de perfidies sans exemple jusque-là dans l'histoire de l'Occident. A la paix de 440, Carthage s'était contentée du tiers de l'île à l'ouest d'*Himère* et d'*Héraclée Minoa*: elle avait formellement reconnu l'hégémonie de Syracuse sur toutes les cités de l'est. Pyrrhus chassé de Sicile et d'Italie (479), la plus grande moitié de l'île et l'importante place d'Agrigente étaient restées dans les mains des Carthaginois : les Syracusains ne possédaient plus que *Tauromenium* [*Taormine*] et la pointe du sud-est. Une bande de soudards étrangers s'était cantonnée dans Messine, la seconde ville de la côte orientale, et s'y maintenait indépendante à la fois de Syracuse et de Carthage. Ces aventuriers, maîtres de Messine, étaient originaires de la Campanie. Tombée en dissolution sous le coup de l'établissement violent des Sabelliens dans Capoue, la Campanie, aux ive et ve siècles (II, p. 149), était devenue ce que devinrent plus tard l'*Étolie*, la *Crète* et la *Laconie*, la terre promise des recrutements mercenaires, s'offrant à la disposition des princes et des villes. La demi-civilisation que les Grecs y avaient créée, le luxe barbare de Capoue et des autres cités, l'impuissance politique à laquelle les avait condamnées la suprématie de Rome, sans leur imposer pourtant un régime sévère, et qui leur enlevât même leur liberté intérieure ; toutes ces causes réunies avaient poussé la jeunesse du pays au devant des racoleurs accourus de toutes parts. Elle se vendait sans souci de son honneur et de sa conscience ; et, comme toujours il arrive en cas pareil, elle allait perdant le souvenir de la patrie, s'habituant à la violence, à la vie désordonnée du soldat de fortune, et n'ayant plus égard à la foi jurée, qu'elle rompait tous les jours. Comment les Campaniens qui se logèrent dans Messine se seraient-ils crus coupables ? S'emparer de la ville confiée à leur garde, n'était-ce point chose profitable, du moment qu'ils étaient assez forts pour s'y maintenir ? Ils n'y voyaient pas plus loin ! Est-ce que les Samnites n'avaient pas fait de même à Capoue ? Et les Lucaniens, avaient-ils usé de moyens meilleurs, quand ils s'étaient saisis d'une multitude de villes grecques ? Nul pays, autant que la Sicile, n'était propice à de telles entreprises : déjà, pendant la guerre du Péloponèse, des généraux campaniens avaient de même enlevé *Entella*

<small>Les mercenaires campaniens.</small>

et *Ætna*. Donc, vers l'an 470, une troupe campanienne, jadis au service d'Agathocle, et qui depuis sa mort (465) cherchait aventure pour son propre compte, avait, comme on vient de le dire, occupé Messine, la seconde ville de la Sicile grecque, et le principal foyer de la faction anti-syracusaine, dans la partie du pays restée au pouvoir des Grecs. Tous les citoyens avaient été massacrés ou chassés ; les femmes, les enfants, les maisons, partagés entre les envahisseurs. Ainsi maîtres de la ville, les *Mamertins*, ou *enfants de Mars* (ils se donnaient ce nom) ne tardèrent pas à fonder un troisième État dans l'île, et mettant à profit les troubles qui suivirent la mort d'Agathocle, ils soumirent tout l'angle nord-est de l'île. Leur succès ne fut point vu d'un œil défavorable par les Carthaginois : au lieu d'avoir près d'eux une ville apparentée par la race, alliée ou sujette, les Syracusains allaient avoir affaire à un voisin redoutable. Aussi avec l'aide des Phéniciens, les Mamertins purent-ils résister à Pyrrhus ; et le roi parti, reconquérir aussitôt toute leur puissance un instant refoulée. Il siérait mal à l'historien d'atténuer en quoi que ce soit l'attentat odieux par où avait débuté leur établissement dans Messine : mais qu'on ne l'oublie pas non plus, le dieu de l'histoire n'est pas le dieu qui « venge le crime des pères sur les enfants, jusqu'à la quatrième génération ! » Condamnez ces hommes ; rien de mieux, si vous êtes appelé à juger la faute du prochain ! Pour moi, je ne puis pas ne pas reconnaître qu'il y avait là peut-être le salut de la Sicile. Cette jeune et vigoureuse puissance qui se fondait par ses seules forces, qui déjà mettait huit mille hommes en campagne, ne pouvait-elle pas un jour relever le combat et tenir tête à tous les étrangers, alors qu'en dépit des guerres continuelles les Gréco-Siciliens allaient chaque jour désapprenant le métier des armes ?

Il n'en devait pas être ainsi. Un jeune capitaine syra-

284 av. J.-C. — 289.

Les Mamertins.

cusain, *Hiéron, fils de Hiéroclès*, tenant à la famille de Gélon par son origine, se rattachant à Pyrrhus par ses alliances, et par ses brillants faits d'armes à l'école de ce dernier, attirait alors les regards de ses concitoyens et ceux des soldats. Acclamé par ceux-ci, à ce moment en lutte avec la cité, il se met à leur tête (479-480). Bientôt la sagesse de ses mesures, la noblesse et la modération de son attitude lui gagnent le cœur des Syracusains, voués si souvent à l'ignoble despotisme des tyrans et des autres Gréco-Siciliotes. Il se débarrasse, à l'aide d'une perfidie il est vrai, des bandes indisciplinées de ses mercenaires; rétablit les milices citoyennes; et, simple général d'abord, puis roi bientôt, à la tête d'une armée nouvelle de troupes nationales et de soldats récemment engagés et plus maniables, il tente de relever l'empire grec de ses ruines. — On était en paix avec Carthage, qui avait aidé à chasser Pyrrhus. Les plus proches ennemis de Syracuse étaient ces Mamertins, les compatriotes des mercenaires abhorrés et détruits la veille, les meurtriers de leurs hôtes grecs, les envahisseurs du territoire de Syracuse, les oppresseurs ou les incendiaires d'une multitude de petites cités helléniques. Hiéron fait alliance avec les Romains, qui, à cette même heure, envoyaient leurs légions contre les Campaniens de Rhégium, alliés, de leur côté, compatriotes et complices des Mamertins (II, p. 228) : puis il marche sur Messine. Il remporte une première et grande victoire : est proclamé roi des Siciliotes (484), et refoule les Mamertins dans leur ville, où durant quelques années il les tient rigoureusement assiégés. Ceux-ci, réduits à la dernière extrémité, se voient dans l'impossibilité de tenir plus longtemps. Se rendre à condition, ils n'y peuvent songer : la hache du bourreau a fait tomber à Rome déjà les têtes des Campaniens de Rhégium : le supplice les attendrait non moins sûrement à Syracuse. Une seule issue leur reste : ils se donneront soit aux Romains, soit aux Carthaginois, trop heureux d'acheter ainsi, au prix de quelques scrupules oubliés bien vite, une position d'une aussi grande importance. Mais entre les Phéniciens et les maîtres de l'Italie, à qui valait-il mieux s'adresser? La question méritait considération. Après avoir hésité longtemps, la majorité des Campaniens-Mamertins se décida en faveur de Rome et voulut lui remettre immédiatement la clef des mers de Sicile.

Ce fut une heure solennelle et décisive dans l'histoire, que celle où les députés des Mamertins furent reçus dans le Sénat romain. Nul n'aurait su prévoir quels événements gigantesques allaient se dérouler au lendemain du passage de cet étroit bras de mer qui sépare l'Italie de la Sicile; mais il n'échappait point à la sagacité des *pères* du Sénat que quelle que fût la résolution qui serait prise, jamais ils n'avaient eu à en discuter ni une semblable, ni d'une telle gravité. Pour les esprits rigides et honnêtes, il pouvait sembler étrange qu'on pût hésiter un instant. Comment oser rompre avec Hiéron pour un semblable motif? On avait la veille infligé la plus exemplaire, la plus impitoyable des peines aux Campaniens de Rhégium; et voilà qu'on parlait d'entrer en alliance avec les bandits de Sicile, leurs égaux dans le crime! Par raison d'État, on allait leur faire grâce d'un supplice mérité : on se ferait leurs amis! Quel texte à déclamation qu'un pareil scandale! Amis et ennemis, la conscience de tous allait se soulever. A tout cela pourtant il y avait quelque chose à répondre, même pour ceux aux yeux desquels la morale est autre chose qu'un vain mot dans la politique pratique. Rome n'avait point à mettre des étrangers, criminels envers d'autres étrangers seulement, sur la même ligne que des citoyens romains, coupables d'infidélité au serment, au drapeau, et tout souillés du sang traîtreusement versé des alliés

Les Mamertins reçus dans la confédération Romano-Italique.

de Rome. Rome n'avait ni à juger les Mamertins, ni à venger les Siciliens de Messine. — S'il ne s'était agi que de la possession de cette place entre les Mamertins et Syracuse, sans nul doute elle eût pu laisser aller les choses. Elle voulait l'empire de l'Italie, comme Carthage voulait la possession de la Sicile : rien de plus, rien de moins; et l'on peut douter qu'à cette heure l'une ou l'autre songeât à dépasser ses propres frontières. Il avait semblé utile à toutes deux qu'un État intermédiaire les séparât. Les Carthaginois l'eussent voulu, placé à Tarente : les Romains le désiraient à Syracuse et à Messine. Mais la chose devenant impossible, l'une et l'autre voulaient aussi, se fortifiant chacune aux dépens de sa rivale, absorber tout le territoire neutre. En Italie, Carthage avait tenté d'enlever Rhégium et Tarente, au moment où Rome mettait la main sur elles; et le hasard seul avait fait échouer sa tentative. Rome à son tour, rencontrait l'occasion propice de rattacher Messine à la Symmachie latine : ne pas agir aussitôt, c'était condamner la ville sicilienne, hors d'état de défendre son indépendance, et hostile à Syracuse, à se jeter dans les bras des Africains. Fallait-il donc laisser échapper l'heure unique, et qui ne reviendrait plus, où l'on pouvait s'emparer de la tête de pont d'entre l'Italie et la Sicile, et s'en assurer à toujours le domaine, en y mettant bonne et solide garnison? Était-il sage, renonçant à Messine, de renoncer aussi à la possession du dernier passage resté libre entre l'est et l'ouest, et de sacrifier ainsi les franchises commerciales de l'Italie? D'un autre côté, quittant le terrain des sentiments moraux et de la justice politique, l'occupation de Messine prêtait matière à de très-sérieuses objections. On aurait la guerre avec Carthage, il n'en fallait pas douter! Que si on ne reculait pas devant une telle perspective, Rome, après tout, n'ayant point à la redouter, encore convenait-il de reconnaître qu'en franchissant la mer on se lançait dans une entreprise immense; qu'on dépassait les limites italiennes et celles de la politique continentale de Rome. On abandonnait le système par lequel avait été fondée sa grandeur : on se lançait dans une voie nouvelle, dans une voie et dans un avenir inconnus ! L'heure était venue pour les hommes d'État de la république de couper court aux calculs trop prudents. La foi en leur propre étoile, la foi aux destinées de la patrie pouvait seule les guider. Devaient-ils saisir cette main tendue vers eux au travers des nuages de l'avenir ? Devaient-ils la suivre, et la suivre aveuglément ? — Longues et anxieuses furent les délibérations du Sénat sur la motion des consuls demandant à conduire les légions au secours des Mamertins. On ne put arriver à une décision, mais le peuple, à qui fut renvoyée l'affaire, avait le sentiment plus vif de la grandeur romaine édifiée par ses efforts. Comme aux Macédoniens la conquête de la Grèce, comme aux Prussiens celle de la Silésie au XVIII° siècle, la conquête de l'Italie ouvrait à Rome une nouvelle et toute autre carrière. Un vote de l'assemblée, favorable aux Mamertins, les plaça dans la clientèle de la république. Ils furent reçus dans la confédération italique au titre d'« Italiens transmaritimes », mais au même droit que les Italiens du continent [1]; et les consuls, renouvelant leur motion dans les comices, le peuple ordonna qu'ils seraient secourus (489).

265 av. J.-C.

Restait à savoir comment l'intervention des Romains serait accueillie par les deux puissances siciliennes intéressées dans l'affaire, et, jusque-là, à l'état d'alliance avec eux, nominalement tout au moins. Quand Rome les

Refroidissement des rapports entre Rome et Carthage.

---

[1] Les Mamertins obtinrent tous les droits des Italiens; ils furent astreints à fournir des vaisseaux de guerre (Cic. *in Verr.*, v, 19, 50). On voit par les médailles qui nous restent qu'ils n'eurent pas le droit de battre monnaie d'argent.

somma d'avoir à s'abstenir de toute hostilité contre ses nouveaux confédérés de Messine, Hiéron, assurément (de même que les Samnites et les Lucaniens l'avaient fait autrefois, après Capoue et Thurium occupées de semblable manière), Hiéron aurait eu juste motif de répondre par une déclaration de guerre. Mais faire la guerre tout seul aux Romains, c'eût été folie. Le roi était trop modéré, trop sage politique pour ne pas se soumettre à un mal nécessaire, si Carthage persistait dans sa neutralité. Or, cette neutralité ne sembla point au premier abord impossible. C'est à ce moment (489), que six ans après la tentative avortée de la flotte punique contre Tarente (II, p. 227), une ambassade partit de Rome, réclamant des explications à ce sujet. Le Sénat jugea utile de ressusciter un grief, vrai au fond, mais depuis longtemps oublié. Au milieu des préparatifs de la lutte, ce n'était point chose superflue que d'avoir tout prêt dans l'arsenal diplomatique de Rome l'appareil spécieux des *casus belli*; on se ménageait ainsi le rôle de la partie offensée, pour le moment où, selon l'usage constant de Rome, elle aurait à lancer son manifeste de guerre. En réalité, le juge impartial mettra sur la même ligne les entreprises sur Tarente et sur Messine : les vues, le point de droit sont les mêmes : l'issue seule fut autre. Quant à Carthage, elle ne voulait pas une rupture ouverte. Les envoyés de Rome rapportèrent le désaveu de l'amiral carthaginois, coupable de la voie de fait essayée sur Tarente : il leur avait été juré tous les faux serments, ordinaires en pareil cas. Carthage même s'abstint de toutes les récriminations dont elle eût eu pourtant sujet; elle se garda de dénoncer le cas de guerre dans l'invasion qui menaçait la Sicile. Au fond, elle savait à quoi s'en tenir : les affaires siciliennes étaient pour elle chose d'intérêt national, où nul étranger n'avait le droit de s'immiscer, et son parti était bien pris. Mais il n'était pas dans les traditions de sa politique de procéder brusquement par la menace de ses armes. Pendant ce temps les préparatifs de l'expédition romaine de secours avaient été activement poussés : déjà la flotte, formée des contingents de Naples, de Tarente, de Vélia et de Locres; déjà l'avant-garde du corps d'armée de terre sous la conduite du tribun militaire *Gaïus Claudius*, se tenaient réunis à Rhégium (printemps de 490). Tout à coup, un message inattendu leur est envoyé de Messine. Les Carthaginois y ont noué une intrigue avec la faction anti-romaine et ménagé la paix entre Hiéron et les Mamertins. Le siége est levé : le port est rempli des vaisseaux de Carthage, amenés par *Hannon* son amiral, et la citadelle a reçu garnison africaine. Influencé par les nouveaux venus, le peuple mamertin adresse les remerciments les plus reconnaissants au général de Rome, et lui fait savoir que le secours si rapidement envoyé n'est heureusement plus nécessaire. Mais le Romain en homme habile et audacieux qu'il est, n'en persista pas moins à mettre à la voile : sur quoi la flotte carthaginoise repoussa les vaisseaux de la république, et en captura même plusieurs. Puis Hannon, selon la lettre de ses instructions, et pour ne pas donner matière aux hostilités, renvoya ses prises à ses « bons amis » de l'autre côté du détroit. La comédie de Tarente allait-elle se jouer une fois encore, les Romains ayant aujourd'hui le moins bon rôle ? Claudius ne se décourage pas, et tente un second débarquement, qui, cette fois, réussit. Aussitôt il convoque les citoyens; et, sur son désir, l'amiral carthaginois se présente espérant toujours empêcher la rupture. Au milieu même de l'assemblée, les Romains s'assurent de sa personne, et bientôt une double lâcheté les aide à consommer leur œuvre. Hannon donne à ses soldats l'ordre de quitter la ville. Alors on vit la petite garnison carthaginoise, privée de son chef, mais qui pouvait tenir

264 av. J.-C.
Les Carthaginois à Messine.

Messine est occupée.

dans la citadelle, s'empresser d'obéir à l'injonction du captif. Elle partit avec lui. Les Romains ont désormais pris pied dans l'île. A Carthage, les chefs de l'État s'indignèrent de tant de sottise ou de faiblesse, et faisant mettre à mort Hannon, ils déclarèrent aussitôt la guerre aux Romains. Avant tout, il importait de reprendre Messine. Une flotte puissante est envoyée sous la conduite d'un autre *Hannon*, fils d'*Hannibal*, qui bientôt se montre dans les eaux du détroit. Pendant qu'il le tient bloqué, une armée, jetée sur la côte, assiége la ville par le mur du nord. Hiéron, de son côté, pour attaquer Rome, n'avait attendu que la déclaration de guerre de Carthage. Il ramène aussitôt son armée dans les campements abandonnés seulement de la veille, et se charge de l'assaut contre le mur du sud. — Mais déjà le consul *Appius Claudius Caudex* était arrivé à Rhégium avec le gros de l'armée; durant une nuit obscure, et malgré la flotte carthaginoise, il franchit le détroit. L'audace et la fortune étaient du côté des Romains. Les alliés ne s'attendaient pas à l'attaque de toute l'armée Romaine : ils étaient divisés. Les légions sortant de la place les battirent l'un après l'autre, et le siége fut levé. Durant l'été, les Romains demeurèrent maîtres du pays, et tentèrent même d'enlever Syracuse; mais ils ne réussirent pas, et durent en outre se retirer avec perte de devant *Echetla* [1], qu'ils avaient investie sur la frontière des possessions syracusaines et carthaginoises. Ils reprirent donc le chemin de Messine, où ils laissèrent une forte garnison; puis rentrèrent en Italie. — La première campagne des Romains hors de la péninsule n'avait point répondu à l'attente publique, et le consul n'eut pas les honneurs du triom-

Guerre entre Rome d'une part, Carthage et Syracuse de l'autre.

---

[1] [*Echetla*, à l'ouest de Syracuse, dans l'intérieur, et sur la chaîne des monts *Héréens*.]

phe; mais l'entrée des légions en Sicile n'en avait pas moins fait une impression profonde sur les Grecs de l'île. L'année suivante, les deux consuls débarquèrent sans obstacle à la tête d'une armée du double plus nombreuse. L'un d'eux, *Marcus Valerius Maximus*, surnommé depuis le *Messinien (Messala)*, remporta une brillante victoire sur les Syracusains et les Carthaginois réunis; et comme après la bataille l'armée phénicienne n'osait plus tenir devant les Romains, *Alæsa, Centoripæ* [1], et toutes les petites villes grecques tombèrent au pouvoir des Romains : Hiéron lui-même, désertant ses alliés de la veille, fit sa paix, et entra en amitié avec eux (491). En cela il se montra politique habile. Dès que Rome mettait sérieusement le pied en Sicile, il valait mieux passer dans son parti, pendant qu'il en était temps encore, sans avoir à payer la paix par de lourds sacrifices ou des abandons de territoire. Les cités intermédiaires, comme Syracuse et Messine, n'étaient point assez fortes pour suivre une ligne indépendante; et dès qu'il leur fallait choisir entre la suprématie de Rome ou celle de Carthage, elles ne pouvaient pas ne pas se ranger du côté de Rome. La République ne semblait point encore songer à la conquête de toute l'île : tout ce qu'elle voulait, c'était empêcher les Carthaginois de la conquérir. D'ailleurs, on redoutait par-dessus tout le régime tyrannique et le monopole de Carthage; et l'on espérait de sa rivale une protection moins pesante, avec la liberté du commerce. Aussi, à dater de là, Hiéron se montra-t-il le plus puissant, le plus constant et le plus estimé des alliés des Romains dans l'île.

Le but immédiat de l'entreprise sur Messine était atteint. Garantis par leur double alliance avec Messine

Hiéron fait la paix.

_263 av. J.-C._

---

[1] [*Alæsa*, sur la côte nord, à moitié route entre *Messine* et *Panormus*. — *Centoripæ*, à l'est de Catane, et sur la route allant de cette ville à Agrigente.]

et Syracuse; fortement établis sur toute la côte orientale, les Romains pouvaient désormais librement descendre en Sicile. Ils y trouvaient sans peine à faire vivre les légions, chose auparavant des plus difficiles; et la guerre, qui d'abord avait semblé téméraire, n'avait plus rien de ses incalculables dangers du début. Elle ne nécessitait pas de plus grands efforts que la lutte avec le Samnium et l'Étrurie. Les deux légions, envoyées l'année suivante (492), se joignant aux Grecs-Siciliotes, suffirent pour refouler les Carthaginois dans leurs places fortes. Leur général, *Hannibal*, fils de *Giscon*, se jeta dans Agrigente avec le meilleur noyau de ses troupes, et voulut défendre jusqu'à la dernière extrémité cette ville, la plus importante des possessions de Carthage à l'intérieur. Les Romains, ne pouvant l'emporter d'assaut, l'enveloppèrent de leurs lignes et d'un double camp, et la bloquèrent. Les assiégés, au nombre de cinquante mille, furent bientôt réduits au plus absolu dénûment. Alors l'amiral carthaginois Hannon accourut, et débarquant à *Héraclée*, coupa à son tour les vivres aux assiégeants. Des deux côtés les souffrances étaient grandes : on se décida à la bataille pour échapper aux incertitudes et aux maux de la situation. La cavalerie numide y montra sa supériorité sur la cavalerie romaine ; l'infanterie des Romains s'y montra de même supérieure à l'infanterie phénicienne, et décida la victoire, mais non sans des pertes énormes. Malheureusement l'armée assiégée, profitant de la fatigue des vainqueurs, parvint à s'enfuir de la ville et à se réfugier sur la flotte. Les résultats de la journée n'en furent pas moins très-importants. Agrigente se rendit, mettant ainsi toute l'île dans la main de Rome, à l'exception des places maritimes, où *Hamilcar*, le successeur d'Hannon, se fortifia jusqu'aux dents, luttant, invincible, et contre la faim et contre les assauts de l'ennemi. — La guerre s'arrête d'elle-même : toutefois, les sorties fréquentes des Carthaginois et leurs descentes sur les côtes siciliennes ne laissent pas d'être fatigantes et coûteuses aux Romains.

C'est maintenant, en réalité, que la république va connaître toutes les difficultés de la guerre où elle s'est lancée. On raconte que les envoyés de Carthage, avant les premières hostilités, avaient conseillé aux Romains de ne point en venir à une rupture, ajoutant que si Carthage le voulait, nul d'entre eux ne pourrait même « aller se laver les mains dans la mer ! » Le mot est-il vrai ? Je ne sais : dans tous les cas, la menace eût été sérieuse. Les flottes de Carthage étaient maîtresses des mers : non contentes de maintenir dans l'obéissance les villes de la côte sicilienne et de les approvisionner du nécessaire, elles faisaient mine d'opérer un débarquement en Italie, où déjà, en 492, une armée consulaire avait dû rester l'arme au bras. Sans tenter une invasion en grand, de petites bandes carthaginoises avaient çà et là parcouru les côtes, descendant à terre, ravageant les possessions des alliés de la république, arrêtant, ce qui était bien pire, les relations commerciales entre eux et la métropole. Que ces attaques se prolongeassent, et bientôt Cæré, Ostie, Naples, Tarente, Syracuse se voyaient ruinées de fond en comble. Pendant ce temps, les contributions de guerre et les plus riches prises compensaient et au delà, pour les Carthaginois, la perte des tributs qu'ils prélevaient jadis sur la Sicile. Les Romains faisaient donc à leurs dépens l'expérience qu'avaient faite avant eux Denys, Agathocle et Pyrrhus : il était aussi facile de battre Carthage qu'il était difficile de venir à bout d'elle. Convaincus de la nécessité d'avoir une flotte, ils décident la construction de vingt *trirèmes* et de cent *quinquerèmes*. Mais que de difficultés, dès qu'on en venait à l'exécution ! Les rhéteurs ont dit depuis, dans leurs déclamations puériles, qu'alors les Romains

La guerre maritime commence.

262 av. J.-C.

Les Romains construisent une flotte.

touchèrent pour la première fois à une rame. Erreur! la marine de commerce italienne était très-considérable, et il ne manquait pas de navires de guerre. Seulement ces navires n'étaient que des barques armées, que des trirèmes, construites selon l'ancien type; et jamais on n'avait vu de cinq-ponts pareils à ceux de l'échantillon nouvellement adopté à Carthage, et qui, dans son système naval, constituaient à peu près exclusivement sa flotte de combat. Les Romains eurent à transformer aussi la leur, comme ferait aujourd'hui une puissance maritime, qui n'ayant que des bricks et des frégates, voudrait amener de grands vaisseaux en ligne. De même encore que de nos jours elle prendrait un vaisseau de l'ennemi pour modèle, de même les Romains enjoignirent à leurs constructeurs de copier une *pentère* [1] carthaginoise naufragée à la côte. Certes, s'ils l'eussent voulu, avec l'aide de Marseille et de Syracuse, ils eussent été plus tôt prêts. Mais les hommes d'État de Rome étaient trop sages pour confier à une flotte non italienne la défense de l'Italie. Par contre, ce fut à ses alliés italiens que Rome demanda et des officiers de marine, pris pour la plupart sur les navires de commerce, et des matelots, dont le nom (*socii navales*) dit assez la provenance, durant un temps, exclusive : plus tard même, des esclaves, fournis par l'État et les riches familles, ainsi que des citoyens pris parmi les plus pauvres, furent embarqués à bord. Si l'on tient compte et de l'état relativement peu avancé de la science des constructions maritimes, et de l'énergie des Romains, on comprendra comment en une seule année, la République, réalisant une entreprise où échouèrent de nos jours tous les efforts d'un Napoléon, parvint à se faire puissance maritime, de continentale qu'elle était, et à

---

[1] [Πεντήρης, *penteris*, mot grec synonyme du latin *quinqueremis*.]

mettre en mer, dès l'ouverture de la campagne de 494, une flotte de guerre de cent vingt voiles. Les vaisseaux romains n'égalaient la flotte carthaginoise ni par le nombre, ni par les qualités nautiques, et c'était là une grave infériorité, car alors les manœuvres constituaient le fond de la tactique maritime. Du haut du pont, sans doute, combattaient des soldats pesamment armés et des archers; les machines de jet n'y manquaient pas non plus : mais la grande affaire dans tout combat maritime n'en consistait pas moins d'ordinaire à poursuivre, à atteindre l'ennemi : la lutte se décidait en se précipitant sur lui, la proue armée d'un lourd éperon en fer. Les navires viraient sur eux-mêmes, jusqu'à ce que l'un, devançant l'autre de vitesse, arrivât à l'enfoncer. Dans ce but, sur les deux cents hommes, équipage ordinaire de la trirème grecque, on ne comptait pas moins de cent soixante-dix rameurs pour dix soldats seulement, soit cinquante à soixante rameurs par pont. La quinquerème avait trois cents rameurs et un nombre proportionnel d'hommes de combat. — Les Romains, voulant parer aux défauts de leurs navires, moins bien pourvus d'officiers et de solides rameurs, moins bons manœuvriers, par conséquent, eurent l'heureuse pensée de donner à leurs soldats de marine un rôle plus important au moment de la lutte. Ils établirent sur l'avant de leurs vaisseaux un pont volant, s'abaissant en tous sens, à droite, à gauche ou par devant, garni d'un parapet à chacun de ses côtés, et donnant passage à deux hommes de front. Le navire ennemi laissait-il arriver sur la galère romaine, celle-ci se dérobait; mais au moment où l'on était côte à côte, elle abattait son pont sur lui et l'y attachait par un grappin de fer. Ainsi arrêté dans sa course, l'ennemi, envahi sur son bord par une nuée de soldats, était aussitôt enlevé comme dans un combat de terre. Inutile, dans ce système nouveau, de former une milice

260 av. J.-C.

maritime; les troupes ordinaires s'adaptaient le mieux du monde au service de la flotte; et nous savons telle grande bataille navale où les Romains ayant, il est vrai, à bord des troupes de débarquement, on a pu compter jusqu'à cent vingt légionnaires par navire. — Ainsi parvinrent-ils à créer une marine capable de tenir tête aux Carthaginois. On commet une grossière erreur quand l'on fait une sorte de conte de fée de cette création de la flotte de la République, et on manque le but en en parlant comme d'un miracle ! Pour admirer, ne faut-il pas comprendre ? Les Romains ne firent point autre chose qu'une œuvre grande et nationale. Ils surent très-bien voir ce qui était nécessaire et ce qui était possible, et s'aidant du génie qui invente, de l'énergie qui décide et qui exécute, ils tirèrent leur patrie d'une situation difficile, plus difficile qu'ils ne l'avaient eux-mêmes cru.

Victoire navale de Mylæ.

260 av. J.-C.

Les débuts ne furent point heureux. Leur amiral, le consul *Cnœus Cornelius Scipion*, ayant pris la mer avec les dix-sept premiers navires achevés (494), mit le cap sur Messine, et eut en route la velléité de s'emparer de *Lipara* par un coup de main. Mais tout à coup une division de la flotte carthaginoise, stationnée à *Panorme*, vint l'enfermer dans le port de l'île, où il avait jeté l'ancre, et le fit prisonnier sans coup férir avec son escadre. Ce contre-temps n'empêcha pas l'armée principale de s'embarquer sur les autres navires, quand ils furent prêts, et de faire aussi voile vers Messine. Le long de la côte d'Italie, elle rencontra à son tour une escadre carthaginoise envoyée en reconnaissance, et plus faible qu'elle. Après lui avoir infligé des pertes qui contre-balançaient le premier échec subi par les Romains, elle entra victorieuse dans Messine, où le second consul *Caius Duilius* prit le commandement au lieu et place de son collègue captif. La flotte carthaginoise sortit de

Panorme, commandée par Hannibal, son amiral, et s'en vint heurter les Romains au nord-ouest de la ville, à la hauteur du promontoire de Mylæ [*Milazzo*]. Ce fut vraiment dans ce jour que la marine de Rome eut à faire ses premières et sérieuses preuves. A la vue de ces navires mauvais voiliers et lourds, l'ennemi croit avoir devant lui une proie facile, et se précipite en désordre sur les Romains : mais ceux-ci abattent leurs ponts volants, dont l'effet est décisif. Les galères carthaginoises sont accrochées et prises à l'abordage au moment même où elles arrivent séparées les unes des autres : qu'elles se présentent par l'avant ou par les flancs, le dangereux engin tombe sur elles. A la fin du combat, cinquante vaisseaux environ, la moitié de la flotte carthaginoise, étaient coulés ou pris; et parmi ceux-ci la galère amirale elle-même, jadis bâtie par Pyrrhus. Le résultat de la victoire était grand : plus grande encore fut l'impression qu'elle produisit; Rome devenait tout à coup une puissance maritime : elle allait sans doute apporter sur ce champ nouveau toutes ses ressources, toute son énergie, et mener promptement à fin cette guerre qui menaçait de ne jamais finir, ou de ruiner de fond en comble tout le commerce de l'Italie !

Deux routes conduisaient au but. On pouvait attaquer Carthage dans les îles italiennes, et assaillir l'un après l'autre ses établissements des côtes de Sicile et de Sardaigne. Une telle entreprise n'avait rien que de praticable à l'aide d'opérations bien combinées et par terre et par mer. Ce premier résultat atteint, la paix se concluait moyennant l'abandon des îles par les Carthaginois : que si la diplomatie échouait, ou si ce n'était pas assez de leur imposer un tel sacrifice, on avait alors l'option de porter la guerre en Afrique. — On pouvait encore négliger les îles, et se jeter de suite et directement sur l'Afrique avec toute l'armée, non point en

Guerre sur les côtes de Sicile et de Sardaigne.

téméraires et en aventuriers comme Agathocle, qui brûla ses vaisseaux, et mit tout son enjeu sur une victoire à remporter contre des gens désespérés; mais en prenant soin, au contraire, d'assurer et de couvrir les communications de l'armée d'invasion avec l'Italie. En cas pareil, ou l'ennemi terrassé serait trop heureux de subir une paix raisonnable, ou, si l'on aimait mieux pousser jusqu'aux extrémités dernières, il était condamné à un complet assujettissement. — La République s'arrêta d'abord au premier système. Dans l'année d'après la bataille de *Mylæ* (495), le consul Lucius Scipion s'empara du port d'*Alérie*. Nous possédons encore la pierre tumulaire relatant le haut fait du général romain [1]. Par là, la Corse devient une station maritime menaçant la Sardaigne. Scipion tente même une descente sur la côte nord de cette île; mais il échoue devant *Olbia* [*Terra-Nuova*, auj.] faute de troupes de débarquement. En 496, les Romains sont plus heureux : ils pillent les bourgs et les cités ouvertes sur les rivages; mais ils ne peuvent encore prendre pied. En Sicile, ils ne font pas de nouveaux progrès. Hamilcar leur tient tête avec la plus habile énergie, luttant et sur terre et sur mer, avec le fer et avec les armes de la propagande politique. Parmi les nombreuses petites villes de l'intérieur, bon nombre se détachent tous les ans; et il faut à grande peine les arracher de nouveau des mains de l'Africain. Dans les places maritimes, les Carthaginois demeurent inattaqués, notamment à *Panorme*, leur principale forteresse, et à *Drepana* [*Trapani*], où Hamilcar vient de transporter toute la population d'*Eryx* derrière de plus solides murailles. Une seconde grande bataille navale est livrée sous le

---

[1] [V. *Corp. Insc. Rom.*, p. 18, n° 32. — V. T. Liv., *ep.*, 17. — Zonaras, 8, 11. — Florus, 1, 18, etc., etc.]

cap de *Tyndaris* [à l'ouest de *Mylæ*], et les deux armées s'attribuent respectivement la victoire, sans que la situation soit en rien modifiée. L'absence de résultats après tant d'efforts tenait-elle à la division du commandement, à ces mutations rapides dans le personnel des généraux romains, empêchant toute direction suivie, toute concentration dans la même main d'une multitude de petites opérations de détail? Tenait-elle à une cause plus générale, au système militaire même, alors que dans l'état de la science stratégique toutes les difficultés étaient encore pour l'assaillant (II, p. 227), pour les Romains surtout, peu versés encore dans les secrets de l'art savant de la guerre?

Quoi qu'il en soit, et bien qu'il eût été mis un terme au pillage et à l'incendie des villes maritimes italiennes, leur commerce n'en était pas moins ruiné; après comme avant la construction de la flotte. Fatigué de ces tentatives sans résultats, impatient de finir la guerre, le Sénat change enfin de plan de campagne. L'attaque de l'Afrique est résolue. Au printemps de 498, une flotte de trois cent trente navires part pour les côtes libyques : elle a pris des troupes de débarquement, à l'embouchure de l'*Himère* [*Fiume Salso*] sur le rivage sud de la Sicile. Quatre légions sont emmenées par les deux consuls, capitaines éprouvés tous les deux, *Marcus Atilius Régulus* et *Lucius Manlius Volso*. L'amiral carthaginois laisse les Romains monter à bord : mais une fois en mer, ils se heurtent contre la flotte ennemie qui les attend en ligne à la hauteur d'*Ecnomos* [*monte Serrato*] et leur barre le passage. Rarement de plus grandes masses luttèrent sur les flots. La flotte romaine, sur ses trois cent trente navires, comptait environ cent mille hommes d'équipage, non compris les quarante mille soldats de terre : les Carthaginois avaient trois cent cinquante voiles, non moins puissamment armées;

Attaque dirigée contre l'Afrique.

256 av. J.-C.

Victoire navale d'Ecnome.

en sorte que trois cent mille hommes peut-être allaient s'entre-choquer et décider de la guerre entre les deux grandes cités rivales. Les Carthaginois formaient une longue et unique ligne, appuyant sa gauche au rivage sicilien. Les Romains se rangèrent en triangle, le vaisseau amiral des deux consuls à la pointe, à droite; à gauche, la première et la deuxième escadre en ordre oblique; la troisième formant le triangle à l'arrière, et menant en remorque les transports que remplissait la cavalerie. Ainsi serrés les uns contre les autres, ils se jetèrent sur l'ennemi. Une quatrième division, division de réserve, les suivait à plus lente allure. Devant le coin qui s'enfonçait au milieu de ses navires, la ligne carthaginoise fléchit aussitôt : le centre recula à dessein pour éviter le choc, et après son mouvement, le combat s'engagea sur trois points séparés. Pendant que les amiraux romains poursuivent le centre avec leurs deux divisions en aile, et que la mêlée s'engage, la gauche des Africains s'élance sur la troisième escadre, embarrassée de ses remorques et restée en arrière; elle la presse et la pousse irrésistiblement à la côte : d'un autre côté, l'escadre de réserve se voit tournée par la haute mer et attaquée aussi à l'arrière par l'aile droite carthaginoise. La première des trois batailles fut promptement terminée : trop faible contre les deux divisions qui l'assaillaient, le centre des Carthaginois prit la fuite. Mais les deux autres escadres romaines avaient affaire à un ennemi de beaucoup plus fort. Elles tinrent bon néanmoins dans le combat corps à corps, grâce à leurs terribles ponts volants, et bientôt elles virent arriver à leur secours les navires victorieux des deux consuls. La réserve romaine put alors se dégager, et l'aile droite ennemie, cédant au nombre, gagna au large. Ce second combat terminé à l'avantage des Romains, tous leurs navires valides se réunirent et coururent sur l'aile gauche carthaginoise, qui s'obstinait à poursuivre leur arrière-garde et ses remorques. Pris à dos, enveloppés, tous les vaisseaux qui la composaient furent capturés. Ailleurs, les pertes avaient été à peu près égales, vingt-quatre vaisseaux romains contre trente vaisseaux carthaginois, coulés : mais les Romains avaient pris soixante-quatre navires. Quelque affaiblis qu'ils fussent, les Carthaginois n'en essayèrent pas moins de couvrir la côte africaine ; et se reformant dans le golfe de Carthage, ils s'y tinrent prêts pour une seconde bataille.

Les Romains, au lieu d'aborder sur le rivage occidental de la presqu'île placée au-devant de la rade, allèrent prendre terre à l'est, dans la baie de *Clupéa*[1]. Là se trouvait, abritée contre tous les vents, une forteresse maritime excellente, et adossée à une colline s'élevant en dos d'âne au-dessus de la plaine. Ils débarquèrent sans nul obstacle, s'établirent sur la hauteur, organisèrent leur campement naval avec ses retranchements (*castra navalia*[2]), et entamèrent les opérations à terre. Déjà leurs soldats parcourent et ravagent le pays ; ils ramassent vingt mille esclaves qui sont envoyés à Rome. Ainsi cette entreprise hardie était couronnée par un succès inouï du premier coup : sans grands sacrifices, on touchait au but. Telle était la confiance des Romains, que le Sénat crut pouvoir faire revenir en Italie la majeure partie de la flotte et la moitié de l'armée. Marcus Régulus resta seul en Afrique avec quarante navires, quinze mille hommes d'infanterie et cinq cents chevaux. Et cette témérité sembla justifiée d'abord. Les Carthaginois découragés n'osaient plus tenir la plaine : ils se firent battre une première fois dans un défilé boisé où leur cavalerie et leurs éléphants ne pouvaient agir. Les

Régulus débarque en Afrique.

---

[1] [Ou *Aspis*, auj. *Aklib*.]
[2] [V. Rich. *Dict.* v° *Castrum*.]

villes se rendaient en masse ; les Numides révoltés inondaient les campagnes. Régulus, espérant mettre au printemps le siége devant Carthage, alla prendre ses quartiers d'hivers à *Tunès* (*Tunis*). presque sous ses murs.

Les Carthaginois demandent en vain la paix.

Les Carthaginois avaient perdu courage : ils demandèrent la paix. Mais le consul leur fit les conditions les plus dures. Abandon de la Sicile et de la Sardaigne ; alliance avec Rome sur le pied d'une inégalité désastreuse. Ils n'auraient plus de marine de guerre à eux, et fourniraient des vaisseaux à leur rivale! C'était réduire Carthage au niveau de Naples et de Tarente. Comment se soumettre à de telles exigences tant qu'il lui restait une armée en campagne et une flotte en mer, tant que ses murailles étaient encore debout? C'est le propre des Orientaux, même de ceux tombés le plus bas, de s'enflammer d'un puissant désespoir à l'approche du péril!

Préparatifs de résistance.

Ainsi fit Carthage : puisant une énergie nouvelle dans sa détresse extrême, ses efforts dépassèrent tout ce qu'on aurait pu attendre de son peuple de marchands et de boutiquiers. Hamilcar, le général si heureux jadis dans la petite guerre menée par lui contre les Romains en Sicile, ramena en Libye l'élite des troupes de l'île, noyau excellent pour l'armée nouvellement levée : ses relations et son or procurèrent à Carthage les bandes innombrables des magnifiques cavaliers numides, et des mercenaires grecs accourus en foule et placés sous le commandement d'un capitaine fameux, du Spartiate *Xanthippe* : le talent d'organisation et le génie militaire de celui-ci furent d'un immense secours à ceux dont il servait la cause [1]. Tout l'hiver fut consacré à ces prépa-

---

[1] Je crois exagérés les récits selon lesquels Carthage n'aurait dû son salut qu'à Xanthippe et à ses talents militaires. Les officiers carthaginois n'avaient pas besoin sans doute qu'il vînt leur apprendre que la cavalerie légère des Africains s'employait en rase campagne avec tout avantage, et bien mieux que dans les pays de montagnes et de forêts.

ratifs. Pendant ce temps le Romain resta oisif à Tunès. Ignorait-il l'orage qui s'amassait sur sa tête? L'honneur militaire lui interdisait-il les mesures commandées pourtant par sa situation? Il lui eût fallu, renonçant à l'idée d'un siége dont la tentative même ne lui était plus possible, s'enfermer au plus tôt dans son réduit de Clupéa, et attendre! Au lieu de cela, il reste avec une poignée de soldats devant les murs de la capitale ennemie; il néglige d'assurer ses derrières et sa retraite vers le camp naval retranché : il néglige par-dessus tout d'entamer des négociations avec celles des tribus numides qui s'étaient mises en révolte, et de leur acheter aussi la facile et précieuse ressource d'une cavalerie légère qui lui faisait absolument défaut. C'était se placer de gaieté de cœur, soi et son armée, dans la situation où avait échoué jadis l'aventureux désespoir d'Agathocle. Donc, à l'ouverture du printemps (499), les choses avaient bien changé. Les Carthaginois se mettent les premiers en campagne et offrent la bataille aux Romains. Ils avaient intérêt à en finir avec Régulus avant que des renforts lui fussent envoyés d'Italie. Par cette même raison, les Romains auraient dû refuser le combat. Mais dans leur présomptueuse confiance, ils se crurent invincibles en rase campagne, et ils marchèrent à l'ennemi en dépit de leur moindre nombre (car si des deux côtés l'infanterie était égale, les Carthaginois l'emportaient grâce à leurs quatre mille cavaliers et leurs cent éléphants). Les légions enfin avaient le désavantage du terrain : les Carthaginois se développaient tout à l'aise dans la plaine voisine. Xanthippe les commandait ce jour-là. Il jeta d'abord sa cavalerie sur celle de l'ennemi, qui, comme

255 av. J.-C.

Défaite de Régulus.

Polybe lui-même ne s'est pas assez tenu en méfiance contre ces traditions erronées, écho des récits vantards des corps de gardes grecs. — Quant à soutenir qu'après la victoire les Carthaginois auraient mis Xanthippe à mort, c'est là une invention pure : il s'en retourna librement, entrant même, à ce qu'il paraît, au service de l'Égypte.

d'ordinaire, était postée aux deux ailes; et l'on vit en un clin d'œil disparaître les minces escadrons légionnaires sous les profondes masses de chevau-légers numides; puis l'infanterie latine fut aussitôt débordée et enveloppée. Inébranlables devant l'ennemi, les Romains n'en marchent pas moins tout droit contre l'infanterie carthaginoise, et bien que gênés à la droite et au centre par les éléphants rangés en bataille qui couvrent les Carthaginois, leur aile gauche tourne la ligne de ces animaux, se précipite sur l'aile droite africaine, et la met en déroute. Mais ce mouvement, tout heureux qu'il fût, avait séparé en deux l'armée romaine. Le corps principal, arrêté en tête par les éléphants, assailli sur ses flancs et en queue par la cavalerie, se forme en carré et se défend avec une constance héroïque, puis enfin succombe et se rompt sous le poids des masses ennemies. Quant à l'aile gauche, d'abord victorieuse, elle se trouve tout à coup en face des bataillons libyens de l'infanterie carthaginoise, lesquels n'ont point encore combattu, et l'accablent sans peine. Le terrain se prêtant au déploiement des cavaliers numides, déjà supérieurs par le nombre, les Romains sont écrasés, hachés ou pris : deux mille hommes seulement, troupes légères de pied et de cheval, dispersés à la première heure, ont pris de l'avance pendant que les légionnaires se font tuer sur place et se réfugient à grande peine dans Clupéa. Parmi les rares prisonniers se trouvait le consul, qui mourut plus tard à Carthage. Sa famille, dans la supposition que l'ennemi lui avait fait subir un traitement qui violait les usages de la guerre, le vengea odieusement sur deux nobles Carthaginois captifs, pour lesquels les esclaves eux-mêmes se sentirent pris de pitié : ils allèrent dénoncer leur inique supplice. Les tribuns intervinrent [1].

[1] On ne sait rien sûrement de la fin de Régulus. Son envoi à Rome,

La terrible nouvelle arriva bientôt à Rome. Tout d'abord on courut au secours de la petite garnison de Clupéa. Une flotte de trois cent cinquante voiles mit à la mer, remporta une belle victoire en vue du *cap Herméen*[1], laquelle ne coûta pas moins de cent quatorze navires aux Carthaginois, et arriva devant la ville, à temps encore pour sauver les malheureux débris de l'armée de Régulus. Envoyée avant la bataille, elle eût pu changer la défaite en triomphe, et mettre fin d'un coup aux guerres entre Rome et Carthage. Mais les Romains avaient perdu la tête : après un combat heureux sous Clupéa, ils embarquent leur monde et s'en retournent en Italie, abandonnant à la légère une place importante, facile à défendre, et qui leur ouvrait un pied en Afrique. Faute plus grande encore, ils livrent sans défense tous leurs alliés du continent à la vengeance des Carthaginois. Pour ceux-ci l'occasion était trop belle ! Ils s'en saisissent afin de remplir leur trésor vide, et font durement sentir à leurs sujets les conséquences de l'infidélité commise. Ils les chargent d'une contribution de guerre de 1000 talents d'argent (1,700,000 *thal.* [ou 6,275,000 fr.]) et de 20,000 bœufs. Dans toutes les tribus qui ont passé aux Romains, les *cheiks* sont attachés à la croix. Trois mille, dit-on, périrent : cette cruelle et odieuse punition ne sera pas pour peu de chose dans l'explosion de la grande révolte qui mettra l'Afrique en feu quelques années plus tard ! — Comme si la fortune, après avoir comblé les Romains, eût voulu aujourd'hui se montrer con-

Les Romains évacuent l'Afrique.

que les uns placent en 503, les autres en 513, n'est nullement un fait démontré. Dans les temps postérieurs, alors que les vicissitudes de la fortune romaine servaient de thème dans les écoles, Régulus est devenu le type du héros malheureux, comme Fabricius celui du héros pauvre : leur nom défraye une foule de contes et d'inventions obligées. Paillettes et clinquant maladroitement jetés sur le costume simple et sévère de l'histoire !

251-241 av. J.-C.

[1] [Qu'on croit le même que le *Pulchrum Promontorium*, ou *Cap Bon.*]

stamment hostile, leur flotte, au retour, perdit les trois quarts de ses vaisseaux et de son monde dans une terrible tempête ; il n'en rentra que quatre-vingts au port (juillet 499). Les capitaines de bord avaient pronostiqué le danger, mais les amiraux improvisés à la veille de l'expédition n'en avaient pas moins ordonné le départ.

Ces prodigieux succès permirent aux Carthaginois de reprendre aussitôt l'offensive en Sicile. *Hasdrubal*, fils d'Hannon, descend à *Lilybée* avec une puissante armée, laquelle, munie d'éléphants en nombre inusité, (on en comptait cent quarante), semblait de force à tenir la campagne contre les Romains. Les dernières luttes avaient donné la preuve qu'avec l'aide de ces animaux de combat et d'une bonne cavalerie, il serait possible de suppléer à la faiblesse du soldat de pied. — Les Romains, de leur côté, reprirent leurs opérations dans l'île. La destruction de l'armée d'Afrique, l'évacuation volontaire de Clupéa, nous font voir que dans le Sénat l'influence était revenue à ceux qui, ne voulant pas d'une expédition en Libye, insistaient au contraire pour la conquête de la Sicile. Dans tous les cas, il fallait une flotte : celle qui avait vaincu à *Mylæ*, à *Ecnome* et au *cap Herméen* n'existait plus. On en mit une autre en chantier. Deux cent vingt coques de navires furent commencées et construites à la fois, entreprise inouïe jusqu'alors : au bout de trois mois, chose à peine croyable, les navires achevés étaient prêts à prendre la mer. Au printemps (500) la flotte romaine, comptant trois cents vaisseaux, neufs pour la plupart, se montre sur la côte nord de la Sicile. Une attaque heureuse, par mer, livre aux Romains Panorme, la principale place des Carthaginois; ils s'emparent de même d'autres cités plus petites, de *Solus*, de *Cephalædion*, de *Tyndaris*[1] : sur tout le rivage septentrional, il

---

[1] [*Cefalu*; *Santa-Maria in Tindaro*, non loin de Milazzo.]

ne reste plus aux Carthaginois que la seule ville de *Thermæ*. A dater de ce jour, Panorme, demeurée au pouvoir des Romains, devient l'une de leurs plus importantes stations. A l'intérieur, la guerre traîne en longueur, les deux armées se tenant en face l'une de l'autre, devant Lilybée, sans que les généraux de la République, qui ne savent comment trouver prise sur les éléphants, osent tenter une bataille décisive. L'année suivante (501), les consuls, au lieu de poursuivre des avantages assurés sur les rivages de l'île, se dirigent vers l'Afrique, non pour y faire une descente, mais tout simplement pour y piller les villes maritimes. Leur expédition réussit d'abord sans obstacle ; mais bientôt ils s'engagent au milieu des bas-fonds de la *petite Syrte*, inconnus à leurs pilotes, et dont ils ont peine à se tirer ; puis, entre la Sicile et l'Italie, ils essuient une tempête qui leur coûte cent cinquante vaisseaux. Cette fois encore, quand les pilotes demandaient instamment qu'il leur fût permis de ranger la côte, les consuls leur avaient ordonné, en sortant de Panorme, de mettre droit le cap sur Ostie, en pleine haute mer. — Les *pères* du Sénat perdirent courage : la réduction de la flotte de guerre à soixante voiles seulement fut décidée. La guerre sur mer devait dorénavant se limiter à la défense des côtes et aux transports. Par bonheur, à ce même moment, la guerre en Sicile prenait une tournure meilleure. En 502, *Thermæ*, l'unique place qui tenait encore sur la côte du nord, et l'île importante de *Lipara* (*Lipari*) sont prises : et enfin le consul *Gaius Cœcilius Métellus* remporte une brillante victoire devant Panorme sur l'armée et les éléphants de l'ennemi (été de 503). Imprudemment menées en avant, les énormes bêtes furent assaillies tout à coup par l'infanterie légère des Romains, cachée dans les fossés de la place ; elles s'y précipitèrent en partie, ou se

253 av. J.-C.

Temps d'arrêt dans la guerre navale.

252.

Victoire des Romains sous les murs de Panorme. 251.

² [*Thermæ Himerenses* : auj. *Termini*.]

retournèrent contre les Carthaginois, qui se pressaient pêle-mêle avec eux sur la plage, s'efforçant de regagner leurs vaisseaux. Cent vingt éléphants ayant été pris, les Carthaginois perdaient avec eux ce qui faisait la force de leur corps d'armée. Il ne leur restait plus qu'à s'enfermer de nouveau dans leurs villes fortes. Bientôt *Eryx* succombe (505) : *Lilybée* et *Drepana* seules tiennent encore. Pour la seconde fois, Carthage sollicite la paix ; mais depuis la victoire de Métellus et l'affaiblissement de la rivale de Rome, le parti de la guerre a pris toute l'influence dans le Sénat. Les propositions de paix sont rejetées ; l'investissement des deux villes siciliennes est décidé, et pour aider à le mener vigoureusement, une flotte de deux cents vaisseaux met à la voile. Le siége de Lilybée a été le premier grand siége qu'ait régulièrement entrepris l'armée romaine : il fut aussi l'un des plus opiniâtres que mentionne l'histoire. Un succès important signale ses débuts. La flotte romaine parvenant à se loger dans le port, la ville se trouva aussi bloquée du côté de l'eau. Mais les assiégeants ne pouvaient complétement fermer la mer. En dépit des corps morts coulés à fond et des palissades amoncelées ; en dépit de la plus exacte surveillance, les fins voiliers de l'ennemi, qui connaissaient mieux les écueils et les passes, surent établir des communications régulières entre la ville assiégée et la flotte carthaginoise à l'ancre dans le port de Drépana. Puis bientôt cinquante navires phéniciens forçant le passage, débarquèrent des vivres avec dix mille hommes de renfort, et purent s'en retourner sans être attaqués. A terre, l'armée assiégeante ne réussit pas mieux. L'attaque commença dans les règles : les machines furent établies, et au bout de peu de temps, six tours croulèrent dans la muraille de la place ; déjà la brèche paraissait praticable, mais on avait compté sans l'habileté du défenseur de la ville, *Himilcon*. Derrière la brèche, on vit tout à coup s'élever une seconde muraille qu'il venait de construire. Les Romains tentèrent alors de nouer des intelligences avec la garnison : leur dessein fut encore déjoué. Enfin, après une première sortie malheureuse, les Carthaginois, profitant d'une nuit d'orage, allèrent mettre le feu à toutes les machines de siége. Les Romains, renonçant alors à tous leurs préparatifs d'assaut, réduisirent le siége à un blocus par terre et par mer. Expédient modeste, qui reportait le succès à un avenir lointain. Ils étaient hors d'état d'ailleurs d'empêcher l'approche des navires africains. Durant ce temps, l'armée de siége, à terre, avait à lutter contre des difficultés non moins sérieuses. La cavalerie légère de l'ennemi, nombreuse et audacieuse dans ses attaques, lui coupait fréquemment ses convois : et d'une autre part, les maladies, inhérentes au sol malsain d'alentour, la décimaient déjà. Et pourtant si grande était l'importance de la place, qu'il eût mieux valu encore, au prix des plus pénibles travaux, attendre l'heure tant souhaitée de sa chute infaillible. Mais le nouveau consul, *Publius Claudius*, crut que c'était trop faire que de tenir Lilybée investie : il voulut encore une fois changer le plan des opérations. Avec la flotte maintenant nombreuse et garnie de nouvelles troupes, il crut pouvoir surprendre les Carthaginois, postés dans leur havre de Drépana. Le voilà donc qui part à minuit avec toute l'escadre de blocus, ayant à bord un grand nombre de volontaires tirés des légions; et au lever du soleil il arrive en bon ordre devant l'ennemi, sa droite appuyée à la terre, sa gauche étendue vers la haute mer. L'amiral phénicien *Atarbas* commandait à Drépana. Quoiqu'il ne s'attendît point à une attaque, il ne perdit point la tête; et loin de se laisser enfermer, au moment où les Romains arrivaient, rangeant la côte, et entraient dans le port ouvert en croissant vers le sud, il en sortit de l'autre côté demeuré encore

Défaite navale des Romains à Drépana.

libre, et mit aussitôt ses vaisseaux en ligne. Cette manœuvre obligea l'amiral romain à retirer au plus vite ceux de ses navires déjà entrés dans le port, et à se préparer lui-même au combat. Mais dans son mouvement de retraite il perdait le choix de la position. Assailli par l'ennemi qu'il avait voulu attaquer, il avait sa ligne débordée par cinq des vaisseaux d'Atarbas : le temps lui avait manqué pour se développer complétement en partant du port ; et d'ailleurs, il était serré de si près à la côte, que ses transports ne purent ni se retirer, ni aller se placer derrière la flotte pour lui donner et en recevoir secours. La bataille était perdue avant qu'elle commençât, et la flotte de Rome, étroitement enveloppée, devait tomber presque tout entière dans les mains des Africains. Le consul évita d'être pris, en s'enfuyant d'abord ; mais il perdait quatre-vingt-treize vaisseaux, plus des trois quarts de la flotte de blocus, et avec eux le noyau et l'élite de ses légions. Telle fut la première et l'unique grande victoire navale que les Carthaginois aient jamais remportée sur les Romains.

Elle eut immédiatement de considérables résultats. Lilybée cessa d'être sérieusement bloquée du côté de la mer. Les restes de la flotte, battus à Drépana, allèrent bien y reprendre leur poste, mais il leur fut impossible désormais de fermer l'entrée du port ; et s'ils n'avaient eu l'appui de l'armée de terre, l'escadre carthaginoise les eût pris ou détruits. Ainsi la folle et coupable imprudence d'un officier inexpérimenté avait anéanti en un moment tous les avantages conquis au prix de tant d'efforts, après un si long siége, et tant de sang répandu.

Destruction de leur flotte de transport. Les Romains possédaient encore quelques vaisseaux : malheureusement, ce qu'avait épargné le désastre dû à la témérité d'un des consuls, l'inintelligence de l'autre acheva de le perdre. Le second consul, *Lucius Junius Pullus*, avait mission d'embarquer à Syracuse les vivres et munitions destinés à l'armée de siége, et de longer la côte du sud, convoyant les transports avec la deuxième flotte, qui comptait cent vingt navires de guerre. Mais au lieu de tenir tous ses vaisseaux réunis, il commit la faute de dépêcher les premiers transports en avant, sans protection aucune, se réservant de suivre un peu plus tard avec les autres. *Carthalo*, amiral en second des Carthaginois, commandait alors les cent voiles choisies qui bloquaient les Romains dans le havre de Lilybée. Il apprend ce qui se passe, et aussitôt, se portant au sud, il se jette entre les deux divisions de la flotte de Pullus, et les contraint à se réfugier dans les deux rades de *Géla* et de *Camarine*. L'ennemi les vient attaquer sur ces plages inhospitalières : il est vaillamment repoussé, grâce aussi aux engins de guerre partout établis depuis quelque temps déjà le long des côtes. Mais se réunir et continuer sa route, c'était ce à quoi il ne fallait plus songer, et Carthalo put s'en remettre aux éléments du soin d'achever son ouvrage. Aux premiers gros temps, les deux escadres ramassées dans ces mauvais parages sont entièrement détruites, pendant que le Carthaginois, manœuvrant en haute mer, échappe sans peine ni dommage à la tempête. Les Romains avaient d'ailleurs pu sauver en grande partie les équipages et les cargaisons (505).

249 av. J.-C.

Embarras des Romains.

Le Sénat ne savait plus que faire. Déjà la guerre sévissait depuis seize ans, et l'on semblait plus loin du but qu'à la première année des hostilités. On avait perdu quatre grandes flottes, dont trois ayant une armée romaine à bord. Une quatrième armée, toute de troupes d'élite, avait péri en Libye, sans compter d'autres et innombrables sacrifices qu'avaient coûté tous les petits combats sur mer, les batailles livrées en Sicile, l'attaque ou la défense des places et des positions, et enfin les maladies! Il s'était fait une énorme dépense de vies humaines, tellement que les *rôles* civiques, de 502 à 507, avaient décru de quarante mille têtes ou d'un sixième; sans compter les pertes énormes des alliés, sur lesquels portait tout le poids de la guerre maritime, et qui, au moins autant que les Romains, avaient à défrayer la guerre de terre. Des dépenses d'argent, impossible de s'en faire une idée; elles étaient énormes, soit qu'il s'agit directement de combler les vides de la flotte et du matériel, soit qu'on eût égard aux souffrances du commerce. Le pire mal était qu'on avait épuisé tous les moyens sans pouvoir épuiser la guerre. On avait pratiqué une descente en Afrique avec une armée toute neuve, animée par ses premières victoires; et l'entreprise avait échoué. En Sicile, on avait tenté l'attaque successive des villes: les places moindres étaient tombées, mais les deux puissantes citadelles de Lilybée et de Drépana restaient debout. Que faire désormais? Le découragement prit le dessus. Les pères-conscrits désespéraient de la guerre; ils laissèrent aller les choses: non qu'ils ne sussent fort bien qu'une guerre se trainant sans but et sans terme serait cent fois plus désastreuse pour l'Italie que de nouveaux et opiniâtres efforts, lui dussent-ils demander et son dernier homme et son dernier écu. Ils n'osèrent avoir foi ni dans le peuple ni dans la fortune, et à tant de sacrifices dépensés en vain, ajouter encore des sacrifices immenses! La flotte est condamnée : on ne fera plus que la guerre de corsaires; on donnera les navires de l'État aux capitaines qui voudront les monter pour leur compte, et aller en course. Quant aux opérations sur terre, elles ne continueront que de nom, puisque aussi bien l'on ne peut faire autrement. Mais on se maintiendra dans les places conquises; on s'y défendra en cas d'attaque. Tout modeste que fût ce plan, il nécessitait, à défaut de la flotte, une armée nombreuse et de grands frais. Certes, l'heure avait sonné ou jamais, pour Carthage, d'achever l'humiliation de sa puissante rivale. A Carthage aussi l'épuisement se faisait sentir, qui peut en douter? Néanmoins, de la façon dont y allaient les choses, ses finances n'étaient point encore à bout. Rien n'empêchait qu'on reprît vigoureusement l'offensive : la guerre, après tout, ne coûtait que de l'argent. Mais ceux qui gouvernaient la cité phénicienne n'avaient point l'énergie guerrière; retombant dans la lâcheté et la faiblesse, dès qu'ils n'étaient plus poussés par l'aiguillon d'un gain sûr ou de la nécessité la plus extrême. Trop heureux de n'avoir plus la flotte de Rome sur les bras, ils laissèrent aussi la leur se dissoudre; ils firent comme les Romains; et la petite guerre sur terre et sur mer commença de part et d'autre dans l'île et autour de l'île.

Ainsi se passèrent six années d'une lutte sans événements (506-511), années sans gloire aussi et les plus obscures du siècle, pour les Romains comme pour les Carthaginois. Enfin un homme se leva, qui pensait et voulait agir autrement que ses nationaux d'Afrique. Un jeune général de talent. *Hamilcar*, dit *Barak* ou *Barcas* (c'est-à-dire l'*Éclair*), vint en 407 prendre le commandement de Sicile. Comme toujours, les Carthaginois manquaient d'une infanterie solide et exercée; et leur gouvernement, bien qu'il eût pu sans doute en réunir une, ou qu'en tous cas il aurait dû s'efforcer de le faire, assistait inactif à des désastres répétés, ou, de temps à autre, envoyait ses généraux à la croix. Hamilcar ne demanda d'aide qu'à lui-même; il savait ses soldats par cœur. Carthage leur était tout aussi indifférente que Rome! Demander aux magistrats de sa république des conscrits phéniciens ou libyens, c'eût été peine perdue. Mais avec les troupes qui lui restaient, il ne lui était pas défendu de sauver sa patrie, pourvu qu'il n'en coûtât rien à celle-ci. Il se connaissait lui-même; et il connais-

Petite guerre en Sicile.
247-243 av. J.-C.

Hamilcar Barcas.
247.

sait les hommes. Que ses mercenaires ne songeassent pas à Carthage, il le voulait bien ; mais un vrai général tient lieu de patrie à ses soldats, et le jeune capitaine était digne de s'attacher les siens. Il les habitue d'abord, dans les escarmouches de tous les jours sous les murs de Lilybée et de Drépana, à regarder les légionnaires en face : puis il se retranche sur le mont *Eirctè* (*monte Pellegrino*, près de Palerme), qui commande le pays comme une citadelle naturelle : il fait venir leurs femmes et leurs enfants qui s'y cantonnent auprès d'eux ; et, de là, il rayonne, battant la campagne en tous sens, pendant que ses corsaires ravagent les côtes italiennes jusqu'à Cumes. L'abondance est dans son camp, sans que la métropole ait à défrayer l'armée : donnant tous les jours la main à Drépana par la voie de mer, il menace bientôt d'un coup de main Panorme, placée à deux pas de lui. Les Romains essayent en vain de le chasser de son aire : après de longs combats ils ne peuvent même l'empêcher d'aller se loger aussi au-dessus d'*Eryx*. Là, la montagne portait à mi-côte la ville de ce nom ; un temple, dédié à *Vénus Aphrodite*, couronnait le sommet. Hamilcar enlève la ville, et assiége le temple, pendant que les Romains se tiennent dans la plaine et le bloquent à son tour. Ils avaient posté dans le temple, en enfants perdus, une troupe de Gaulois, transfuges de l'armée carthaginoise ; horde de pillards, s'il en fut, qui mirent à sac le lieu confié à leur garde, commirent tous les excès et se défendirent avec le courage du désespoir. Mais Hamilcar s'opiniâtre ; il maintient sa position dans Eryx, et pendant ce temps se ravitaille journellement à l'aide de la flotte et de la garnison de Drépana. La guerre prend une tournure de plus en plus mauvaise pour les Romains. La république y épuise ses ressources en argent ; ses soldats et ses généraux y perdent leur renommée. Il n'était que trop certain que nul capitaine de Rome ne pouvait lutter désormais contre Hamilcar, dont les soldats se mesuraient maintenant sans crainte avec les légionnaires. Pendant ce temps, les corsaires redoublaient d'audace le long des côtes de l'Italie : déjà il avait fallu envoyer un préteur à l'encontre d'une bande ennemie descendue à terre. Si on avait laissé aller ainsi les choses, au bout de peu d'années, Hamilcar, venant de Sicile et porté sur sa flotte, était homme à tenter l'entreprise fameuse que son fils un jour exécutera par la route de terre.

Et pourtant le Sénat reste dans l'inaction : le parti des gens de petit courage y est toujours le plus fort. Enfin, là aussi il se trouva des hommes prévoyants et magnanimes qui se résolurent à sauver l'État sans l'assistance de l'État, et de mettre fin à cette ruineuse guerre. Quelques courses heureuses en mer avaient relevé le moral du peuple : l'énergie et l'espoir se réveillaient : une escadre rapidement formée avait brûlé *Hippone* sur la côte d'Afrique, et remporté une victoire en vue de Panorme. Des souscriptions volontaires sont recueillies, comme autrefois l'on avait fait à Athènes, mais dans de moindres proportions : une vraie flotte de guerre est lancée aux frais des patriotes riches de Rome; elle a pour noyau les anciens navires corsaires et les équipages rompus à la mer qui les montent. Les soins les plus minutieux ont présidé à sa construction ; jamais même on n'a autant fait pour la marine de l'État. Les annales de l'histoire n'offrent pas d'exemple d'un pareil enthousiasme! Oui, l'on vit alors quelques citoyens coalisés donner à leur patrie, épuisée par vingt-trois années de rude guerre, une flotte magnifique de deux cents voiles, avec ses soixante mille matelots. L'honneur de la conduire en Sicile était réservé au consul *Gaius Lutatius Catulus*. Il n'y trouva plus d'adversaires. Les deux ou trois navires carthaginois qu'Hamilcar avait à

Reconstruction d'une flotte romaine.

sa disposition pour la course disparurent. Les Romains occupèrent presque sans résistance les ports de Lilybée et de Drépana, dont le siége fut vigoureusement repris, et par terre et par mer. Carthage se voyait devancée et surprise : ses deux forteresses mal approvisionnées couraient le plus grand péril. Elle arme aussitôt : mais quelque hâte qu'elle fasse, l'année s'achève sans qu'elle ait pu envoyer ses vaisseaux dans les eaux siciliennes; et quand enfin, au printemps de l'an 513, ceux-ci se montrent en vue de Drépana, les Romains ont devant eux une flotte de transport plutôt qu'une flotte de combat. Les Carthaginois avaient pensé pouvoir débarquer sans obstacles, décharger toutes leurs munitions et prendre à bord les troupes nécessaires pour la lutte; mais leur ennemi leur barre le passage, et comme ils veulent, depuis l'*île* (*Sainte Maritima*), gagner Drépana, ils sont forcés d'accepter la bataille sous la petite île d'*Ægusa* (*Favignana*). On était au 10 mars 513. L'issue ne resta pas un seul instant douteuse. La flotte romaine, bien bâtie, bien armée, obéissait à un amiral habile, le préteur *Publius Valérius Falto* (une blessure reçue devant Drépana tenant Catulus enchaîné à terre). Au premier choc, elle enfonça les navires carthaginois, lourdement chargés et mal armés au contraire. Cinquante sont coulés à fond ; soixante et dix sont capturés et emmenés par le vainqueur dans le port de Lilybée. Le grand et généreux effort des patriotes de Rome avait porté ses fruits : il donna à la République et la victoire et la paix.

Les Carthaginois, après avoir crucifié leur malheureux amiral, ce qui ne remédiait à rien, envoyèrent au commandant de l'armée de Sicile plein pouvoir pour traiter. Hamilcar avait assisté au naufrage de ses héroïques travaux de sept années. Magnanime jusqu'au bout, il ne déserta ni l'honneur de ses soldats, ni la cause de son pays, ni ses propres desseins. Les Romains, maîtres de la mer, la Sicile n'était plus tenable, et il n'y avait plus rien à attendre de Carthage, avec son trésor à sec, et qui avait inutilement tenté un emprunt en Égypte. Comment espérer qu'elle voulût songer encore à l'attaque et à la destruction des forces navales de Rome? Hamilcar consentit donc à l'abandon de la Sicile. En revanche il obtint la reconnaissance expresse, et dans les termes ordinaires, de l'indépendance et de l'intégrité de l'État et du territoire carthaginois. Rome s'engageait envers Carthage, Carthage s'engageait envers Rome à ne point entrer en alliance particulière avec les membres de leur Symmachies respectives, c'est-à-dire avec les cités sujettes ou dans la dépendance de l'une ou de l'autre des parties contractantes; à ne point leur faire la guerre, à ne point prétendre de droits de souveraineté sur l'un ou l'autre territoire, enfin à n'y point lever de soldats [1]. Comme conditions accessoires, tous les Romains captifs devaient être rendus sans rançon : une contribution de guerre était imposée aux vaincus. Mais lorsque Catulus voulut exiger que les soldats d'Hamilcar déposassent leurs armes, et que les déserteurs italiens lui fussent remis, le Carthaginois s'y refusa absolument et réussit dans son refus. Catulus n'insista pas sur cette dernière réclamation, il permit aux Phéniciens de quitter la Sicile moyennant une légère rançon de 18 deniers (4 *thal.* ou 15 fr.) par homme.

La fin de la guerre étant chose désirable pour les Carthaginois, ils se trouvèrent satisfaits, j'imagine, de l'obtenir à ces conditions. Quant au général romain, il attacha naturellement un grand prix à rapporter une

[1] Que les Carthaginois aient également promis de ne point envoyer de vaisseaux de guerre dans les parages appartenant à la confédération romaine, à Syracuse, par conséquent, peut-être même à Messine (Zonar., 8, 17), c'est ce qui paraît très-vraisemblable : toutefois le texte du traité ne le dit pas (Polyb., 3, 27).

paix victorieuse dans sa patrie! Soit qu'il se souvint de
Régulus, et qu'il craignît les retours subits de la fortune
des armes; soit que cet élan patriotique auquel il avait
dû sa victoire ne pût se commander ou se renouveler
avec la même énergie; soit enfin qu'il cédât à l'ascendant personnel d'Hamilcar, Catulus, on le voit, ne se
montra pas par trop rigoureux. Mais à Rome, le peuple
accueillit mal la paix projetée, et excité dans le Forum
par les patriotes, par ceux sans doute qui avaient donné
une flotte à l'État, il refusa d'abord la ratification
qui lui était déférée. D'où venaient les répugnances?
nous ne saurions le dire. Nous ignorons de même si les
opposants ne voulaient pas tout simplement arracher
encore de nouvelles concessions à l'ennemi, ou si, à la
pensée qu'autrefois Régulus avait osé exiger de Carthage le renoncement à son indépendance, ils ne se
sentaient pas comme aiguillonnés : peut être, en ce cas,
soutenaient-ils qu'il fallait poursuivre la guerre jusqu'au
but final, et qu'il s'agissait moins de conclure la paix
que d'imposer une soumission complète à l'ennemi. Que
si le refus de la ratification n'était qu'un calcul en vue
d'obtenir d'autres et plus amples avantages, ce calcul
était probablement maladroit. En présence de l'abandon
de la Sicile, où donc était l'intérêt d'arracher encore une
ou deux autres concessions accessoires? Il y avait danger à
se montrer trop exigeant envers un homme entreprenant
et fertile en ressources comme Hamilcar. Ne courait-on
pas le risque de lâcher la proie pour l'ombre? Les
adversaires du traité repoussaient-ils la paix, au contraire, parce qu'à leurs yeux il n'y avait qu'un seul
et efficace moyen de mettre un terme à la lutte, et qu'il
eût fallu avant toute chose, pour donner satisfaction à
Rome, l'anéantissement politique de sa rivale? En ce cas
leur opinion aurait témoigné d'un grand sens d'homme
d'État et d'un pressentiment vrai de l'avenir! Mais

Rome était-elle assez forte à cette heure pour recommencer l'expédition de Régulus, et pour mettre en avant l'enjeu nécessaire? Alors il ne se serait plus seulement agi d'abattre le courage, mais bien aussi les murs de la puissante cité phénicienne! Quel historien oserait aujourd'hui, en l'absence de preuves, répondre à une telle question dans un sens ou dans l'autre?

Pour conclure, le traité fut soumis à une commission chargée de se rendre en Sicile, et de décider sur place. Cette commission confirma les préliminaires dans les points essentiels; mais elle éleva les frais de la guerre à payer par Carthage à la somme de 3,200 talents (5,500,000 *thal.*, ou 20,625,000 fr.). Outre l'abandon de la Sicile, les clauses définitives stipulaient aussi celui des îles intermédiaires entre elle et l'Italie; mais il n'y eut à cet égard qu'un simple changement dans les termes mieux précisés de la rédaction officielle : car il allait de soi que Carthage n'ayant plus la grande île, ne pouvait se réserver l'île de Lipara, par exemple, occupée depuis longtemps d'ailleurs par les Romains. L'on ne peut non plus supposer gratuitement que le premier traité se fût à dessein exprimé d'une façon ambiguë. Un tel soupçon serait immérité autant qu'invraisemblable. — Tout le monde enfin étant d'accord, le général invaincu de la cité qui s'humiliait descendit des hauteurs qu'il avait si longtemps défendues, et remit aux nouveaux maîtres de l'île les forteresses où les Phéniciens avaient dominé sans interruption depuis quatre cents ans, et dont les murailles avaient tant de fois vu se briser les efforts des Hellènes. L'Occident avait la paix (513).

241 av. J.-C.
Jugement sur la conduite de la guerre.

Arrêtons-nous un instant encore sur ces grands combats qui portèrent la frontière romaine au delà de la ceinture marine de la péninsule. La première guerre punique a été l'une des plus longues et des plus difficiles que Rome ait jamais menées ; les soldats qui assistèrent à la dernière et décisive bataille n'étaient point nés encore, pour la plupart, quand avait commencé la lutte. Disons-le de suite, malgré les événements grandioses, héroïques qui s'y rencontrent, il n'en est point que les Romains, militairement et politiquement parlant, aient dirigée aussi mal et aussi peu sûrement. Et il n'en pouvait arriver autrement. Cette guerre se place dans un temps de crise : l'ancienne politique purement italienne ne peut plus suffire, la politique du grand empire futur n'est point encore trouvée. Pour les besoins de la première, le Sénat romain, le système militaire de Rome étaient excellemment combinés. Les guerres alors étaient de simples guerres continentales. Assise au centre de la péninsule, la métropole servait de base dernière et de pivot à toutes les opérations qui s'appuyaient d'ailleurs sur le réseau des forteresses intérieures. On faisait de la tactique sur place plutôt que de la grande stratégie : avant tout, on se battait, sans trop combiner les marches et les mouvements qui n'avaient qu'une importance secondaire : la guerre des siéges était dans l'enfance : à peine si une fois ou deux, déjà, et encore en passant, on avait pris la mer et fait la guerre navale. Qu'on n'oublie pas que jusque-là tout s'était décidé dans la mêlée à l'arme blanche, qu'une assemblée de sénateurs avait pu diriger suffisamment les opérations, et que le magistrat de la cité avait qualité suffisante pour être le général de l'armée. Mais voici que tout est changé soudain. Le champ de bataille s'étend à perte de vue, il est transporté jusque dans un autre continent et par delà les mers : tout flot qui déferle sur la plage est un chemin que l'ennemi peut prendre; et, de tous les havres de la côte, on peut un jour apprendre qu'il marche sur Rome. Toutes ces places maritimes, qui avaient tant de fois repoussé l'assaut des meilleurs tacticiens de la Grèce, voilà que les Romains, pour leur début, ont à les assiéger. Ici ce n'était plus assez des milices citoyennes et des contingents latins ou italiens : il faut désormais une flotte : il faut, chose plus difficile, savoir s'en servir. Il faut reconnaître les vrais points de l'attaque et de la défense, réunir et diriger les masses, préparer et combiner les expéditions qui vont au loin et dont la durée se prolonge. Que si l'on ne sait pas tout cela, l'ennemi, si inférieur qu'il soit dans la tactique, triomphera assurément de son adversaire plus fort. Quoi d'étonnant si les rênes ont vacillé dans les mains du Sénat et des magistrats civils appelés au généralat, quand même? — Évidemment, au début de la guerre nul ne savait où l'on allait : ce ne fut qu'au cours de la lutte que les défectuosités du système militaire se révélèrent les unes après les autres, et l'absence d'une flotte, et le défaut d'une direction ferme et suivie dans les opérations, et l'incapacité des généraux, et l'inaptitude complète des amiraux. A force d'énergie et de bonheur on pourvut au plus pressé. Ainsi en fut-il pour la flotte, notamment. Quelque puissante et grandiose qu'ait été sa création, elle n'en était pas moins un pis-aller, et elle demeura toujours un pis-aller pour les Romains. Elle porta le nom de « Flotte Romaine » sans avoir rien de national. Rome la traita toujours en marâtre ; et le service du bord fut tenu en médiocre estime auprès du service mieux honoré dans les rangs des légions. Les officiers de marine étaient, pour la plupart, des Grecs d'Italie; les équipages ne se composaient que de sujets, d'esclaves ou de gens sans aveu. Le paysan italien n'aimait pas la mer et ne l'aima jamais. Caton comptait parmi les trois repentirs de sa vie, de s'être un jour embarqué, alors qu'il aurait pu prendre la voie de terre. Et qu'on ne s'en étonne pas. Les navires marchant à la rame principalement, il n'y avait rien de noble dans un tel service. Peut-être aurait-on dû organiser des légions navales et un service d'officiers de mer romains. Il eût été facile, en obéissant à l'élan national, de fonder un état maritime puissant, non pas seulement par le nombre des navires, mais aussi par les qualités nautiques et l'expérience de la mer. On en eût aisément trouvé le noyau chez ces corsaires dont l'éducation s'était complétée durant une longue guerre. Mais le gouvernement de la République ne fit rien de ce qu'il eût fallu faire.

Quoi qu'il en soit, la marine romaine dans son organition grandiose encore, mais mal conçue et insuffisante, n'en a pas moins été l'œuvre la plus originale de l'époque. Elle avait fait Rome victorieuse à la première heure : elle lui valut le succès final. — Il était d'autres vices bien plus difficiles à réparer : j'entends parler de ceux qui, tenant à la constitution politique, auraient nécessité sa réforme. En butte aux vicissitudes des partis, le Sénat avait passé avec eux d'un plan de guerre à un autre, et commis les incroyables fautes de l'évacuation de Clupéa, ou des amoindrissements fréquents de la flotte. Tel général, dans l'année de sa charge, avait commencé l'investissement des places siciliennes, que son successeur laissait là pour aller ravager les côtes d'Afrique ou livrer une bataille en mer; tous les ans enfin le commandement suprême changeait de mains. Mais comment faire cesser le mal sans soulever aussitôt dans la cité des questions bien autrement difficiles que la création de la flotte? Les réformes n'étaient d'ailleurs rien moins qu'aisément réalisables en face des exigences de la guerre. Quoi qu'il en soit, nul ne se montra à la hauteur de la stratégie nouvelle, ni le Sénat, ni les généraux. L'entreprise de Régulus est la preuve de l'erreur étrange, partagée par tous. Ils avaient la foi la plus aveugle dans la supériorité de leur tactique de combat. Quel général s'est jamais vu d'abord plus comblé par la fortune? Dès l'an 498, il occupait les positions où Scipion ne reviendra que cinquante ans plus tard, et il n'avait pas devant lui, comme Scipion, Annibal et son armée, vieillis dans les batailles. Mais le Sénat croyant les Romains invincibles dans le combat corps à corps, s'était empressé de rappeler la moitié des troupes. Le général, abusé comme le Sénat, demeure dans son immobilité désastreuse. Inférieur à l'ennemi sur le terrain de la stratégie, il accepte la bataille là où elle lui est offerte, et il trouve aussi son maître sur le champ de la tactique proprement dite : catastrophe d'autant plus étonnante que Régulus était un habile et solide capitaine! La rude guerre à la façon des paysans avait suffi pour la conquête de l'Étrurie et du Samnium : elle amena le désastre de *Tunis*.

Jadis et selon les besoins des temps, tout citoyen avait pu faire un général : aujourd'hui la règle n'était plus de mise ; il fallait, dans le nouveau système. des généraux formés à l'école de la guerre, et ayant le coup d'œil militaire; le simple magistrat civil ne suffisait plus à la tâche. Autre et pire mesure encore : le commandement de la flotte était dans les attributions du commandant de l'armée, et par suite, le premier consul venu se croyait apte à la fois au généralat et à la conduite des opérations navales. Les mésaventures les plus graves que Rome ait essuyées durant la première guerre punique ne vinrent ni du fait des tempêtes, ni du fait des Carthaginois ; elles ont eu pour cause unique l'impéritie présomptueuse des consuls improvisés amiraux.

Quoi qu'il en soit, la République avait vaincu. Mais elle se contentait d'un gain moindre que celui demandé. offert même au commencement ; mais la paix rencontrait dans le peuple une opposition marquée ! La victoire et la paix n'étaient donc ni décisives ni définitives; et son triomphe encore, Rome le devait à la faveur des dieux, à l'énergie des citoyens, par-dessus tout aux fautes de l'ennemi, fautes capitales et dépassant de beaucoup la mesure des erreurs imputables aux Romains dans la conduite de la guerre !

CHAPITRE III

L'ITALIE PORTÉE JUSQU'A SES FRONTIÈRES NATURELLES.

La fédération italienne, sortie de la crise du ve siècle, ou mieux, l'État italien, avait rassemblé sous l'hégémonie de Rome toutes les villes et les cités, de l'Apennin à la mer Ionienne. De plus, et dès avant la fin du ve siècle, ces frontières avaient été des deux côtés franchies : au delà de la mer Ionienne, au delà de l'Apennin, des villes italiennes, appartenant à la fédération, s'étaient aussi élevées. Au nord, la République tirant vengeance des crimes anciens et nouveaux, avait, en 471, anéanti les *Sénons*; au sud, et au cours de la longue guerre de 490 à 513, elle avait chassé les Phéniciens de la Sicile. Là, plus loin que la colonie citoyenne de *Séna*, la ville latine d'*Ariminum* [*Rimini*]; ici la cité des Mamertins [*Messine*], avaient place dans l'alliance romaine. Comme elles se rattachaient toutes les deux à la nationalité des Italiques, elles participaient aussi aux droits et aux devoirs communs à toute la fédération. Ces extensions au dehors s'étaient faites sans doute sous la pression des événements plutôt qu'elles n'étaient dues aux visées d'une politique à vastes calculs. Mais on conçoit de reste

Frontières naturelles de l'Italie.

283 av. J.-C.
264-241.

qu'au lendemain de la guerre avec Carthage, les Romains, se voyant tant de riches dépouilles dans les mains, soient aussi entrés dans une nouvelle et plus vaste voie. Les conditions naturelles de la Péninsule auraient suffi pour leur en inspirer l'idée. L'Apennin, avec sa crête peu élevée, facile à franchir, constituait une frontière politiquement et militairement imparfaite. Il convenait de la reporter jusqu'aux Alpes, jusqu'à la vraie et puissante barrière entre l'Europe du Sud et l'Europe du Nord. Ce n'était point assez de dominer en Italie, il fallait réunir à cet empire la souveraineté maritime et la possession des îles, à l'ouest et à l'est de la Péninsule. Les Phéniciens chassés de la Sicile, le plus fort était fait, et les circonstances les plus favorables venaient comme à souhait faciliter l'achèvement de la tâche.

La Sicile mise sous la dépendance de l'Italie.

Sur les mers occidentales, dont l'importance alors était bien autre que celle de la mer Adriatique, les Romains, aux termes du traité de paix conclu avec Carthage, étaient en possession de la majeure partie de l'île de Sicile ; la station la plus importante dans ces parages, l'île la plus grande, la plus fertile et la mieux accessible avec ses nombreux ports. Le roi Hiéron, de Syracuse, qui, pendant les vingt-deux dernières années de la guerre, s'était montré inébranlablement fidèle à l'alliance romaine, aurait pu à juste titre demander un accroissement de territoire. Mais si au commencement de la guerre les Romains avaient déjà pris leur parti de ne tolérer dans l'île que des États secondaires, à la paix, ils avaient décidément en vue sa conquête tout entière. Hiéron devait donc s'estimer heureux d'avoir pu garder intact son petit royaume, c'est-à-dire Syracuse avec sa banlieue, et les territoires d'*Elore, Néeton, Acrae, Léontini, Mégara* et *Tauromenium*[1], et d'avoir de même

---

[1] [*Elore* était située au sud de Syracuse, à l'embouchure de l'*Elorum*

maintenu son indépendance vis-à-vis de l'étranger, grâce uniquement, il est vrai, à ce qu'il n'avait pas livré prise contre lui-même. Chose non moins heureuse, la guerre avait fini sans la ruine totale de l'un des deux puissants rivaux, et il y avait place encore en Sicile pour un royaume intermédiaire. Au reste, les Romains s'établirent en maîtres dans la plus grande partie de l'île, à Panorme, à Lilybée, à Agrigente, à Messine, regrettant tout haut qu'avec la possession de cette splendide terre ils ne pussent point encore changer la mer occidentale en un lac romain. Pour cela, il leur eût aussi fallu l'évacuation de la Sardaigne par les Carthaginois. Mais la paix à peine signée de la veille, une perspective inattendue s'ouvrira pour eux, qui va leur permettre de dépouiller Carthage de cette riche colonie.

Rome en Sardaigne.

Une révolte terrible venait d'éclater en Afrique : mercenaires et sujets, tous se soulevaient contre Carthage, par la faute de celle-ci et de son gouvernement. Durant les dernières années de la guerre, Hamilcar, ne pouvant plus, comme jadis, défrayer ses soldats à l'aide de ses propres ressources, avait en vain sollicité des envois d'argent; on y avait répondu par l'ordre de renvoyer ses troupes en Afrique, où elles devaient être licenciées. Il obéit; mais sachant à quels hommes il avait affaire, il prit soin de les expédier par détachements, afin que le payement et le congé ne s'opérassent que par fractions, ou que du moins les vieilles bandes ne fussent que successivement dissoutes : puis il déposa le commandement. Mais sa prudence ne servit de rien. Les caisses étaient vides, et d'ailleurs il avait compté sans les vices

Insurrection en Libye.

Flumen, aujourd'hui le *Telloro*, qui arrose le *Val di Noto* (jadis *Neetum*). *Acrae*, comme son nom l'indique, était sur la hauteur, aux sources de l'*Elorum*. — *Leontini* ou *Leontium*, aujourd'hui *Lentini*. — *Megara* ou *Hybla*, au nord de Syracuse, sous l'Etna et sur la côte; aujourd'hui *Paterno*. — *Tauromenium*, *Taormine*.]

d'une administration collective, et l'inintelligence de la *bureaucratie* carthaginoise. On attendit la réunion de toute l'armée en Libye, pour rogner la solde promise. Une émeute éclata naturellement ; les incertitudes et la lâcheté des autorités montrèrent aux troupes combien elles pouvaient tout oser. La plupart des soldats étaient natifs des pays placés sous la domination ou la dépendance de Carthage ; ils savaient quels sentiments y avait fait naître le massacre officiel des adhérents de Régulus (p. 61), quel tribut écrasant avait ensuite ruiné leur patrie ; ils savaient à quel gouvernement ils avaient affaire, traître à sa parole, et ne pardonnant jamais ; ils savaient enfin quel sort les attendait s'ils rentraient dans leurs demeures avec leur solde arrachée par l'émeute. Carthage avait depuis longtemps creusé la mine ; aujourd'hui, elle y place de ses mains les gens qu'elle contraint à l'allumer. La révolte court comme une traînée de flamme de garnison en garnison, de village en village ; les femmes libyennes donnent leurs bijoux pour la paye des soldats insurgés. Une multitude de citoyens de Carthage, et parmi eux quelques officiers des plus capables de l'armée de Sicile, sont les premières victimes des colères de la foule. Carthage elle-même se voit assiégée de deux côtés à la fois, et l'armée qui sort de ses murs est complétement battue par la faute du général malhabile qui la commande.

Lorsque à Rome arriva la nouvelle que l'ennemi, toujours haï et toujours redouté, se trouvait plus près de sa perte qu'il ne l'avait jamais été durant la guerre avec la République, on se prit à regretter davantage encore le traité de paix de 513. A supposer qu'il n'eût pas été trop précipitamment conclu, il paraissait tel au peuple. Nul ne voulait se souvenir de l'épuisement des forces romaines, et de la puissance encore grande de Carthage au moment des négociations. Par pudeur,

on n'osa pas se mettre en relation ouverte avec les
rebelles : les Carthaginois reçurent même exceptionnellement l'autorisation de louer en Italie des mercenaires pour leur défense. Tout commerce fut interdit
entre les marins italiens et la Libye. Mais qui peut
supposer qu'au fond Rome voulût exécuter sérieusement les arrangements d'amicale alliance? Ses vaisseaux n'en continuèrent pas moins le commerce avec les
insurgés ; et quand Hamilcar, rappelé par le danger à
la tête des troupes de Carthage, eut fait jeter en prison
quelques capitaines de navires pris en flagrant délit,
le Sénat s'employa aussitôt pour eux, et les fit relâcher.
Les rebelles, de leur côté, regardaient les Romains
comme leurs alliés naturels. Un beau matin, les garnisons de Sardaigne, qui, comme tout le reste de l'armée,
avaient passé au parti de la révolte, se trouvant impuissantes pour se défendre contre les attaques des tribus
invaincues de l'intérieur, envoyèrent offrir l'île aux
Romains (vers 515) ; et il leur vint de pareilles propo- 239 av. J.-C.
sitions d'Utique elle-même, qui s'étant aussi prononcée
pour l'insurrection, se voyait aujourd'hui serrée de près
par Hamilcar. Les offres d'Utique furent repoussées :
c'eût été aller trop loin au delà des frontières de l'Italie, et aussi des visées de la politique romaine ; mais
la demande des révoltés de Sardaigne fut au contraire accueillie avec joie, et la République reçut d'eux
tout le territoire dont les Africains s'étaient jadis mis
en possession (516). Dans l'affaire des Mamertins, Rome 238.
avait tenu une déloyale conduite; ici elle encourait
bien davantage encore le blâme de l'histoire. La grande
et victorieuse République ne dédaignait pas de faire
cause commune avec une soldatesque vénale, de partager avec elle le fruit du crime, faisant passer le gain du
moment avant la règle du droit et de l'honneur. Quant
aux Carthaginois, trop occupés de leurs propres dé-

sastres en Afrique au moment où les Romains s'empa-
raient de la Sardaigne, ils subirent d'abord en silence
cette voie de fait imméritée. Mais lorsque bientôt, ayant
vaincu le danger, contre la commune attente, et contre
l'espoir des Romains sans nul doute, ils purent rentrer,
grâce au génie d'Hamilcar, dans la pleine souveraineté
du continent africain (517), leurs ambassadeurs vinrent
à Rome réclamer la restitution de la colonie phénicienne.
Les Romains ne voulaient pas le moins du monde lâcher leur proie : ils répondirent par des récriminations
sans valeur ou qui n'avaient point trait à l'affaire;
reprochèrent aux Carthaginois d'avoir maltraité les
marchands italiens, et finalement leur déclarèrent la
guerre [1]. Ils démasquaient à ce moment les projets
éhontés d'une politique dont la règle était désormais
que tout ce qui se peut faire est permis. Si Carthage eût
cédé à sa juste colère, elle eût relevé le défi. Certes, si
Catulus, cinq ans avant, avait demandé l'évacuation de la
Sardaigne, la lutte avait continué. Mais à cette heure les
deux îles étaient perdues; la Libye frémissante encore;
l'État phénicien épuisé par vingt-quatre ans de combats
avec Rome, puis par cette épouvantable guerre civile
des mercenaires qui aurait duré près de cinq autres années. On se résigna. On supplia et supplia encore : on
s'engagea à payer 1,200 talents (2,000,000 de *Thal.*,
ou 7,500,000 fr.) d'indemnité pour les préparatifs de
guerre que Rome avait faits, uniquement parce qu'elle les
avait voulu faire. A ce prix la République déposa les armes,
et encore, à contre-cœur. Ainsi fut conquise la Sardaigne, sans coup férir; et à cette conquête se joignit

---

[1] Il est bien démontré que l'abandon des îles placées entre l'Italie et
la Sicile, aux termes du traité de 513, n'impliquait en aucune façon la
remise de la Sardaigne; et il n'a point été prouvé que les Romains se
soient appuyés sur ce traité quand ils occupèrent l'île, trois ans après
la paix faite. Alléguer un pareil motif, c'eût été recouvrir d'une pure
niaiserie diplomatique un acte de violence effrontée.

celle de la Corse, l'antique colonie étrusque, où sans doute les Romains avaient laissé quelques garnisons depuis la dernière guerre (p. 54). Dans l'une et l'autre île d'ailleurs, et surtout dans cette rude terre de la Corse, les Romains, imitant les Phéniciens, se contentèrent de l'occupation des côtes. Avec les indigènes de l'intérieur il y eut des combats quotidiens, ou plutôt de vraies chasses humaines. On les poursuivait avec des chiens : une fois pris, ils étaient conduits aussitôt sur le marché aux esclaves. De les réduire à une soumission sérieuse, il n'était point question. Si la République s'établissait dans ces îles, ce n'est pas qu'elle voulût les posséder pour elles-mêmes, mais il les lui fallait avoir pour la sûreté de l'Italie. Du jour où elle devint la souveraine des trois grandes terres, la confédération italienne pouvait se dire maîtresse de la mer Tyrrhénienne. {La Corse.}

La conquête des îles italiennes de l'Ouest introduisit dans l'économie du gouvernement romain un dualisme politique qui, tout commandé qu'il semble par les convenances locales et nouvelles, ou créé qu'il ait été par les circonstances, n'en a pas moins eu de profondes conséquences dans la suite des temps. Deux systèmes d'administration sont désormais en présence : l'un régit l'ancien territoire, l'autre le territoire transmaritime ; l'un demeure réservé à l'Italie, l'autre au contraire domine dans les *provinces*. Jusqu'alors les deux magistrats suprêmes de la cité, les consuls, n'avaient point eu de circonscription légalement définie : leur compétence s'étendait partout où venait toucher Rome. Il va de soi, naturellement, que dans l'ordre matériel il se faisait entre eux un partage d'attributions, et que de même, sur tous les points du département qu'ils s'étaient assignés, ils obéissaient à certaines règles préfixes d'administration. C'est ainsi que le préteur rendait partout {Administration des possessions transmaritimes.}

la justice aux citoyens romains, et que dans toutes les cités latines ou autonomes, les traités existants étaient fidèlement suivis. Quant aux quatre questeurs italiques, institués en 487, ils n'avaient point expressément diminué la puissance consulaire, puisque dans l'Italie comme à Rome ils étaient tenus pour de simples auxiliaires, subordonnés aux consuls (II, p. 235 et 249). Il semble que, d'abord, la République ait aussi fait administrer par des questeurs, sous la surveillance des consuls, les pays conquis sur les Carthaginois en Sicile et en Sardaigne: mais ce régime ne dura que peu d'années, et l'expérience démontra bientôt la nécessité d'une administration indépendante dans les établissements d'au delà des mers.

De même que l'accroissement du territoire de Rome avait provoqué la concentration des pouvoirs judiciaires dans la personne du préteur, et l'envoi d'officiers de justice spéciaux dans les districts les plus éloignés (II, p. 260), de même on fut conduit (527) à porter aussi la main sur les pouvoirs militaires et administratifs, jusque-là réunis dans la personne des consuls. On institua donc pour chacun des nouveaux pays d'au delà de la mer, pour la Sicile, et pour la Sardaigne réunie à la Corse, un fonctionnaire spécial, un *proconsul*, venant après le consul par le titre et le rang, mais égal au préteur: comme le consul des anciens temps avant l'établissement de la préture, il fut à la fois général, administrateur et juge souverain dans tout son gouvernement. Quant à l'administration financière, de même que tout d'abord elle avait été enlevée aux consuls (II, p. 12), de même elle ne fut point laissée aux proconsuls; on leur adjoignit un ou plusieurs questeurs, leurs subordonnés à tous égards, considérés officiellement comme de vrais *fils de famille* dans la puissance de leurs préteurs, mais lesquels en réalité géraient les caisses publiques, et n'avaient de comptes à rendre qu'au Sénat, à la fin de leur charge.

Cette différence est la seule que nous ayons à constater dans le gouvernement des possessions du continent d'Italie et des possessions transmaritimes. Toutes les autres règles qui présidaient à l'organisation des pays soumis italiens s'appliquaient aux conquêtes nouvelles. Toutes les cités sans exception y avaient perdu l'indépendance de leurs relations avec l'étranger. Dans le domaine des relations intérieures, nul *provincial* n'eut le droit dans sa province d'acquérir *la propriété légitime* au delà des limites de la cité : peut-être même lui fut-il défendu de contracter mariage au dehors. En revanche, Rome toléra, en Sicile tout au moins, une sorte d'entente fédérative entre les villes. Il n'y avait à cela aucun danger ; et les Siciliotes conservèrent leur innocente *diète* générale, avec droit de pétition et de remontrance [1]. Il ne fut pas de suite possible de donner cours forcé et exclusif à la monnaie romaine dans les îles ; mais depuis longtemps déjà elle y avait cours légal, à ce qu'il semble ; et quant à frapper dorénavant des pièces de métal noble, c'est ce que les Romains ne voulurent plus tolérer non plus dans les villes sujettes de l'île [2]. — A la propriété

Organisation des provinces.

Le commerce.

La propriété.

---

[1] Nous appuyons notre dire sur la plainte des Siciliens contre Marcellus (Tit. Liv., 26, 27 et suiv.), sur les « requêtes communes de toutes les cités siciliennes » dont parle Cic. (in Verr., 2, 42, 102, 45, 114, 50, 146, 3, 38, 204), et enfin sur une analogie bien constante (Marquardt. Handb. (manuel), 3, 1, 267.) De ce que les villes n'ont point entre elles le *commercium*, il ne s'ensuit nullement qu'elles n'aient pas le droit de réunion (*concilium*).

[2] Le monopole de la monnaie d'or et d'argent n'a point été exercé dans les *provinces* : on en comprend facilement la raison. Là où les monnaies d'or et d'argent n'avaient rien de commun avec le pied romain, leur circulation n'entraînait pas de sérieux inconvénients. Et cependant les ateliers siciliens, dans la règle, n'ont dû frapper que des pièces de cuivre, ou tout au plus que des pièces d'argent de minime valeur : les cités les plus favorablement traitées de la Sicile romaine, les Mamertins, les habitants de *Centoripæ*, d'*Alaesa*, de *Ségeste*, et les *Panormitains*, entre tous, n'ont émis sous les Romains que des monnaies de bronze.

foncière, il ne fut point touché. On n'avait point imaginé encore cette maxime des siècles postérieurs que toute terre non italique, conquise par les armes, devenait la propriété privée du peuple romain. De plus, en Sicile comme en Sardaigne, les villes continuèrent de s'administrer elles-mêmes, suivant la loi de leur ancienne autonomie; mais en même temps les démocraties sont partout supprimées ; dans chaque cité le pouvoir est remis aux mains d'un *conseil* exclusivement aristocratique ; un peu plus tard, en Sicile tout au moins, il se fait un recensement quinquennal, correspondant au *cens* de Rome. Mais ce sont là autant de modifications absolument exigées par la condition nouvelle des villes *provinciales*. Désormais soumises au gouvernement sénatorial de Rome, il n'y avait plus de place chez elles pour les *ecclèsies*, ou assemblées populaires à la grecque (ἐκκλησία). Il fallait que la métropole pût avoir l'œil sur les ressources militaires et financières de chacune, et d'ailleurs pareille chose était arrivée dans les pays conquis d'Italie.

Toutefois, si, au premier aspect, il semblait qu'il y eût égalité des droits entre les provinces et l'Italie, la réalité venait bien vite donner un grave démenti aux apparences. Les provinces n'avaient point de contingent régulier à fournir à l'armée ou à la flotte romaines [1]. Le droit de porter les armes leur fut ôté, sauf au cas où le préteur local appelait les populations à la défense de leur patrie, Rome se réservant toujours d'envoyer des troupes italiennes dans les îles, en tel cas et en tel nombre qu'il lui plaisait. A cette fin même, elle pré-

---

[1] Aussi Hiéron dit-il (Tit. Liv. 22, 37) qu'il sait fort bien que les Romains ne recrutent leur infanterie et leur cavalerie qu'avec les contingents romains ou latins, et qu'ils n'admettent les « étrangers » que dans leurs troupes légères : (*Milite atque equite scire, nisi Romano Latinique nominis, non uti populum Romanum ; leviora armorum auxilia etiam externa vidisse.*)

leva la dîme des fruits de la terre en Sicile, en même temps qu'un péage du vingtième *ad valorem* sur toutes les marchandises entrant dans les ports, ou en sortant. Ces taxes n'étaient point une nouveauté. Carthage et le Grand-Roi des Perses avaient jadis réclamé des tributs analogues à la dîme ; et dans la Grèce propre, les impôts à la mode de l'Orient avaient souvent marché de pair avec la *tyrannie* dans les cités, ou avec l'*hégémonie* dans les *ligues*. Les Siciliens notamment avaient longtemps servi la dîme à Syracuse ou à Carthage, et acquitté des droits de douane pour le compte de l'étranger : « Quand nous avons pris les cités siciliennes dans notre » clientèle et sous notre protection, » dira Cicéron un jour, « nous leur avons laissé les droits dont elles » avaient joui jusqu'alors ; et elles ont obéi désormais à » la République, de la même manière qu'auparavant » elles obéissaient à leurs autres maîtres ! » Ce n'est que rester dans la vérité que de constater le fait ; mais à continuer l'injustice, on la commet encore. Si leurs sujets ne firent que changer de maîtres, et n'en souffrirent pas davantage, pour les nouveaux dominateurs de la Sicile ce fut une innovation grave et dangereuse que cet abandon des sages et magnanimes maximes de la politique romaine, que ces indemnités en argent pour la première fois levées, à la place des contingents de guerre ! Quelque doux que fût l'impôt et le mode de la perception, quelles qu'aient été les immunités de détail accordées, les bienfaits partiels disparaissaient inefficaces au milieu des vices du système. Et pourtant les immunités furent nombreuses. Messine, par exemple, fut admise parmi les *togati* (II, p. 244); et, à ce titre, elle envoya, comme les villes grecques de l'Italie, son contingent à la flotte. Bon nombre d'autres villes furent dotées d'autres avantages. *Egesta*, ou *Ségeste*[1], *Haly*-

Cités exemptes.

---

[1] [A l'est du mont Éryx.].

cies [1], les premières villes qui eussent passé aux Romains dans la Sicile carthaginoise; *Centoripæ*, dans le massif de l'intérieur, à l'est, qui avait pour mission de surveiller la frontière syracusaine, toute voisine [2]; *Alaesa*, sur la côte nord, qui, la première, parmi les villes grecques libres, s'était donnée à Rome; et, entre toutes les autres, Panorme, jadis la capitale de la Sicile phénicienne, destinée à la devenir pareillement sous le gouvernement de la République; toutes ces cités, pourtant non admises dans la symmachie italique, se virent affranchies de la dime et des taxes; en telle sorte, que sous le rapport des finances, elles obtinrent même une condition meilleure que les villes du continent. Ainsi, les Romains, sous ce rapport, restèrent fidèles aux vieilles traditions de leur politique; ils firent aux cités conquises des situations soigneusement déterminées; les échelonnant sous le rapport des droits dans des classes diversement graduées. Seulement, je le répète, au lieu de devenir les membres de la grande confédération italienne, les villes de Sicile et de Sardaigne furent en masse et ouvertement réduites à la condition de sujettes et de tributaires.

L'Italie et les provinces.

Il y avait donc désormais séparation tranchée et profonde entre les peuples soumis, débiteurs du contingent militaire, et ceux payant l'impôt ou simplement non tenus à fournir le contingent; mais cette séparation ne concordait pas nécessairement et juridiquement avec la division établie entre l'Italie et les provinces. On rencontrait aussi au delà des mers des cités appartenant au droit italique. Les Mamertins, on vient de le voir,

---

[1] [A l'intérieur, vers la pointe de l'ouest.]

[2] C'est ce qu'enseigne un simple coup d'œil jeté sur la carte. Ajoutez-y la permission fort remarquable, donnée par exception à ses habitants, d'acquérir et de s'établir en tous lieux dans la Sicile. Devenus les espions de Rome, ils avaient besoin de leur libre locomotion. D'ailleurs *Centoripæ* semble aussi avoir été l'une des premières à entrer dans l'alliance des Romains (Diodore, l. XXIII, p. 501).

étaient placés dans la classe des Sabelliens de l'Italie. et rien n'empêchait de fonder en Sicile ou en Sardaigne des colonies du droit latin, comme il en avait été conduit dans les pays d'au delà de l'Apennin. D'autre part, certaines villes du continent se voyaient privées du droit de porter les armes, et restaient simplement tributaires. On en rencontre plusieurs déjà dans la région celtique le long du Pô, et plus tard leur nombre s'accroîtra considérablement. Mais ce ne sera jamais là que l'exception : dans la réalité, les villes à contingent appartenaient décidément au continent ; celles tributaires, aux îles ; et tandis que les Romains ne songèrent jamais à coloniser selon le droit italique, ni la Sicile, avec sa civilisation purement hellénique, ni la Sardaigne, ils agirent tout autrement à l'égard des pays barbares situés entre l'Apennin et les Alpes. Là, à mesure que s'étend la conquête et la soumission, ils fondent méthodiquement des cités, italiques et par leur origine et par leurs institutions. Les possessions des îles n'étaient pas seulement sujettes, elles devaient rester telles à toujours. Mais la nouvelle contrée légalement assignée aux consuls en terre ferme, ou, ce qui est la même chose, le nouveau territoire romain, constituait vraiment une autre Italie, une Italie agrandie, allant des Alpes à la mer Ionienne. Si d'abord cette idée de l'Italie géographique ne correspond pas exactement avec la délimitation de la confédération italienne, si tantôt elle la dépasse, et tantôt revient en deçà, peu importe : ce qui est constant, c'est qu'à l'époque où nous sommes, tout le pays jusqu'aux Alpes constitue l'Italie dans la pensée des Romains ; dans le présent et dans l'avenir, il est la terre des hommes *portant la toge* (II, pp. 249, 250), et sa frontière géographique est posée à l'avance sur la limite naturelle, comme ont fait et font aujourd'hui les Américains du Nord, sauf plus tard à pousser plus loin les agrandissements politiques, et à atteindre enfin le but au moyen des colonisations successives [1].

Les côtes de la mer Adriatique.

244 av. J.-C.

Depuis quelque temps aussi, Rome avait étendu sa domination jusque sur les eaux de la mer Adriatique ; la colonie de *Brundusium*, préparée de longue main à l'entrée du golfe, avait été définitivement installée durant la guerre avec Carthage (510). Dans les mers de l'ouest, la République a dû écarter ses rivaux par la force. Dans l'est, les dissensions de la Grèce travaillent pour Rome ; tous les États de la péninsule hellénique s'affaiblissent ou demeurent impuissants. Le plus important d'entre eux, le royaume de *Macédoine*, l'influence jalouse de l'Égypte y aidant, a été repoussé des rivages de la mer Adriatique supérieure par les *Ætoliens*, et de la région du Péloponèse par les *Achéens* : c'est avec

---

[1] Dès le vi^e siècle, on rencontre dans bon nombre de ses applications le dualisme politique entre l'Italie, continent romain ou *département consulaire*, et le territoire transmaritime ou *département prétorien*. On expliquait la défense faite à certains prêtres de jamais quitter Rome (*Valer. Max.*, I, 1, 2) en ce sens, qu'il leur était seulement interdit de passer la mer. (Tite Live., ep. 19, 37, 51. — Tacite, *Annal.*, 3, 58, 71. — Cic , *Philipp.*, 11, 8, 48. — *Cf.* aussi Tite Live, 28, 38, 44. — *Ep.* 59). Notons comme un exemple plus frappant encore l'interprétation donnée en 544 de l'antique règle qui ne permet au consul de nommer le dictateur qu'« en territoire romain ». Ce territoire, dit-on alors, comprend toute l'Italie. (Tite Live, 27, 5.) C'est sous Sylla que pour la première fois s'est opérée la séparation du pays celte d'entre les Alpes et l'Apennin, et son organisation en un département *extra-consulaire*, confié à un magistrat spécial et permanent. Et qu'on n'objecte pas le nom de *province* (*provincia*) du consul, souvent donné à la Gaule (*cisalpine*) ou à Ariminum, dès le vi^e siècle. Le mot *provincia*, dans l'antique langue de Rome, n'a en aucune façon le sens de département territorial, de gouvernement placé sous la main d'un fonctionnaire suprême à poste fixe : il exprime simplement la *compétence d'attribution* conférée à tel ou tel magistrat par la loi, le sénatus-consulte ou la convention avec un collègue. A ce point de vue ce fut de tout temps chose licite, et longtemps même de règle, que l'un des consuls eût dans sa *province* le gouvernement de l'Italie du Nord. [Nous renvoyons sur cette intéressante question à la dissertation publiée par M. Mommsen, dans les *Mémoires de la Société historique et philosophique de Breslau*, t. I, et intitulée: *La question de droit entre César et le Sénat* (*Die Rechtsfrage zw. Caesar u. d. Senat*) : pp. 1-11.]

peine qu'il défend au nord sa propre frontière contre
les barbares. Les Romains attachaient déjà le plus grand
intérêt à l'abaissement de la Macédoine et de son allié
naturel, le roi de Syrie. Ils faisaient dans ce but cause
commune avec la politique égyptienne. Aussi les voit-
on, après la paix faite avec Carthage, offrir aussitôt au
roi *Ptolémée III Evergète* le secours de leurs armes
contre *Séleucus II Callinique*, roi de Syrie (il régna de
507 à 529), avec lequel il est en guerre à cause 247-225 av. J.-C.
du meurtre de *Bérénice*. Vraisemblablement la Macédoine appuyait le Syrien. — Les relations de la République avec les États grecs se font d'ailleurs chaque jour
plus étroites : le Sénat entre aussi en pourparlers avec la
Syrie, et s'emploie même auprès de Séleucus en faveur
des *alliés du sang* du peuple romain, les habitants
d'*Ilion*. Mais là s'arrêtent les démarches de la République ; elle n'a pas besoin encore, pour l'accomplissement de ses projets, de s'immiscer plus directement dans
les affaires de l'Orient. La ligue achéenne, arrêtée dans
son florissant essor par la politique étroite d'*Aratus* et
de sa coterie; la république des Étoliens, ces *lansquenets* de
la Grèce, et l'empire macédonien en pleine décadence,
s'usent les uns par les autres, sans qu'il soit besoin que
Rome, entrant dans leurs querelles, les pousse aussi vers
leur ruine. Et puis, à cette époque, elle évite les conquêtes
au delà des mers, bien plutôt qu'elle ne les cherche. Les
Acarnaniens, sous le prétexte que seuls parmi les Grecs
ils n'ont pas pris part à la destruction d'Ilion, viennent-
ils un jour demander aux *fils d'Énée* de les aider contre
les Étoliens, le Sénat se contente d'intervenir diploma-
tiquement. Les Étoliens, à leur tour, répondent-ils à
leur manière, c'est-à-dire par des paroles insolentes, aux
paroles des ambassadeurs de Rome, la ferveur anti-
quaire de celle-ci ne va pas jusqu'à les punir par la
guerre: ce serait débarrasser le Macédonien de son en-

nemi mortel (vers 515). —Ils tolèrent même plus longtemps qu'il ne convient le fléau de la piraterie, la seule et unique profession qui, dans l'état des choses, puisse encore réussir le long des côtes de l'Adriatique; ils la tolèrent, malgré tout le mal qu'elle fait au commerce italien, avec une patience qui ne s'explique que par leur peu d'entraînement pour la guerre navale, et par la condition déplorable de leur système militaire maritime. Un jour pourtant, la mesure se trouve comble. Favorisés par la Macédoine, qui, en face de ses ennemis, n'a plus d'intérêt à protéger, comme au temps jadis, le commerce hellénique contre les déprédations des corsaires. les maîtres de *Scodra* [auj. *Scutari*] avaient réuni les peuplades illyriennes (*Dalmates*, *Monténégrins*, *Albanais* du Nord), et organisé la piraterie en grand : les nombreuses escadres de leurs légères *birèmes*, les fameux « *vaisseaux liburniens,* » battaient partout la mer, portant sur les eaux et sur les côtes la guerre et le pillage. Les établissements grecs dans ces parages, les villes insulaires d'*Issa* (*Lissa*) et de *Pharos* (*Lesina*), les ports importants de la côte, *Épidamne* (*Durazzo*) et *Apollonie* (au nord d'*Avlone*, sur l'*Aoüs*), avaient eu le plus à souffrir, et s'étaient vus assiégés à plusieurs reprises. Les corsaires allèrent ensuite s'établir au sud, à *Phœnicé* [1], la plus florissante ville de l'Épire: moitié contraints, moitié de bon cœur, les Acarnaniens et les Épirotes se joignant aux brigands étrangers, fondèrent avec eux une fédération armée et contre nature. Les rivages de la Grèce étaient infestés jusqu'à *Élis* et *Messène*. En vain les Étoliens et les Achéens, ramassant tout ce qu'ils ont de vaisseaux, s'efforcent d'arrêter le mal : ils sont vaincus en bataille rangée par la flotte barbare, renforcée de ses alliés grecs; et bientôt les

---

[1] [Au nord-est de *Buthrotum* (*Butrinto*), à l'intérieur.]

corsaires s'emparent de l'île riche et puissante de *Corcyre*. Les plaintes des marchands italiens, les demandes de secours des *Apolloniates*, anciens amis de Rome, les supplications des *Isséens*, assiégés dans leur île, décident enfin le Sénat à envoyer à Scodra une ambassade. Les frères *Caius* et *Lucius Coruncanius* viennent demander au roi *Agron* de cesser ses déprédations. Celui-ci répond que, selon la loi illyrienne, la piraterie est métier permis, et que son gouvernement n'a pas le droit d'empêcher la course : sur quoi Lucius Coruncanius répond que Rome alors se donnera la peine d'enseigner une loi meilleure aux Illyriens. La repartie n'était point parlementaire : les deux envoyés, au dire des Romains, furent assassinés par ordre du roi, lorsqu'ils s'en retournaient, et Agron refusa la remise des assassins. Le Sénat n'avait plus à opter. Au printemps de 525, une flotte de deux cents vaisseaux de ligne, avec des troupes de débarquement, se montre dans les eaux d'Apollonie ; elle écrase ou disperse les embarcations des corsaires, en même temps qu'elle détruit leurs châteaux. La reine *Teuta*, veuve d'Agron, qui gouverne pendant la minorité de son fils *Pinnès*, est assiégée dans sa dernière retraite, et se voit forcée de souscrire aux conditions que Rome lui dicte. Les maîtres de Scodra, au nord comme au sud, sont ramenés dans les étroites limites de leur ancien territoire. Toutes les villes grecques sont rendues à la liberté, comme aussi les *Ardiéens* en Dalmatie, les *Parthiniens* non loin d'Épidamne, et les *Atintans* dans l'Épire septentrionale : il est interdit aux Illyriens de se montrer désormais avec une voile de guerre ou plus de deux voiles de commerce au sud de *Lissos* (*Alessio*, entre Scutari et Durazzo). — La répression rapide et énergique de la piraterie dans l'Adriatique y avait procuré à Rome la suprématie la plus incontestée, la plus honorable et la plus durable. Mais

229 av. J.-C.

Expédition contre Scodra.

Conquêtes en Illyrie.

ses vues vont maintenant plus loin. Elle veut s'établir sur la côte de l'est. Les Illyriens de Scodra sont faits ses tributaires. *Démétrius de Pharos*, qui a quitté le service de la reine Teuta pour se mettre à la suite des Romains, est installé dans les îles et sur les côtes dalmates à titre de *dynaste* indépendant et d'allié. Les villes grecques de Corcyre, d'Apollonie, d'Épidamne, et les cités des Atintans et des Parthiniens sont reçues dans la Symmachie romaine. Toutes ces acquisitions pourtant n'ont point encore assez d'importance pour nécessiter l'envoi d'un proconsul. Rome place seulement, à ce qu'il semble, des agents d'un rang inférieur à Corcyre et dans quelques autres villes, laissant la surveillance suprême aux magistrats qui administrent l'Italie [1].

Impression que Rome produit dans la Grèce et la Macédoine.

Ainsi, après la Sicile et la Sardaigne, les plus importantes places de l'Adriatique furent aussi englobées dans le domaine de la République. Et comment eût-il pu en être autrement? Rome avait besoin dans la mer Adriatique supérieure d'une bonne station maritime qui lui manquait sur la rive italienne. Ses nouveaux alliés, et nommément les ports grecs de commerce, voyaient en elle un sauveur, et faisaient assurément tous leurs efforts pour obtenir sa protection définitive. Quant à la Grèce propre, non-seulement personne ne s'y trouvait

---

[1] On trouve mention dans Polybe (22, 15, 6, mal interprété par Tite Live, 38, 11 : cf. 42, 37) d'un commandant romain stationnant à poste fixe dans Corcyre : on en rencontre un autre à Issa, dans Tite Live (43, 9). On argumente aussi par voie d'analogie de la création bien connue du *præfectus pro legato insularum Baliarum* (Orelli, 732) et du gouverneur placé à *Pandataria* (*C. Inscr.* n° 3528). D'où la conclusion que les Romains étaient dans l'usage d'envoyer des préfets (*præfecti*) non sénatoriaux dans les îles peu éloignées. Ces préfets ont évidemment au-dessus d'eux un haut dignitaire qui les nomme et les surveille, le consul, à l'époque où nous sommes. Plus tard, quand la Macédoine et la Gaule cisalpine seront érigées en provinces, les îles seront attribuées à l'un des deux gouverneurs provinciaux : on verra même un jour les territoires dont il s'agit en ce moment, et qui forment le noyau de l'*Illyricum*, placés pour partie dans le domaine administratif de César.

qui pût élever la voix contre la République ; mais tous avaient sur les lèvres l'éloge du peuple libérateur. On pourrait se demander si les Grecs n'ont pas dû ressentir plus de honte encore que de joie, lorsque, à la place de ces dix pauvres galères de la ligue Achéenne, qui constituaient alors toute la marine hellénique, ils virent entrer dans leurs ports les deux cents voiles des barbares d'Italie, accomplissant du premier coup la mission qui rentrait dans le devoir de la Grèce, et où celle-ci avait misérablement échoué. Quoi qu'il en soit, si honteux qu'ils pussent être devant ces étrangers à qui leurs compatriotes de la côte avaient dû leur salut, ils se comportèrent avec une parfaite convenance. Avec un empressement marqué ils reçurent les Romains dans la confédération nationale de la Hellade, en les admettant solennellement aux *Jeux Isthmiques* et aux *Mystères d'Eleusis*.

La Macédoine se tut : ne pouvant protester constitutionnellement les armes à la main, elle dédaigna de le faire par de vaines paroles. Nul ne résistait à Rome. Toutefois, en prenant la clef de la maison du voisin, Rome s'en est fait un ennemi : vienne le jour où il aura repris des forces et où luira l'occasion favorable, il s'empressera de rompre le silence. Si *Antigoné Doson*, ce roi prudent et vigoureux tout ensemble, avait vécu davantage, il eût certes bientôt relevé le gant. Lorsque quelques années plus tard, le dynaste Démétrius de Pharos veut se soustraire à la suprématie romaine, recommence la piraterie, d'intelligence avec les *Istriens*, et subjugue les Atintans, que Rome avait déclarés libres, ce même Antigone fait alliance avec lui ; et les troupes de Démétrius vont combattre à côté des siennes dans les champs de *Sellasie* (532) : mais Antigone meurt (dans l'hiver de 533 à 534), et *Philippe*, son successeur, jeune encore, laisse le consul *Lucius Æmilius Paulus* marcher sans obstacle contre

222. 221-220 av. J.-C.

l'allié de la Macédoine. La capitale de Démétrius est prise et détruite ; et il erre en fugitif hors de son royaume (535).

Le continent d'Italie au sud de l'Apennin avait eu la paix depuis la reddition de Tarente, sauf une guerre de huit jours avec les Falisques (513), et qu'on ne peut citer que pour mémoire. Mais au nord, entre les régions de la confédération romano-italienne et la chaîne des Alpes, frontière naturelle de la Péninsule, s'étendait une vaste contrée où la domination romaine était à peu près inconnue. Au delà de l'Apennin, la République ne possédait que l'étroite zone qui va de l'*Æsis (Esino)*, au-dessus d'Ancône, au *Rubicon* au-dessous de *Céséna* [1], ou ce qui compose aujourd'hui les districts de *Forli* et d'*Urbino*. Sur la rive méridionale du Pô (de *Parme* à *Bologne*), se maintenait encore la puissante nation celtique des *Boïes* ; à l'est, à côté d'eux, les *Lingons*, et à l'ouest (dans le duché de Parme), les *Anares*, deux petites peuplades clientes des Boïes, occupaient probablement la plaine. Là où celle-ci cesse, commençait le pays des *Ligures*, qui, mêlés à quelques races celtiques, se tenaient cantonnés sur l'Apennin, et allaient d'Arezzo et de Pise jusqu'aux sources du Pô, inclusivement. La plaine du nord, vers l'est, de *Vérone* à la côte, appartenait aux *Vénètes*, étrangers à la race celtique et d'origine illyrienne : entre eux et les montagnes de l'occident étaient les *Cénomans* (autour de *Brescia* et *Crémone*), ne faisant que rarement cause commune avec les Gaulois, et se mêlant plus volontiers aux Vénètes. Après eux venaient les *Insubres* (autour de Milan), la plus puissante nation des Celtes d'Italie, en rapports quotidiens avec les petites communautés gauloises ou autres éparses dans les vallées

---

[1] Selon les constatations les plus nouvelles et les plus minutieuses, le *Rubicon* ne serait autre que le *Fiumicino de Savignano*, dont le cours supérieur aurait d'ailleurs changé de lit.

des Alpes, et même avec les cantons gaulois transalpins. Ainsi les portes des Alpes, le fleuve puissant, navigable pendant cinquante milles [allemands, 100 lieues] de son cours, la plus grande et la plus fertile plaine de l'Europe civilisée, restaient aux mains de l'ennemi héréditaire du nom italien. Tout humiliés et affaiblis que fussent les Gaulois, ils ne subissaient guère que de nom la suprématie romaine. C'étaient toujours d'incommodes voisins, obstinés dans leur barbarie; parcourant clairsemés les vastes plaines circumpadanes, à la tête de leurs troupeaux, et pillant de çà, de là. Il fallait s'attendre à voir les Romains s'emparer rapidement de ces campagnes. Aussi bien, les Gaulois avaient oublié peu à peu leurs défaites de 471 et 472 (II, p. 200), et se montraient déjà plus remuants. Déjà aussi leurs compatriotes transalpins, chose plus grave, recommençaient leurs incursions. En 516, les Boïes avaient repris les armes, et leurs chefs, *Asis* et *Galatas*, appelant les Transalpins à leur aide, sans y avoir été autorisés par la nation, on avait vu ceux-ci arriver en foule d'au delà des monts : en 518, une armée gauloise telle qu'il ne s'en était plus vu depuis longtemps en Italie, était venue camper devant Ariminum. Les Romains, beaucoup trop faibles alors pour tenter la chance d'un combat, conclurent une trêve, et pour gagner du temps laissèrent les envoyés gaulois arriver jusque dans Rome, demandant au Sénat l'abandon de la ville assiégée. On se croyait revenu au siècle de Brennus. Un incident se produisit soudain, qui mit fin à la guerre avant qu'elle eût commencé. Les Boïes, mécontents de ces alliés qu'ils n'avaient point appelés, et craignant pour leur propre territoire, se querellèrent avec les Transalpins, puis leur livrèrent bataille et mirent à mort leurs propres chefs : les Transalpins retournèrent chez eux. C'était livrer les Boïes aux Romains. Il dépendait de ces derniers de les expulser comme ils avaient

marginalia: 283. 282 av. J. C. — 238. Guerre gauloise. — 236.

fait les Sénons, et de pousser tout au moins jusqu'aux rives du Pô. Ils préférèrent leur laisser la paix au prix de quelques sacrifices de territoire (518). Il se peut que Rome, se croyant à la veille d'une seconde guerre avec Carthage, ait voulu agir prudemment. Quoi qu'il en soit, l'affaire de Sardaigne arrangée, la saine politique commandait à la République la conquête immédiate et complète du territoire italien jusqu'aux Alpes; et la perpétuelle menace des invasions celtiques justifiait amplement une telle entreprise. Les Romains pourtant ne se pressèrent pas, et les Gaulois les premiers prirent les armes, soit qu'ils conçussent des craintes à l'occasion des assignations de terres faites sur la côte orientale (522), lesquelles pourtant ne les lésaient pas directement; soit qu'ils fussent convaincus de la nécessité d'une guerre dont la Lombardie serait inévitablement le prix; soit, ce qui peut-être est le plus vraisemblable, que ce peuple impatient et mobile se fatiguât de son repos et voulût se remettre en campagne. A l'exception des Cénomans qui, unis aux Vénètes, tinrent pour les Romains, tous les Gaulois italiens se coalisèrent, et renforcés des Gaulois des rives du Rhône, ou plutôt de mercenaires venus d'au delà des Alpes, [1] ils s'avancèrent, conduits par leurs chefs *Concolitan* et *Anéroeste*. On les vit bientôt aux pieds de l'Apennin au nombre de cinquante

---

[1] Polybe nomme ces mercenaires « les Gaulois venus des Alpes et du Rhône. » On les appelait *Gœsates* (piquiers, lansquenets) à cause de leur pique (*gœsum*) : les *Fastes capitolins* en font des *Germains* (*Germani*). Il peut se faire que les contemporains, rédacteurs des *Fastes*, ne les aient connus que comme Gaulois, et que la dénomination de Germains ne soit qu'une invention due aux élucubrations soi-disant historiques des siècles de César et d'Auguste. Que si, en réalité, le mot *Germains* a été dès l'origine inscrit dans les fastes, — (auquel cas il faudrait y voir la plus ancienne mention faite de ce nom) — j'estime qu'il ne conviendrait pas d'interpréter la désignation de Germains dans le sens postérieur du mot, mais simplement de la rattacher ici à quelque horde celtique. Notre conjecture serait d'autant plus acceptable, qu'à entendre les meilleurs philologues, le mot *Germani* serait celte, et non germain; et signifierait tout simplement les « *crieurs* » !

mille fantassins et de vingt mille hommes de cheval ou de char (529). Les Romains ne s'étaient point préparés à une attaque de ce côté, ne supposant pas que négligeant les forteresses de la côte occidentale, et sans se soucier de protéger leurs compatriotes dans ces régions, ils marcheraient ainsi tout droit sur la Métropole. Quelques années avant, une pareille horde avait de même inondé toute la Grèce. Le danger était grand ; il parut plus grand encore qu'il ne l'était au vrai. Selon l'opinion commune, Rome se trouvait sous le coup d'une ruine inévitable.

225 av. J.-C.

Les destins avaient décidé que le territoire romain deviendrait sol gaulois! Détournant les grossières et superstitieuses terreurs de la foule par un acte de superstition plus grossier encore, le Sénat voulut accomplir l'oracle. Un homme et une femme de nation gauloise furent enterrés vivants dans le Forum. En même temps on fit de plus sérieux préparatifs. Des deux armées consulaires, comptant chacune vingt-cinq mille hommes de pied et onze cents cavaliers, l'une faisait campagne en Sardaigne, commandée par *Caius Atilius Régulus*; l'autre, sous *Lucius Æmilius Papus*, stationnait devant Ariminum. Elles reçurent l'ordre de se rendre aussi rapidement que possible dans l'Étrurie, déjà menacée. Pour faire tête aux Cénomans et aux Celtes amis de Rome, les Gaulois avaient dû laisser un corps d'armée en arrière. Les Ombriens, à leur tour, reçurent mission de se jeter du haut de leurs montagnes sur les plaines du pays des Boïes, et d'infliger à l'ennemi, jusque dans ses propres foyers, tout le mal imaginable. Les Sabins et les Étrusques devaient occuper et barrer l'Apennin avec leurs milices jusqu'à l'arrivée des troupes régulières. Une réserve de cinquante mille hommes resta dans Rome; et par toute l'Italie, qui cette fois mettait dans la république et sa défense et son salut, les enrôlements prirent tous les hommes valides; les approvisionnements, le matériel de guerre occupèrent tous les bras. On s'était laissé surprendre, et il était trop tard pour sauver l'Étrurie. Les Gaulois trouvèrent l'Apennin presque sans défense, et se mirent à piller les riches plaines de la Toscane, où depuis si longtemps l'ennemi n'avait pas paru. Déjà ils sont devant *Clusium*, à trois jours de marche seulement de Rome, quand enfin l'armée d'Ariminum, conduite par le consul *Papus*, arrive et les prend en flanc, pendant que les milices étrusques, réunies sur leurs derrières après le passage de l'Apennin, marchent à leur suite et les atteignent. Un soir, après que les armées se sont retranchées, que les feux du bivouac ont été allumés, l'infanterie gauloise lève soudain le pied et rétrograde dans la direction de *Fæsulæ (Fiesole)*; les cavaliers demeurés toute la nuit aux avant-postes, prennent la même route le lendemain matin. Les milices étrusques, campées tout près d'eux, ont vu le mouvement, et s'imaginant que les hordes barbares commencent à se disperser, elles s'élancent à leur poursuite. Les Gaulois avaient bien calculé : tout à coup leur infanterie fraîche et reposée apparaît en bon ordre sur le terrain qu'elle a choisi, et reçoit rudement les soldats de Rome qui accourent tumultueusement et fatigués par une marche forcée. Six mille hommes tombent dans ce combat, et le reste des milices se réfugie sur une colline où il va périr; mais l'armée consulaire arrive enfin, et dégage le corps compromis. Les Gaulois se décident alors à reprendre le chemin de leur pays. Ils n'ont qu'à demi réussi dans leur plan fort habile d'empêcher la jonction des deux armées de Rome, et de détruire d'abord la plus faible; ils jugent prudent, pour l'heure, d'aller mettre leur butin en lieu de sûreté. Choisissant une route plus facile, ils quittent la région de Clusium qu'ils occupaient, descendent dans la plaine, et remontent le long de la côte. Mais voici que tout à coup ils rencontrent un obstacle. Les légions de Sardaigne avaient débarqué à Pise; et comme il était trop tard pour aller fermer les cols de l'Apennin, elles s'étaient immédiatement remises en marche aussi le long de la côte, et dans la direction opposée à celle des Gaulois. Le choc eut lieu à *Télamon* (aux bouches de l'*Ombrone*). Pendant que l'infanterie romaine s'avance en rangs serrés sur la grande route, la cavalerie, sous les ordres du consul *Caius Atilius Régulus* en personne, se jette par la gauche sur le flanc de l'ennemi, et cherche à donner au plus tôt avis de son arrivée et de son attaque au consul *Papus* et à la deuxième armée.

Bataille de Télamon.

Un combat sanglant de cavalerie s'engage; Régulus y est tué avec nombre d'autres vaillants soldats : mais en faisant le sacrifice de sa vie, il a atteint son but. Papus a reconnu les combattants et pressenti les avantages d'une action commune. Il range aussitôt ses troupes en bataille; les légions romaines pressent les Gaulois de l'avant et de l'arrière. Ceux-ci se portent vaillamment à cette double mêlée; les Transalpins et les Insubres font tête à Papus, les *Taurisques* Alpins et les Boïes aux légions de Sardaigne : pendant ce temps le combat de cavalerie continue sur les ailes. Les forces des Gaulois et des Romains étaient à peu près égales, et la situation désespérée des premiers leur inspirait les plus opiniâtres efforts; mais les Transalpins, habitués seulement à combattre de près, reculent devant les javelots des *tirailleurs* romains; dans la mêlée ensuite, la trempe meilleure des armes des légionnaires leur donne aussi l'avantage; et enfin une attaque de flanc de leur cavalerie victorieuse décide la journée. Les cavaliers ennemis s'échappent; mais les fantassins pris entre la mer et trois armées ne peuvent fuir. Dix mille Gaulois sont faits prisonniers avec leur roi *Concolitan*; quarante mille autres restent gisants sur le champ de bataille. Anéroeste et ses compagnons se sont donné la mort, selon l'usage celtique.

Les Gaulois sont attaqués chez eux.

224 av. J.-C.
223.

233.

La victoire était complète : les Romains se montrèrent bien décidés à empêcher le retour de pareilles invasions par la conquête de toute la Gaule cisalpine. Dès l'année suivante (530), les Boïes et les Lingons se soumettent sans résistance. Dans la campagne de 531, les *Anares* en font autant : toute la plaine cispadane appartient aux Romains. Aussitôt *Caius Flaminius* franchit le fleuve (531) (non loin de *Plaisance*, dans le pays, nouvellement conquis, des Anares); mais le passage même et l'occupation d'une position solide sur l'autre rive lui coûtent des pertes énormes. Il se voit dangereusement acculé, le fleuve à dos; il propose alors aux Insubres une capitulation sottement accordée, et se retire librement. Toutefois, il n'est parti que pour revenir par le pays des Cénomans, et renforcé par leurs bandes. Les Insubres voient leur péril; mais trop tard; ils courent dans le temple de leur déesse prendre les *Enseignes d'or*, appelées « *les Immobiles*, » et marchent aux Romains avec toutes leurs levées, au nombre de cinquante mille hommes. Ceux-ci couraient des dangers; ils s'étaient encore appuyés à une rivière (l'*Oglio*, probablement) ; séparés qu'ils étaient de leur patrie par tout le territoire ennemi, et obligés de compter sur la coopération, dans le combat, et en cas de retraite, sur l'amitié peu sûre des Cénomans. Ils firent passer les Gaulois alliés sur la rive gauche : sur la rive droite, en face des Insubres, les légions se rangèrent en bataille. Les ponts avaient été rompus pour n'avoir pas à craindre une trahison des Cénomans. C'était aussi se couper la retraite : pour rentrer en territoire romain il fallait passer sur le ventre de l'ennemi. Mais l'excellence des armes et la supériorité de discipline des légionnaires donnent encore la victoire aux Romains, qui s'ouvrent la route. Leur tactique de combat avait remédié aux fautes stratégiques de leur général. Le soldat avait vaincu, et non les officiers ; et ceux-ci ne triomphèrent que par la faveur du peuple, malgré le juste refus du Sénat. Les Insubres voulaient avoir la paix : Rome posa la condition d'une soumission absolue ; or les choses n'en étaient pas encore venues à ce point. Les Insubres tentent de nouveau la fortune des batailles, et appelant à leur aide les peuplades du Nord qui leur sont apparentées, ils réunissent trente mille hommes, tant mercenaires qu'indigènes : l'année suivante (532), ils se choquent contre les deux armées consulaires, qui sont encore entrées sur leur territoire par celui des Cénomans. De nombreux et sanglants combats sont livrés, et dans une pointe tentée par les Insubres sur la rive droite du Pô contre la forteresse romaine de *Clastidium* (*Casteggio*, au-dessous de *Pavie*), le roi celte *Virdumar* est tué de la main même du consul *Marcus Marcellus* ; puis après une dernière bataille, à demi gagnée par les Gaulois, et enlevée enfin par les Romains, le consul *Cnœus Scipion* emporte d'assaut la capitale ennemie, *Mediolanum* (*Milan*), dont la chute, suivie de celle de *Comum* (*Côme*), met un terme à la résistance des Insubres.

222 av. J.-C.

Les Gaulois italiques étaient abattus ; et de même que les Romains, dans la guerre des corsaires, avaient fait voir quelle différence il y avait entre leur puissance maritime et celle des Grecs ; de même ils montraient aujourd'hui qu'ils savaient défendre les portes de l'Italie contre l'invasion des pirates de terre, autrement que la Macédoine n'avait su protéger les portes de la Hellade. On avait vu aussi l'Italie entière, en dépit des haines intérieures, unie et compacte en face de l'ennemi national, autant que la Grèce était restée divisée.

La Cisalpine faite romaine.

Rome touchait à la barrière des Alpes. Toute la plaine du Pô était ou soumise, ou du moins possédée par des alliés à demi sujets, comme les Cénomans et les Vénètes. Le reste était affaire de temps. Les conséquences allaient naturellement se produire, et la Cisalpine était en voie de se *romaniser*. La République agit diversement selon les lieux. Dans les montagnes du nord-est, et dans les districts plus éloignés allant du Pô aux Alpes, elle toléra les anciens habitants. — Quant aux nombreuses guerres qui se suivent en Ligurie (la première date de 516), il y faut voir plutôt des chasses à esclaves, et si fréquents que s'y rencontrent les actes de soumission des cités ou des vallées, la suprématie de Rome ne cesse pas d'y rester purement nominale. Une expédition faite en Istrie (533) semble n'avoir eu pour but que la destruction des derniers repaires des pirates de l'Adriatique, et l'établissement d'une communication continue le long de la côte entre les conquêtes italiennes et les conquêtes faites sur l'autre rive. Pour ce qui est des Gaulois cispadans, ils sont voués sans rémission à l'anéantissement : sans lien, sans cohésion entre eux, ils se voient abandonnés par leurs frères du Nord dès qu'ils cessent de les soudoyer, et les Romains traitent ce peuple à la fois comme l'ennemi national et comme l'usurpateur de leur héritage naturel. Déjà de grands partages de terres avaient, en 522, peuplé de colons romains les territoires du *Picenum* et d'*Ariminum* ; on procéda de même dans la Cispadane. Il n'y fut pas difficile de repousser ou de détruire une population à demi barbare, peu adonnée à l'agriculture, et rarement agglomérée dans des villes à fortes murailles. La grande voie du Nord, construite quatre-vingts ans plus tôt, à ce qu'il semble, jusqu'à *Narnia* [Narni] par *Ocriculum* [Otricoli], avait été récemment poussée (514) jusqu'à la nouvelle forteresse de *Spoletium* [Spolète]. Elle prend aujourd'hui le nom de *voie Flaminienne*, et va toucher à la mer en passant par le bourg forain nouveau, appelé *Forum Flaminii* (non loin de *Foligno*), et par le col de *Furlo* ; puis longeant la côte, elle est conduite de *Fanum* (*Fano*) à Ariminum. Pour la première fois une grande chaussée régulière traversait l'Apennin, et joignait les deux mers. La République se hâte de couvrir de cités romaines le territoire fertile sur lequel elle vient de mettre la main. Déjà la forte ville de *Placentia* (*Plaisance*), fondée sur le Pô, en couvre et assure le passage : déjà s'élèvent et s'achèvent les murailles de *Mutina* (*Modène*), située un peu plus loin sur la rive droite, au milieu du territoire enlevé aux Boïes : déjà de nouvelles et immenses assignations de terre se préparent ; déjà les voies romaines se construisent jusqu'au cœur des régions conquises !... Mais un événement soudain interrompt tous ces grands travaux et toutes ces récoltes de la victoire !

CHAPITRE IV

HAMILCAR ET HANNIBAL

241 av. J.-C.
Situation
de Carthage
après la première
guerre punique.

Le traité de 513 avait vendu cher la paix à Carthage. Ce n'était point assez que les tributs de presque toute la Sicile, cessant de passer dans les caisses carthaginoises, allassent désormais remplir le trésor de sa rivale. Chose bien plus douloureuse, il lui avait fallu abandonner son espoir, et ses projets de monopole sur toutes les routes maritimes de l'est et de l'ouest dans la Méditerranée, au moment même où elle s'était vue à deux pas du but. En outre, tout le système de sa politique commerciale gisait renversé : le bassin sud-occidental de la Méditerranée, qu'elle avait confisqué jadis, s'était changé, la Sicile perdue, en une mer ouverte à toutes les nations ; et le commerce de l'Italie allait florir, affranchi du commerce punique. Encore ces placides et patients Sidoniens auraient-ils su, peut-être, se résigner. Combien de fois déjà n'avaient-ils pas été frappés ! Il leur avait fallu partager avec les Massaliotes, les Étrusques et les Grecs de Sicile, ce qui jadis constituait leur domaine exclusif. L'empire qui leur restait, l'Afrique, l'Espagne, les portes de l'océan Atlantique, n'était-il pas assez riche encore

pour leur assurer la puissance et les douceurs de la vie?
Mais qui leur garantissait maintenant leurs possessions
même réduites? — Il fallait vouloir à toute force perdre
la mémoire, pour ne pas se souvenir de l'entreprise de
Régulus. Combien il s'en était fallu de peu que son succès
n'eût été complet! Si les Romains, partant de Lilybée,
avaient tenté ce qu'ils avaient une fois si heureusement
essayé en partant d'Italie, Carthage indubitablement
aurait succombé, à moins que l'ennemi ne recommençât
ses anciennes fautes, à moins d'un coup imprévu de la
fortune. A la vérité, on avait aujourd'hui la paix; mais
il avait tenu à un fil que Rome refusât la ratification du
traité, et l'opinion publique s'y était montrée décidément contraire. Il se pouvait que la République ne
songeât point encore à la conquête de l'Afrique, et que
l'Italie lui suffît; mais si le salut de Carthage était attaché à une telle condition, quels dangers ne courait-elle
pas? Qui donc pouvait garantir que la politique des
Romains, même en restant italienne, n'exigerait point
au premier jour, non pas seulement la soumission, mais
la destruction de Carthage? — Bref, pour Carthage la
paix de 513 n'est qu'une trêve. Il faut qu'elle se pré- *241 av. J.-C.*
pare, tant que cette paix durera, à l'inévitable reprise des
hostilités. Ce ne sont plus les récentes défaites qu'il s'agit
de venger, ce n'est plus le territoire perdu qu'il convient
de reprendre; il s'agit de conquérir le droit de vivre,
autrement que par le bon plaisir de l'ennemi national.

Dans tout état plus faible en butte à une guerre *Le parti*
d'anéantissement certain, mais dont l'heure indécise *de la guerre*
n'a point sonné encore, c'est le devoir des hommes *et le parti*
prudents, fermes et désintéressés, de se tenir prêts pour *de la paix.*
l'inévitable lutte; de l'entreprendre au moment favorable, et de fortifier par l'offensive stratégique les calculs
d'une politique de défense. Mais combien alors ils se
sentent entravés de toutes parts par la cohue pares-

seuse et lâche des serviteurs du veau d'or, des vieillards affaiblis par l'âge, et des hommes légers, qui, voulant vivre et mourir en paix, s'efforcent de reculer à tout prix la bataille suprême. Dans Carthage aussi, le parti de la paix et le parti de la guerre étaient en présence, se rattachant l'un et l'autre, comme bien on pense, aux deux doctrines hostiles, conservatrice et réformiste : le premier s'appuyant sur le pouvoir exécutif, sur le conseil des anciens, et le conseil des *Cent*, et ayant à sa tête *Hannon*, dit *le Grand* : le second, représenté par les meneurs populaires, par *Hasdrubal* notamment, avec les officiers de l'ancienne armée de Sicile, tant de fois victorieuse sous les ordres d'Hamilcar, et dont les succès, pour être demeurés stériles, n'enseignaient pas moins aux patriotes quelle était la route à suivre pour triompher des immenses dangers de l'heure actuelle. Depuis longtemps déjà les deux factions se combattaient, quand éclata la guerre libyque. Le parti des magistrats avait fait naître l'émeute en prenant toutes les folles mesures qui annihilèrent les précautions organisées par les officiers de Sicile ; puis l'inhumanité du système administratif avait changé l'émeute en révolution. Enfin l'incapacité militaire de ce parti, surtout celle d'Hannon, son chef et le fléau de l'armée, avait amené l'État à deux doigts de sa perte. Alors, et sous le coup des extrémités les plus terribles, on avait dû rappeler *Hamilcar Barcas*, le héros d'*Eircté*. A lui de sauver les gouvernants des effets de leurs fautes et de leurs crimes. Il prend le commandement, et dans sa magnanimité patriotique, il ne s'en démet point, même quand on lui donne Hannon pour collègue. Les troupes renvoient-elles celui-ci indignées, il cède aux supplications des magistrats et lui rend une seconde fois la moitié du généralat ; et bientôt, malgré les ennemis de Carthage, malgré son collègue, et grâce à son autorité sur les soldats soulevés, à ses négociations habiles avec les cheiks numides, à son incomparable génie d'organisateur et de capitaine, il apaise en un rien de temps la plus formidable des révoltes, et ramène l'Afrique à l'obéissance (vers la fin de 517). Mais si le patriote s'était tu pendant la guerre, aujourd'hui il élève la voix. Ces grandes épreuves avaient mis au jour les vices incorrigibles et la corruption de l'oligarchie gouvernante, son incapacité, son esprit de coterie, sa lâche condescendance envers Rome. D'un autre côté, l'enlèvement de la Sardaigne, la position menaçante qu'y avait prise la République étaient un trop clair indice. Rome tenait la déclaration de guerre suspendue, comme l'épée de Damoclès, sur la tête de Carthage, et dès que l'on en viendrait aux coups, dans la situation présente, la lutte ne pouvait finir que par l'entière destruction de l'Empire phénicien dans la Libye. Quelques-uns parmi les Carthaginois, désespérant de la patrie, conseillaient d'émigrer vers les îles de l'Atlantique. Comment leur en faire un crime ? Mais les nobles cœurs ne veulent pas du salut pour eux seuls, après la ruine du pays : et c'est le privilège des généreuses natures, de puiser une ardeur nouvelle là même où s'affaisse le courage des gens de bien vulgaires. En attendant, on subissait les conditions que Rome avait dictées : il ne restait qu'à se tirer d'affaire le moins mal possible, joignant les griefs récents à ceux d'autrefois, et accumulant sourdement la haine, ce trésor suprême des nations victimes du plus fort. En même temps surgissaient des réformes politiques importantes [1]. Ramener au bien la

237 av. J. C.

---

[1] Nous ne sommes pas seulement fort incomplétement renseignés sur ces faits ; ce que nous savons, nous ne le savons que par la narration partiale des écrivains carthaginois, appartenant à la faction de la paix, et que les annalistes romains ont copiés. Jusque dans ces récits défigurés et tronqués (les principaux sont ceux de *Fabius*, reproduits par Polybe, 3, 8 ; Appien, *Hispan.*, 4, et Diodore, 25, p. 567), nous apercevons clairement encore le jeu des partis. Si l'on veut un exemple des

faction du gouvernement était chose impossible : les gouvernants, durant la dernière guerre, n'avaient ni oublié leurs inimitiés ni appris la sagesse : aussi les vit-on dans leur imprudence vraiment naïve, tenter de faire à Hamilcar son procès : ils l'accusèrent d'avoir suscité la guerre des mercenaires, en promettant leur paie à ses soldats sans y avoir été autorisé par la République. Certes si les officiers et les meneurs populaires avaient voulu renverser les étais pourris de ce triste gouvernement, ce n'était point dans Carthage qu'ils auraient trouvé de grands obstacles ; les dangers sérieux seraient venus de Rome, avec qui la faction gouvernante entretenait des relations, assurément voisines de la trahison ; et pourtant, au milieu de toutes les difficultés de la situation, il fallait absolument se créer les voies et moyens de salut sans éveiller ni les soupçons de Rome, ni ceux de ses partisans dans Carthage.

Hamilcar général en chef.

On ne toucha donc point à la constitution : les chefs du gouvernement demeurèrent en pleine jouissance de leurs privilèges, et maîtres comme avant de la chose commune ; seulement, il fut proposé et voté une motion aux termes de laquelle, des deux généraux en chef de l'armée à l'époque où avait fini la guerre Libyque, l'un, Hannon, était rappelé ; l'autre, Hamilcar, était nommé au commandement suprême pour toute l'Afrique, et pour un temps indéterminé ; de plus, il était proclamé indépendant du pouvoir exécutif. — Selon ses adversaires, c'était là lui conférer le pouvoir monarchique, contrairement à la constitution : selon Caton, il exerçait une véritable *dictature*. Le peuple seul pouvait le rappeler

---

ignobles bavardages colportés contre les patriotes par ces adversaires intéressés à les salir, eux et leurs « adhérents révolutionnaires » (ἑταιρεία τῶν πονηροτάτων ἀνθρώπων), on n'a qu'à lire Corn. Nepos (Hamil., 3), et l'on rencontrerait ailleurs bon nombre de traits semblables, si l'on se donnait la peine de les chercher.

et l'obliger à rendre compte de sa conduite [1]. Les magistrats métropolitains n'eurent même plus rien à voir dans la nomination de son successeur ; elle appartenait à l'armée, ou plutôt aux Carthaginois attachés à l'armée en qualité d'officiers ou de Gérousiastes, et dont les noms figuraient aussi dans les traités à côté de celui du général : naturellement la confirmation de leur choix était réservée au peuple. Usurpation ou non, une telle réforme montre clairement que le parti de la guerre avait fait de l'armée son domaine et sa chose. — En la forme, la mission donnée à Hamilcar était modeste. Les escarmouches ne cessaient pas à la frontière avec les tribus numides. Carthage venait d'occuper à l'intérieur la « ville aux cent portes », *Thévesté* (*Tébessa*). Le nouveau général en chef d'Afrique avait à pourvoir à cette guerre : elle semblait trop peu importante pour que les gouvernants, maintenus dans leurs attributions ordinaires à l'intérieur, élevassent à ce sujet la voix contre les décisions expresses du peuple ; quant aux Romains, sans nul doute ils ne comprirent pas alors la portée de l'entreprise.

L'armée avait enfin à sa tête l'homme qui, dans les guerres de Sicile et de Libye, avait fait voir que les destins l'appelaient seul à sauver sa patrie. Jamais héros plus grand n'avait livré un plus grand combat à la fortune. L'armée était l'instrument de salut ; mais cette armée où la trouver? Entre les mains d'Hamilcar. Les milices carthaginoises ne s'étaient point mal comportées durant la guerre Libyque : mais il savait trop bien qu'autre chose est de pousser une fois au combat des

Plan de guerre d'Hamilcar.

L'armée.

---

[1] En effet les *Barcides* concluent dorénavant les traités les plus importants, et la ratification n'est plus qu'une affaire de forme (Polybe, 3, 21) : Rome proteste et devant eux, et devant le sénat de Carthage (Polybe, 3, 15). On le voit, la situation faite aux Barcides, ressemble beaucoup aux pouvoirs des *Orange*, en face des *États-Généraux* de Hollande.

marchands ou des industriels sous le coup d'un péril suprême ou d'en faire de solides soldats. La faction patriote lui fournissait d'excellents officiers ; mais ceux-ci épuisant naturellement le contingent entier de la haute classe, la milice citoyenne lui manquait, à l'exception pourtant de quelques escadrons de cavalerie. Il lui fallait donc se faire une armée avec les recrues forcées des cités libyques et avec les mercenaires. L'entreprise était difficile ; néanmoins, seul il la pouvait remplir, à la condition pourtant de payer ponctuellement et richement la solde de ses hommes. Il avait fait en Sicile l'expérience que les revenus de l'État avaient à défrayer, dans Carthage même, des dépenses plus urgentes que la paye des troupes combattant à l'ennemi. Il savait que la guerre devait nourrir la guerre, et qu'il convenait de tenter en grand l'expérience conduite en petit jadis sur le mont d'*Eircté* (*monte Pellegrino*). Ce n'était point là tout, Hamilcar était chef de parti autant que grand capitaine. Ayant affaire à des adversaires irréconciliables, infatigables, et toujours à l'affût d'une occasion de le détruire, il comprit qu'il devait prendre son point d'appui au milieu des simples citoyens. Or, si purs, si nobles que fussent les chefs, les citoyens étaient gangrenés en masse, et vivant en pleine et systématique corruption, ils ne voulaient rien donner pour rien. Sans doute l'aiguillon du besoin, les excitations du moment les avaient pu émouvoir parfois, comme il arrive même dans les sociétés les plus vénales ; mais si, pour l'exécution d'un plan qui nécessitait à tout le moins plusieurs années de vastes préparatifs, il voulait s'assurer la complaisance durable des citoyens de Carthage, il lui fallait aussi pourvoir à de grands envois d'argent, et donner par là à ses amis le moyen d'entretenir le peuple en bonne et favorable humeur. Mendier ou acheter à l'indifférente ou cupide multitude la permission de la sauver ;

Les citoyens dans Carthage.

à force d'humble et feinte modestie, arracher à ces orgueilleux, haïs du peuple, à ces hommes tous les jours vaincus par lui, le délai de grâce qui lui était absolument indispensable ; cacher à la fois et ses plans et son mépris à ces traîtres méprisés de tous, qui se disaient les maîtres de la cité : à quelles nécessités le grand homme n'avait-il pas à pourvoir ? Entouré de quelques amis, confidents de sa pensée, il était là, entre les ennemis du dehors et ceux du dedans, spéculant sur l'indécision des uns et des autres ; les trompant, les affrontant en réalité tous ; accumulant les munitions, l'argent, les soldats, afin d'aller engager la lutte contre un empire difficile, pour ne pas dire presque impossible à atteindre, à supposer encore son armée formée et prête à combattre ! Hamilcar était jeune ; à peine s'il comptait plus de trente ans : il lui semblait parfois pressentir qu'au bout de tant d'efforts il ne lui serait pas donné de toucher le but, et qu'il ne verrait que de loin la terre promise de ses rêves. On raconte que, quittant Carthage, il conduisit son fils Hannibal, âgé de neuf ans, devant l'autel du plus grand des dieux de la ville, et lui fit jurer haine éternelle au nom romain. Puis il l'emmena à l'armée, lui et ses deux autres plus jeunes fils, *Hasdrubal* et *Magon* : ses « lionceaux, » ainsi il les appelait, devaient un jour hériter de ses desseins, de son génie et de sa haine.

Le nouveau capitaine-général de Libye partit de Carthage aussitôt la guerre des mercenaires terminée (printemps de 518). Il allait, croyait-on, en expédition contre les Libyens occidentaux. Son armée, très forte par le nombre de ses éléphans, longeait la côte : en vue de la côte naviguait la flotte, conduite par l'un de ses fidèles partisans, Hasdrubal. Tout à coup on apprend qu'il a franchi la mer aux colonnes d'Hercule, abordé en Espagne, et que déjà il est aux prises avec les indi-

Hamilcar descend en Espagne.
236 av. J. C

gênes, avec des gens qui ne lui ont fait aucun mal, et sans mission spéciale du pouvoir exécutif, disent les magistrats de Carthage, qui se plaignent. Ils ne pouvaient, en tout cas, l'accuser d'avoir négligé les affaires d'Afrique. Un jour que les Numides se sont de nouveau soulevés, le général en second, *Hasdrubal*, les met à la raison si rudement, qu'ils laissent pour longtemps la frontière en paix, et que de nombreuses peuplades, jusque-là indépendantes, se soumettent à payer tribut.

<small>Empire des Barcides en Espagne.</small>

Nous ne saurions dire dans le détail les œuvres accomplies en Espagne par Hamilcar; mais Caton l'Ancien, qui trente ans après sa mort en vit encore les vestiges récents sur place, ne put pas ne pas s'écrier, en dépit de sa haine du nom carthaginois, qu'aucun roi ne méritait d'être nommé dans l'histoire à côté du nom d'Hamilcar Barca. Nous connaissons d'ailleurs en gros ses succès

<small>236-228 av. J.-C.</small>

durant les neuf dernières années de sa vie (518-526), jusqu'au jour, où, comme *Scharnhorst*[1], la mort le coucha sur le champ de bataille dans la vigueur de l'âge, à l'heure même où ses plans muris allaient porter leurs fruits : mais nous savons les résultats obtenus après lui par Hasdrubal, son gendre, héritier de ses desseins et de sa charge; et qui, durant huit années consécuti-

<small>326-220.</small>

ves (527-534), continua ses vastes travaux. A la place d'un simple entrepôt commercial, avec droit de protectorat sur Gadès, seule possession de Carthage, avant eux, sur la côte d'Espagne, et qu'elle avait gérée comme une dépendance de ses établissements de Libye, Hamilcar avait dû fonder, les armes à la main, un vaste empire, consolidé après lui, je le répète, par Hasdrubal,

---

[1] [*Scharnhorst*, l'un des généraux qui refirent l'armée prussienne après ses désastres de 1806 et 1808, et organisèrent à l'avance la guerre de 1813. — Scharnhorst périt à *Gross-Goerschen*, quelques jours avant la bataille de *Bautzen*.]

avec une habileté consommée d'homme d'État. Les plus belles régions de cette grande terre, les côtes du du sud et de l'est, devenues des provinces carthaginoises ; plusieurs villes bâties, *Carthage d'Espagne* (*Carthagène*) entre autres, avec son port, le seul bon port de la côte du sud, et le splendide « château royal » d'Hasdrubal, son fondateur ; l'agriculture florissante, les mines d'argent les plus riches trouvées et ouvertes dans le voisinage de la nouvelle Carthage (un siècle plus tard elles rendront encore plus de 36 millions de sesterces par an (2 millions et demi de *Thal.*, ou 9,375,000), voilà les traits principaux du tableau. Presque toutes les cités jusqu'à l'Ebre reconnaissent la suprématie de Carthage et lui paient tribut. Hasdrubal a su mettre tous les chefs des diverses peuplades dans ses intérêts par des mariages ou autrement. Ainsi Carthage avait conquis un nouveau et immense débouché pour son commerce et ses fabriques, et les revenus des provinces espagnoles, après avoir défrayé ses armées, fournissaient un excédant à la métropole et pourvoyaient aux besoins de l'avenir. En même temps l'Espagne aidait à former une armée dont elle était l'école : des levées régulières se faisaient dans les contrées soumises: les prisonniers de guerre étaient incorporés dans les cadres carthaginois, et les peuplades dépendantes fournissaient des contingents ou des mercenaires, en quelque grand nombre qu'il fût demandé. A la suite de ses longues campagnes, le soldat s'était fait du camp une seconde patrie; et s'il ne ressentait pas l'inspiration du vrai patriotisme, il avait pour en tenir lieu l'amour du drapeau, et l'attachement enthousiaste pour son illustre général. Enfin les combats acharnés et continuels avec les vaillants Ibères et les Celtes, aux côtés de l'excellente cavalerie numide, avaient donné à l'infanterie une solidité remarquable.

Le gouvernement carthaginois et les Barcides.

Carthage laissa faire les Barcides. Comme ils ne demandaient plus à la cité ni prestations ni sacrifices, et qu'au contraire ils lui envoyaient un excédant tous les jours ; comme par eux le commerce carthaginois avait retrouvé en Espagne tout ce qu'il avait jadis perdu en Sicile et en Sardaigne, la guerre et l'armée espagnoles, signalées par d'éclatantes victoires et d'importants résultats, eurent bientôt la popularité pour elles ; au point que, dans les moments critiques, à la mort d'Hamilcar notamment, on se décida sans peine à envoyer de nombreux renforts d'Africains à l'armée d'au delà du détroit. Le parti de la paix, bon gré mal gré, se tut, ou se contenta, dans ses conciliabules ou ses communications avec ses amis à Rome, de rejeter la faute sur les officiers et sur la multitude.

Le gouvernement romain et les Barcides.

Rome, non plus, ne fit aucun effort sérieux pour arrêter la marche des affaires en Espagne. Son inactivité tenait à plusieurs causes. La première et la principale était assurément son ignorance des faits. Il y avait loin de la grande Péninsule à l'Italie; en la choisissant, et non l'Afrique, comme il eut semblé possible de le faire, pour le théâtre de ses entreprises, Hamilcar avait calculé juste. Non que la République ajoutât foi aux explications fournies sur place à ses commissaires envoyés en Espagne, à l'assurance qu'on lui donnait que tout ce qui se faisait là ne tendait qu'à procurer à Carthage les moyens de payer promptement les contributions de guerre mises à sa charge; il eut fallu être aveugle pour ne pas voir. Mais des plans d'Hamilcar on n'entrevoyait sans doute que les résultats les plus proches, les compensations cherchées et trouvées à la perte des tributs et du commerce des îles méditerranéennes. Quant à prévoir une attaque nouvelle de la part des Carthaginois ; quant à se croire menacé d'une invasion de l'Italie, avec l'Espagne pour point de départ, les documents les plus formels l'attestent, comme toute la situation le démontre, nul ne songeait à la possibilité d'une telle tentative. A Carthage, il va de soi que dans la faction de la paix, plusieurs hommes y voyaient clair; mais quelle que fût leur pensée, ils ne pouvaient, pour détourner l'orage que les chefs du gouvernement n'avaient plus depuis longtemps la force de conjurer, ils ne pouvaient, dis-je, en aller dévoiler à Rome le secret. C'eût été peut-être précipiter la catastrophe en voulant la prévenir; l'eussent-ils fait d'ailleurs, que les Romains n'auraient prêté qu'une oreille prudente et méfiante, sans doute, à leurs dénonciations de parti. Pourtant le jour approchait où les rapides progrès et l'étendue des conquêtes carthaginoises allaient éveiller leur attention et leur inquiétude; et de fait, dans les dernières années qui précédèrent l'explosion de la guerre, ils cherchèrent à élever des barrières devant leurs rivaux. En 528 nous les voyons, sous le prétexte de leur hellénisme de nouvelle date, nouer alliance avec les deux cités grecques ou semi-grecques de la côte de l'est. avec *Zacynthos* ou *Saguntum* (*Sagonte*, auj. *Murviedro*, non loin de *Valence*), et avec *Emporiæ* (*Ampurias*). Ils notifient leurs traités à Hasdrubal et l'invitent à ne pas pousser ses conquêtes au delà de l'*Ebre*, ce qu'il promet. Ce n'est pas qu'à cette époque encore ils songent à empêcher l'attaque de l'Italie par la route de terre. Le capitaine qui tentera l'entreprise se soucierait peu d'une telle promesse ; mais ils veulent, d'une part, arrêter l'essor de la puissance effective de Carthage en Espagne (cette puissance devient dangereuse en grandissant) ; puis, en prenant sous leur protection les peuplades libres voisines des *Pyrénées* jusqu'à l'Ebre, ils s'assurent un solide point d'appui, pour le cas où il leur faudra aussi descendre et combattre en Espagne. Jamais le sénat ne s'est fait d'illusion sur la nécessité d'une seconde et

226 av. J.-C.

prochaine guerre avec Carthage : quant à la Péninsule, tout au plus se verra-t-il forcé d'y envoyer alors quelques légions, en même temps que les ennemis en tireront des trésors et des soldats qu'ailleurs ils ne pourraient se procurer. Mais cette part faite à la situation, Rome a le ferme dessein, — le plan de campagne de 536 le prouve, et il n'en pouvait être autrement d'ailleurs — de porter dès le début ses armes en Afrique, et d'en finir ainsi avec Carthage. Le sort de l'Espagne se décidera du même coup. Ajoutez à cela, dans les premières années, les bénéfices des contributions de guerre qu'une rupture aurait aussitôt arrêtés ; puis bientôt la mort d'Hamilcar, dont les projets expiraient avec lui dans la pensée de ses amis comme de ses adversaires. Enfin dans les derniers temps, quand il devient trop clair qu'il y aurait imprévoyance à atermoyer la guerre, n'est-il pas également utile de se débarasser d'abord des Gaulois de la vallée du Pô? Sans quoi ceux-ci, menacés qu'ils sont d'une destruction prochaine, ne manqueraient pas, chaque fois qu'ils verraient la République engagée dans d'autres et sérieux combats, d'appeler encore en Italie les hordes transalpines, et de déchaîner sur elle les *tumultes* (*tumultus*) gaulois, plus dangereux que jamais en une telle occurrence. Certes ni la considération du parti de la paix dans Carthage, ni les traités existants, n'inspiraient à Rome tous les ménagements qu'elle avait jusque-là gardés : est-ce que les affaires d'Espagne ne lui offraient pas à tous les instants le prétexte spécieux d'une rupture, si elle avait voulu la guerre immédiate ? Ainsi donc, qu'on ne dise pas que la République a tenu une incompréhensible conduite. Mais tout en comptant avec les circonstances, on peut justement blâmer la politique molle et à courtes vues du Sénat. Les hommes d'État romains ont toujours brillé par l'opiniâtreté, la suite et la subtilité des desseins, plutôt que par la largeur des vues et la promptitude qui en organise l'exécution : sous ce rapport tous les grands ennemis de Rome, depuis Pyrrhus jusqu'à Mithridate, se sont montrés de beaucoup leurs maîtres.

Le succès avait couronné les projets enfantés par le génie d'Hamilcar : il avait préparé les voies et moyens de la guerre, une armée nombreuse, éprouvée, habituée à vaincre, et une caisse se remplissant tous les jours. Mais soudain, le moment venu de choisir l'heure du combat et la route à suivre, le chef manqua à l'entreprise. L'homme qui, portant haut la tête et le cœur au milieu du désespoir de tous, avait su ouvrir le chemin du salut à son peuple, cet homme vient de disparaître, à peine entré dans la carrière. Par quel motif Hasdrubal renonça-t-il à attaquer Rome? Crut-il les temps non encore propices? Homme politique plutôt que général, n'osa-t-il se croire au niveau de l'entreprise? Je ne saurais le décider. — Quoiqu'il en soit, au commencement de l'an 534 il tombe sous le fer d'un assassin, et les officiers de l'armée d'Espagne élisent pour son successeur *Hannibal*, le fils aîné d'Hamilcar. Le nouveau général, était bien jeune encore : né en 505, il était à sa vingt-neuvième année. Mais il avait beaucoup vécu : ses souvenirs d'enfance lui montraient son père combattant en pays étranger, et victorieux sur le mont d'*Eirctè*; il avait assisté à la paix conclue avec Catulus; il avait partagé avec Hamilcar invaincu les amertumes du retour en Afrique, les angoisses et les périls de la guerre Libyque; il avait tout enfant suivi son père dans les camps : à peine adolescent il s'était distingué dans les combats. Leste et robuste, il courait et maniait les armes excellemment; il était le plus téméraire des écuyers; il n'avait pas besoin de sommeil; en vrai soldat, il savourait un bon repas ou endurait la faim sans peine. Quoi qu'il eût vécu au milieu des camps, il avait reçu la culture habituelle chez les Phéniciens des hautes classes. Il apprit assez de grec, devenu général, et grâce aux leçons de son fidèle *Sosilon* de Sparte, pour pouvoir écrire ses dépêches dans cette langue. Adolescent, il avait fait, je l'ai dit, ses premières armes sous les ordres et sous les yeux de son père : il l'avait vu tomber à ses côtés durant la bataille. Puis, sous le généralat du mari de sa sœur, Hasdrubal, il avait commandé la cavalerie. Là, sa bravoure éclatante et ses talents militaires l'avaient aussitôt signalé entre tous. Et voilà qu'aujourd'hui la voix de ses égaux appelait le jeune et habile général à la tête de l'armée. C'était à lui qu'il appartenait de mettre à exécution les vastes desseins pour lesquels son père et son beau-frère avaient vécu et étaient morts. Appelé à leur succéder, il sut être leur digne héritier. Les contemporains ont voulu jeter toutes sortes de taches sur ce grand caractère : les Romains l'ont dit cruel, les Carthaginois l'ont dit cupide. De fait, il haïssait comme savent haïr les natures orientales : général, l'argent et les munitions lui manquant à toute heure, il lui fallut bien se les procurer comme il put. En vain la colère, l'envie, les sentiments vulgaires ont noirci son histoire, son image se dresse toujours pure et grande devant nos regards. Si vous écartez de misérables inventions qui portent leur condamnation avec elles-mêmes, et les fautes mises sous son nom et qu'il faut reporter à leurs vrais auteurs, à ses généraux en second, à *Hannibal Monomaque*, à *Magon le Samnite*, vous ne trouvez rien dans les récits de sa vie qui ne se justifie ou par la condition des temps ou par le droit des gens de son siècle. Tous les chroniqueurs lui accordent d'avoir réuni, mieux que qui que ce soit, le sang-froid et l'ardeur, la prévoyance et l'action. Il eut par-dessus tout l'esprit d'invention et de ruse, l'un des caractères du génie phénicien ; il aima à marcher par des voies imprévues, propres à lui seul. Fertile en expédients masqués et en stratagèmes, il étudiait avec un soin inouï les habitudes de l'adversaire qu'il avait à combattre. Son armée d'espions (il en avait à demeure jusque dans Rome), le tenait au courant de tous les projets de l'ennemi : on le vit souvent, déguisé, portant de faux cheveux, explorant et sondant çà et là. Son génie stratégique est écrit sur toutes les pages de l'histoire de ce siècle. Il fut aussi homme d'État du premier ordre. Après la paix avec Rome, on le verra réformer la constitution de Carthage; on le verra, banni et errant à l'étranger, exercer une immense influence sur la politique des empires orientaux. Enfin, son ascendant sur les hommes est attesté par la soumission incroyable et constante de cette armée mêlée de races et de langues, qui, dans les temps même les plus désastreux, ne se révolta pas une seule fois contre lui. Grand homme enfin, dans le vrai sens du mot, il attire à lui tous les regards.

A peine fut-il promu au commandement, qu'il voulut sans tarder commencer la guerre (printemps de 534). De sérieux motifs l'y poussaient. Les Gaulois étaient encore en fermentation. Le Macédonien semblait prêt à attaquer Rome. En se mettant lui-même immédiatement en campagne, il pouvait choisir son terrain, et cela avant que les Romains eussent eu le temps de commencer la guerre par une descente en Afrique, entreprise plus commode, à leurs yeux. Son armée était au complet, ses caisses avaient été remplies par quelques grandes razzias. — Mais Carthage ne se montrait rien moins qu'empressée à l'envoi de sa déclaration de guerre, et il était plus difficile de donner dans ses murs un successeur politique à Hasdrubal, le chef du peuple, que de le remplacer, général, en Espagne. Là, la faction de la paix avait la haute main, et faisait alors leur procès à tous les hommes de l'autre parti. Elle qui avait mutilé, rapetissé les entreprises d'Hamilcar, serait-elle

220 av. J.-C.

Rupture entre Rome et Carthage.

plus favorable à ce jeune homme inconnu, qui commandait d'hier au delà du détroit, et dont le téméraire patriotisme allait se déchaîner aux dépens de l'État? Hannibal recula : il ne voulut pas non plus déclarer la guerre de son chef, en se mettant en révolte ouverte contre les autorités légitimes de la république africaine. Il se résolut alors à pousser les Sagontins à des actes d'hostilité : les Sagontins se contentèrent de porter plainte à Rome. Celle-ci ayant dépêché ses ambassadeurs sur les lieux, Hannibal tenta, à force de dédain, de les pousser à dénoncer la rupture. Mais les commissaires voyaient bien la situation ; ils se turent en Espagne, réservant leurs récriminations pour Carthage même, et racontant à Rome qu'Hannibal était armé, et que la lutte était proche. Le temps marchait. Bientôt se répandit la nouvelle de la mort d'Antigone Doson, survenue tout à coup et presque à la même heure que la fin d'Hasdrubal. Dans la Cisalpine, les Romains menaient avec un redoublement d'activité et d'énergie l'édification de leurs forteresses ; et dès les premiers jours du printemps la République se proposait d'en finir en une fois avec la levée de boucliers des Illyriens. Chaque jour écoulé était une perte irréparable : Hannibal prit son parti. Il fit sans plus de façon savoir à Carthage que les Sagontins, serrant de près les *Torbolètes*, sujets carthaginois, il allait mettre le siége devant leur ville ; et sans attendre une réponse, il investit (dès le printemps de 535) la cité alliée des Romains. C'était commencer la guerre avec la République. La nouvelle arriva comme un coup de foudre dans Carthage. Quelle fut l'impression ressentie? Quelles délibérations s'ensuivirent? On peut s'en rendre compte en se rappelant l'effet produit en Allemagne et dans un certain monde par la capitulation du général York [en 1813] [1]. Tous les « hommes haut placés, » racontent

---

[1] [Le général York, qui commandait le corps prussien de la grande

les historiens, désapprouvèrent cette voie de fait « non autorisée » par le gouvernement. Il fallait désavouer ces téméraires officiers de l'armée, les livrer aux Romains !... Mais, soit que dans le Sénat de Carthage on redoutât l'armée et la multitude plus encore que Rome, soit qu'on eût compris l'impossibilité de retourner en arrière, soit aussi que l'inertie des esprits fût plus forte que la nécessité même d'une décision, on prit le parti de n'en prendre aucun ; et sans mettre la main dans la guerre, on laissa Hannibal la faire. Sagonte se défendit, comme savent seules se défendre les cités espagnoles. Si les Romains avaient montré la moindre parcelle de l'énergie de leurs clients ; si, durant les huit mois du siége, ils n'ayaient point perdu leur temps dans de misérables combats contre les pirates d'Illyrie, maîtres, comme ils l'étaient, de la mer et des points de débarquement, ils se seraient évité la honte de cette protection tant promise et pourtant dérisoire : ils auraient fait entrer peut-être les événements militaires dans une toute autre voie. Mais ils tardèrent, et Sagonte fut prise enfin d'assaut. A la vue des immenses trésors envoyés par Hannibal à Carthage, le patriotisme, l'ardeur belliqueuse se réveillèrent parmi les plus réfractaires. Le butin partagé, la réconciliation n'était plus possible avec Rome. Elle envoya pourtant ses ambassadeurs en Afrique, même après la destruction de Sagonte, exigeant la remise du général carthaginois et des Gérousiastes qui l'assistaient au camp. On essaya des excuses, mais l'orateur romain y coupa court, et rassemblant les plis de sa toge, il dit aux Carthaginois ; qu'il y tenait renfermées la paix et guerre, et qu'il fallait choisir. Entraînés par un mouvement de courage, les Anciens répondirent au Romain

---

armée, capitula et passa aux Russes, comme chacun sait, à la nouvelle des désastres des Français en 1813. Cette défection a été le signal de la guerre de l'indépendance allemande.]

qu'il eût à faire son choix lui-même. L'ambassadeur opta pour la guerre, et le défi, aussitôt, fut relevé (printemps de 536).

L'opiniâtre résistance de Sagonte avait coûté à Hannibal toute une année. La campagne finie, il était revenu à Carthagène, y prenant, comme de coutume, ses quartiers d'hiver (535-536), et y préparant à la fois son expédition prochaine et la défense de l'Espagne et de l'Afrique. Comme son père et son beau-frère, il avait le commandement sur les deux contrées, et par conséquent aussi lui incombait le devoir de veiller à la protection de la métropole. Ses forces réunies se composaient d'environ cent vingt mille hommes de pied, de seize mille chevaux, de cinquante-huit éléphants, de trente-deux quinquérèmes armées en guerre, et de dix-huit quinquérèmes non armées, sans compter les éléphants et les navires laissés à Carthage. A l'exception de quelques Ligures placés dans les troupes légères, il n'avait plus de mercenaires dans ses troupes. On y comptait aussi quelques escadrons phéniciens ; mais le gros de l'armée était à peu près exclusivement formé des contingents des sujets de la Libye et de l'Espagne. Pour s'assurer de leur fidélité, Hannibal, avec sa profonde connaissance des hommes, leur avait donné une marque de grande confiance : ils eurent tous un congé durant l'hiver. Dans son patriotisme aux larges vues, bien différent de l'étroitesse d'esprit de ses compatriotes, le général avait promis sous serment aux Libyens de leur conférer le droit de cité dans Carthage, s'ils rentraient un jour vainqueurs de Rome en Afrique. Il n'employait d'ailleurs pas toutes ses troupes à l'expédition d'Italie. Vingt mille hommes retournèrent en Afrique, le plus petit nombre pour aller défendre Carthage et le territoire punique propre ; la plus grande division restant cantonnée à la pointe occidentale du continent. L'Espagne garda douze mille fantassins, deux mille cinq cents chevaux, à peu près la moitié des éléphants, et la flotte qui continua de stationner sur la côte, Hannibal y donnant le commandement suprême à son frère plus jeune, Hasdrubal. S'il n'envoya que de faibles renforts dans la région phénicienne propre, c'est que Carthage, en cas de besoin, y pouvait suffire à tout. De même en Espagne, où les levées nouvelles se recrutaient sans peine, il assurait suffisamment ses derrières en n'y laissant qu'un noyau de solide infanterie, avec adjonction de ce qui constituait la force de l'armée carthaginoise, à savoir, une bonne cavalerie et des éléphants. En même temps il prenait les plus exactes mesures pour avoir toujours ses communications faciles entre l'Afrique et l'Espagne : il laissait la flotte sur la côte, on vient de le voir, un corps nombreux occupant l'Afrique occidentale. Afin d'être plus sûr encore de la fidélité de ses soldats, il avait enfermé dans la forte place de Sagonte les otages des cités espagnoles; et transportant ses troupes dans les pays les plus éloignés du lieu où elles avaient été levées, il avait de préférence gardé sous ses ordres immédiats les milices de l'Afrique orientale, envoyé les Espagnols dans l'Afrique de l'ouest, et les Africains de l'ouest à Carthage. Il avait donc pourvu à tout du côté de la défense.

Les dispositions pour l'offensive n'étaient pas moins grandioses. Carthage devait expédier vingt quinquérèmes armées de mille soldats, avec mission de descendre sur la côte occidentale de l'Italie et d'y porter le ravage. Une deuxième escadre de vingt-cinq voiles avait Lilybée pour objectif : cette ville devait être réoccupée. Mais ce n'étaient là que les détails plus modestes et accessoires de l'entreprise : Hannibal crut pouvoir s'en remettre à Carthage pour leur bonne exécution. Quant à lui, il avait décidé de partir pour l'Italie avec la grande armée, prenant en main l'exécution du plan sans nul doute conçu avant lui par son père. De même que Carthage n'était directement attaquable qu'en Libye; de même on ne joignait Rome que par l'Italie. Rome bien certainement voulait descendre en Afrique, et Carthage ne pouvait plus, comme autrefois, se limiter à des opérations secondaires, telles que la lutte en Sicile, ou la défensive sur son propre territoire. Les défaites y comportaient les mêmes conséquences désastreuses : la victoire n'y assurait point les mêmes résultats. — Mais comment, par où attaquer l'Italie ? Assurément les routes de terre et de mer y conduisaient ; mais si l'entreprise n'était point une sorte d'aventure désespérée, si Hannibal rêvait une expédition sérieuse, ayant un but vaste et stratégique à la fois, il lui fallait une base d'opérations plus rapprochée que l'Espagne ou l'Afrique. Rome étant maîtresse de la mer, une flotte, une forteresse maritime constituaient un mauvais appui. Il ne pouvait pas compter davantage sur les régions occupées par la Confédération italienne. En d'autres temps, en dépit des sympathies puissantes éveillées par le nom grec, elle avait tenu ferme devant Pyrrhus : on ne pouvait s'attendre à la voir se dissoudre à l'apparition d'un général carthaginois. Entre le réseau des forteresses romaines et la forte chaîne des alliés de Rome, une armée envahissante ne serait-elle pas bientôt écrasée ? Seuls, les Ligures et les Gaulois offraient à Hannibal tous les avantages que les Polonais assurèrent à Napoléon dans ses campagnes contre les Russes, analogues sous tant de rapports avec l'expédition carthaginoise. Ces peuples frémissaient encore au lendemain de la guerre où avait péri leur indépendance : étrangers aux Italiques, menacés dans leur vie, voyant s'élever chez eux les premières enceintes des citadelles romaines et ces grandes voies qui les enveloppaient, ne croiraient-ils pas voir des sau-

veurs dans l'armée carthaginoise, où combattaient en
foule les Celtes de l'Espagne? Ne seraient-ils pas pour
Hannibal un premier et solide point d'appui? Ne lui four-
niraient-ils pas et les approvisionnements et les recrues?
Déjà il s'était formellement abouché avec les Boïes et les
Insubres, qui avaient promis des guides à son armée, un
bon accueil à leurs frères de race, et des vivres sur la route.
Ils devaient se soulever aussitôt que les Carthaginois
auraient mis le pied sur le sol de l'Italie. Les événements
de l'Est n'étaient pas moins propices à l'invasion. La
Macédoine, dont la victoire de *Sellasie* venait de con-
solider l'empire dans le Péloponnèse, était mal avec
Rome. *Démétrius de Pharos*, qui, trahissant son alliance
avec la République, avait passé aux Macédoniens, et s'é-
tait vu chasser de son petit royaume, s'était réfugié à la
cour du roi de Macédoine, et celui-ci avait refusé son
extradition. Où pouvait-on, ailleurs que dans les plaines
du Pô, tenter la réunion contre l'ennemi commun des
armées venues des bords du Bétis (*Guadalquivir*) et du
Strymon (*Kara-sou* ou *Strouma*)? Ainsi, les circonstances désignaient l'Italie du Nord comme le vrai point
d'attaque : et déjà, en 524, preuve nouvelle des projets
sérieux d'Hamilcar, les Romains, à leur grand étonne-
ment, s'étaient heurtés, en Ligurie, contre un détachement de soldats carthaginois. — On s'explique moins
bien pourquoi Hannibal préféra la voie de terre à la voie
de mer. Ni la suprématie navale des Romains, ni leur
alliance avec Marseille ne pouvaient empêcher un débarquement sur la côte de *Genua* (*Gênes*) : cela se comprend
tout seul, et la suite le fit bien voir. Mais Hannibal avait
à choisir entre deux écueils. Il aima mieux sans doute
ne point s'exposer aux dangers inconnus d'une traversée,
aux vicissitudes d'une guerre navale, qui laissent toujours moins de prise à la prudence humaine, et il pensa
qu'il était plus sage d'aller au-devant des Boïes et des

230 av. J.-C.

Insubres, dont le concours lui était sérieusement promis, nul n'en peut douter. D'ailleurs, débarquant à *Genua*, il n'en avait pas moins la montagne à franchir, et il ne lui était pas donné de savoir que les cols des Alpes étaient autrement ardus et difficiles que les passes de l'Apennin, dans la Ligurie. Enfin, la route qu'il suivit était celle des anciennes migrations celtiques; des essaims plus nombreux que son armée avaient pénétré en Italie par les Alpes. L'allié et le sauveur des Gaulois italiens ne se croyait point téméraire en marchant sur leurs traces.

Départ d'Hannibal. Donc, dès l'ouverture de la saison, Hannibal réunit sous Carthagène toutes les troupes composant la grande armée : quatre-vingt-dix mille hommes d'infanterie et douze mille chevaux; les deux tiers Africains, un tiers Espagnols. Il emmène trente-sept éléphants, plutôt pour en imposer aux Gaulois que comme renfort efficace de combat. Son infanterie n'avait plus rien de commun avec celle de Xanthippe, se cachant par peur derrière la ligne de ces grands animaux. Il n'était point homme à ignorer que c'était là une arme à deux tranchants, apportant la défaite dans les rangs amis aussi souvent que chez l'ennemi. Aussi n'usait-il des éléphants qu'avec circonspection, et en petit nombre. Telle était l'armée avec laquelle il quitta Carthagène, et marcha vers l'Èbre, au 218 av. J.-C. printemps de 536. Des mesures prises à l'avance, et surtout des relations nouées avec les Celtes, des moyens, du but de son expédition, il laissa transpirer assez pour donner confiance même au simple soldat. Celui-ci, dont l'instinct militaire s'était développé sous les armes, pressentait partout les vues nettes et hardies, la main sûre et forte de son général, et il le suivait avec une aveugle foi dans ses voies inconnues. Puis, quand par ses paroles enflammées il leur montrait la patrie humiliée, les exigences insolentes de Rome, l'asservissement imminent de cette Carthage qui leur était chère, l'extradition honteuse de leur général et de ses officiers imposée comme condition de la paix, il les entraînait avec lui, ardents à la guerre, emportés par l'élan du civisme.

A Rome, la situation était ce qu'elle est souvent au sein des aristocraties les plus solidement assises et les plus prévoyantes. Certes, le gouvernement savait ce qu'il voulait, et il agissait. Malheureusement il n'agissait ni bien ni en temps utile. Depuis longtemps on aurait pu fermer les portes des Alpes, et en finir avec les Cisalpins : or on avait laissé les Alpes ouvertes, et les Cisalpins étaient encore redoutables. On aurait pu avec Carthage vivre en paix, et en paix durable, à la condition d'observer fidèlement le traité de 513. Que si l'on voulait la ruine de Carthage, depuis longtemps les légions auraient pu et dû la réduire. Mais en fait, les traités avaient été violés par la confiscation de la Sardaigne, et durant les vingt années de répit dont elle avait joui, Carthage s'était régénérée. Rien de plus facile que de vivre en bonnes relations avec la Macédoine : mais son amitié avait été sacrifiée à une chétive conquête. Il ne s'était pas trouvé dans Rome un de ces grands hommes d'État qui envisagent de haut la situation et dirigent les événements. Partout on avait fait trop ou trop peu. Maintenant voici venir la guerre. L'ennemi a pu librement choisir son heure et le lieu du combat, et les Romains, tout en ayant pleinement et justement la conscience de leur supériorité militaire, n'ont au début de la campagne ni plan, ni but, ni marche assurée. Ils avaient un demi-million de soldats sous la main. Leur cavalerie seule était moins bonne, et toute proportion gardée, moins nombreuse que celle de l'ennemi. Elle n'allait chez eux qu'au dixième du total de l'effectif, tandis que chez les Carthaginois elle s'élevait au huitième. Mais la flotte romaine comptait deux cent vingt quinquérèmes,

État des choses à Rome.

241.

Indécision dans les plans.

toutes revenues depuis peu de l'Adriatique : quel peuple engagé dans la prochaine guerre aurait pu en mettre autant en ligne, et qu'il eût été facile de tirer parti de cette force écrasante ! Depuis longues années il était entendu qu'à la première levée de boucliers, les légions débarqueraient en Afrique : plus tard les événements ayant marché, il avait aussi fallu songer à une descente combinée en Espagne, pour y retenir l'armée d'occupation, qui sans cela se pouvait aussitôt porter sous les murs de Carthage. C'eût été agir encore conformément à ce même plan de campagne, que de jeter une armée romaine dans la Péninsule, à la nouvelle de l'ouverture des hostilités par Hannibal, en 535, et de l'investissement de Sagonte. Mais il eût fallu y accourir avant la chute de la ville ; et l'on resta sourd à Rome aux conseils d'une stratégie meilleure, comme aux injonctions de l'honneur. Sagonte tint huit mois ; son héroïsme ne servit de rien. Elle était tombée, que Rome n'avait point d'armée de débarquement prête. Restait la contrée entre l'Èbre et les Pyrénées. Les peuples qui l'habitaient étaient libres encore. Alliés naturels de Rome, la promesse d'un prompt secours leur avait été faite comme aux Sagontins. D'Italie en Catalogne il n'y a pas plus loin pour les vaisseaux que pour des troupes partant de Carthagène par la voie de terre. Si après la guerre formellement déclarée, les Romains s'étaient mis en route en même temps que les Carthaginois, c'est-à-dire avec le mois d'avril, Hannibal aurait pu trouver les légions postées déjà sur la ligne de l'Èbre. — Quoi qu'il en soit, le gros de l'armée romaine demeurant réservé pour l'expédition d'Afrique, le second consul *Publius Cornélius Scipion* reçoit l'ordre d'aller défendre le fleuve-frontière en Espagne ; mais il en prend à son aise, et une révolte survenant dans la plaine du Pô, il s'y rend avec ses troupes prêtes à s'embarquer. L'expédition d'Espagne se fera au moyen d'autres légions en voie de formation. Pendant ce temps, Hannibal est arrivé sur l'Èbre. Il y est accueilli par une opiniâtre résistance. Mais dans les circonstances présentes le temps lui est plus précieux que le sang de ses soldats. En quelques mois il a écrasé les indigènes, et avec son armée diminuée déjà du quart, il atteint les Pyrénées. Les lenteurs coupables de Rome ont une seconde fois causé la perte de ses alliés espagnols. Ce désastre était facile à prévoir autant que les lenteurs auraient pu être facilement évitées. De plus, le débarquement de légions, s'il s'était effectué en temps utile, aurait mis probablement obstacle à l'invasion de l'Italie, dont il semble que même au printemps de 536 les Romains n'aient point encore eu la prévision. Quant à Hannibal, en allant se jeter sur le territoire de l'ennemi, il n'entendait nullement agir en désespéré, et abandonner son « royaume espagnol. » Le temps employé au siége de Sagonte et à la soumission de la Catalogne ; le corps considérable laissé par lui dans le pays conquis au nord de l'Èbre ; toutes les précautions prises, enfin, démontrent que si les légions étaient venues lui disputer l'empire de l'Espagne, il ne se serait point contenté de se dérober à leurs attaques ; mais les Romains n'eussent-ils fait que retarder son départ d'Espagne durant quelques semaines, un avantage capital leur était par là même acquis. L'hiver fermait les cols des Alpes avant l'arrivée des Carthaginois, et le corps expéditionnaire à destination de l'Afrique y accomplissait sa descente sans coup férir.

Hannibal sur l'Èbre.

218 av. J.-C.

Arrivé aux Pyrénées, Hannibal renvoya une partie de ses soldats chez eux. Mesure préméditée dès le début, et qui témoignait hautement aux yeux de l'armée de la confiance du général dans le succès de l'entreprise, en même temps qu'elle était un démenti donné à ceux qui

Hannibal dans les Gaules

croyaient qu'elle était de celles dont nul ne revient. Ce fut avec cinquante mille fantassins et neuf mille cavaliers seulement qu'il franchit la chaîne sans rencontrer de difficultés. Puis, longeant la côte dans la région de Narbonne et de Nîmes, il s'ouvre rapidement passage au milieu des peuplades gauloises, rendues favorables par des négociations antérieures, ou achetées sur place par l'or carthaginois, ou enfin domptées par les armes. A la fin de juillet, il arrive sur le Rhône en face d'*Avenio* (Avignon). Ici l'attend, ce semble, une résistance plus sérieuse : le consul Scipion avait débarqué à Marseille (fin juin) : en faisant route pour l'Espagne, il apprit qu'il était trop tard, et qu'Hannibal avait non-seulement passé l'Èbre, mais aussi franchi les Pyrénées. A cette nouvelle, qui jetait enfin la lumière sur la direction et le but de l'expédition carthaginoise, le consul abandonne pour le moment ses projets sur l'Espagne, et prend le parti de faire sa jonction avec les peuplades celtiques de la contrée, obéissant toutes à l'influence des Massaliotes, et par les Massaliotes à l'influence romaine. Il recevra donc Hannibal sur le Rhône, et lui fermera le passage du fleuve et l'entrée de l'Italie. Heureusement pour les Carthaginois, ils n'avaient en face d'eux, sur le lieu de leur passage projeté, que quelques milices gauloises. Le consul, avec son armée (vingt-deux mille fantassins et deux mille cavaliers) se tenait encore à Massalie, à quatre jours de marche en aval. Les envoyés des Gaulois accoururent et lui donnèrent avis de l'arrivée de l'ennemi. Celui-ci se voyait obligé de franchir le rapide torrent en toute hâte avec sa nombreuse cavalerie, ses éléphants, sous les yeux des Gaulois, et avant que le Romain se montrât. Il ne possédait pas une nacelle. Aussitôt et par son ordre toutes les barques employées dans le pays à la navigation du Rhône sont achetées à tout prix ; on en construit d'autres en abattant les arbres.

dans les alentours. En peu de temps les préparatifs sont faits. L'armée pourra en un seul jour accomplir son passage. Pendant ce temps un fort détachement commandé par *Hannon*, fils de *Bomilcar*, remonte le fleuve à quelques jours de marche au-dessus d'Avignon, et trouvant un endroit plus facile et non défendu, il aborde sur l'autre rive au moyen de radeaux rapidement assemblés; puis il redescend vers le midi, pour tomber sur le dos des Gaulois, qui arrêtent le gros de l'armée. Le matin du cinquième jour après son arrivée, trois jours après le départ d'Hannon, Hannibal voit s'élever en face de lui une colonne de fumée, signal convenu qui lui annonce la présence de son détachement; aussitôt il donne l'ordre impatiemment attendu de l'attaque. Les Gaulois, au premier mouvement de la flottille ennemie, accourent sur la rive; mais tout à coup le feu mis derrière eux à leur camp les surprend et les arrête. Divisés, ne pouvant ni résister à ceux qui les attaquent, ni à ceux qui passent le fleuve, ils s'enfuient et disparaissent.

Pendant ce temps, Scipion tient conseil dans Massalie, et s'enquiert des points qu'il conviendrait d'occuper sur le Rhône. Les Gaulois ont eu beau lui envoyer les plus pressants messages, il n'a pas jugé à propos de marcher à l'ennemi. Il ne veut pas croire aux nouvelles qu'on lui apporte, et se contente d'expédier sur la rive gauche un petit corps de cavalerie en éclaireur. Ce corps se heurte contre l'armée carthaginoise tout entière, déjà passée au delà du fleuve, et aidant au transport des éléphants laissés sur la rive droite. Il achève sa reconnaissance, en livrant un combat vif et sanglant, — le premier combat de cette guerre, — à quelques escadrons de Carthaginois qui battaient aussi la plaine (non loin d'Avignon); puis il tourne bride rapidement, et s'en va rendre compte de la situation au quartier général. Alors Scipion part à marches forcées; mais quand il arrive, déjà depuis trois jours la cavalerie carthaginoise, après avoir protégé le passage des éléphants, a suivi le gros de l'armée. Il ne reste plus au consul qu'à s'en retourner sans gloire à Massalie avec ses troupes fatiguées, affectant follement le mépris de ces Carthaginois qui ont lâchement pris la fuite.—De compte fait, c'était la troisième fois que les Romains, par pure négligence, abandonnaient leurs alliés et perdaient une ligne de défense importante. Puis, comme après l'erreur commise, ils avaient passé de l'immobilité déraisonnable à une plus déraisonnable hâte; comme ils venaient de faire, sans plan, sans résultat, ce que, quelques jours plus tôt, ils auraient pu et dû, en toute sûreté, exécuter d'une façon utile, ils se mettaient par là hors d'état de réparer leurs fautes. Une fois de l'autre côté du Rhône, il n'y avait plus à songer à empêcher Hannibal d'atteindre le pied des Alpes. Du moins Scipion pouvait-il encore, à la première nouvelle du passage du fleuve, s'en retourner avec toute son armée : en passant par Genua il ne lui fallait que sept jours pour arriver sur le Pô. Là, il opérait sa jonction avec les corps plus faibles stationnés dans la contrée : il attendait l'ennemi, et le recevait vigoureusement. Mais non, après avoir perdu du temps en courant sur Avignon, il semble que Scipion, homme habile pourtant, n'ait eu alors ni courage politique, ni tact militaire ; il n'ose pas prendre conseil des circonstances, et modifier la destination de son corps d'armée ; il le fait embarquer pour l'Espagne en majeure partie, sous le commandement de *Gnœus*, son frère, et revient à Pise avec le reste.

Passage des Alpes. Hannibal, le Rhône franchi, avait convoqué une grande revue de ses troupes, leur annonçant quels étaient ses projets, et les abouchant à l'aide d'un interprète avec un chef gaulois, *Magilus*, venu de la région du Pô; puis il s'était de suite remis sans obstacle en marche vers les passes des Alpes. Là, choisissant sa route, il ne prit en considération ni la moindre longueur des vallées, ni les dispositions plus ou moins favorables des habitants, quelque intérêt qu'il eût d'ailleurs à ne pas perdre une minute dans des combats de détail ou dans les détours de la montagne. Avant tout, il devait préférer le chemin le plus facilement praticable pour ses bagages, sa nombreuse cavalerie et ses éléphants, celui où il trouverait bon gré mal gré des subsistances en quantité suffisante. Bien qu'il portât avec lui des approvisionnements considérables chargés à dos de bêtes de somme, ces approvisionnements ne pouvaient alimenter que pendant quelques jours son armée forte encore, nonobstant ses pertes, de cinquante mille hommes valides. Quand on laissait de côté la route qui longe la mer, et dont il ne voulut pas, non parce que les Romains la lui barraient, mais parce qu'elle l'eût éloigné du but[1]. Dans ces temps anciens, deux passages seulement, méritant ce nom, conduisaient des Gaules en Italie par les cols alpestres : l'un franchissait les *Alpes Cottiennes* (mont *Genèvre*) et descendait chez les *Taurins* (à *Turin* par *Suse* ou *Fenestrelles*) : l'autre, par les *Alpes Gréees* (le *petit Saint-Bernard*), conduisait chez les *Salasses* (pays d'*Aoste* et d'*Ivrée*). Le premier est plus court : mais après avoir quitté le Rhône, il conduit dans les vallées difficiles et infertiles du *Drac*, de la *Romanche* et de la *haute Durance*, au travers d'âpres et pauvres montagnes ; il demande sept à huit jours de marche. Pompée le premier a tracé là une voie militaire, afin d'établir la plus directe communication possible entre la Gaule cisalpine

---

[1] La route du mont *Cenis* n'a été rendue praticable pour une armée qu'à l'époque du moyen âge. Quant à la passe plus à l'est, par les *Alpes Pennines* ou le *grand Saint-Bernard*, qui devint route militaire sous César et Auguste, Hannibal ne pouvait songer à la prendre.

et la Gaule transalpine. — Par le *petit Saint-Bernard*, le chemin est un peu plus long; mais quand il a dépassé le premier contre-fort des Alpes, à l'est du Rhône, il longe la *haute Isère*, qui, courant non loin de *Chambéry*, remonte de *Grenoble* jusqu'au pied du col, ou, si l'on veut, jusqu'au pied de la grande chaîne, et forme la plus large, la plus fertile et la plus peuplée des vallées alpestres dans cette région. De plus, le col, en ce point, y est le moins élevé de tous les passages naturels des Alpes dans la contrée (2,192 mètres) : il est de beaucoup aussi le plus commode; et, quoique nulle route n'y ait jamais été construite, on a vu en 1815 un corps autrichien le traverser avec de l'artillerie. Ne coupant, comme on voit, que deux chaînes, la passe du petit Saint-Bernard était devenue la plus fréquentée dans les anciens temps, et c'est par là que les grandes bandes gauloises opéraient leurs descentes en Italie. En réalité, l'armée d'Hannibal n'avait pas à choisir : par un concours heureux de circonstances, sans qu'elles aient été pour lui un motif déterminant, les peuplades cisalpines avec lesquelles il avait fait alliance habitaient jusqu'au pied du col. Par le *mont Genèvre*, au contraire, il serait arrivé chez les *Taurins*, de tout temps en guerre avec les Insubres. — Je crois donc que la grande armée carthaginoise marcha directement vers le val de la haute Isère, non pas, comme on pourrait le supposer, par le chemin le plus court, en longeant la rive gauche de l'Isère inférieure (de *Valence* à *Grenoble*), mais en traversant « l'Ile des Allobroges, » ou le massif déprimé, riche alors et populeux, que confinent le Rhône au nord et à l'ouest, l'Isère au sud et les Alpes à l'est. Ici encore Hannibal négligea la ligne directe, qui l'obligeait à traverser un pays de montagnes âpre et pauvre, tandis que l'Ile est moins montueuse et plus fertile, et que, dans cette direction, il n'avait qu'un faîte à franchir pour déboucher ensuite dans le haut val d'Isère. La traversée de l'Ile, en remontant le Rhône d'abord, et en se jetant ensuite sur la droite, lui demanda seize jours. Il ne rencontra pas de difficultés sérieuses et, dans l'Ile elle-même, ayant su mettre à profit les hostilités qui venaient d'éclater entre deux chefs allobroges, l'un d'eux, le plus considérable, se déclara son obligé, donna lui-même la conduite à l'armée dans tout le bas pays, pourvut à ses approvisionnements, et remit aux soldats des armes, des vêtements et des chaussures. Mais arrivés à la première chaîne qui s'élève comme une muraille à pic, et n'est accessible que par un seul point (montée du *mont du Chat*, par le village de *Chevalu*), un incident fâcheux les arrêta tout à coup. Les Allobroges occupaient en nombre le col. Hannibal, prévenu à temps, évita de se laisser surprendre. Il campa au pied du mont, et, la nuit venue, pendant que les Gaulois étaient rentrés chez eux dans la bicoque voisine, il s'empara du passage. Les hauteurs étaient conquises, mais à la descente rapide qui conduit vers le *lac du Bourget*, les chevaux et les mulets perdirent pied. A ce moment, les Gaulois apostés attaquèrent, moins dangereux d'ailleurs que gênants par le désordre qu'ils jetaient dans la marche de l'armée. Mais bientôt le général s'élance sur eux à la tête de ses troupes légères, les repousse sans peine et les rejette en bas de la montagne après leur avoir tué beaucoup de monde. Le tumulte du combat avait augmenté les périls et les embarras de la descente, surtout pour le train et les équipages. Arrivé enfin de l'autre côté, non sans de sérieuses pertes, Hannibal enlève d'assaut la cité la plus voisine, pour châtier et effrayer les barbares, et pour se remonter en chevaux et mulets. On se repose un jour dans la belle vallée de Chambéry, puis on côtoie l'Isère sans trouver d'obstacle ni du côté des vivres ni du côté de l'ennemi. Mais en entrant le quatrième jour sur le territoire des

Ceutrons (la *Tarentaise*), les Carthaginois voient la vallée se resserrer peu à peu ; là, il faut être de nouveau sur ses gardes. Les gens du pays les attendent à la frontière (environs de *Conflans*); portant des rameaux et des couronnes; ils donnent de la viande, des guides et des otages : il semble qu'on soit en territoire ami. Mais quand les Carthaginois ont atteint le pied de la haute chaîne, au point où leur chemin quitte l'Isère, et, remontant un âpre et étroit défilé le long du ruisseau de la *Récluse*, s'élève peu à peu vers le col du petit Saint-Bernard, voici que soudain les Ceutrons se jettent sur eux par derrière, et les assaillent de flanc du haut des rochers qui enserrent la passe à droite et à gauche : ils espèrent couper l'armée de ses équipages et de ses bagages. Hannibal, avec sa finesse habituelle, les avait devinés. Il savait qu'ils ne l'avaient bien accueilli d'abord qu'afin de ne pas voir leur pays ravagé, préparant d'ailleurs leur trahison, et comptant sur un pillage facile. Dans la prévision d'une attaque, il avait envoyé son train et sa cavalerie en avant. L'infanterie tout entière venait derrière et couvrait la marche. Les projets hostiles des Ceutrons étaient donc déjoués : toutefois, accompagnant l'infanterie dans sa marche, et lançant ou roulant sur elle de lourdes pierres du haut des rochers voisins, ils lui font éprouver des pertes sérieuses. On atteint enfin la *Roche blanche* (elle porte encore ce nom), haute masse calcaire surplombant à l'entrée des dernières pentes. Hannibal s'y arrête et y campe, et protège durant la nuit l'ascension de ses chevaux et de ses mulets : le jour suivant, le combat recommence, et se continue sanglant jusqu'au sommet. Là enfin les troupes ont du repos. On s'arrête sur un haut plateau, facile à défendre [le *cirque d'Hannibal*], qui se développe sur une longueur de deux milles et demi (allem., environ cinq lieues), et d'où la *Doire* [*Duria*], sortant d'un petit lac (*lac Verney* ou des *Eaux rouges*), descend vers l'Italie. Il était temps. Déjà les soldats perdaient courage. Le chemin devenu plus impraticable tous les jours : les provisions épuisées : ces dangereux défilés, où un ennemi inattaquable attaquait sans cesse, et incommodait la marche ; les rangs qui allaient s'éclaircissant : leurs camarades tombés dans les ravins : les blessés abandonnés sans espoir, tous ces maux n'avaient pas laissé que d'ébranler le moral des vétérans d'Espagne et d'Afrique. Tous déjà, à l'exception du chef et de ses intimes, ne voyaient plus qu'une chimère dans l'entreprise. Mais la confiance d'Hannibal ne se démentit pas. De nombreux soldats se retrouvèrent qui avaient roulé sur la route ; les Gaulois alliés étaient tout proches ; on était au point de partage des eaux ; on avait devant soi la descente, dont la vue réjouit toujours les yeux du voyageur en montagne. Après s'être un peu reposée, l'armée a repris courage, et commence la dernière et plus difficile opération, qui doit la conduire au bas du passage. L'ennemi ne l'incommode plus beaucoup : mais déjà la saison devenant mauvaise (on était aux premiers jours de septembre) remplace à la descente les incommodités essuyées à la montée par le fait des barbares. Sur les pentes raides et glissantes des bords de la Doire, où la neige fraîche avait détruit toute trace des sentiers, hommes et animaux s'égaraient, perdaient pied, tombaient dans les abîmes. Au soir du premier jour on arriva à une place de deux cents pas de longueur, où déferlaient à toute minute les avalanches détachées des pics abruptes du *Cramont*, recouverts toute l'année par les neiges, durant les étés froids. L'infanterie put passer, mais il n'en fut pas de même des éléphants et des chevaux. Ceux-ci glissaient sur ces masses de glace polie, cachées par la nouvelle neige, mince et friable. Hannibal campa plus haut avec les éléphants et la cavalerie. Le lendemain, les cavaliers, train, à force de travaux, rendirent la voie praticable pour les chevaux et les mulets ; mais il fallut trois jours d'efforts, où les soldats se relevèrent les uns après les autres, pour faire arriver les éléphants de l'autre côté. Le quatrième jour, toute l'armée était enfin réunie : la vallée allait s'élargissant et devenait plus fertile. Enfin, après trois autres jours de marche encore, la peuplade des *Salasses*, riverains de la Doire, et clients des Insubres, reçut les Carthaginois comme des amis et des sauveurs. A la mi-septembre, l'armée débouchait dans la plaine d'*Ivrée* [*Eporedia*], où les soldats épuisés furent mis en cantonnement dans les villages, où, pendant vingt-quatre jours de repos et de bons soins, ils se refirent de leurs épouvantables fatigues. Si les Romains, chose qui leur eût été bien facile, eussent eu chez les Taurins un corps de trente mille hommes frais et prêts au combat, s'ils eussent attaqué à une pareille heure, c'en était fait sans doute de la grande entreprise d'Hannibal ; heureusement pour lui, comme toujours, ses adversaires n'étaient point là où ils auraient dû être, et ses troupes prirent tout à l'aise le repos dont elles avaient tant besoin [1].

---

[1] Toutes les questions topographiques, relatives au fameux passage des Alpes par Hannibal, nous semblent à la fois vidées et résolues, quant aux points les plus essentiels, dans la dissertation, étudiée de main de maître, de MM. *Wickham et Cramer* [*Dissertation on the passage of Hannibal over the Alps. Oxford, 1820.* — V. aussi dans le même sens : De Luc (André), *Histoire du passage des Alpes par Hannibal, depuis Carthagène jusqu'au Tésin, d'après la narration de Polybe, comparée aux recherches faites sur les lieux*, etc... Paris et Genève, 1818. M. Mommsen a complètement adopté leur système, qui paraît d'ailleurs le plus plausible, notamment en ce qui touche le passage par le col du petit Saint-Bernard*]. Quant aux difficultés chronologiques, elles

[* De toutes les routes assignées par les critiques à l'armée d'Hannibal, celle qui la fait arriver à l'*île Barbe* sur la Saône, au-dessus de Lyon, puis gagner de là le Saint-Gothard par la vallée du Rhône et la *Furka*, est assurément aussi celle qui doit être rejetée d'abord. L'*île* des Allobroges n'était autre que la *vaste contrée* enfermée par les fleuves venant des Alpes (*diversis ex Alpibus decurrentes*, T. Liv., 21, 31), le Rhône et l'Isère ; et il est certain qu'Hannibal eût perdu trop de temps à remonter tout le Valais! — Quant au passage par le *mont Genèvre*, défendu par Letronne (*Journal des Savants*), par Fortia d'Urban (*sur le passage d'Hannibal*. Paris, 1821), par le général de Vaudoncourt (Milan, 1812), il semblerait plus facile d'y croire ; mais comment, de l'*île*

On touchait au but, mais au prix de grands sacrifices. Des cinquante mille fantassins, des neuf mille cavaliers vétérans qui composaient encore l'armée au delà des Pyrénées, il en avait péri la moitié sur le champ de bataille, dans la marche et au trajet des rivières. Hannibal, de son propre aveu, ne pouvait plus mettre en ligne que vingt mille hommes de pied, dont les trois cinquièmes étaient Libyens, les deux autres cinquièmes Espagnols. Il lui restait en outre six mille cavaliers, dé-

---

ne sont pas moindres : essayons quelques remarques tout exceptionnelles à ce sujet. Lorsque Hannibal arriva au sommet du Saint-Bernard, « déjà les pics se couvraient d'une neige épaisse. » (Polyb., 3, 54). Il y avait de la neige sur la route (Polyb., 3, 55) : mais peut-être qu'elle n'était pas récente, et provenait seulement des avalanches de l'été. Sur le petit Saint-Bernard, l'hiver commence à la saint Michel (fin de septembre) : les neiges tombent en septembre. A la fin d'août, les deux Anglais Wickham et Cramer n'y en trouvèrent pas sur la route; mais des deux côtés, il y en avait sur les pentes de la montagne. Il faut conclure de là, qu'Hannibal a dû arriver à la passe au commencement de septembre, fait qui se concilie très-bien avec ce que dit Polybe : « déjà l'hiver était proche. » Les mots συνάπτειν την της πλειάδος δύσιν (Polyb., 3, 54) ne veulent pas dire davantage ; et surtout il ne faut pas leur attribuer ce sens qu'on était alors à l'époque « du déclin de la pléiade » (vers le 26 octobre. V. Ideler, *Chronolog.* (Chronologie), I, p. 244). — Si donc l'on calcule qu'Hannibal est entré en Italie neuf jours plus tard, c'est-à-dire vers la mi-septembre, il reste suffisamment de temps pour placer dans l'intervalle tous les événements qui suivent jusqu'au jour de la bataille de la *Trébie* (fin de décembre ; περὶ χειμερινὰς τροπάς ; Polyb., 3, 72.) ; et notamment pour faire arriver de Lilybée à Plaisance les troupes de l'armée expéditionnaire d'Afrique. Ces dates se concilient de même avec la grande revue du printemps précédent (ὑπὸ τὴν ἐαρινὴν ὥραν, Polyb., 3, 34, de la fin de mars, par conséquent), et avec le jour où fut donné l'ordre de marche ; avec la durée de toute la campagne, enfin, qui dura cinq mois (six mois suivant Appien, 7, 4). Si donc Hannibal atteignit le petit Saint-Bernard au commencement de septembre, comme il lui fallut trente jours pour y arriver depuis le Rhône, il en faut conclure aussi qu'il était au commencement d'août sur le Rhône. D'après cela, constatons que Scipion, qui s'était embarqué dès le premier été (Polyb., 3, 41), au commencement d'août, au plus tard, ou avait perdu bien des jours en route, ou était resté plus longtemps encore inactif dans Marseille ;

des *Allobroges* au nord de l'Isère, peut-on raisonnablement ramener Hannibal au sud chez les *Tricastins*, les *Tricoriens* et les *Voconces* (dép. des *Hautes-Alpes*)? Les assertions de Tite-Live et de Polybe sur ce point indiquent, celles de Tite-Live surtout, la connaissance fort peu claire des localités. — *N. du Trad.* V. au surplus, à l'appendice, à la fin du volume, la note A.]

montés pour la plupart. Les pertes bien moindres de la cavalerie témoignent et de l'excellence des Numides et aussi du soin particulier et des ménagements dont ces troupes choisies avaient été l'objet de la part du général en chef. Une marche de 526 milles ou de trente-trois jours en moyenne, commencée et exécutée sans accidents graves ou imprévus, marche qui eût été impossible peut-être sans les hasards les plus heureux ou les fautes les plus inattendues de la part de l'ennemi ; cette seule marche avait coûté énormément cher ! Elle avait épuisé et démoralisé l'armée, au point qu'il lui avait fallu un plus long temps encore pour se remettre en haleine. Disons-le : en tant que stratégie, il y a là une opération militaire contestable ; et l'on est en droit de se demander si Hannibal lui-même a pu vraiment s'en targuer comme d'un succès. Pourtant ne nous hâtons pas d'infliger un blâme au grand capitaine. Nous voyons bien les lacunes du plan qu'il a exécuté, mais nous ne pouvons décider s'il aurait pu les prévoir. Sa route le menait il est vrai, en pays barbare, inconnu ; mais oserions-nous soutenir, encore une fois, qu'il aurait dû plutôt longer la côte, ou s'embarquer à Carthage ou à Carthagène ? Eût-il couru de moindres dangers de ce côté ? Quoi qu'il en soit de la route choisie, l'exécution dans les détails révèle la prudence consommée d'un maître : elle étonne à tous les instants ; et soit par la faveur de la fortune, soit par l'habileté même du général, le but final de l'entreprise, la grande pensée d'Hamilcar, la lutte avec Rome transportée en Italie, tout cela devenait aujourd'hui une réalité. Le génie du père avait enfanté le projet ; et de même que la mission de *Stein* et *Scharnhorst* a été plus difficile et plus grande peut-être que tous les exploits d'*York* et de *Blücher*, de même aussi l'histoire, avec le tact sûr et le souvenir des grandes choses, a mis en première ligne dans ses admirations le passage des Alpes, cet épisode final du grand drame héroïque des préparatifs d'Hamilcar; elle loue même et glorifie ce haut fait plus encore que les victoires fameuses du *lac Trasimène* et de *Cannes*.

CHAPITRE V

LES GUERRES D'HANNIBAL JUSQU'A LA BATAILLE DE CANNES.

Hannibal et les Gaulois d'Italie.

L'apparition d'Hannibal dans la Cisalpine avait du premier coup changé l'état des choses, et fait tomber tous les plans de guerre des Romains. Des deux armées de la République, l'une avait débarqué en Espagne, où déjà elle était aux prises avec l'ennemi. On ne pouvait la rappeler. La seconde, commandée par le consul *Tibérius Sempronius*, et qui avait l'Afrique pour destination, se trouvait heureusement encore en Sicile. Cette fois, les lenteurs des Romains allaient leur profiter. Des deux escadres carthaginoises à destination de la Sicile et de l'Italie, l'une avait été détruite par la tempête, les quelques vaisseaux qui s'étaient échappés devenant la proie des Syracusains; l'autre avait en vain tenté de surprendre Lilybée et s'était fait battre en vue du havre de cette ville. Toutefois, le séjour des navires ennemis dans les eaux italiennes étant plus qu'incommode, le consul, avant de passer en Afrique, voulut occuper toutes les petites îles voisines de la grande, et chasser complétement les Carthaginois de tous les repaires d'où ils pouvaient assaillir l'Italie. Il employa l'été à la conquête de *Mélite* (*Malte*); à la recherche de l'ennemi, qu'il supposait caché dans les îles de Lipara, tandis que, descendu près de *Vibo* (*Monteleone*), il ravageait la côte de Bruttium; enfin à la reconnaissance des points de débarquement en Afrique: puis il s'en retourna à Lilybée avec sa flotte et son armée. Il y était encore, quand vint le trouver l'ordre du Sénat de reprendre aussitôt la mer et d'accourir à l'aide de la patrie en danger.

Ainsi, pendant que les armées de Rome, égales chacune à l'armée d'Hannibal, opèrent loin des plaines du Pô, rien n'est préparé sur ce point pour résister à l'invasion qui menace. On y a bien envoyé un corps de troupes qui doit dompter l'insurrection gauloise, en pleine conflagration dès avant l'arrivée d'Hannibal. Au printemps de 536, même avant que l'heure convenue ait sonné, les Boïens, auxquels se joignent aussitôt les Insubres, se sont levés en masse. La fondation des deux citadelles de *Plaisance* et de *Crémone*, peuplées de six mille colons chacune, les exaspère; et ils veulent s'opposer aussi à la construction commencée, en plein pays boïen, de la forteresse de *Mutina* (*Modène*). Les colons déjà conduits sur le territoire de cette dernière cité se voient attaqués soudain et s'enfuient derrière ses murs. Le préteur *Lucius Manlius*, qui commande à Ariminum, s'empresse, avec l'unique légion qu'il possède, d'aller les bloquer : il est surpris dans les forêts, et n'a que le temps, ayant perdu beaucoup de son monde, de se réfugier sur une colline, où les Boïes l'assiégent. Bientôt une légion, envoyée de Rome avec le préteur *Lucius Atilius*, le délivre, dégage la ville, et arrête pour un moment l'incendie de la révolte gauloise. Celle-ci, en éclatant trop tôt, et en retardant le départ de Scipion pour l'Espagne, avait, sans nul doute, servi aux plans d'Hannibal; mais aussi elle avait fait que les forteresses du Pô

218 av. J.-C.

n'étaient point absolument dégarnies. Toutefois les deux légions décimées ne comptaient pas vingt mille soldats. Elles avaient assez à faire de tenir les Gaulois en bride; et ne pouvaient être portées aux passages des Alpes, qu'à Rome d'ailleurs on ne sut menacés par Hannibal que lorsque, en août, le consul *Publius Scipion* s'en revint sans armée de Massalie en Italie. Et même à ce moment encore, on dédaigna une folle tentative qui semblait devoir aller se briser contre les montagnes. Ainsi nul avant-poste romain n'attend Hannibal au lieu et à l'heure décisifs. Le Carthaginois a tout le temps de faire reposer ses hommes, d'emporter d'assaut, après trois jours de siége, la cité des Taurins (*Taurasia*), qui lui a fermé ses portes, et d'appeler à lui de gré ou de force toutes les peuplades ligures ou celtiques du val supérieur du Pô. Scipion, qui enfin a pris le commandement des légions, n'est pas encore en face de lui. Le général romain, avec son armée beaucoup plus faible, surtout en cavalerie, a reçu la difficile mission d'arrêter les progrès d'un ennemi qui lui est irrésistiblement supérieur, et de comprimer l'insurrection gauloise éclatant en tous lieux. Il passe le Pô, à Plaisance probablement, et marche aux Carthaginois en remontant la rive gauche. A ce moment Hannibal, maître de Turin, descend de son côté le fleuve, pour aller dégager les Insubres et les Boïes. — Un jour que la cavalerie romaine, appuyée par l'infanterie légère, s'est lancée en reconnaissance forcée dans la plaine entre le *Ticinus* [Tésin] et le *Sessitès* [Sesia], dans les environs de *Vercellæ* [Verceil], elle se heurte contre la cavalerie africaine qui bat aussi le pays. Des deux côtés les généraux en chef commandent en personne. Scipion accepte le combat sans s'effrayer de son infériorité numérique; mais ses fantassins légers, placés devant le front de sa cavalerie, se dispersent sous le choc des cavaliers pesants conduits par Hannibal, et pendant que ceux-ci se précipitent ensuite sur la troupe montée des Romains, les Numides, débarrassés des piétons qui ont disparu, l'enveloppent et la chargent en flanc et à dos. Leur manœuvre décide de la journée. La perte des Romains est considérable; le consul, qui veut réparer en soldat les fautes du général, est dangereusement blessé. Il perdrait la vie sans le dévouement de son fils, âgé de dix-sept ans, qui s'élance bravement au plus épais de la mêlée, suivi par ses cavaliers, et dégage le consul l'épée au poing. Cette défaite est un enseignement pour Scipion. Plus faible que l'ennemi, il a eu le tort de tenir la plaine avec un fleuve à dos; et il prend le parti de repasser de l'autre côté sous les yeux mêmes de l'ennemi. Dès que les opérations militaires se sont concentrées sur un champ étroit, dès qu'il a cessé de se faire illusion, et de croire Rome invincible, il retrouve son talent de capitaine, paralysé un moment par les mouvements habiles, mais hardis jusqu'à la témérité, de son jeune adversaire. Pendant qu'Hannibal se dispose pour une grande bataille, il se jette tout à coup, par une marche rapidement conçue et savamment exécutée, sur cette rive droite qu'il avait quittée à tort; et il rompt tous les ponts. Cette manœuvre lui coûte d'ailleurs un détachement de six cents hommes placés en avant pour couvrir les sapeurs. Ils sont coupés et pris par les Carthaginois. Mais Hannibal, maître du cours supérieur, n'avait qu'à remonter un peu le fleuve pour le passer de même; et quelques jours après, il se retrouvait en face des Romains. Ceux-ci occupaient une position dans la plaine en avant de Plaisance. Mais une révolte de la division gauloise admise dans le camp, et l'insurrection celtique se réveillant de tous les côtés, obligent le consul à faire un nouveau mouvement. Il se porte vers les collines, au pied desquelles coule la *Trébie*, et les atteint sans pertes sérieuses; les Nu-

Les armées devant Plaisance.

mides qui le poursuivent s'étant arrêtés à piller et à brûler son camp abandonné. Dans cette position très-forte, la gauche appuyée à l'Apennin, la droite au fleuve et à la citadelle de Plaisance, couvert en avant par la Trébie, rivière considérable à cette époque de l'année, il ne craint plus rien pour lui. Mais il n'a pu ni sauver ses riches magasins de *Clastidium (Casteggio)*, dont il est séparé par l'armée ennemie, ni arrêter les progrès de l'insurrection. Tous les cantons gaulois se sont soulevés, à l'exception des Cénomans, amis fidèles des Romains. D'un autre côté, Hannibal ne peut plus avancer et se voit obligé de camper en face de l'armée romaine. La présence de cette armée, et les Cénomans menaçant les frontières des Insubres, empêchent d'ailleurs la jonction immédiate des insurgés et des Carthaginois : pendant ce temps, le second corps, parti de Lilybée, et qui est venu débarquer à *Ariminum*, traverse tout le pays révolté sans de sérieux obstacles, atteint Plaisance, et se réunit enfin à Scipion. Les Romains comptent maintenant quarante mille hommes : inférieurs toujours en cavalerie, ils égalent les troupes de pied de l'ennemi. Qu'ils restent là où ils sont, et il faudra qu'Hannibal tente le passage de la rivière en plein hiver pour les attaquer dans leur position, ou que, suspendant son mouvement en avant, il inflige aux Gaulois durant toute la mauvaise saison la charge de ses cantonnements placés au milieu d'eux, et s'expose au péril de leur inconstance. Mais si certains que fussent ces avantages, on était déjà en décembre, à donner en fin de compte la victoire à la République, ils ne l'assuraient pas au consul Tibérius Sempronius, chargé du commandement des troupes pendant que Scipion souffrait de ses blessures, et dont le temps de charge allait expirer dans peu de mois. Hannibal, sachant à quel homme il avait affaire, ne négligea rien pour l'attirer au combat. Il mit à feu et à sang les villages des Gaulois restés fidèles, et dans une rencontre de cavalerie, il laissa à son adversaire l'occasion de se vanter d'avoir vaincu. Enfin, par un jour de forte pluie, les Romains, sans s'en douter, furent amenés à livrer bataille. Dès le matin, leurs troupes légères avaient escarmouché avec les Numides : ceux-ci se retirèrent lentement, et leurs adversaires, emportés à la poursuite, traversèrent la Trébie, malgré la hauteur des eaux, croyant déjà tenir la victoire. Soudain les Numides s'arrêtent; et l'avant-garde romaine voit en face d'elle toute l'armée d'Hannibal, rangée en bon ordre, sur le terrain à l'avance choisi par son chef. Les Romains sont perdus si le gros de l'armée ne franchit pas aussi le torrent pour les dégager. Les troupes du consul arrivent enfin, fatiguées, affamées et mouillées : elles se rangent précipitamment en bataille, les cavaliers sur les ailes, comme de coutume, et l'infanterie au centre. Les troupes légères, placées en avant des deux armées, commencent le combat : mais les Romains déjà ont épuisé leurs armes de jet dans le premier choc du matin ; ils cèdent, et leur cavalerie en fait autant aux ailes, pressée qu'elle est sur son front par les éléphants, et débordée sur ses flancs par la cavalerie beaucoup plus nombreuse d'Hannibal. Cependant les fantassins romains se montrent dignes de leur nom ; ils combattent contre l'infanterie ennemie avec une supériorité marquée, alors même que la défaite de la cavalerie romaine a laissé le champ libre aux troupes légères d'Hannibal et à ses Numides. Tout en s'arrêtant dans son mouvement en avant, elle tient solidement et ne peut être entamée. Soudain une troupe d'élite, forte de deux mille hommes, moitié à pied, moitié montés, sort d'une embuscade, tombe sur les derrières des Romains ; et conduite par Magon, le plus jeune frère d'Hannibal, fait une trouée profonde

Bataille de la Trébie.

dans la masse confuse des légionnaires. Les ailes et les derniers rangs du centre sont rompus et dispersés. Mais la première ligne, comptant dix mille hommes environ, se ramasse, et se fraye par le côté un passage au travers de l'ennemi, faisant payer cher leur victoire aux Africains et surtout aux Gaulois insurgés. Faiblement poursuivie, cette petite armée de braves parvient enfin à gagner Plaisance. Le reste est détruit en majeure partie sur les bords de la Trébie par les éléphants et les soldats légers de Carthage ; quelques cavaliers seulement et quelques sections d'infanterie passent les gués et atteignent le camp. Les Carthaginois ne les poussant pas plus loin, ils peuvent à leur tour rentrer dans Plaisance[1]. Il est peu de batailles qui aient fait plus d'honneur au soldat romain que celle de la Trébie : il en est peu qui accusent plus gravement les fautes du général en chef. Toutefois, si l'on veut être équitable, on doit

---

[1] Rien de plus clair que le récit de la bataille de la Trébie, dans Polybe. Il est certain désormais (le fait a été contesté contre toute évidence) que Plaisance était alors située sur la rive droite de la Trébie; que le camp romain était posé du même côté, et qu'enfin la bataille s'est livrée sur la rive gauche. D'où il faut conclure que, soit pour regagner le camp, soit pour rentrer dans la ville, les soldats échappés au massacre avaient, de toute façon, dû repasser le torrent. Mais pour arriver à la hauteur du camp, il leur fallait se frayer un chemin au milieu des fuyards de leur propre armée, au milieu des corps ennemis qui les enveloppaient, et enfin franchir la rivière l'épée au poing. Dix mille hommes passèrent la Trébie à la hauteur de Plaisance, pour se réfugier dans ses murs. A ce moment, ils n'étaient plus poursuivis ; déjà quelques milles les séparaient du champ de bataille, et la forteresse voisine les protégeait. Peut-être même y avait-il là un pont, avec tête de pont sur la rive droite, celle-ci occupée par la garnison de la ville. Autant le passage à la hauteur du camp aurait offert de dangers, autant l'autre était facile. Aussi Polybe, en bon militaire qu'il est, dit-il tout simplement que le corps des dix mille hommes s'est retiré en bon ordre dans Plaisance (3, 74, 76), sans mentionner d'ailleurs la circonstance alors tout indifférente du torrent franchi. Dans les temps modernes, tous les critiques ont fait ressortir les erreurs du récit de Tite-Live, qui, lui, place le camp carthaginois sur la rive droite, et le camp romain sur la rive gauche de la Trébie. Rappelons enfin que *Clastidium* n'est autre que le *Casteggio* d'aujourd'hui, ce qu'attestent expressément le inscriptions (Orelli-Henzen, 5447).

se rappeler combien c'était une institution peu militaire que ce généralat d'un fonctionnaire sortant de charge à jour fixe. « Est-ce qu'on a jamais récolté les figues sur les épines?... » Le vainqueur de la Trébie avait d'ailleurs payé cher son triomphe. Quoique les pertes réelles eussent porté principalement sur les insurgés auxiliaires, le séjour de l'armée dans des pays rudes et humides, les maladies qui en furent la suite, mirent sur le carreau bon nombre des vieux soldats de Carthage; et tous les éléphants périrent, sauf un seul.

L'armée envahissante n'en avait pas moins remporté la première victoire. Aussitôt, le soulèvement national s'achève et s'organise dans toute la Cisalpine. Les restes des légions romaines du Pô se sont jetés dans Plaisance et Crémone : séparées de la patrie, elles ne vivent que des approvisionnements qui leur sont convoyés par eau. Le consul Tibérius Sempronius n'échappe que par miracle à une capture presque certaine, quand, avec quelques cavaliers, il prend la route de Rome où les élections l'appellent. Quant à Hannibal, qui ne voulait pas exposer la santé de ses troupes en les fatiguant par de longues marches durant la saison mauvaise, il les établit aussitôt dans leurs quartiers d'hiver. Il sait que des attaques sérieuses contre les grandes forteresses de la plaine du Pô ne pourraient amener d'utiles résultats, et il se contente de harceler le port fluvial de Plaisance, et d'inquiéter sans cesse les autres et moins fortes positions de l'ennemi. Sa principale affaire alors était d'organiser l'insurrection gauloise: il y gagna soixante mille soldats de pied, et quatre mille cavaliers, qui vinrent grossir son armée.

Pendant ce temps, on ne faisait point à Rome de préparatifs extraordinaires pour la campagne prochaine (537); et en dépit de la bataille perdue, le Sénat, non sans raison, était loin encore de croire la République en

Hannibal maître du nord de l'Italie.

217 av. J.-C.

Situation d'Hannibal aux points de vue politique et militaire

danger. On pourvut à toutes les garnisons côtières, en Sardaigne, en Sicile, à Tarente; des renforts furent envoyés en Espagne, et quant aux deux consuls *Caius Flaminius* et *Cnæus Servilius*, ils ne reçurent que le nombre de soldats nécessaire pour mettre les quatre légions au complet : seule, leur cavalerie fut augmentée. On leur enjoignit de garder la frontière du Nord et de se porter sur les deux grandes voies qui s'y rendaient de Rome, celle de l'Ouest finissant alors à *Arretium*, celle de l'Est, à *Ariminum*. Caius Flaminius occupa la première, Cnæus Servilius la seconde. C'est là que les garnisons des forteresses du Pô vinrent les rejoindre, par la route d'eau, sans doute ; puis on attendit le retour de la belle saison, comptant alors barrer et défendre les cols de l'Apennin, puis prendre l'offensive et descendre vers le fleuve, où l'on se donnerait la main sous Plaisance. Mais Hannibal ne songea pas le moins du monde à se maintenir dans la vallée du Pô. Il connaissait Rome mieux que les Romains eux-mêmes, peut-être ; il se savait de beaucoup le plus faible, malgré sa brillante victoire : il savait que ni par l'effroi ni par la surprise il ne dompterait l'opiniâtre orgueil de la métropole italienne; que pour atteindre son but, pour humilier la fière cité, il ne fallait rien moins que l'accabler. La Confédération italique, avec ses forces compactes et ses ressources militaires, avait sur lui un immense avantage. Carthage ne lui donnait qu'un appui incertain ; il n'en pouvait recevoir qu'irrégulièrement des renforts; en Italie, il n'avait pour lui que les Gaulois cisalpins, à l'humeur capricieuse et changeante. La défense de Scipion, la valeureuse retraite de l'infanterie romaine dans la journée de la Trébie étaient aussi un témoignage éclatant de l'infériorité du fantassin phénicien, quelques peines qu'il eût prises à le former, en face du légionnaire, et sur le terrain du combat. De là les deux pensées principales qui dirigeront tous les plans de campagne du grand général en Italie. Il conduira la guerre quelque peu à l'aventure, changeant sans cesse et le théâtre de ses opérations et ses opérations elles-mêmes. Il ne cherchera pas la fin de son entreprise dans des hauts faits purement militaires; il la demandera à la politique; s'appliquant à dénouer peu à peu le faisceau de la Confédération italienne, afin d'arriver à la détruire. Son plan obéissait à la nécessité. Pour lutter contre tant de désavantages, il n'avait que son génie militaire à jeter dans la balance, et pour le faire peser de tout son poids, il lui fallait chaque jour dérouter ses adversaires par l'imprévu de ses combinaisons renouvelées sans cesse. Il était perdu, s'il laissait un seul instant la guerre se dérouler à la même place. Il voyait clairement son but en admirable et profond politique, plus encore qu'en grand capitaine. Battre en toute occasion les généraux de Rome, ce n'était pas vaincre Rome; et celle-ci, au lendemain d'une défaite, demeurait la plus forte, autant que lui-même il était supérieur aux chefs d'armée de la République. Ce qu'il y eut de plus étonnant dans Hannibal, au milieu de ses étonnantes victoires, c'est la netteté de ses vues. A l'heure de sa plus haute fortune, on peut dire qu'il ne s'est jamais fait d'illusion sur les conditions de la lutte.

Tels furent ses vrais motifs d'agir, et non les supplications des Cisalpins voulant épargner à leur pays les maux de la guerre. Il se décide donc à quitter sa récente conquête, et la base apparente de ses opérations prochaines contre l'Italie : c'est au cœur de l'Italie même qu'il va porter le fer et le feu. Mais avant, il se fait amener les captifs ; les Romains, mis à part, sont chargés de chaînes et faits esclaves (il y a eu, sans nul doute, exagération grossière de la haine à raconter que partout et toujours il aurait fait massacrer les légionnaires captifs). Quant aux fédérés italiques, ils sont

Hannibal passe l'Apennin.

relâchés sans rançon, et invités à aller annoncer chez eux qu'Hannibal ne fait point la guerre à l'Italie, mais à Rome seulement; qu'il veut rendre à leurs cités leur antique indépendance et leur territoire, et qu'après les avoir libérés, il marche derrière eux, sauveur et vengeur de leur patrie. — Cela dit, comme l'hiver avait pris fin, le Carthaginois quitte la vallée du Pô, et cherche sa route au travers des âpres défilés de l'Apennin. Flaminius, avec l'armée d'Étrurie, était encore devant Arretium, comptant partir de là pour aller couvrir le *val d'Arno*, et bloquer la sortie des passes de l'Apennin, du côté de *Lucca* [Lucques], dès que la saison permettrait de le faire. Mais Hannibal le devance. Il franchit sans difficulté les montagnes, le plus à l'ouest, c'est-à-dire le plus loin possible de l'ennemi. Seulement, quand il arrive dans la contrée basse et marécageuse située entre l'*Auser* (Serchio) et l'*Arnus* [Arno], il la trouve inondée par les fontes des neiges et les pluies du printemps. L'armée, durant quatre jours, avance les pieds dans l'eau, sans pouvoir camper à sec durant la nuit : les bagages amoncelés, les cadavres des animaux du train sont pour quelques-uns une ressource. Les souffrances des troupes furent inénarrables, celles de l'infanterie gauloise surtout, qui, marchant derrière les Carthaginois, se perdait dans les fondrières, devenues plus fangeuses, de la route. Elle murmurait hautement, et peut-être elle eût déserté en masse, sans Magon, qui, fermant la marche avec la cavalerie, empêcha toute tentative de fuite. Les chevaux, ayant la corne malade, tombèrent par centaines; d'autres maladies décimèrent les soldats, et Hannibal lui-même perdit un œil à la suite d'une grave ophthalmie. N'importe, il arrive où il a voulu arriver. Déjà il est campé sous *Fæsulæ* (Fiesole), que Flaminius attend encore à Arretium que les routes soient devenues praticables, pour aller les fermer. Mais suffi-

samment fort peut-être pour défendre les débouchés de
la montagne, il ne peut pas tenir tête à Hannibal en
rase campagne. Sa position défensive tournée, il n'a
plus qu'une chose sage à faire, c'est de se tenir immobile jusqu'à l'arrivée du second corps, désormais inutile
à Ariminum : néanmoins il en juge et décide tout autrement. Chef dans Rome d'une faction politique, ne
devant ses succès qu'à ses efforts hostiles à la puissance
du Sénat; irrité contre le gouvernement de la République à cause des intrigues de l'aristocratie contre son
pouvoir consulaire ; aux allures routinières et partiales
de ses ennemis politiques, répondant par les impatiences
d'une opposition souvent trop bien justifiée, mais foulant
alors aux pieds et les traditions et les usages; enivré de
la faveur aveugle de la foule, et aveuglé par sa haine
amère contre les nobles, il avait aussi la manie de se
croire doué du génie de la guerre. Sa campagne de 531
contre les Insubres n'avait prouvé qu'une chose, pour
qui voulait juger sans parti pris, c'est que les bons
soldats réparent souvent les fautes des mauvais capitaines
(p. 106). Mais à ses yeux, aux yeux de ses amis, elle
était l'irrécusable preuve qu'il suffisait de placer les
légions sous ses ordres, pour que bientôt on en eût fini
avec Hannibal. Telles étaient les folles paroles qui lui
avaient valu son second consulat. Alléchée par l'espérance, une multitude sans armes, prête seulement
pour le butin, était accourue dans son camp; et, au
dire des plus sobres historiens, dépassait le nombre de
ses légionnaires. Hannibal tient grand compte de ces
circonstances. Il se garde de l'attaquer, et passant au
delà de ses campements, il lance ses Gaulois, les plus
ardents des pillards, et sa cavalerie légère dans toute la
contrée d'alentour, et la ravage. La foule alors de se
plaindre et de s'irriter. Au lieu de s'enrichir comme on
le lui avait promis, elle se voit enveloppée par l'incen-

223 av J.-C.

die et le pillage. Enfin, Hannibal affecte de croire que Flaminius n'a ni la force ni le courage de rien entreprendre avant l'arrivée de son collègue. C'en est trop pour un pareil homme. A lui maintenant de déployer son génie stratégique, et d'infliger une rude leçon à ce fol et téméraire ennemi. Aussitôt il se met précipitamment à la poursuite du Carthaginois, qui, défilant lentement devant Arretium, tire vers *Perusia* par la riche vallée du *Clanis* (*Chiana*). Il l'atteint non loin de *Cortone*. Hannibal, averti de tous ses mouvements, a choisi à loisir son champ de bataille. C'est un défilé étroit, dominé des deux côtés par de hautes parois de rochers; une colline surplombe à la sortie; à l'entrée s'étend le lac de *Trasimène* [*lago di Perugia*]. Sur la colline du fond se tient le gros de l'infanterie carthaginoise; à droite et à gauche se cachent l'infanterie légère et la cavalerie. Les colonnes romaines s'engagent sans précaution dans ce passage qui semble libre; les brouillards épais du matin leur ont voilé l'ennemi. Mais à peine la tête des légions arrive-t-elle au pied de la colline, qu'Hannibal donne le signal du combat : aussitôt la cavalerie, tournant les montagnes, va fermer l'entrée du défilé, et sur la droite et la gauche les nuages qui se dissipent font voir partout sur les hauteurs les soldats de Carthage!... Il n'y eut point de combat, il n'y eut qu'une défaite. Ceux qui restaient encore en dehors des défilés furent précipités dans le lac par les cavaliers d'Hannibal; le principal corps périt presque sans résistance au fond de l'impasse; la plupart, et le consul avec eux, tombant successivement et dans l'ordre même de leur marche. La tête de la colonne romaine, six mille fantassins en tout, se fit jour au travers de l'ennemi, et montra une fois de plus l'invincible force de la légion. Mais, malheureusement pour elle, séparée de l'armée consulaire, et ne sachant plus où aller, elle se

<small>Bataille du lac de Trasimène.</small>

dirige au hasard; et le lendemain, elle est entourée par la cavalerie d'Hannibal sur la hauteur où elle s'est retirée. Le Carthaginois refuse de sanctionner la capitulation qui la laisserait libre de partir; le détachement est pris tout entier. Quinze mille Romains étaient morts; quinze mille, captifs. L'armée était anéantie. Les Carthaginois avaient à peine perdu quinze cents hommes, Gaulois pour la plupart [1]. Et, comme si ce n'était point assez d'un tel désastre, à peu de temps de là la cavalerie de l'armée d'Ariminum, forte de quatre mille hommes et commandée par *Caius Centenius*, que *Cnæus Servilius* envoyait en avant, au secours de son collègue, pendant que lui-même il marchait plus lentement, vient donner dans l'armée africaine; elle est enveloppée, hachée ou prise. Toute l'Étrurie est perdue pour Rome. Hannibal pourrait marcher sur la métropole sans que rien l'arrête! A Rome on se prépare à une lutte extrême; on abat les ponts du Tibre! *Quintus Fabius Maximus* est nommé dictateur. Il mettra les murailles en état, et dirigera la défense à la tête de l'armée de réserve. En même temps, deux légions sont formées pour remplir la place de celles détruites, et la flotte, utile auxiliaire en cas de siége à subir, est hâtivement armée.

Mais Hannibal voyait plus loin que le roi Pyrrhus. Il ne marcha point sur Rome; il ne marcha point contre Cnæus Servilius. Celui-ci, en capitaine habile, sut conserver son armée intacte sous la protection des forteresses échelonnées sur la voie romaine du Nord, et au-

Hannibal sur la côte de l'est.

---

[1] Le calendrier infidèle des Romains place la bataille au 23 juin. Selon le calendrier rectifié, elle a dû avoir lieu en avril: en effet, c'est vers le milieu de l'automne que Q. *Fabius*, après six mois de charge, a déposé la dictature (Tite Live, 22, 31, 7. 32, 1), qu'il avait dû inaugurer en mai. Déjà, à cette époque, les erreurs du calendrier romain étaient considérables (II, p. 314).

rait pu tenir tête encore aux Carthaginois. Opérant une conversion tout à fait inattendue, Hannibal laisse de côté *Spoletium*, qu'il a en vain tenté de surprendre, traverse l'Ombrie, mettant à feu et à sang le *Picenum* et les riches métairies romaines qui le couvrent, et ne fait halte que sur les bords de l'Adriatique. Ses hommes et ses chevaux ne s'étaient point encore remis des maux de la campagne du printemps. Il leur donne du repos dans cette superbe contrée, durant la plus belle saison de l'année. Il veut les rétablir complétement sur pied, et en même temps réorganiser son infanterie libyenne sur le modèle de la légion. Les armes des Romains ramassées après la bataille lui en fournissent le moyen. C'est de là aussi qu'il renoue avec Carthage ses communications si longtemps interrompues, et qu'il y expédie par mer la nouvelle de ses victoires. Enfin, quand son armée, bien refaite, s'est familiarisée avec ses armes nouvelles, il lève son camp, et marchant lentement le long de la côte, il descend vers l'Italie méridionale.

Réorganisation de l'armée carthaginoise.

C'était encore un juste calcul de sa part, que d'entreprendre en ce moment la réfection de son infanterie. Les Romains, terrifiés, s'attendaient tous les jours à l'attaque de leur ville, et lui laissèrent un répit d'au moins quatre semaines, pendant lequel il se hâta de mener à fin cette conception d'une hardiesse inouïe. Placé au cœur du pays ennemi, n'ayant qu'une armée inférieure en nombre à l'armée de ses adversaires, il ose changer du tout au tout son organisation de combat, et forme rapidement des légions africaines qui pourront aussitôt lutter contre les légions de Rome. Il espérait aussi que la Confédération italique allait se relâcher et se dissoudre. Mais son espoir est déçu. Ce n'était rien que de faire soulever les Étrusques : déjà ils avaient combattu dans les rangs des Gaulois durant les dernières guerres de leur indépendance. Mais le noyau de la Confédération, son centre militaire, les cités sabelliques, qui venaient après les cités latines, étaient restées intactes; et Hannibal avait raison de s'en rapprocher. Malheureusement ces villes lui fermèrent leurs portes les unes après les autres : aucune ne fit alliance avec lui. Résultat excellent, où Rome trouva son salut : elle comprit qu'il y aurait imprévoyance grande à laisser ses alliés exposés seuls à de pareilles épreuves, et sans qu'une armée de légionnaires allât tenir la campagne au milieu d'eux. Le dictateur Quintus Fabius réunit donc les deux légions de formation nouvelle et l'armée d'Ariminum; et au moment où Hannibal, passant devant la forteresse de Lucérie, marchait vers Arpi, il se montra sur son flanc droit devant *Aicæ*[1]. Fabius agissait tout autrement que ses prédécesseurs. C'était un homme âgé, réfléchi, et ferme au point d'encourir le reproche de lenteur et d'obstination, ayant le culte du bon vieux temps, serviteur zélé de la toute-puissance du Sénat et de l'autorité du gouvernement civil. Après les prières et les sacrifices aux dieux, il ne demandait le triomphe des armes romaines qu'à la stratégie la plus prudente et méthodique. Adversaire politique de Caius Flaminius; appelé à la tête de l'État par la réaction qui s'était faite contre les folies d'une démagogie militaire, il était venu au camp, bien décidé à éviter la bataille avec autant de soin que Flaminius avait mis d'ardeur à la chercher. Il avait la ferme conviction que les lois les plus simples de l'art de la guerre défendraient à Hannibal d'aller en avant, tant qu'il se verrait surveillé par une armée romaine intacte. Il espérait l'affaiblir tous les jours dans de petits combats de fourrageurs, puis l'affamer facilement. Hannibal, que ses espions dans Rome et dans l'armée de Rome avertissaient de tout ce qui s'y pouvait faire, connut bientôt

Guerre dans la Basse-Italie.

Fabius.

---

[1] [Dans l'Apulie du Nord, chez les anciens *Dauniens*.]

Marche sur Capoue et retour en Apulie.

les dispositions prises; et, comme toujours, arrangeant son plan selon le caractère du général qu'il avait à combattre, il passa à son tour devant les légions, franchit l'Apennin, descendit dans le cœur de l'Italie, non loin de *Bénévent*, s'empara de la ville ouverte de *Télésia* sur la frontière du Latium et de la Campanie, et de là marcha sur Capoue, la plus importante des cités italiques dépendantes, et à ce titre maltraitée, opprimée entre toutes et dépouillée de ses franchises locales [II, p. 155, 243]. Il y avait noué des intelligences, et comptait que les Campaniens se détacheraient de la fédération romaine. Son espoir fut encore déçu. Alors il fit volte-face pour s'en retourner en Apulie. Le dictateur l'avait suivi pas à pas, se tenant sur les hauteurs, et condamnant ses soldats au triste rôle d'assister, passifs et l'épée au poing, au pillage des pays alliés par les bandes numides et à l'incendie de tous les villages de la plaine. Un jour enfin, l'occasion d'un combat sembla s'offrir aux légions exaspérées. Hannibal s'étant remis en marche vers l'est, Fabius lui ferma la route à *Casilinum* (la *Capoue* d'aujourd'hui) [1]. Il occupait fortement la ville sur la rive gauche du Volturne, et sur la droite il avait couronné toutes les hauteurs avec son armée. Enfin, une division de quatre mille hommes était postée sur la voie en avant du fleuve. Mais Hannibal à son tour fit escalader par ses troupes légères les collines qui longeaient le chemin; puis elles chassèrent devant elles des bœufs portant aux cornes des fagots allumés : tout donnait à croire que l'armée carthaginoise défilait durant la nuit à la lueur des torches. Le détachement de légionnaires qui gardait la route craignit de se voir enveloppé, et se croyant désormais inutile à son poste, il se retira aussi sur les hauteurs latérales; aussitôt Hanni-

---

[1] [Un peu au nord de la *Capoue* ancienne, sur le *Volturno*.]

bal avec toute son armée franchit le passage demeuré libre, sans plus trouver un seul ennemi devant lui [1]; au matin, par un retour offensif qui coûta cher aux Romains, il dégagea ses troupes légères, et se remit en marche vers le Nord-Est [1]. Après de longs circuits, après avoir parcouru et ravagé sans obstacle ni résistance les pays des Hirpins, des Campaniens, des Samnites, des Pœligniens et des Frentans, il revient auprès de Lucérie, chargé de butin, et ses caisses pleines. La moisson allait commencer. Si nulle part les populations ne l'avaient arrêté, nulle part non plus il n'avait pu faire alliance avec elles.

Guerre en Apulie. Reconnaissant à ce moment qu'il ne lui restait pas autre chose à faire que de prendre ses quartiers d'hiver en rase campagne, il s'établit et entama une opération toujours difficile, celle qui consiste à ramasser sur les terres de l'ennemi les approvisionnements nécessaires à une armée durant la saison mauvaise. Il avait choisi à dessein les grandes plaines de l'Apulie septentrionale, riches en blés et en herbages, et dont sa cavalerie, toujours plus forte que celle des Romains, lui assurait la possession. Il construit un camp retranché à *Gerunium*[2], à cinq milles [allemands, 10 lieues de France] au nord de Lucérie. Tous les jours les deux tiers de l'armée sortent en fourrageurs, pendant que l'autre tiers prenant position hors du camp, avec le général, soutient les détachements dispersés dans la campagne. A ce moment, le maître de la cavalerie romaine, *Marcus Minucius*, qui pendant une absence du dictateur commande les troupes de la République, croit rencontrer enfin l'oc-

Fabius et Minucius.

---

[1] [Il est intéressant de lire le récit détaillé de cette affaire dans Tite-Live (22), ou dans Polybe, et de suivre les mouvements des deux armées sur la carte de l'*Atlas antique* de Spruner (c. n° XI, *Latium; Campania*.)]

[2] [Auj. sans doute *Dragonara*, dans la *Capitanate*].

casion favorable. Il se rapproche des Carthaginois, s'en vient camper sur le territoire des *Larinates* [*Larinum*, auj. *Larino*], arrête par sa seule présence les détachements ennemis, gêne la rentrée des approvisionnements, livre une foule de petits combats, souvent heureux, aux escadrons carthaginois, à Hannibal lui-même, et le contraint à ramener à lui ses corps avancés, pour les concentrer tous sous Gérunium. La nouvelle de ses succès, exagérés sans nul doute par ceux qui l'apportent, soulève dans Rome un orage contre le « Temporiseur. » Ce n'était point sans quelque raison. S'il était sage aux Romains de se tenir sur la défensive, et d'attendre le succès en affamant l'ennemi, c'était pourtant une singulière défensive que celle adoptée. Couper les vivres à l'ennemi était bien : mais le laisser promener la dévastation dans toute l'Italie centrale, en face d'une armée romaine autant et plus nombreuse que la sienne et pourtant inactive ; le laisser après tout faire ses approvisionnements à l'aide de ses fourrageurs lancés en grandes masses, n'était-ce point l'insuccès flagrant? Publius Scipion, dans son commandement du Pô, avait autrement compris la défense du pays. Quand son successeur avait voulu l'imiter sous Casilinum, il avait échoué, et prêté le flanc aux risées de tous les mauvais plaisants de Rome. On devait s'étonner vraiment de voir les cités italiques tenir bon encore! Hannibal ne leur montrait-il pas tous les jours la supériorité des Carthaginois, le néant de la protection romaine? Combien de temps croyait-on qu'elles se résigneraient à supporter doublement les charges de la guerre, à se laisser piller et ravager sous les yeux des légions et de leurs propres contingents? Quant à l'armée, on ne pouvait pas dire que ce fût elle qui rendît une telle stratégie nécessaire. Formée en partie de levées nouvelles, il est vrai, elle avait pour noyau les solides légions d'Ariminum. Bien loin qu'elle fût découragée par les défaites récentes, elle s'irritait du rôle peu glorieux auquel la condamnait son chef, « le suivant d'Hannibal ! » Elle demandait à hauts cris qu'on la menât à l'ennemi. — On en vint dans l'assemblée du peuple, aux accusations les plus vives contre le vieillard entêté ! Ses adversaires politiques, l'ex-préteur *Caius Terentius Varron* en tête, tirèrent profit des passions surexcitées. Qu'on n'oublie pas non plus que Fabius avait été nommé dictateur par le Sénat, et que la dictature était regardée comme le palladium du parti conservateur... Aussi bientôt unis à la soldatesque mécontente, et aux possesseurs des terres que pillait l'ennemi, les mécontents emportèrent une motion insensée autant qu'inconstitutionnelle. Il fut enjoint à Fabius de partager ses attributions avec son subordonné Marcus Minucius, et la dictature, créée jadis pour empêcher en temps de péril la division fâcheuse du commandement, la dictature allait cesser d'être. L'armée romaine, dont les deux corps séparés avaient été exprès réunis, fut donc de nouveau coupée en deux : chacune de ses deux moitiés eut son chef, l'un et l'autre capitaine suivant chacun son plan en complète opposition avec son collègue. Quintus Fabius naturellement resta dans son inaction méthodique. Mais Marcus Minucius, tenu de justifier son titre dictatorial l'épée à la main, attaqua précipitamment l'ennemi. Il eût été écrasé par le nombre, si son collègue, arrivant avec ses troupes toutes fraîches, n'eût empêché un plus grand malheur. Cet incident donna du moins raison pour un instant au système de la résistance [1]. Mais Hannibal avait obtenu tout ce qu'il voulait obtenir par les armes. Ses opé-

---

[1] En 1862, on a retrouvé à Rome, près de S. *Lorenzo*, l'inscription du monument votif élevé à *Hercule victorieux*, par le nouveau dictateur, en mémoire de son haut fait de *Gerunium*. — *Herculei sacrum M. Minuci (us) C. f. dictator vovit.*

rations les plus essentielles avaient réussi : ni la prudence de Fabius ni la témérité agressive de Minucius ne l'avaient empêché d'achever ses approvisionnements. Quelques difficultés qu'il eût rencontrées, il pouvait désormais passer tranquillement et sûrement son hiver dans ses quartiers de Gérunium. Le « Temporiseur ». *(Cunctator)* n'a point eu le mérite de sauver Rome : elle n'a dû véritablement son salut qu'à l'assemblage puissant de son système fédératif, et aussi sans nul doute à la haine nationale des peuples occidentaux contre les peuples phéniciens.

Nouveaux armements à Rome.

La fierté romaine, en dépit de ses échecs, restait debout, comme la Symmachie romaine. La République, tout en leur exprimant sa reconnaissance, refusa pour la prochaine campagne les offres de secours qui lui venaient du roi *Hiéron* de Syracuse et des villes gréco-italiques (ces dernières, ne fournissant pas de contingents, avaient moins souffert que les autres alliés par le fait de la guerre). En même temps, on fait sentir aux petits chefs illyriens qu'il faut qu'ils s'exécutent et payent les tributs sans délai; et une nouvelle ambassade partie de Rome réclame encore une fois du roi de Macédoine la remise de Démétrius de Pharos. Quoique les derniers incidents de la guerre aient à demi justifié le système et les lenteurs de Fabius, le Sénat se résout fermement à mettre fin à une guerre qui ne peut qu'épuiser lentement, mais sûrement l'État. Si le dictateur populaire a échoué dans ses tentatives plus énergiques, la faute en est à ceux qui, procédant par demi-mesures, lui ont donné à commander un corps de troupes trop faible. Là-dessus, pour remédier au mal, Rome se décide à mettre en campagne une armée plus nombreuse que celles qu'elle ait jamais levées : huit légions la composeront, chacune portée à un tiers au-dessus du nombre normal; les fédérés y joindront leurs contingents dans la même proportion. Qui douterait qu'avec de telles forces on ne puisse écraser aussitôt un adversaire de plus de moitié inférieur aux Romains? En outre, une autre légion ira dans la région circumpadane, avec le préteur *Lucius Postumius*, et par cette diversion ramènera chez eux les Gaulois auxiliaires d'Hannibal. Combinaisons excellentes ; mais à une telle armée il fallait trouver un chef digne d'elle. Les lenteurs obstinées du vieux Fabius, les querelles intestines suscitées à cette occasion par la faction démagogique, avaient jeté une irrémédiable impopularité sur la dictature et le Sénat: dans la foule, le bruit courait, folle calomnie dont les meneurs n'étaient point innocents, peut-être, que les sénateurs traînaient à dessein la guerre en longueur. Nommer un nouveau dictateur, c'était chose impossible. Le Sénat du moins tenta de diriger l'élection des consuls, mais il ne fit qu'irriter davantage et les soupçons et la passion populaire. L'un de ses candidats pourtant fut nommé à grand'peine, c'était *Lucius Æmilius Paullus*, qui, en 535, avait habilement commandé en Illyrie (p. 99); mais une majorité énorme lui donna pour collègue le candidat des démagogues, *Marcus Terentius Varro*, homme incapable, connu seulement pour sa haine profonde contre le Sénat, naguère le principal moteur de l'élection de Marcus Minucius à la co-dictature, et que rien ne recommandait à la foule, si ce n'est la bassesse de sa naissance et sa rude effronterie.

Les consuls Paullus et Varron.

119 av. J.-C.

Pendant que Rome achevait ses préparatifs de campagne, la guerre recommençait en Apulie. Le printemps avait permis à Hannibal de quitter ses cantonnements. Comme toujours donnant sa loi à la guerre, il prend cette fois l'offensive, va de Gérunium vers le Sud, passe devant Lucérie, traverse l'*Aufidus* [*Ofanto*], s'empare du château de *Cannes* (*Cannæ*, entre *Canosa* et *Barletta*), qui commande le pays de *Canusium*, et où les Romains

Bataille de Cannes.

avaient eu jusqu'alors leurs principaux magasins. Ceux-ci, depuis le départ de Fabius, légalement sorti de charge vers le milieu de l'automne, étaient commandés par les ex-consuls, aujourd'hui proconsuls, *Cnæus Servilius* et *Marcus Régulus*. Ils n'avaient pas su empêcher le coup de main désastreux par lequel débutait le Carthaginois. Les nécessités militaires autant que les considérations politiques exigeaient désormais d'autres mesures. Pour arrêter les progrès d'Hannibal il fallait à tout prix lui livrer la bataille. Les deux nouveaux généraux *Paullus* et *Varron* arrivèrent en Apulie au commencement de l'été de 538. Le Sénat leur avait donné l'ordre formel de combattre. Ils amenaient quatre légions nouvelles et les contingents italiques. Leur jonction portait l'armée de Rome à quatre-vingt mille hommes de pied, moitié citoyens romains, moitié fédérés; et à six mille chevaux, dont un tiers de Romains et deux tiers appartenant à la fédération. Hannibal avait encore dix mille cavaliers; mais son infanterie ne dépassait pas quarante mille hommes. Lui aussi, il voulait la bataille, tant par les motifs généraux et déjà exposés de sa politique, qu'à raison des facilités qu'il trouvait dans les plaines d'Apulie pour développer sa cavalerie et tirer parti de sa supériorité sous ce rapport. D'ailleurs, en face d'une armée double de la sienne, et s'appuyant sur une ligne de forteresses, comment aurait-il pu subvenir longtemps aux besoins de ses troupes? Malgré sa cavalerie plus nombreuse, il se serait vu bientôt dans un grand embarras. La même pensée guidant les généraux des Romains, ils se rapprochèrent aussitôt des Carthaginois; mais ceux de leurs officiers qui avaient du coup d'œil, après avoir pris connaissance de la position d'Hannibal, conseillèrent d'attendre encore et de s'établir tout près de lui, de façon à lui fermer la retraite, ou à l'obliger à combattre ailleurs et sur un champ de bataille moins favorable. Alors

Paullus remonta l'Aufidus en face de Cannes, où Hannibal demeurait posté, sur la rive droite; et là établit un double camp, le plus grand placé aussi sur la rive droite, le moindre à un quart de mille de l'autre, presqu'à la même distance de l'armée ennemie, et sur la rive gauche : incommodant ainsi les fourrageurs des Carthaginois au nord et au sud du torrent. Mais le consul de la démagogie jette les hauts cris devant ces combinaisons militaires d'une prudence pédantesque : « on avait tant dit qu'on entrerait en campagne! et l'on allait tout simplement monter la garde, au lieu de marcher l'épée au poing! » Là dessus il ordonne de courir sus à l'ennemi, en quelque lieu, en quelque façon que ce soit. Dans le conseil de guerre, la voix décisive, suivant l'ancien et déplorable usage, alternait tous les jours entre les deux consuls : il fallut en passer par les volontés du héros de la rue. Une division de dix mille hommes resta dans le grand camp avec ordre de se jeter sur celui des Carthaginois durant la bataille, et de fermer ainsi la retraite à l'ennemi, quand il repasserait le fleuve.

Le 2 août, suivant le calendrier incorrect; au cours de juin, suivant le calendrier rectifié, le gros de l'armée se porte en deçà de l'Aufidus, alors presque à sec, et qui se prête facilement au passage; il prend position près du petit camp de la rive gauche, tout près des Carthaginois, entre ceux-ci et le grand camp romain. Déjà sur ce point s'étaient livrés quelques combats d'avant-poste. Ses lignes s'ordonnent dans la vaste plaine située à l'ouest de Cannes, et au nord du fleuve. L'armée d'Hannibal suit les légions, passe l'eau derrière elles, appuyant sa gauche à l'Aufidus, sur lequel les Romains appuient leur droite. Leur cavalerie garnit les ailes; le long du fleuve est la division plus faible des chevaliers, conduite par Paullus; vers l'autre extrémité de la ligne, du côté de la plaine, s'est placé Varron à la tête des escadrons plus nombreux des fédérés. Au centre se tient l'infanterie, en masses d'une profondeur inusitée; elle obéit au proconsul Cnæus Servilius. Hannibal a rangé ses fantassins en face; leur ligne décrit un vaste croissant. Au sommet sont les troupes gauloises et ibères, portant leurs armes nationales; les deux ailes, ramenées en arrière, sont remplies par les Libyens armés à la romaine. Le long du fleuve, toute la grosse cavalerie, sous Hasdrubal, les couvre; et dans la plaine, à l'autre bout, se développent les Numides. Après un court engagement d'avant-garde entre les troupes légères, la bataille s'engage sur toute la ligne. A la gauche des Romains, où les Numides ont les cavaliers pesants de Varron pour adversaires, leurs charges furieuses et continuelles demeurent indécises. Au centre, les légions enfoncent les Gaulois et les Espagnols; elles poussent rapidement en avant et poursuivent leur succès. Mais pendant ce temps, à l'aile droite, les Romains ont eu le dessous. Hannibal n'a voulu qu'occuper Varron à la gauche, pour permettre à Hasdrubal et à ses escadrons réguliers de se précipiter sur les chevaliers bien moins nombreux, et de les écraser d'abord. Ceux-ci sont enfoncés à leur tour et taillés en pièce, en dépit de leur bravoure : ce qui n'est pas tué est poussé dans le fleuve ou rejeté dans la plaine. Alors Paullus, blessé, se porte de sa personne au centre, voulant tourner la fortune, ou du moins partager le sort des légions, qui, lancées à la poursuite de l'infanterie ennemie, avaient marché en colonnes et pénétré comme un coin dans les lignes d'Hannibal. Mais, à ce moment, les fantassins libyens, se repliant à droite et à gauche, les enveloppent, se précipitent sur leurs rangs pressés et les forcent à s'arrêter sur place pour se défendre contre les attaques qui les prennent de flanc. Leurs rangs démesurément profonds s'entassent immobiles, sans qu'il leur reste de champ pour l'action. Pendant ce temps Hasdrubal, qui en a fini avec Paullus et les chevaliers, a reformé ses escadrons, et passant derrière le centre de l'ennemi, est allé tomber sur l'aile gauche et sur Varron. Les cavaliers italiens avaient déjà fort à faire avec les Numides; pris en tête et en queue, ils se dispersent. Hasdrubal laisse aux Numides le soin de les poursuivre, et reformant pour la troisième fois sa division, il va à son tour se jeter sur les derrières des légionnaires. Cette manœuvre décida de la journée. La fuite n'était même pas possible. On ne fit nul quartier. Jamais, peut-être, armée aussi nombreuse ne fut aussi complétement anéantie, sans pertes sensibles pour le vainqueur. La bataille de Cannes n'avait pas coûté à Hannibal six mille hommes, dont les deux tiers étaient des Gaulois tombés sous le premier choc des légions. Mais des soixante-seize mille Romains mis en ligne, soixante-dix mille gisaient à terre, et parmi eux le consul Lucius Paullus, le proconsul Cnæus Servilius, les deux tiers des officiers supérieurs et quatre-vingts personnages de rang sénatorial. L'autre consul, Marcus Varron, grâce au parti qu'il avait aussitôt pris de fuir, grâce aussi à la vigueur de son cheval, s'était réfugié à *Vénousie* (*Venosa*). La garnison du grand camp, comptant dix mille hommes environ, tomba presque tout entière dans les mains des Carthaginois : quelques milliers de soldats, les uns en provenant, les autres échappés de la bataille même, allèrent s'enfermer dans *Canusium* (*Canosa*). — Il semblait que Rome dût périr dans cette année néfaste. Avant qu'elle eût pris fin, la légion expédiée en Cisalpine sous les ordres de Lucius Postumius, consul désigné pour 539, tombait dans une embuscade et périssait sous les coups des Gaulois.

215 av. J.-C.

La prodigieuse victoire d'Hannibal allait-elle ouvrir l'ère des succès pour les vastes combinaisons politiques, objet capital de sa descente en Italie? Il pouvait tout espérer. Certes il avait d'abord compté sur son armée : mais, appréciant justement les ressources de la puissance qu'il était venu combattre, son armée n'était, à ses yeux qu'une avant-garde d'invasion. Il ne lui fallait pas moins que réunir peu à peu toutes les forces de l'Orient et de l'Occident, pour préparer sûrement la ruine de la fière métropole romaine.—Malheureusement, les secours sur lesquels il avait le plus sûrement compté, ceux qu'on devait lui expédier d'Espagne, allaient faire défaut. Le général envoyé de Rome dans la Péninsule y avait su prendre une position forte et hardie. Débarqué à *Empuriæ* après le passage du Rhône par les Carthaginois, Cnæus Scipion avait commencé par se rendre maître de la côte entre les Pyrénées et l'Èbre, et repoussant *Hannon*, il avait pénétré dans l'intérieur. (536). L'année suivante (537), il avait pareillement défait la flotte phénicienne à la hauteur des bouches de l'Èbre; et, se réunissant à son frère, le vaillant défenseur des plaines du Pô, qui lui amenait un renfort de huit mille hommes, il avait passé le fleuve et poussé jusqu'à Sagonte. En 538, Hasdrubal à son retour reçoit des troupes venues d'Afrique, et tente, conformément aux ordres de son frère, de lui amener une nouvelle armée en Italie. Mais les Scipions lui barrent le passage de l'Èbre et le battent à plate couture, presque à l'heure où Hannibal triomphe dans la journée de Cannes. La nation puissante des Celtibères et d'autres peuples non moins considérables ont suivi la fortune des généraux romains. Ceux-ci sont maîtres de la mer, des passages des Pyrénées, et par les Massaliotes, dont la fidélité est certaine, de toutes les côtes des Gaules. Moins que jamais Hannibal n'a rien à attendre de l'Espagne.

Quant à Carthage, elle avait fait jusqu'alors tout ce qui se pouvait attendre d'elle. Ses escadres avaient menacé les rivages de l'Italie et les îles romaines, et empêché tout débarquement en Afrique. Mais là s'arrêtaient ses efforts. On ignorait d'ailleurs dans la métropole africaine en quel lieu il aurait fallu chercher Hannibal : on ne possédait pas un seul port de débarquement en Italie. Et puis, est-ce que l'armée d'Espagne n'était pas depuis longues années habituée à se suffire? Enfin, le parti de la paix ne cessait pas de murmurer et de se remuer. En attendant, l'inaction est désormais impardonnable, et le héros Carthaginois en ressent déjà les effets. Il a beau économiser l'or de ses caisses et le sang de ses soldats : ses caisses se vident peu à peu; la solde est arriérée, et les rangs de ses vétérans s'éclaircissent. Enfin, la nouvelle de la victoire de Cannes fait taire les factieux. Le Sénat de Carthage se décide à envoyer de l'argent et des hommes, et d'Afrique et d'Espagne à la fois. On mettra à la disposition d'Hannibal quatre mille Numides, entre autres, et quarante éléphants, et la guerre sera énergiquement poussée dans les deux Péninsules.

Il y avait eu jadis des pourparlers d'alliance offensive avec la Macédoine, et dont la conclusion avait été entravée par la mort imprévue d'*Antigone Doson*, par les irrésolutions de *Philippe*, son successeur, enfin par la guerre inopportunément allumée entre lui et ses alliés grecs, d'une part, et les Étoliens, de l'autre (534-537). Au lendemain du désastre de Cannes, Démétrius de Pharos trouve chez Philippe une oreille plus attentive; il lui promet la cession de ses domaines en Illyrie, qu'il faudra, il est vrai, arracher d'abord aux Romains ; et la cour de *Pella* traite définitivement avec les Carthaginois. La Macédoine jettera une armée sur la côte orientale d'Italie : Carthage lui assure en revanche la restitution des possessions romaines en Épire.

Alliance entre Carthage et la Macédoine.

220-217 av. J.-C.

En Sicile, le roi Hiéron était resté neutre tant qu'avait duré la paix, et autant qu'il l'avait pu faire sans danger

Alliance avec Syracuse.

pour lui. Lorsque Carthage, au lendemain de la paix signée avec Rome, avait failli périr dans une tempête civile, il était venu à son secours en l'approvisionnant de blé. Nul doute que la rupture actuelle ne lui fût très-désagréable : n'ayant pu l'empêcher, il demeura prudemment et fidèlement attaché à Rome. Mais bientôt il mourut (automne de 538) chargé d'années, après cinquante-quatre ans de règne. Son neveu et son successeur incapable, *Hiéronyme*, se mit au contraire en rapport avec les envoyés carthaginois ; et ceux-ci ne firent nulle difficulté de lui promettre la Sicile jusqu'à l'ancienne frontière des possessions phéniciennes, puis même, ses exigences allant croissant, l'île tout entière. Là-dessus il signa un traité formel d'alliance et réunit sa flotte à la flotte africaine au moment où celle-ci arrivait en vue de Syracuse, et menaçait sa capitale. Quant à l'escadre romaine de Lilybée, qui déjà avait eu maille à partir avec les navires carthaginois stationnant aux îles Ægates, elle se trouvait fortement compromise. Le désastre de Cannes avait empêché l'embarquement des renforts à destination de la Sicile. Il avait bien fallu les appliquer ailleurs à des besoins plus urgents.

216 av. J.-C.

Capoue et la plupart des cités de la Basse-Italie passent à Hannibal.

Les événements prenaient en Italie une tournure plus décisive. L'édifice de la Confédération romaine, inébranlable durant deux années d'une terrible guerre, semblait enfin se disjoindre, et menaçait ruine. Arpi, en Apulie, venait de passer à Hannibal, ainsi qu'*Uzentum*[1], chez les Messapiens ; ces deux vieilles cités avaient beaucoup souffert du voisinage des colonies de Lucérie et de Brundusium. Toutes les villes des Bruttiens avaient pris les devants, à l'exception des cités de *Petelia*[2] et de *Consentia* [*Cosenza*], Hannibal dut les investir. La plupart

---

[1] [*Ugento*, vers l'extrémité sud de la terre d'Otrante.]
[2] [auj. *Strongoli*, dans la Calabre ultérieure, sur la côte est, au nord de *Cotrone*.]

des Lucaniens, les Picentins, que Rome avait transportés dans la contrée de Salerne, les Hirpins, les Samnites, moins les *Pentres (Pentri)* [1], enfin et surtout Capoue, la seconde ville de l'Italie, Capoue qui pouvait mettre en campagne trente mille fantassins et quatre mille chevaux, tous ces peuples, toutes ces villes quittent la Confédération. L'exemple de la grande cité campanienne entraîne *Atella* et *Calatia* ses voisins [2]. Mais partout, et à Capoue notamment, la noblesse résiste, enchaînée qu'elle est par tous ses intérêts à la cause de Rome. De là des luttes intestines opiniâtres, et qui n'amoindrissent pas peu pour Hannibal les avantages de la défection. A Capoue, il se voit forcé de saisir *Décius Magius*, qui lutte encore en faveur des Romains, même après l'arrivée des Africains: il l'envoie captif à Carthage, faisant voir ainsi, et malgré lui sans doute, combien peu les Campaniens doivent compter sur la liberté et la souveraineté que les généraux carthaginois leur ont promise. En revanche, les Grecs de l'Italie du Sud tiennent ferme. Nul doute que les garnisons romaines n'aient été pour beaucoup dans leur fidélité. Mais ils obéissaient davantage encore à leur haine de race contre les Phéniciens, et contre les nouveaux alliés de Carthage, les Lucaniens et les Bruttiens, en même temps qu'ils aimaient Rome, toujours prête à montrer son zèle et ses tendances hellénistes, toujours indulgente et exceptionnellement douce envers les Gréco-Italiques. Aussi vit-on ceux de Campanie, à *Néapolis*, par exemple, résister bravement aux attaques dirigées par Hannibal en personne. Dans la Grande-Grèce, malgré les périls qu'elles encouraient, Rhégium, Thurium, Métaponte et Tarente n'ouvrirent pas leurs

---

[1] [Au Nord des Hirpins, sur le haut Vulturne].

[2] [*Atella*, non loin de l'emplacement actuel d'*Aversa*; — *Calatie*, auj. le *Gallaze*, sur la voie Appienne, non loin de Caserte.]

portes : Crotone et Locres[1], au contraire, furent assaillies ou contraintes à capituler par les Phéniciens coalisés avec les Bruttiens. Les Crotoniates furent emmenés à Locres, dont les colons du Bruttium occupèrent l'importante station maritime. Mais les Latins du Sud, à *Brundisium, Vénusie, Pœstum, Cosa, Calès*, ne bougèrent pas, cela va de soi. Ces villes étaient de véritables citadelles romaines fondées par les conquérants au cœur du pays étranger ; les colons établis sur les terres des habitants vivaient mal avec leurs voisins : ils devaient être les premiers frappés, si Hannibal, selon sa promesse, restituait leur ancien territoire aux cités italiques. Il en fut de même dans toute l'Italie centrale, dans l'antique domaine de la République : là prédominaient les mœurs et la langue latine, et les habitants y étaient les associés, non les sujets de Rome. Aussi les adversaires d'Hannibal à Carthage ne manquèrent-ils pas de faire remarquer en plein Sénat que les Carthaginois n'avaient vu venir à eux ni un seul citoyen romain, ni une seule cité latine. Comme un mur cyclopéen, l'édifice solide de la puissance romaine ne pouvait se détacher que pierre par pierre.

Fermeté des Romains.

Telles avaient été les suites de la journée de Cannes, où fut moissonnée la fleur des soldats et des officiers de la fédération ; la septième partie, au moins, des Italiques en état de porter les armes avait péri. Terrible, mais juste punition de lourdes fautes politiques, imputables non pas seulement à quelques fous ou à quelques malheureux personnages, mais à la cité tout entière! La constitution, faite pour une petite ville provinciale, ne convenait plus à la capitale d'un grand empire. Ce n'était pas dans la boîte de Pandore du vote populaire

---

[1] [*Locri Epizephyrii*, dont quelques ruines, un peu au sud de *Gerace* (*Calabre citérieure*), semblent encore indiquer l'emplacement.]

qu'il était possible d'aller raisonnablement chercher le nom du général appelé au commandement suprême, dans une telle guerre. D'autre part, à les supposer possibles, le moment était moins que jamais propice pour commencer les réformes ; il n'y avait, certes, rien autre chose à faire que de laisser la direction des opérations militaires, la collation et la prorogation du généralat, à la seule autorité qui savait et pouvait y pourvoir. Aux comices ensuite de ratifier. Les brillants succès des Scipions sur le difficile champ de bataille de l'Espagne étaient un enseignement : mais les démagogues, en train déjà de saper les fondements du pouvoir aristocratique, s'étaient emparés de la conduite de la guerre en Italie. Le « peuple » avait cru à l'imprudente parole des meneurs accusant les nobles de conspiration avec l'ennemi. Tristes Messies d'une foi politique aveugle, que ces Gaius Flaminius et ces Marcus Varron, tous les deux « hommes nouveaux » et des plus purs amis du peuple, portés à la tête de l'armée et chargés d'exécuter les plans de guerre qu'ils avaient improvisés ou fait approuver par la place publique! Ils avaient abouti à Trasimène et à Cannes ! Comprenant mieux aujourd'hui sa mission qu'au temps où il avait rappelé d'Afrique l'armée de Régulus, le Sénat ne faisait que son devoir en voulant avoir seul la main au gouvernail et en s'opposant de son mieux à toutes les folles mesures. Malheureusement, après la première des deux grandes défaites de l'armée, alors qu'il était redevenu le maître de la situation, il avait eu le tort d'obéir aussi aux suggestions d'un intérêt de parti. Certes, loin de moi de mettre Quïntus Fabius sur la ligne des *Cléons* romains, ses prédécesseurs ou successeurs, mais je dois à la vérité de dire qu'au lieu de faire la guerre seulement en militaire, il l'avait aussi menée en adversaire politique de Gaius Flaminius ; et qu'à l'heure où l'union eût été si nécessaire, tout en maintenant en face d'Hannibal son opiniâtre défensive, il avait aussi envenimé les dissentiments entre lui-même et son second. Alors fut brisée dans ses mains la dictature, cet instrument de salut transmis au Sénat par la sagesse des ancêtres ; alors, et par une voie indirecte si l'on veut, la journée et les malheurs de Cannes. Pourtant ni Quintus Fabius, ni Marcus Varron n'étaient en réalité les auteurs de la foudroyante catastrophe ; elle eut sa cause dans l'hostilité et les méfiances entre gouvernants et gouvernés, entre le corps délibérant et l'assemblée du peuple. Donc il fallait, pour le salut de l'État et le rétablissement de la puissance romaine, commencer par rétablir l'union et la confiance publiques. Le Sénat, c'est là son glorieux et impérissable titre d'honneur, le Sénat vit clairement les choses ; et ce qui était plus difficile, il agit. Il agit avec décision, foulant aux pieds tous les obstacles, et les récriminations mêmes, justes en soi. Quand Varron, seul de tous les chefs de l'armée, rentra dans Rome après la bataille, les sénateurs allèrent au-devant de lui jusqu'aux portes de la ville, le remerciant de n'avoir pas désespéré de la patrie ! Et ce n'était là ni grands mots, ni vaine jactance pour pallier la misère des temps ; ce n'était pas non plus ironie malséante envers le triste général ! C'était la paix conclue entre le pouvoir gouvernant et le peuple. Les périls du moment, l'appel sérieux du Sénat à la concorde mirent fin à tous les commérages du Forum ; on ne songea plus qu'à se tirer tous ensemble d'affaire. Quintus Fabius, dont l'opiniâtre constance fut alors plus utile que tous ses faits de guerre, tous les sénateurs notables avec lui, s'employèrent au salut commun, et redonnèrent au peuple la confiance en lui-même et en l'avenir. Le Sénat garda jusqu'au bout la même fermeté d'attitude, alors que de tous côtés arrivaient des messagers annonçant des défaites, la défection des alliés, l'enlèvement des postes et des magasins de l'armée, et demandant des renforts pour la vallée du Pô et pour la Sicile, à l'heure où l'Italie semblait perdue, et où Rome elle-même était exposée presque sans défense aux coups de l'ennemi. Il fut interdit à la foule de se rassembler aux portes : les oisifs de la rue et les femmes durent rentrer dans leurs maisons : le deuil pour les morts, limité à trente jours, n'interrompit que pour peu de temps les cérémonies du culte des dieux joyeux, d'où étaient exclus les vêtements funèbres. (Tel était le nombre des soldats tués dans les derniers combats, que, dans presque toutes les familles, il y avait alors des funérailles!) — Pendant ce temps, les légionnaires revenus sains et saufs du champ de bataille, s'étaient réunis à Canusium sous les ordres de deux vigoureux tribuns militaires, *Appius Claudius* et *Publius Scipion*. le fils. Celui-ci, par sa fière contenance et avec l'aide de ses fidèles camarades, tirant au besoin l'épée quand ne suffisaient pas les paroles, ramena à des sentiments plus romains toute une bande de jeunes nobles, qui, désespérant de la patrie, trouvaient commode de demander leur salut à la mer. Le consul M. Varron vint aussi les rejoindre avec une poignée de soldats : peu à peu deux légions environ se trouvèrent réunies, qui, après avoir subi la dégradation militaire par ordre du Sénat, furent réorganisées pour un service sans solde. Le général mal habile se vit ensuite rappelé à Rome sous un prétexte quelconque, et le préteur *Marcus Claudius Marcellus*, soldat éprouvé des guerres de la Cisalpine, qui avait eu jadis mission de prendre la flotte à Ostie et de la conduire en Sicile, vint se mettre à la tête des troupes. Pendant ce temps Rome fait les plus énergiques efforts. Il lui faut une nouvelle armée de combat. On demande aux Latins de venir au secours de la République dans le péril commun. Rome donne l'exemple : elle enrôle toute la population virile, même les adolescents. Elle arme les débiteurs contraints par corps, et les criminels ; elle achète huit mille esclaves et les met en ligne. Les armes manquaient, on prend celles déposées dans les temples et offertes aux dieux comme dépouilles de l'ennemi : partout les ouvriers et forgerons travaillent nuit et jour. Le Sénat se complète, non point comme l'auraient voulu de timides patriotes, en y admettant des Latins, mais en y appelant les citoyens les mieux qualifiés légalement. Enfin, quand Hannibal offre de rendre ses prisonniers moyennant rançon publique, on rejette ses propositions ; ses envoyés, chargés aussi d'apporter les vœux des Romains captifs, ne sont pas même reçus dans la ville. Le Sénat ne veut pas qu'on puisse croire qu'il songe à la paix. Les alliés sauront que Rome ne transigera jamais ; et le moindre citoyen verra que, pour lui comme pour tous, il n'y a ni salut ni fin de la guerre à attendre, hormis dans la victoire.

CHAPITRE VI

LES GUERRES D'HANNIBAL, DEPUIS CANNES JUSQU'A ZAMA

En descendant en Italie, Hannibal avait voulu briser le faisceau de la fédération romaine : à la fin de sa troisième campagne, il avait conquis tous les résultats auxquels il était possible d'arriver dans cette voie. Il était manifeste que les cités grecques et latines ou latinisées, qui avaient tenu pour Rome au lendemain de la journée de Cannes, ne cédant pas même à la crainte, ne céderaient jamais qu'à la force. La défense désespérée de quelques petites villes situées au fond de l'Italie méridionale, et perdues sans ressource, de Pétélie dans le Bruttium, par exemple, avait assez montré à Hannibal ce qu'il avait à attendre des Marses et des Latins. S'il avait un instant espéré des résultats plus grands, la défection des Latins, par exemple, son espoir était trompé. Bien plus (ainsi qu'on l'a vu), la coalition des Italiques du Sud était loin de lui apporter tous les avantages qu'il s'en était promis. Capoue tout d'abord avait stipulé que le Carthaginois ne pourrait pas contraindre les Campaniens à s'enrôler et à prendre les armes, et quant aux *citadins*, ils n'oubliaient pas comment Pyrrhus avait

La situation.

mené les choses à Tarente. Ils avaient la folle prétention de se soustraire et à la domination romaine et à celle des Phéniciens. Le Samnium et la Lucanie n'étaient plus ce que les avait vus Pyrrhus, alors qu'il avait cru pouvoir entrer dans Rome à la tête de la jeunesse sabellienne. Les forteresses romaines couvraient le pays, étouffant toute énergie et toute force : sous la domination de la République, les habitants avaient oublié l'usage des armes, et ne lui envoyaient, comme on sait, que de faibles contingents. Plus de haines nulle part, et partout, au contraire, de nombreux personnages intéressés aux succès de la métropole. La cause de Rome ruinée, on consentait à épouser celle du vainqueur, mais sans perdre de vue qu'il n'apportait point la liberté et qu'on ne faisait que changer de maître. De là, nul enthousiasme chez les Sabelliens qui se tournaient vers Hannibal, mais simplement le découragement qui ne fait plus résistance.

Dans ces circonstances, la guerre subit un temps d'arrêt. Hannibal, maître de tout le sud de la Péninsule jusqu'au *Vulturne* et au *Garganus* [monte Gargano], ne pouvait pas abandonner la contrée à elle-même, comme il avait fait de la Cisalpine : il lui fallait défendre sa frontière, sous peine de la perdre s'il la découvrait. Or, pour contenir le pays conquis, malgré les forteresses qui partout défiaient ses armes, malgré les armées qui allaient descendre du Nord ; pour prendre en même temps l'offensive, tâche déjà difficile par elle seule, contre l'Italie centrale, son armée, forte de quarante mille hommes au plus, si l'on en déduit les contingents italiques, était loin de suffire. Tout d'abord il allait avoir affaire à d'autres adversaires. L'expérience avait durement enseigné aux Romains un meilleur système de guerre. Ils ne mettaient plus à la tête de leurs armées que des généraux éprouvés, et qu'ils prorogeaient, s'il en était

Marcellus.

besoin, dans leurs commandements. Ces nouveaux généraux ne demeurèrent plus sur les hauteurs, assistant inactifs aux mouvements de l'ennemi ; ils ne se hâtèrent pas non plus de l'attaquer partout où ils le rencontraient, gardant un juste milieu entre la temporisation et la fougue ; mais attendant l'instant propice derrière leurs camps retranchés et les murailles des forteresses, ils ne livrèrent plus de combats que quand la victoire pouvant être efficace, la défaite ne pouvait pas se tourner en désastre. *Marcus Claudius Marcellus* fut l'âme de cette guerre nouvelle. Au lendemain des malheurs de Cannes, par un juste et prévoyant instinct, les regards de tous, peuple et Sénat, s'étaient portés sur ce capitaine éprouvé. Le commandement suprême lui avait été, par le fait, immédiatement confié. Formé à bonne école dans les difficiles guerres contre Hamilcar, en Sicile, il avait, dans les dernières campagnes gauloises, donné la preuve éclatante de son talent militaire et de sa bravoure personnelle. Agé de cinquante ans déjà, il avait tout le feu d'un jeune soldat. Quelques années avant (p. 107), général lui-même, on l'avait vu attaquer le général ennemi, et le jeter mort à bas de son cheval. Le premier et l'unique parmi les consuls de Rome, il avait revêtu les *dépouilles opimes*[1]. Il avait voué sa vie et sa personne aux deux divinités de l'Honneur et de la Valeur dont le superbe et double temple, construit par lui, se dressait non loin de la porte *Capène*[2]. S'il est vrai qu'à l'heure du péril, ce n'est point un seul homme qui ait sauvé Rome, mais bien le peuple,

---

[1] [Au dire de Plutarque les *spolia opima*, celles enlevées par le général de l'armée romaine au général ennemi, après l'avoir tué, n'ont été *consacrées* que trois fois dans *le temple de Jupiter Férétrien*. Les premières avaient été prises par *Romulus* sur *Acron*, roi des *Cœninates* ; les secondes par *Aul. Cornelius Cossus*, sur *Lars Tolumnius*, roi des Véiens ; et les troisièmes par Marcellus, sur *Virdumar*.]

[2] [*Honoris et virtutis œdes*, hors les murs de Servius, avant d'arriver à la bifurcation de la voie Appienne et de la voie Latine.]

et avant tous le Sénat, encore est-il juste de dire que dans la gloire commune nul n'a eu de plus grande part que Marcus Marcellus.

<small>Hannibal en Campanie.</small>

Du champ de bataille de Cannes, Hannibal s'était tourné vers la Campanie. Il connaissait Rome bien mieux que tous les naïfs des temps passés et modernes, qui ont cru qu'il lui eût suffi d'une marche sur la métropole pour terminer d'un seul coup la lutte. Sans doute, aujourd'hui la guerre se décide dans une grande journée : mais jadis, l'attaque des places fortes n'était pas le moins du monde au niveau de la défense, et bien souvent l'on a vu échouer au pied de leurs murailles tel général complétement victorieux, la veille, en rase campagne. Le Sénat et le peuple de Carthage n'étaient point comparables au peuple et au Sénat de Rome. L'expédition de Régulus avait fait courir à Carthage de bien autres dangers que la défaite de Cannes à sa rivale, et pourtant Carthage avait tenu bon et vaincu. Quelle apparence que Rome ouvrît ses portes devant Hannibal, ou qu'elle se résignât à subir une paix même honorable? Donc, Hannibal, au lieu de perdre son temps dans de vaines démonstrations, ou de compromettre les résultats éventuels ou considérables qu'il avait sous la main, en assiégeant, par exemple, les quelques deux mille soldats réfugiés dans Canusium, s'était rendu tout droit à Capoue, avant que les Romains y eussent pu jeter garnison, et contraignant à une soumission définitive la seconde métropole italienne, longtemps hésitante. De là il pouvait espérer se rendre maître d'un des ports campaniens, et y faire arriver les renforts que ses éclatantes victoires ne pouvaient manquer d'arracher même aux opposants dans sa patrie. — A la nouvelle

<small>La guerre recommencé en Campanie.</small>

de sa manœuvre, les Romains quittèrent aussi la Campanie, n'y laissant qu'un faible corps détaché, et réunirent toutes les forces qui leur restaient sur la rive droite du Vulturne. Marcus Marcellus, avec les deux légions de Cannes, marcha sur *Teanum des Sidicins*, s'y fit envoyer toutes les troupes disponibles, venant de Rome et d'Ostie, et pendant que le dictateur *Marcus Junius* le suivait plus lentement avec l'armée principale précipitamment rassemblée, il s'avança sur le fleuve jusqu'à *Casilinum*, pour sauver Capoue s'il en était temps encore. L'ennemi l'occupait déjà. Mais tous les efforts d'Hannibal pour s'emparer aussi de Naples s'étaient brisés devant l'énergique résistance des habitants : les Romains purent encore mettre garnison dans cette place maritime précieuse. Deux autres grandes villes de la côte, Cumes et *Nucérie* [1], leur restèrent fidèles ; à *Nola*, le peuple et le Sénat se disputèrent, celui-là voulant se donner à Carthage, celui-ci tenant pour Rome. Averti de la victoire imminente du parti démocratique, Marcellus passe le fleuve à *Caiatia* [2], et tournant l'armée carthaginoise par les hauteurs de *Suessula* [3], il arrive à Nola juste à temps pour la défendre contre les ennemis du dedans et du dehors : Hannibal est repoussé avec perte dans une sortie. C'était la première fois qu'il était battu, et cette défaite, peu grave par elle-même, produisit un grand effet moral. Hannibal toutefois s'empara de *Nucérie*, d'*Acerra*, et après un siège opiniâtre qui se prolongea jusqu'à l'année suivante (539), de *Casilinum*, clef du Vulturne. Les sénats de toutes ces villes expièrent dans le sang leur fidélité à la cause de Rome. Mais la terreur ne fait pas de prosélytes. Les Romains avaient pu traverser sans pertes sensibles les premiers et plus dangereux moments de leur affaiblissement. La guerre s'arrête pour un temps ; l'hiver arrive, et Hannibal prend ses quartiers dans Capoue, dont les

215 av. J.-C.

---

[1] [*Nuceria Alfaterna*, auj. *Nocera*.]
[2] [Auj. *Caiazzo*, au N. du Volturno.]
[3] [*Sessola* ou *Maddaloni*, au S. E. de Capoue.]

délices ne peuvent qu'être nuisibles à des troupes qui depuis trois ans n'ont pas couché sous le toit d'une maison.

215 av. J.-C.

214.

L'année suivante (539), la lutte prend de suite une autre tournure. Marcus Marcellus, l'excellent capitaine, *Tiberius Sempronius Gracchus*, qui s'est distingué en 538 comme maître de la cavalerie sous le dictateur, et le vieux Quintus Fabius Maximus, ces deux derniers consuls, le premier proconsul, se mettent à la tête de trois armées, qui ont pour mission d'envelopper Capoue et Hannibal. Marcellus s'appuie sur Nola et Suessula : Fabius Maximus se poste à *Calès* [*Calvi*], sur la rive droite du Vulturne, et Gracchus à *Liternum*[1], sur la côte, d'où il couvre Naples et Cumes. Les Campaniens qui se sont avancés jusqu'à *Hamæ*, pour surprendre Cumes à trois milles de là, sont complétement battus par Gracchus. Hannibal arrive, veut réparer le mal, est lui-même repoussé, et après avoir en vain offert la bataille rangée, il se voit forcé de rentrer dans Capoue. — Pendant que les Romains défendent ainsi, non sans succès, leur terrain en Campanie, reprenant *Compulteria*[2] et d'autres petites places qu'ils avaient perdues, Hannibal est en butte aux plaintes que ses alliés de l'Est profèrent tout haut.

Et en Apulie.

Une armée romaine, sous les ordres du préteur Marcus Valérius, s'était établie sous Lucérie, se reliant d'une part à la flotte, observant avec elle la côte de l'Adriatique et les mouvements de la Macédoine, et de l'autre donnant la main au corps de Nola, ou ravageant les terres des Samnites, des Lucaniens et des Hirpins révoltés. Hannibal pour les dégager, s'attaque à son plus rude adversaire, à Marcellus : mais celui-ci remporte une victoire considérable sous les murs de Nola ; et les

---

[1] [Au sud du lac de *Patria*, au N. de Cumes.]

[2] [*Compulteria*, sur le haut Vulturne, non loin d'*Allifæ*; auj. *S. Ferrante*.]

Carthaginois, sans avoir pu rétablir la situation en Campanie, marchent sur Arpi, afin d'arrêter les progrès de l'armée d'Apulie. Gracchus les suit avec son corps, et les deux autres armées romaines se concentrent et se préparent à attaquer Capoue dès l'ouverture du prochain printemps.

Les victoires d'Hannibal ne l'avaient point ébloui. Plus que jamais, à ses yeux, il était manifeste qu'elles ne le conduisaient point au but. Impossible désormais de recommencer ces marches rapides, ces mouvements en avant et en retour qui ressemblaient presque à une guerre d'aventures, et auxquels il avait dû principalement ses succès. L'ennemi ne s'y laissait plus prendre; et d'ailleurs la nécessité de défendre les conquêtes faites rendait presque impossible toute tentative de conquête ultérieure. L'offensive étant interdite, la défensive présentait aussi des difficultés chaque année croissantes. Arrivé à la seconde moitié de sa tâche, à l'attaque du Latium, et à l'investissement de Rome, le grand capitaine voyait trop bien qu'elle dépassait la mesure de ses forces, s'il était laissé à lui-même et à ses alliés d'Italie. Au Sénat de Carthage, à l'armée et aux dépôts de Carthagène, aux cours de Pella et de Syracuse appartenait d'achever l'œuvre. Si l'Afrique, l'Espagne, la Sicile, la Macédoine poussaient contre l'ennemi commun toutes leurs forces combinées; si la basse Italie pouvait devenir le rendez-vous des armées et des flottes de l'ouest, du sud et de l'est, alors, mais seulement alors, il était en droit d'espérer une heureuse fin pour cette entreprise si brillamment entamée par son expédition d'avant-garde. Quoi de plus naturel et de plus facile que de lui envoyer tout d'abord des renforts de Carthage? Carthage n'avait pas été atteinte, à vrai dire, par la seconde guerre punique. Il avait suffi d'une poignée de hardis patriotes ne comptant que sur

Hannibal contraint à la défensive.

Ses plans : il demande des renforts.

eux-mêmes et bravant le danger, pour la tirer de son abaissement et la conduire à deux pas du triomphe. Rien, absolument rien, ne mettait obstacle à l'effort attendu d'elle. Une flotte phénicienne, si peu nombreuse qu'elle fût, pouvait aborder à Locres ou à Crotone, et cela à l'heure où Syracuse lui ouvrait son port, où le Macédonien tenait en échec la flotte romaine de Brundisium. Quatre mille Africains, expédiés récemment sous les ordres de *Bomilcar*, n'étaient-ils pas débarqués à Locres sans encombre? Et plus tard, quand tout sera perdu en Italie, Hannibal lui-même ne traversera-t-il pas facilement la mer? Malheureusement l'élan imprimé aux Carthaginois par la victoire de Cannes ne dura pas : la faction de la paix, toujours ardente à la ruine de ses adversaires, fût-ce même au prix de la ruine de la patrie, et trouvant un allié facile dans ce peuple de Carthage insouciant et à courte vue, réussit à faire repousser les demandes pressantes du héros. On lui répondit, réponse niaise à moitié et à moitié ironique, que puisqu'il avait vaincu, il n'avait pas besoin de secours. En vérité, l'inertie des Carthaginois a sauvé Rome autant que l'énergie du Sénat romain. Élevé dans les camps, étranger aux intrigues des partis dans la métropole, Hannibal n'avait point à ses ordres de meneur populaire qui l'aidât comme Hasdrubal avait aidé son père. Il lui fallait chercher au dehors les moyens de sauver son pays, quand Carthage les avait tous en main ! — Au dehors, son espoir semblait mieux fondé. L'armée d'Espagne, avec ses chefs patriotes, l'alliance avec Syracuse, l'intervention de Philippe de Macédoine lui apportaient une utile coopération. Mais il demandait à l'Espagne, à Syracuse et à la Macédoine des combattants nouveaux pour les champs de bataille de l'Italie. La guerre avait envahi successivement l'Espagne, la Sicile et la Grèce, soit qu'il s'agît d'ouvrir, soit qu'il s'agit de fermer le passage aux renforts. La guerre dans ces trois pays était un moyen utile en vue du grand but; c'est à tort qu'on l'a considérée souvent comme une faute. Pour les Romains, elle constituait un système définitif : ici, barrant les cols des Pyrénées; là, donnant à faire aux Macédoniens chez eux et en Grèce; ailleurs, protégeant Messine, et coupant la Sicile de ses communications avec l'Italie. On le conçoit de reste, cette défensive se changera dès qu'elle le pourra en attaque. Servies par la fortune, les armées romaines rejetteront les Phéniciens hors de la Sicile et de l'Espagne; elles briseront les alliances entre Hannibal et Syracuse, entre Hannibal et Philippe. Pendant ce temps, la guerre dans la Péninsule italique n'occupe plus que le second plan : en apparence, elle se borne à des siéges, à des *razzias* sans importance. Et néanmoins, tant que les Phéniciens sont les agresseurs, l'Italie reste l'objectif des opérations militaires.

Tous les efforts, tout l'intérêt se concentrent autour d'Hannibal. Le maintenir isolé ou faire cesser son isolement dans les régions du sud, voilà le nœud du drame.

S'il avait été possible, immédiatement après Cannes, de concentrer tous les secours sur lesquels Hannibal comptait, le succès définitif eût probablement couronné ses desseins. Mais, à cette heure précisément, la bataille de l'Èbre (p. 174) avait eu pour Hasdrubal des conséquences si fâcheuses, que Carthage avait dû envoyer en Espagne la majeure partie des renforts, en hommes et en argent, que lui avait arrachés la nouvelle de la victoire de l'armée d'Italie. Et cependant la situation n'y était pas devenue meilleure. L'année suivante (539), les Scipions transportèrent le théâtre de la guerre de l'Èbre sur le *Bœtis* (*Guadalquivir*), et en plein cœur du pays carthaginois remportèrent deux brillantes vic-

La route fermée d'abord aux armées de secours.

215 av. J.-C.

toires à *Illiturgi* et à *Intibili*[1]. Quelques intelligences nouées avec les Sardes avaient fait espérer à Carthage qu'elle pourrait se remettre en possession de leur île, station des plus avantageuses entre l'Espagne et l'Italie. Mais *Titus Manlius Torquatus*, expédié de Rome avec une armée, détruisit le corps carthaginois de débarquement, et les Romains restèrent de nouveau les maîtres incontestés de cette terre (539). — En Sicile, dans le nord et dans l'est, les légions de Cannes, qui y avaient été détachées, se défendirent bravement et heureusement contre les Carthaginois et contre Hiéronyme : ce dernier, à la fin de 539, périt de la main d'un meurtrier. Enfin, avec la Macédoine, l'alliance carthaginoise ne fut pas ratifiée assez tôt; les envoyés de Philippe à Hannibal, ayant été enlevés au retour par les navires romains. Par suite, l'invasion espérée de la côte orientale n'ayant pu avoir lieu, les Romains eurent le temps de couvrir avec leur flotte l'importante place de Brundisium, défendue du côté de la terre par les milices provinciales jusqu'à l'arrivée du corps de Gracchus en Italie. Rome fit même des préparatifs pour une descente en Macédoine en cas de déclaration de guerre. Ainsi, pendant que les grands combats étaient forcément suspendus dans la Péninsule, Carthage n'avait rien fait hors de l'Italie pour y faire passer en toute hâte les armées et les flottes nouvelles dont Hannibal avait grand besoin. Chez les Romains, au contraire, une incomparable énergie préside à toutes les mesures défensives; et dans leur résistance à outrance, presque toujours ils combattent heureusement, là où le génie d'Hannibal s'est trouvé en défaut. Déjà s'était évanoui dans Carthage ce patriotisme à courte haleine qu'y avait

---

[1] [*Illiturgi*, sur le haut Guadalquivir, au N. de *Cordoue*. On varie sur sa position exacte. — *Intibili*, non loin de la côte, dans le sud de la *Catalogne*.]

un instant ressuscité la victoire de Cannes : les forces de combat considérables, levées d'abord et disponibles, avaient été dissipées, tantôt sous l'influence d'une opposition factieuse, tantôt par l'effet de transactions maladroites entre les opinions qui divisaient hautement le sénat. Nulle part elles ne purent rendre de sérieux services, et il n'en avait été expédié que la plus minime partie là où il eût fallu les employer tout entières. Bref, à la fin de 539, quiconque à Rome avait le sens de l'homme d'État, pouvait se dire que l'heure du grand péril était passée, et que désormais il suffirait de la persévérance dans les efforts sur tous les points à la fois, pour atteindre au succès complet de la défense de la patrie, si héroïquement commencée.

215 av. J.-C.

La guerre en Sicile se termina la première. Il n'entrait pas dans les projets actuels d'Hannibal de faire naître la guerre dans l'île. Mais un peu par l'effet du hasard, et surtout par la présomptueuse et enfantine folie de Hiéronyme, une lutte locale éclata, à laquelle le sénat de Carthage, par cette raison même, sans nul doute, donna tout particulièrement son attention. Hiéronyme ayant été tué à la fin de 539, il parut plus que vraisemblable que les Syracusains s'arrêteraient dans la voie qu'ils avaient suivie. Si jamais une ville avait un juste motif de s'attacher à Rome, c'était bien Syracuse. Il était sûr que, vainqueurs de Rome, les Carthaginois reprendraient d'abord toute la Sicile; et quant à espérer qu'ils tiendraient jamais les promesses faites à Hiéronyme, c'eût été jouer un rôle de dupe. A ces raisons fort graves par elles-mêmes, se joignait la crainte. Les Syracusains voyaient les Romains faire d'immenses préparatifs pour ramener complétement sous leur domination l'île importante qui leur servait de pont entre l'Afrique et l'Italie; ils assistaient au débarquement de Marcellus, le meilleur des généraux de Rome, et chargé

La guerre en Sicile.

215.

Siége de Syracuse.

de la direction des opérations pendant la campagne de 540. Aussi se montrèrent-ils disposés à rentrer dans l'alliance de la République et à demander l'oubli du passé. Mais bientôt, dans l'état de trouble où se trouvait la ville depuis la mort de Hiéronyme, les uns s'efforçant de rétablir les anciennes libertés populaires, les autres, non moins nombreux, se posant en prétendants et luttant violemment autour du trône vide, les chefs de la soldatesque étrangère se trouvèrent les vrais maîtres; et les affidés d'Hannibal, *Hippocrate* et *Épicyde* profitèrent de l'occasion pour empêcher la paix. Ils soulèvent les masses au nom de la liberté. Ils leur dépeignent, avec une exagération concertée à l'avance, les châtiments terribles subis par les *Léontins* que Rome vient de replacer sous ses lois; ils font craindre à la plupart des citoyens qu'il ne soit trop tard pour renouer avec elle; et parmi les soldats enfin, où se trouvent en foule des transfuges de l'armée, et surtout des rameurs de la flotte romaine, le bruit court que la paix faite avec la cité sera pour eux tous un arrêt de mort. Ils s'ameutent, tuent les chefs de la ville, rompent la trève, et mettent Hippocrate et Épicyde à la tête des affaires. Il ne reste plus au consul qu'à ouvrir le siège. Mais la place se défend vigoureusement, avec l'aide de son fameux mathématicien et ingénieur, le Syracusain *Archimède*. Au bout de huit mois d'un siège régulier, les Romains se voient réduits encore à bloquer la ville et par mer et par terre.

A ce moment, Carthage, qui n'avait jusqu'alors donné aux Syracusains que l'appui de ses flottes, apprenant qu'ils avaient décidément et pour la seconde fois levé les boucliers contre Rome, envoie une forte armée en Sicile sous les ordres d'*Himilcon*. Elle débarque sans coup férir à *Héraclée Minoa*, et occupe immédiatement *Agrigente*. Hippocrate veut lui donner la main en capitaine hardi et habile ; il sort aussitôt de Syracuse avec un autre corps de troupes, et Marcellus se trouve pressé entre la ville assiégée et les deux généraux ennemis ; mais quelques renforts lui arrivant d'Italie, il se maintient vaillamment dans ses positions et continue le blocus. La plupart des petites villes du pays s'étaient jetées dans les bras des Carthaginois, non point tant par crainte des armées de Carthage et de Syracuse, qu'à cause des rigueurs cruelles commises par les Romains, et qui leur sont justement reprochées. Ils ont entre autres massacré les habitants d'*Enna* sur le simple soupçon de leur infidélité. — Enfin en 542, pendant que la ville est en fête, les assiégeants parviennent à escalader la muraille extérieure de Syracuse, en l'un des endroits les plus éloignés du centre de la place, et à ce moment abandonné par les sentinelles. Ils pénètrent dans le faubourg qui, s'étendant vers l'ouest, faisait suite à « l'*Ile* » et à « l'*Achradina* », ou à la ville proprement dite, située au bord de la mer. La citadelle d'*Euryalos*, au sommet occidental du faubourg, poste important couvrant la grande route menant de l'intérieur à Syracuse, se trouve alors coupée, et tombe peu après. Mais au moment où le siége prenait une tournure heureuse pour les Romains, les deux armées d'Himilcon et d'Hippocrate accoururent. Elles combinèrent leur attaque avec un débarquement tenté en même temps par la flotte d'Afrique, et avec une sortie des assiégés. Les Romains tinrent bon dans toutes leurs positions, repoussèrent partout l'ennemi, et les deux armées de secours durent se contenter d'asseoir leur camp non loin de la place, au milieu des marais de la vallée de l'*Anapus*, pestilentielle et mortelle pour quiconque s'y attarde durant l'été et l'automne. C'était là que la ville avait souvent trouvé son salut, plus encore que dans la bravoure de ses défenseurs. Au temps du premier Denys, deux armées phéniciennes y avaient péri en voulant investir

212 av. J.-C.

Les troupes carthaginoises détruites.

Syracuse. Aujourd'hui, par l'inconstance de la fortune, la cité allait souffrir de ce qui lui avait jadis été un efficace auxiliaire ; et tandis que Marcellus cantonné dans le faubourg (l'*Epipolœ*) y trouvait un poste sain et sûr, les fièvres dévorèrent les bivouacs des Carthaginois et des Syracusains. Hippocrate mourut : Himilcon mourut, et avec lui, presque tous les Africains : les débris des deux armées, indigènes et Sicéles en grande partie, se dispersèrent dans les cités voisines. Les Carthaginois firent encore une tentative pour débloquer la place par mer ; mais Bomilcar, leur amiral, recula devant le combat que lui offrit la flotte de Rome. Alors Épicyde, qui dirigeait la défense, tenant la ville pour perdue, s'enfuit à Agrigente. Les Syracusains voulaient capituler : déjà les pourparlers s'entamaient. Pour la seconde fois ils échouèrent par le fait des transfuges. Les soldats se révoltent de nouveau, massacrent les magistrats et les citoyens les plus notables, et remettent tous les pouvoirs et la direction de la défense aux généraux des milices

Prise de Syracuse.

étrangères. Marcellus noua bientôt des intelligences avec l'un d'eux, et se fit livrer par lui l'Ile, l'une des deux parties de la ville qui tenaient encore. Le peuple alors se décida à ouvrir aussi les portes de l'*Achradina* (au-

212 av. J.-C.

tomne de 542). Certes Syracuse eût dû trouver grâce devant ses vainqueurs. En dépit des traditions sévères de leur droit public, et des pénalités dont ils frappaient les cités coupables d'avoir violé leur alliance, les Romains auraient pu lui tenir compte de ce qu'elle n'avait plus été maîtresse de ses propres destinées ; de ce que maintes fois elle s'était efforcée de se soustraire à la tyrannie d'une soldatesque étrangère. Marcellus a entahé son honneur militaire en livrant au pillage une aussi riche place de commerce. L'illustre Archimède y périt avec une foule de ses concitoyens. Quant au sénat romain, complice du crime de son armée, il ne voulut ni prêter l'oreille aux plaintes tardives des malheureux habitants, ni leur faire restituer leurs biens, ni rendre la liberté à leur ville. Syracuse et les cités qui lui avaient appartenu furent rangées parmi les tributaires. Seules *Tauromenium* et *Nééton* obtinrent *le droit de Messine*. Le territoire de *Leontium* fut déclaré domaine public de Rome; les propriétaires y descendirent à l'état de simples fermiers. L'habitation de l' « Ile », qui commandait le port de Syracuse, fut interdite à tout syracusain [1].

La Sicile semblait encore une fois perdue pour Carthage, mais on comptait sans le génie d'Hannibal, dont les regards, si loin qu'il fût, s'étaient portés de ce côté. Il envoya à l'armée carthaginoise, ramassée, avec ses chefs Hannon et Épycide, dans Agrigente où elle se tenait sans plan formé et inactive, un de ses officiers de cavalerie bibyenne, *Mutinès*, qui prit le commandement des Numides, et qui, parcourant l'île avec ses rapides escadrons, enflammant partout les haines semées par la dureté des Romains, commença la guerre de *guerrillas* sur une grande échelle et avec un succès marqué: et même, les deux armées romaines et carthaginoises s'étant rencontrées sur les bords de l'*Himère*, Mutinès livra à Marcellus en personne quelques combats heureux. Mais bientôt, sur ce plus petit théâtre, la mésintelligence entre Hannibal et le sénat de Carthage produit encore ses effets mauvais. Le général envoyé d'Afrique poursuit de sa haine jalouse le général envoyé

Petite guerre en Sicile.

---

[1] [Quiconque a lu Thucydide, Diodore, Polybe et Tite-Live a présents à la mémoire les détails topographiques relatifs à Syracuse. Au temps de la guerre du Péloponnèse, elle se composait de l'*île* (*Ortygie*), en avant du port, et de la cité proprement dite, l'*Achradine* à l'ouest de l'île, avec les faubourgs de *Tyché* et *Neapolis*. Denys l'ancien y avait ajouté l'*Epipolœ*, ou la colline de la *Ville haute*, couronnée au sommet de son triangle par le fort d'*Euryalus*. — V. Grote, *Hist. of Greece*. New-York, 1859, t. VII, p. 245, et t. X, pp. 471 et s. — V. aussi l'*Atlas antiquus* de Spruner, c. x. On y voit un plan très-exact de Syracuse. Les sections de la ville y sont indiquées, chacune avec ses murailles intérieures et extérieures.]

par Hannibal, et veut combattre le proconsul, sans Mutinès et ses Numides. Il en fait à sa tête et est complétement battu. Mutinès, malgré cela, continue son système de petite guerre. Il se maintient dans l'intérieur de l'île, occupe quelques petites villes; et Carthage, ayant enfin expédié quelques renforts, il étend peu à peu ses opérations. Ne pouvant empêcher le chef de la cavalerie légère de l'effacer par ses exploits plus éclatants tous les jours, Hannon lui retire brusquement le commandement et le donne à son propre fils. La mesure était comble. Le Numide, mal récompensé pour avoir su, depuis deux ans, conserver la Sicile à Carthage, entre en pourparlers, lui et ses cavaliers qui se refusaient à suivre Hannon le fils, avec le général romain *Marcus Valerius Lævinus* et livre Agrigente. Hannon fuit sur un canot et va dénoncer à Carthage, aux adversaires d'Hannibal, la trahison infâme dont un officier d'Hannibal s'est rendu coupable. Pendant ce temps, la garnison de la place avait été passée au fil de l'épée, et les citoyens étaient vendus comme esclaves (544). Pour empêcher, à l'avenir, des débarquements opérés à l'improviste, comme celui de 540, il fut conduit dans la ville une colonie; et, à dater de ce jour, la superbe *Akragas*, devenue forteresse romaine, reçut son nom latin d'*Agrigentum*. Toute la Sicile était soumise. Rome veut que l'ordre et la paix règnent dans cette île tant bouleversée. La populace pillarde de l'intérieur, réunie en masse, est transférée en Italie : de *Rhégium* elle est lancée sur les terres des alliés d'Hannibal pour les mettre à feu et à sang. Les administrateurs romains s'emploient de toutes leurs forces à restaurer dans l'île l'agriculture qui y a été complétement ruinée. A Carthage, il sera souvent question d'y envoyer une fois encore des flottes et d'y recommencer la guerre : vains projets qui demeurent non exécutés.

La Macédoine, plus que Syracuse, aurait dû peser sur les événements. Les États de l'Orient n'étaient ni un appui ni un obstacle. *Antiochus le Grand*, l'allié naturel de Philippe, après la victoire décisive des Égyptiens à *Raphia*[1] (537), avait pu s'estimer heureux d'obtenir la paix sur le pied du *statu quo ante bellum*, du mol et insouciant *Ptolémée Philopator* : les rivalités qui divisaient les *Lagides*, la menace incessante d'une explosion nouvelle de la guerre, les révoltes des prétendants au dedans, des entreprises de tout genre au dehors, en *Asie Mineure*, en *Bactriane* et dans les satrapies orientales, ne le laissaient pas libre d'entrer dans la grande coalition contre Rome, ainsi qu'Hannibal l'eût souhaité. Quant à la cour d'Égypte, elle se mit décidément du côté de la République et renouvela ses traités avec elle, en 544. Toutefois, en fait de secours, il ne fallait pas que Rome attendît de Philopator autre chose que le don de quelques vaisseaux chargés de grains. La Macédoine et la Grèce seules étaient en situation de jeter un poids décisif dans la balance des guerres italiennes. Et rien ne s'y opposa, sinon leurs rivalités de tous les jours. Elles eussent sauvé le nom et la nationalité des Hellènes, si, faisant trêve, durant un petit nombre d'années, à leurs misérables querelles, elles s'étaient tournées ensemble contre l'ennemi commun. Plus d'une voix s'élevait en Grèce pour prêcher cette entente. *Agelaüs* de *Naupacte* [Lépante] avait prophétisé l'avenir, en s'écriant qu'il craignait « de voir bientôt la fin de tous ces jeux militaires des Grecs; » en leur conseillant « de tourner vers l'ouest leurs regards et de ne pas permettre qu'un plus fort ne fît passer un jour sous le même joug tous ces rivaux aujourd'hui en armes les uns contre les autres. »

Philippe de Macédoine. Ses hésitations.

217 av. J.-C.

210.

---

[1] [Au sud de *Gaza*, sur les confins de l'Égypte et de la Syrie, auj. Refha.]

Ces graves paroles n'avaient pas peu contribué à amener la paix de 557 entre Philippe et les Étoliens ; et ce qui le prouve, c'est l'élection, qui s'en était suivie, d'Agelaüs, comme *Stratége* de la ligue Étolienne. En Grèce, ainsi qu'à Carthage, le patriotisme souleva un instant les esprits ; et il sembla possible d'entraîner tout le peuple hellène dans une guerre nationale contre Rome. Mais la conduite d'une telle guerre revenait de droit à Philippe ; à Philippe, qui n'avait en lui-même ni l'ardeur ni dans sa nation la foi nécessaires pour la mener à bonne fin. Il ne comprit pas sa difficile mission : d'oppresseur qu'il était de la Grèce, il ne sut pas se faire son champion. Déjà ses lenteurs à conclure l'alliance avec Hannibal avaient laissé retomber le meilleur et le premier élan des patriotes, et quand il entra enfin dans la lutte, moins que jamais il lui était donné, médiocre capitaine qu'il était alors, d'inspirer confiance et sympathie aux Hellènes.

Dans l'année même de la journée de Cannes (538), il fit une première tentative sur Apollonie, et échoua ridiculement, battant en retraite au premier bruit, non fondé, qu'une flotte romaine avait paru dans l'Adriatique. Sa rupture avec Rome n'était point encore officielle. Quand enfin elle fut proclamée, tous, amis et ennemis, s'attendaient à une descente des Macédoniens dans la basse Italie. Depuis 539, les Romains maintenaient à Brundisium une armée et une flotte pour les recevoir. Philippe n'avait pas de vaisseaux de guerre : il fit construire une flottille de barques illyriennes pour le transport de ses troupes. Mais au moment décisif, il prit peur, n'osa affronter les quinquérèmes en pleine mer ; et manquant à l'engagement pris envers Hannibal de se porter en armes sur la terre italienne, il se décida, pour faire au moins quelque chose, à aller attaquer les possessions de la République en Épire (540). C'était

sa part promise de butin. Que pouvait-il sortir de là?.
Rien, dans l'hypothèse la plus favorable. Mais à Rome,
on savait désormais que la meilleure défensive est presque toujours celle qui attaque; et on ne voulut pas,
ainsi que Philippe l'avait cru, assister passif à ses agressions sur l'autre bord du golfe. La flotte de Brundisium
vint jeter un corps d'armée en Épire. *Oricum* est repris [1], une garnison placée dans Apollonie, le camp
macédonien enlevé; et Philippe, qui passe de la demiaction a l'inaction complète, ne bouge plus pendant
plusieurs années. En vain Hannibal le fatigue de ses
plaintes, en vain il lui reproche sa paresse et l'étroitesse
de ses vues. L'ardeur et la clairvoyance du Carthaginois demeurent impuissantes. Quand les hostilités recommenceront, ce ne sera plus par Philippe qu'elles
seront rouvertes. La prise de Tarente (542) ayant un 212 av. J.-C.
jour donné à Hannibal un excellent port sur la côte, un
lieu de débarquement des plus commodes pour une
armée macédonienne, les Romains ont compris qu'il leur
faut parer au loin les coups, et occuper si bien le Macédonien chez lui, qu'il lui soit interdit de songer à venir en Italie. Depuis longtemps, comme on le pense,
l'élan national, un instant surexcité chez les Grecs, s'en
était allé en fumée. S'aidant de la vieille opposition,
toujours vivace, contre la Macédoine; tirant habilement
parti des imprudences et des injustices récentes que Philippe avait à se reprocher, l'amiral romain *Lævinus* Rome à la tête
n'eut pas de peine à reconstituer contre lui, sous la pro- de la
tection de la République, la coalition des moyens et des coalition grecque
petits États. A sa tête marchaient les Étoliens, que contre
Lævinus avait visités dans leur assemblée, et qu'il avait la Macédoine.
gagnés par la cession promise du territoire acarnanien,

---

[1] (Auj. *Orco*, sur la limite de l'Épire et de l'Illyrie, au fond d'un golfe.)

objet de leurs longues convoitises. Ils acceptèrent de Rome l'honorable mission de piller de compte à demi les autres contrées de la Grèce : la terre était pour eux ; les prisonniers et le butin étaient pour les Romains. Dans la Grèce propre, les États hostiles à la Macédoine, ou plutôt à la ligue Achéenne, se joignirent à eux. Parmi ces adhérents on comptait Athènes dans l'Attique, *Élis* et *Messène* dans le Péloponnèse, Sparte surtout. Là, un soldat audacieux, *Machanidas*, venait de jeter bas une constitution décrépite, afin de régner en desposte sous le nom de Pélops ; et, en aventurier parvenu, appuyait sa tyrannie sur l'épée de ses mercenaires. Les Romains eurent enfin pour alliés les chefs des tribus à demi sauvages de la Thrace et de l'Illyrie, les irréconciliables adversaires des Macédoniens, et *Attale*, roi de *Pergame* : celui-ci, habile, énergique et cherchant à tirer profit de la ruine des deux grands États grecs, qui l'entouraient, avait su se ranger dans la clientèle de Rome, à une heure où sa coopération avait du prix pour elle. — Je ne retracerai pas les vicissitudes diverses de la guerre, et j'épargne au lecteur un inutile ennui. Quoique plus fort que chacun de ses adversaires pris isolément, quoiqu'il eût partout repoussé leurs attaques avec vigueur et bravoure, Philippe ne s'en consuma pas moins dans une pénible défensive. Tantôt il lui faut se tourner du côté des Étoliens, qui, de concert avec la flotte de Rome, massacrent les malheureux Acarnaniens, et menacent la Locride et la Thessalie ; tantôt il court vers le Nord, où l'appelle une incursion des barbares ; à un autre moment, les Achéens lui demandent du secours contre les bandes pillardes des Étoliens et des Spartiates ; ailleurs, le roi de Pergame, se joignant à l'amiral romain *Publius Sulpicius*, fait mine de descendre sur la côte orientale, ou débarque des troupes dans l'île d'*Eubée*. Philippe, sans flotte, se voit paralysé

La guerre reste indécise.

dans ses mouvements : dans sa détresse, il demande des vaisseaux à *Prusias*, roi de Bithynie, et à Hannibal lui-même. Enfin, dans les derniers temps, il ordonne, chose par laquelle il eût dû commencer, la construction de cent galères, dont encore il ne fut jamais fait usage, à supposer que l'ordre ait été exécuté. Quiconque comprenait la situation de la Grèce, quiconque l'aimait, ne pouvait que déplorer cette guerre malheureuse, où s'épuisaient ses dernières ressources, au bout de laquelle était la ruine de tous.

Les villes commerçantes, Rhodes, Chios, Mitylène, Byzance, Athènes, l'Égypte elle-même avaient tenté de s'entremettre. Les deux parties se montraient disposées à la paix. Si les Macédoniens avaient souffert de la guerre, elle n'avait pas été moins onéreuse aux Étoliens, de tous les alliés de Rome les plus intéressés dans la querelle, surtout depuis le jour où Philippe ayant gagné le petit roi des *Athamaniens*, l'Étolie entière se trouvait découverte. Bon nombre parmi eux voyaient clairement à quel rôle honteux et funeste les condamnait l'alliance romaine. Tous les Grecs avaient poussé un cri d'horreur, quand, de concert avec Rome, les Étoliens avaient vendu comme esclaves et en masse les populations helléniques d'*Anticyre*, d'*Oréos*, de *Dymé* et d'*Égine*[1]. Malheureusement ils n'étaient plus libres de leurs actes, et ils auraient joué gros jeu à faire une paix séparée avec Philippe. Les Romains n'y inclinaient point. Les choses ayant alors pris une heureuse tournure en Espagne et en Italie, quel intérêt Rome avait-elle à faire cesser cette guerre, où, sauf les quelques vaisseaux envoyés d'Italie, les charges et les ennuis pesaient sur les Étoliens? Ceux-ci finirent pourtant par s'entendre avec les Grecs qui s'interpo-

Paix
entre Philippe
et les Grecs.

---

[1] [Anticyre, auj. *Aspro-Spitia*, en Phocide, sur le golfe de Corinthe, — *Dymœ*, auj. *Papas* (?) en Achaïe, — *Oreos* ou *Histiœ*, auj. *Orio*, en Eubée.]

saient en médiateurs; et en dépit des efforts contraires des Romains, ils conclurent la paix durant l'hiver de 548 à 549. L'Étolie, par là, transformait son puissant allié en un ennemi dangereux. Mais le Sénat romain employait alors toutes les ressources de la République, épuisée par tant de luttes, à la grande et décisive expédition d'Afrique. Ce n'était donc pas le moment de se venger de l'alliance rompue. Il parut plus convenable de traiter aussi de la paix, la guerre contre Philippe, après la retraite des Étoliens, exigeant désormais un certain déploiement de forces. En vertu de l'arrangement conclu, les choses furent remises sur le pied d'avant la guerre. Rome notamment garda toutes ses possessions de la côte d'Épire, à l'exception du minime territoire des *Atintans*. Philippe dut s'estimer heureux de s'en tirer à d'aussi favorables conditions. Il n'en ressortait pas moins clairement que toutes les indicibles misères d'une guerre odieuse et inhumaine avaient inutilement pesé durant dix années sur la Grèce, et que c'en était fait des grands desseins et des merveilleuses combinaisons d'Hannibal : après avoir un instant divisé la Grèce, elles avortaient à toujours.

En Espagne, où le génie d'Hamilcar et de son fils se faisait sentir encore, la lutte fut plus sérieuse. Il s'y rencontra d'étonnantes vicissitudes, qui s'expliquent d'ailleurs par la nature du pays, et par les mœurs des nations locales. Les paysans et les bergers habitant la vallée de l'Èbre ou la fertile et plantureuse Andalousie, comme ceux cantonnés sur les hauts plateaux, coupés de bois et de montagnes, du massif intermédiaire, tous se levaient par essaims armés au premier appel; mais ils ne se laissaient ni facilement conduire à l'ennemi, ni même longtemps tenir réunis. Quant aux habitants des cités, quel que fût leur opiniâtre courage à se défendre derrière leurs murailles contre l'attaque d'un ennemi, ils ne se prêtaient pas davantage à une action commune et énergique au dehors. Carthaginois ou Romains, peu leur importe. Que ces hôtes incommodes occupent ou non une partie plus ou moins grande de la Péninsule, les uns du côté de l'Èbre, les autres du côté du Guadalquivir, ils ne s'en soucient pas le moins du monde : aussi durant toute la guerre, sauf à Sagonte qui tenait pour les Romains, sauf à *Astapa*[1] ralliée à la cause des Carthaginois, il est bien rare qu'on les voie mettre au service d'un des deux belligérants la ténacité du courage espagnol. Mais comme ni les Romains ni les Africains n'avaient amené dans le pays des armées considérables, la guerre dégénéra forcément en une guerre de propagande, où à défaut de l'affection et des solides alliances, la crainte, l'argent, le hasard entrent le plus souvent en jeu. La lutte semble-t-elle près de finir, elle se prolonge tout d'un coup et se transforme en une interminable guerre de piéges ou de partisans : puis soudain encore elle renaît de ses cendres, et éclate partout. Les armées roulent et changent comme les dunes au bord de la mer : plaine hier, montagne aujourd'hui. Le plus souvent les Romains ont l'avantage ; d'abord ils sont entrés dans le pays, comme les ennemis des Phéniciens et comme des libérateurs ; puis ils ont envoyé de bons généraux, et le noyau d'un solide corps d'armée. Toutefois, les récits des annalistes sont incomplets, les temps et les dates sont singulièrement brouillés ; et ce serait chose impossible que de tracer un tableau satisfaisant de cet épisode des guerres espagnoles.

Les deux proconsuls romains dans la Péninsule, *Gnœus* et *Publius Scipion*, Gnœus surtout, étaient habiles capitaines et excellents administrateurs. Ils ac-

Succès des Scipions.

---

[1] [Auj., à ce que l'on croit, *Estepa*, non loin d'*Ecija*, dans la province de Séville.]

complirent leur mission avec le plus éclatant succès. Non-seulement ils tinrent constamment fermée la barrière des Pyrénées, et repoussèrent avec pertes toutes les tentatives de l'ennemi pour rétablir les communications par terre entre l'armée d'invasion sous les ordres du général en chef, et ses dépôts en Espagne ; non- seulement ils entourèrent *Tarragone* de fortifications étendues, donnant en outre à cette Rome espagnole un port créé sur le modèle de la *Nouvelle-Carthage* d'Espagne; ils firent plus, et dès l'an 539, ils allèrent chercher les Carthaginois, et leur livrer d'heureux combats au cœur même de l'Andalousie (p. 192). La campagne de 540 fut plus féconde en bons résultats. Les Scipions portèrent leurs armes jusqu'aux colonnes d'Hercule : leur clientèle fit partout des progrès dans le Sud ; enfin, par la reprise et la restauration de Sagonte, ils conquirent une station importante sur la route de l'Èbre à Carthagène, en même temps qu'ils payaient enfin la dette du peuple romain. Mais non contents d'avoir arraché aux Carthaginois la Péninsule presque entière, ils leur suscitent un dangereux ennemi dans l'Afrique occidentale, vers 541. Ils nouent des intelligences avec *Syphax*, le plus puissant des chefs de la contrée (provinces d'*Oran* et d'*Alger*). S'ils avaient pu lui amener le renfort d'une armée de légionnaires, peut-être les choses eussent-elles été plus loin encore. Mais à cette heure, les Romains ne pouvaient distraire un seul homme de leurs armées d'Italie, et le corps détaché en Espagne n'était point assez fort pour se diviser sans danger. Quelques officiers romains seulement s'en allèrent former et dresser les troupes du chef africain; et bientôt celui-ci excita parmi les sujets libyens de Carthage un tel désordre et un tel esprit de révolte, que le lieutenant d'Hannibal en Espagne, Hasdrubal Barca, dut repasser la mer en personne avec le gros de ses

meilleurs soldats. On sait peu de chose de cette guerre,
si ce n'est la terrible vengeance que Carthage tira des
insurgés, selon son habitude, après que le vieux rival de
Syphax, le roi *Gala* (dans la province de *Constantine*) se
fût déclaré pour elle, et après que le vaillant *Massinissa*,
fils de Gala, eut battu Syphax, et l'eut contraint à la paix.
— Ce retour de la fortune s'étendit aussi à l'Espagne.
Hasdrubal put y rentrer avec son armée (543), avec des
renforts nouveaux et avec Massinissa lui-même.

Pendant son absence (541-542), les Scipions avaient
sans obstacle fait du butin et de la propagande dans
les pays jadis soumis à Carthage : mais voici que,
tout à coup assaillis par des forces démesurément
supérieures, il leur faut ou retourner sur la ligne de
l'Èbre, ou appeler les Espagnols aux armes. Ils choi-
sissent ce dernier parti, prennent 20,000 Celtibères
à leur solde; puis pour tenir tête aux trois armées
ennemies, que commandent *Hasdrubal Barca*, *Hasdrubal, fils de Gisgon*, et *Magon*, ils divisent aussi leurs
troupes en trois corps, dans lesquels ils répartissent
par tiers tous les soldats romains qu'ils possèdent. Ils
avaient par là préparé leur ruine. Pendant que Gnæus
campe en face d'Hasdrubal Barca, avec son noyau de
Romains et tous les Espagnols, Hasdrubal corrompt ces
derniers à prix d'or. Dans leurs idées de mercenaires ils
ne croient pas violer la foi promise, dès que se contentant de quitter l'armée romaine, ils ne passent point à
l'ennemi, et ne se tournent pas contre elle. Dans cette
situation, il ne reste plus au général romain qu'à battre
en retraite au plus vite. Les Carthaginois le suivent de
près. Sur ces entrefaites, le deuxième corps romain,
sous les ordres de Publius Scipion, est attaqué vivement
par les deux autres divisions africaines, commandées
par Hasdrubal, fils de Gisgon, et par Magon. Les escadrons légers de Massinissa, nombreux autant que

2 1 av. J. C.

213-2-2.

Les Scipions
sont défaits
et tués.

hardis, donnent aux Carthaginois un avantage marqué. Le camp des légionnaires est enveloppé ; c'en est fait d'eux, si les auxiliaires espagnols, déjà en marche et attendus, n'arrivent point à l'heure opportune. Le proconsul tente une sortie audacieuse ; il veut aller à leur rencontre avec ses meilleurs soldats. Les Romains sont victorieux d'abord. Mais bientôt les Numides, lancés sur eux, les atteignent, les empêchent d'achever leur victoire, et leur ferment la retraite. L'infanterie arrive. Publius Scipion est défait et tué : la bataille perdue se change en un désastre complet. Peu après Gnæus, qui dans sa lente marche rétrograde avait peine à se défendre contre le premier corps carthaginois, est attaqué à l'improviste par les trois divisions réunies ; et les Numides lui barrent la retraite. Refoulée sur une colline nue, où elle n'a pas même de place pour camper, son armée est taillée en pièces ou faite prisonnière : quant à lui, il a disparu dans le combat. Cependant une petite troupe s'est échappée, conduite par un excellent officier de l'école de Gnæus, nommé *Gaius Marcius*. Elle parvient à repasser l'Èbre, et rejoint le lieutenant *Titus Fronteius*, qui a pu de son côté ramener en lieu de sûreté les soldats que Publius avait laissés dans son camp. Ils voient bientôt revenir à eux la plupart des garnisons romaines éparses dans les cités de l'intérieur, et qui ont pu se retirer. Les Phéniciens réoccupent l'Espagne jusqu'à l'Èbre ; ils semblent sur le point de passer le fleuve, et de rétablir, par les passages des Pyrénées dégagés enfin, leurs communications avec l'Italie. C'est alors que la nécessité va mettre à la tête des débris de l'armée romaine l'homme de la situation. Laissant de côté les officiers plus anciens ou incapables, les soldats élisent pour chef Gaius Marcius ; qui prend en main la conduite des opérations et se voit puissamment servi par les dissensions et les jalousies mutuelles des trois

L'Espagne ultérieure perdue pour les Romains.

chefs carthaginois. Bientôt ceux-ci sont rejetés sur la rive droite du fleuve, partout où ils l'ont franchi; et toute la ligne est vaillamment et intégralement maintenue jusqu'au moment où d'Italie arrive enfin une nouvelle armée avec un autre général. Par bonheur la guerre en Italie était entrée dans une période de succès. Capoue venait d'être reprise; et Rome avait pu détacher une forte légion, douze mille hommes environ, sous les ordres du propréteur *Claudius Néron.* L'égalité des forces se trouva ainsi rétablie. *Néron en Espagne.*

L'année suivante (544), une pointe dirigée sur l'Andalousie réussit. Hasdrubal Barca fut cerné, pressé, et n'échappa à la capitulation qu'en usant d'une ruse déshonnête, et en violant sa parole. Toutefois Néron n'était pas le général qu'il fallait en Espagne. Brave officier, mais dur, violent, impopulaire; peu habile à renouer les anciennes relations et à en contracter de nouvelles, il ne sut point mettre à profit les haines suscitées dans toute l'Espagne ultérieure par l'insolence et les iniquités des Carthaginois, qui après la mort des Scipions avaient partout malmené amis et ennemis. Le Sénat, bon juge de l'importance et des exigences spéciales de la guerre d'Espagne, ayant appris aussi par les captifs d'Utique, amenés à Rome sur la flotte, que Carthage faisait d'immenses préparatifs, et voulait expédier Hasdrubal Barca, Massinissa, et une nombreuse armée au-delà des Pyrénées, le Sénat, dis-je, se résolut à faire également passer de nouveaux renforts sur l'Ebre, avec un général en chef muni de pouvoirs exceptionnels, et l'élu du peuple. *210 av. J.-C.*

On raconte que durant longtemps aucun candidat ne voulut briguer ce poste dangereux et difficile. Enfin *Publius Scipion,* se présenta. C'était un jeune officier, âgé de vingt-sept ans à peine, fils du général du même nom, mort peu de temps avant en Espagne. Déjà il *Publius Scipion.*

avait été tribun militaire et édile. Je ne puis croire qu'ayant fait convoquer les comices pour une élection d'une telle importance, le Sénat s'en soit remis au hasard pour le choix à faire : je ne crois pas davantage que l'amour de la gloire et celui de la patrie fussent alors tellement éteints dans Rome qu'il ne se trouvât pas un seul capitaine expérimenté pour solliciter le commandement. Chose plus probable, déjà les regards du Sénat s'étaient tournés vers le jeune officier rompu à la guerre, et d'un talent éprouvé, qui s'était brillamment comporté dans les chaudes journées du Tessin et de Cannes. Comme il n'avait pas parcouru tous les échelons hiérarchiques, et ne pouvait régulièrement succéder à des prétoriens et des consulaires, on recourait tout simplement au peuple, placé ainsi dans la nécessité de conférer le grade à ce candidat unique, malgré le défaut d'aptitude légale. Et puis, le moyen était excellent pour lui concilier les faveurs de la foule, à lui, et à l'expédition d'Espagne, jusqu'alors très-impopulaire. Que si ce fut calcul que sa candidature improvisée, le calcul réussit à souhait. A la vue de ce fils voulant aller au-delà des mers venger la mort de son père, à qui neuf ans auparavant il avait déjà sauvé la vie sur le Tessin; à la vue de ce beau et viril jeune homme, à la longue chevelure bouclée, qui venait modeste et rougissant s'offrir au danger, en l'absence d'un plus digne; de ce simple tribun militaire, que le vote des centuries portait tout d'un coup au commandement supérieur; tous, citoyens de la ville, et citoyens de la campagne, assemblés dans les comices, éprouvaient une admiration profonde, inextinguible. Et vraiment, c'était une enthousiaste et sympathique nature que celle de Scipion ! Il ne compte pas sans doute parmi ces hommes rares, à la volonté de fer, et dont le bras puissant pousse pour des siècles le monde dans une ornière nouvelle : il ne fut pas non plus de ceux qui se jetant à la tête du char de la fortune, l'arrêtent pendant des années, jusqu'au jour où les roues leur passent sur le corps. C'est en obéissant au Sénat qu'il a gagné des batailles, et conquis des pays. Ses lauriers militaires lui valurent aussi dans Rome une situation politique éminente : toutefois il y a loin de lui à Alexandre ou à César. Général, il n'a pas fait plus pour son pays que Marcus Marcellus : homme d'État, sans se rendre exactement compte, peut-être, de sa politique anti-patriotique et toute personnelle, il a fait autant de mal aux institutions de sa ville natale, qu'il lui avait rendu de services sur les champs de bataille. Et pourtant tous se laissent prendre au charme de cette aimable et héroïque figure : moitié conviction, moitié habileté, serein et sûr de soi toujours dans l'ardeur qui l'anime, il s'avance, entouré d'une sorte d'auréole éclatante ! Assez inspiré pour enflammer les cœurs : assez froid et réfléchi pour n'adopter que le conseil de la raison, pour compter toujours avec la loi commune des choses d'ici-bas ; bien éloigné de croire naïvement avec la foule à la révélation divine de ses propres conceptions, et trop adroit pour vouloir la désabuser : d'ailleurs, ayant tout bas la conviction profonde qu'il est un grand homme par la grâce des dieux : vrai caractère de prophète, pour tout dire, il se tient au-dessus du peuple et hors du peuple. Sa parole est sûre et solide comme le roc : il pense en roi, et croirait s'abaisser en ramassant un vulgaire titre royal. A côté de cela, il ne sait pas comprendre que la constitution le lie lui-même : si fort de sa grandeur qu'il ignore l'envie et la haine, qu'il reconnaît courtoisement tous les mérites, et qu'il pardonne et compatit à toutes les fautes : parfait officier, fin diplomate, sans porter le cachet professionnel exagéré et fâcheux de l'un ou de l'autre ; unissant la culture grecque au sentiment tout-puissant de la nationalité romaine : beau causeur, et de mœurs aimables, il gagna tous les cœurs, ceux des soldats et des femmes, ceux de ses Romains et des Espagnols, ceux de ses adversaires dans le Sénat, et celui même du héros carthaginois, plus grand que lui, qu'il aura un jour à combattre. A peine il est nommé, que son nom vole de bouche en bouche : il sera l'étoile qui mènera les Romains à la victoire et à la paix.

210-209 av. J.-C. Scipion en Espagne.

P. Scipion se rend donc en Espagne (544-545), accompagné du propréteur *Marcus Silanus*, qui remplacera Néron, et assistera le jeune capitaine de la main et du conseil. Il emmène aussi *Gaius Lælius*, son chef de la flotte et son affidé, et débarque avec une légion exceptionnellement renforcée et sa caisse bien remplie. Son début est aussitôt marqué par l'un des plus hardis, des plus heureux coups de main dont l'histoire ait perpétué le souvenir. Les trois armées carthaginoises étaient postées loin les unes des autres. Hasdrubal Barca gardait les hauteurs où naît le Tage : Hasdrubal, fils de Gisgon, se tenait à son embouchure : Magon campait aux colonnes d'Hercule. Le plus rapproché de Carthagène en était encore à dix jours de marche.

Prise de Carthagène.

209.

Soudain, aux premiers jours du printemps de 545, avant qu'aucun des corps ennemis n'ait bougé, Scipion fait une pointe sur la capitale phénicienne, qu'il lui est facile, en quelques jours, d'atteindre en suivant la côte depuis les bouches de l'Èbre. Il a avec lui toute son armée, trente mille hommes environ, et toute sa flotte : il surprend, il attaque à la fois, et par mer et par terre, la faible garnison d'un millier d'hommes à peine, que les Carthaginois ont laissée dans la ville. Celle-ci, placée sur une langue étroite se projetant dans la rade, est investie de trois côtés par les navires ; elle est menacée par les légions du quatrième côté : tout secours est loin. Le commandant, nommé aussi *Magon*, se veut bravement défendre, et comme il n'a point assez de soldats pour garnir les murailles, il arme les citoyens. On tente une sortie, que les Romains repoussent sans peine : puis, ne prenant pas le temps de faire le siége en règle, ils donnent l'assaut du côté de la terre, se pressant et s'élançant sur l'étroit passage qui joint la ville au continent. Ils remplacent par des troupes fraîches les colonnes qui se fatiguent; la petite garnison, pendant ce temps, s'épuise : toutefois, les Romains jusqu'alors n'ont pas réussi. Mais ce n'était point par là que Scipion cherchait le succès. En donnant l'assaut, il avait voulu seulement éloigner la garnison des murailles de mer; il a appris qu'à l'heure du reflux une partie de la plage reste à nu, et il a disposé, de ce côté, une décisive attaque. Alors, pendant le tumulte de la lutte, à l'autre bout de la ville, un détachement muni d'échelles s'élance sur les sables, « là où Neptune lui montre le chemin, » et est assez heureux pour trouver les murailles dégarnies. En un seul jour, la ville est prise : Magon, retranché dans la citadelle, capitule. Avec la capitale phénicienne, les Romains s'étaient emparés de dix-huit galères désagréées, de soixante-trois navires de charge, de tout le matériel de guerre, d'immenses approvisionnements en grains, de la caisse militaire contenant 600 talents (1,000,000 *thalers* ou 3,750,000 fr.), des otages de tous les Espagnols alliés de Carthage; et ils font dix mille prisonniers, parmi lesquels dix-huit *gérousiastes* ou *juges*. Scipion promet aux otages qu'ils rentreront chez eux dès que leur cité aura fait amitié avec Rome. Il emploie le matériel emmagasiné dans Carthagène au profit de son armée, qu'il renforce et met en meilleur point. Il fait travailler, pour le compte de Rome, leur promettant la liberté à la fin de la guerre, deux mille ouvriers trouvés aussi dans la ville; et, dans le reste de la population, il se choisit, pour ses vaisseaux, les hommes propres au service de la rame. Quant aux citoyens, il les épargne et leur laisse leur liberté et leurs avantages actuels, connaissant bien les Phéniciens et les sachant faciles à l'obéissance. Il importait, d'ailleurs, de s'assurer autrement qu'avec une garnison romaine toute seule, la possession de ce port excellent et unique sur la côte orientale, ainsi que les riches mines d'argent du voisinage. La téméraire entreprise avait prospéré : téméraire au premier chef, alors que Scipion n'ignorait pas qu'Hasdrubal Barca avait reçu de Carthage l'ordre de passer dans les Gaules et qu'il manœuvrait pour exécuter sa mission ! Téméraire encore, parce qu'il eût été facile au Carthaginois de passer sur le corps du faible et impuissant détachement laissé sur l'Èbre, pour peu que les vainqueurs de Carthagène eussent tardé à revenir dans leurs lignes. Mais Scipion était déjà rentré dans Tarragone avant qu'Hasdrubal ne se montrât sur le fleuve. Un succès fabuleux, dû tout à la fois à Neptune et au jeune général, avait donc couronné sa tentative hasardeuse. Laissant là son poste, il avait été jouer et gagner ailleurs une brillante partie ! Le miracle de l'enlèvement de Carthagène justifiait l'admiration des masses pour l'étonnant jeune homme. Les juges plus sévères n'eurent plus qu'à se taire. Scipion fut prorogé indéfiniment dans son commandement, et il se décida aussitôt à ne pas rester seulement l'immobile gardien des cols des Pyrénées. Déjà, après Carthagène tombée, tous les Espagnols en deçà de l'Èbre s'étaient soumis : les princes les plus puissants de l'Espagne ultérieure échangèrent également la clientèle de Carthage contre celle de Rome. Pendant l'hiver (545-546), Scipion dissout la flotte, ajoute à son armée tous les hommes qu'il en retire ; et, assez fort désormais pour occuper à la fois les contrées pyrénéennes et prendre dans le sud une vive offensive, il

209-208. av. J.-C.

s'avance de sa personne en Andalousie (546). Il y trouve encore Hasdrubal Barca, qui marchait, vers le nord, au secours de son frère et commençait enfin l'exécution de son plan longuement concerté. La rencontre eut lieu à *Baecula*[1]. Les Romains s'attribuèrent la victoire et auraient fait dix mille prisonniers. Mais Hasdrubal, au prix du sacrifice d'une partie de son armée, atteignit son but principal. Il se fraya son chemin vers les côtes du nord de l'Espagne avec sa caisse, ses éléphants et le gros de ses troupes, et, longeant l'océan Atlantique, il arriva aux passages des Pyrénées occidentales qui n'étaient pas gardés; puis entra dans les Gaules avant la mauvaise saison. Il y passa ses quartiers d'hiver. L'événement se chargeait de prouver qu'en voulant mener de front l'attaque et la défense, Scipion avait commis une grave imprudence. Tandis que son oncle et son père, que Gaius Marcius et Gaius Néron eux-mêmes, à la tête de forces bien inférieures, avaient accompli la mission importante confiée à l'armée d'Espagne, voici qu'un général victorieux, ayant sous ses ordres une armée puissante, s'était montré insuffisant par trop de présomption. Par sa faute seule, Rome, pendant l'été de 547, allait courir les plus grands périls, et voir enfin se réaliser la double attaque, depuis si longtemps préparée et attendue par Hannibal. Mais les dieux, cette fois encore, couvrirent sous les lauriers les torts de leur favori. L'orage amoncelé sur l'Italie se dissipa miraculeusement : le bulletin de la douteuse journée de Bæcula fut reçu comme celui d'une bataille gagnée. Il arrivait chaque jour de nouveaux messagers de victoire ; on oublia plus tard que Scipion avait laissé passer le général habile et l'armée phénico-espagnole qui enva-

---

[1] [Petite ville sur les frontières de la Bétique, dans la *Sierra Morena*.]

L'Espagne conquise.

hirent alors l'Italie, et que l'on avait eus un moment sur les bras. — Hasdrubal Barca parti, les deux chefs de corps, demeurés derrière lui dans la Péninsule, se décidèrent à battre en retraite. *Hasdrubal, fils de Gisgon*, retourna en Lusitanie : *Magon* se rendit dans les Baléares : tous deux attendant des renforts d'Afrique, et lâchant seulement la bride à la cavalerie légère de Massinissa, qui courut et ravagea toute l'Espagne, comme avant lui *Mutinès* l'avait fait jadis si heureusement en Sicile. — Toute la côte orientale était au pouvoir des Romains. L'année suivante (547), *Hannon* ayant paru avec une troisième armée, Magon et Hasdrubal revinrent en Andalousie : mais Marcus Silanus battit Magon et Hannon réunis et fit ce dernier prisonnier. Hasdrubal alors ne tint plus en rase campagne, et partagea ses troupes dans les places d'Andalousie. Scipion n'en put enlever qu'une seule, *Oringis*[1]. Les Carthaginois semblaient épuisés ; mais en 548 ils reparaissent en force, avec trente-deux éléphants, quatre mille hommes de cheval et sept mille fantassins, ceux-ci, pour la plupart, composés de milices espagnoles ramassées en toute hâte. Le choc a encore lieu à Bæcula. L'armée romaine était de moitié inférieure en nombre. Elle comptait aussi beaucoup d'Espagnols. Scipion fit ce que fera *Wellington* plus tard : il plaça ses Espagnols de façon à leur éviter le combat, seul moyen d'empêcher leur désertion ; et en revanche, il jeta tout d'abord ses Romains sur les Espagnols de l'armée ennemie. Quoi qu'il en soit, la journée est chaudement disputée ; mais les Romains l'emportent, et la défaite des Carthaginois ayant entraîné naturellement la dispersion de leur armée, Hasdrubal et Magon s'enfuient presque seuls à *Gadès*. Rome n'a plus de rivale dans la Péninsule : si quel-

---

[1] [Depuis *Flavium Argitanum*, ou *Gienna* ; auj. *Jaën*.]

ques cités ne se donnent pas d'elles-mêmes, elles sont contraintes par la force, et souvent cruellement châtiées. Scipion put sans obstacle aller rendre visite à Syphax, au delà du détroit, nouer accord avec lui, et même avec Massinissa, pour une expédition directe en Afrique ; entreprise follement téméraire, qui n'avait ni raison d'être, ni but sérieux encore, quelque agréable qu'en fût la nouvelle apportée aux curieux du Forum ! Seule, Gadès, où commandait Magon, appartenait encore aux Carthaginois. Les Romains les avaient supplantés partout. Néanmoins, dans beaucoup de localités, les Espagnols, non contents d'être débarrassés des premiers, nourrissaient l'espoir de chasser aussi les hôtes incommodes venus d'Italie, et de reconquérir leur vieille indépendance. Contre de telles aspirations, Rome s'imaginait avoir fait le nécessaire. Mais voici qu'une insurrection générale menace : ceux qui se soulèvent d'abord sont précisément les anciens alliés de la République. Scipion était tombé malade : l'une des divisions de son armée s'ameutait, mécontente d'un arriéré de solde de plusieurs années. Heureusement, il guérit vite, contre toute attente ; il apaise habilement la révolte de ses soldats, et les cités qui avaient donné le signal du soulèvement national sont écrasées avant que l'incendie ait gagné au loin. La partie étant perdue en Espagne, et Gadès ne pouvant longtemps tenir, le gouvernement carthaginois donne ordre à Magon de ramasser vaisseaux, argent, soldats, et d'aller à son tour porter à Hannibal un appoint décisif en Italie. Impossible à Scipion d'empêcher ce départ : il payait cher alors le licenciement de sa flotte ! Pour la seconde fois, il faisait défaut à sa mission, et il abandonnait aux seuls dieux de sa patrie le soin de la défendre contre l'invasion de l'ennemi. Le dernier des fils d'Hamilcar put quitter la Péninsule sans rencontrer d'obstacle. A peine était-il parti, que Gadès, la plus ancienne et

Magon en Italie.

Gadès romaine.

la meilleure colonie des Phéniciens, ouvrit ses portes à de nouveaux maîtres, à des conditions d'ailleurs favorables. Après une guerre de treize ans, l'Espagne, cessant d'être aux Carthaginois, devenait province romaine ! Pendant des siècles encore elle luttera, toujours vaincue, jamais soumise ! Mais à l'heure où nous sommes, les Romains n'y ont plus d'ennemis devant eux, et Scipion, mettant à profit les premiers instants de ce qui semble être la paix, dépose son commandement (fin de 548), et s'en va en personne rendre compte à Rome de ses victoires et de ses conquêtes.

Pendant qu'il était mis fin à la guerre, en Sicile par Marcellus, en Grèce par Publius Sulpicius, et en Espagne par Scipion, l'immense lutte se continuait sans répit dans la Péninsule italique. La bataille de Cannes et ses conséquences ayant été insensiblement passées à la balance des profits et des pertes, voici quelle était, au commencement de 540, et de la cinquième année de la guerre, la situation respective des Romains et des Carthaginois. Hannibal parti pour le sud, l'Italie du nord avait été réoccupée. Trois légions la couvraient : deux campaient dans le pays des Gaulois, la troisième se tenait en réserve dans le Picénum. A l'exception des forteresses et de quelques places maritimes, toute la basse Italie, jusqu'au Garganus et au Vulturne, appartenait à Hannibal. Il était sous Arpi avec son corps principal : en face de lui, Tibérius Gracchus, à la tête de quatre légions, s'appuyait sur les forteresses de Lucérie et de Bénévent. Dans le Bruttium, dont les habitants s'étaient tous jetés dans les bras des Carthaginois, les ports, sauf Rhégium, que les Romains protégeaient depuis Messine, étaient tombés au pouvoir de l'ennemi ; et Hannon occupait la contrée avec un deuxième corps, sans avoir devant soi une seule des aigles romaines. L'armée principale de Rome, formée de quatre légions sous les ordres

de Quintus Fabius et de Marcus Marcellus, se préparait
à tenter la reprise de Capoue. Ajoutez-y, pour le compte
des Romains encore, une réserve de deux légions dans
la métropole; les garnisons des villes maritimes, renforcées d'une légion à Tarente et à Brindes, à l'intention des Macédoniens, dont on craignait une descente
sur la côte, et enfin la flotte, nombreuse et partout maîtresse de la mer. Puis venaient les armées de Sicile, de
Sardaigne et d'Espagne. Le nombre total des soldats
armés par la République, sans même y comprendre les
garnisons des places de la basse Italie, presque toutes défendues par les habitants et colons, ne peut être évalué
à moins de deux cent mille hommes, dont un tiers
recrues nouvelles de l'année, et dont moitié portant le
nom de citoyens romains. On serait dans le vrai, j'imagine, en calculant que toute la population valide, depuis dix-sept jusqu'à quarante-six ans, s'était levée, laissant la culture des champs aux esclaves, aux vieillards,
aux enfants et aux femmes. Il va de soi que les finances
souffraient fort. L'impôt foncier, cette principale source
du revenu, ne se percevait plus que très-irrégulièrement.
Et néanmoins, malgré la disette de l'argent et des
hommes, les Romains, après d'héroïques efforts, avaient
reconquis pied à pied le terrain perdu tout d'une fois
dans les néfastes journées de la première période de la
guerre. Pendant que l'armée carthaginoise allait se fon-
dant tous les jours, la leur, chaque année, s'accroissait.
Chaque année ils reprenaient quelque chose aux alliés
d'Hannibal, Campaniens, Apuliens, Samnites, Bruttiens,
hors d'état de se suffire à eux-mêmes comme les forteresses de la basse Italie, et qu'Hannibal, trop faible, ne
pouvait ni couvrir ni défendre. Enfin Marcellus, faisant
la guerre autrement que ses prédécesseurs, avait su développer les talents militaires chez ses officiers, et rétablir et mettre en plein avantage l'incontestable supério-

rité de son infanterie. Hannibal pouvait encore espérer des victoires, mais le temps des journées du Trasimène et de l'Aufidus, le temps des *généraux du peuple* était passé. Il ne lui restait plus qu'à attendre anxieusement, soit le débarquement si longtemps promis de Philippe, soit ses frères, qui devaient venir lui tendre la main du fond des Espagnes: pourvoyant de son mieux, dans l'intervalle, au salut et au moral de son armée et de sa clientèle italienne. On aurait peine à reconnaître désormais, dans l'opiniâtreté prudente de ses opérations défensives, l'impétueux agresseur, l'audacieux capitaine des années précédentes. Par un miraculeux phénomène psychologique et militaire; le héros se transforme, sa tâche étant changée, et, dans la voie tout opposée qu'il va suivre, il se montre aussi grand que par le passé.

Combats dans la Basse-Italie.

C'est dans la Campanie d'abord que se poursuit la guerre. Hannibal y arrive à temps pour protéger la capitale et empêcher son investissement; mais il ne peut ni enlever aux Romains une seule des villes campaniennes, où veillent de fortes garnisons, ni prévenir la chute de Casilinum, sa tête de pont sur le Vulturne, que les deux armées consulaires enlèvent après une opiniâtre défense. D'autres moindres places sont de même reconquises. Il essaye de surprendre Tarente, qui serait un point de débarquement précieux pour les Macédoniens. Sa tentative échoue. Pendant ce temps l'armée carthaginoise du Bruttium, sous Hannon, se mesure chez les Lucaniens contre l'armée romaine d'Apulie: Tibérius Gracchus, qui commande celle-ci, lutte avec succès; et après un combat heureux sous Bénévent, où se distinguent les légions renforcées des esclaves armés à la hâte, il donne au nom du peuple, à ces soldats improvisés, la liberté et le titre de citoyens. L'année suivante

213 av. J.-C.

(541), les Romains reprennent l'importante et riche cité

d'Arpi, dont les habitants, se joignant à quelques soldats romains introduits dans leurs murs, se sont tournés avec eux contre la garnison carthaginoise. Partout se relâche le faisceau de la ligue militaire organisée par Hannibal au prix de tant d'efforts. Des Capouans en grand nombre, et des plus notables, plusieurs villes du Bruttium, reviennent aux Romains ; et une division espagnole de l'armée phénicienne, mise au courant de l'état des affaires dans leur patrie par des émissaires envoyés à dessein, passe du camp d'Hannibal dans celui de ses adversaires.

Arpi est reprise.

Mais pendant l'année 542, la fortune change encore. Des fautes politiques et militaires sont commises, et Hannibal en profite aussitôt. Les intelligences qu'il avait nouées dans les villes de la Grande Grèce ne lui avaient été d'aucune utilité ; seulement, ses affidés dans Rome étant parvenus à débaucher les otages de Tarente et de Thurium, ceux-ci tentèrent follement de fuir, et furent, dès leurs premiers pas, repris par les postes romains. L'inopportune et cruelle vengeance que Rome tira d'eux servit mieux Hannibal que ne l'avaient fait ses intrigues : en les mettant tous à mort, les Romains se privèrent d'un gage précieux ; et à dater de ce moment, les Grecs irrités n'eurent plus d'autre pensée que d'ouvrir leurs portes aux Carthaginois. La connivence des citoyens de Tarente, la négligence du commandant de la place la livre aux Phéniciens : à peine si la garnison a le temps de se réfugier dans la citadelle. Héraclée, Thurium, Métaponte, dont la garnison s'est aussi portée au secours de l'Acropole tarentine, suivent l'exemple de leur voisine. — A ce moment une descente des Macédoniens était imminente. Il fallut que Rome tournât son attention du côté de la Grèce et de la guerre qui s'y faisait, sans qu'elle s'en fût jusque-là le moins du monde préoc-

212 av. J. C.

Prise de Tarente par Hannibal.

cupée. Heureusement pour elle, rien ne contrariait plus ses efforts, ni en Sicile, où Syracuse venait de tomber dans ses mains, ni en Espagne, où tout marchait à souhait. Sur le principal théâtre de la guerre, en Campanie, les revers alternaient avec les succès. Les légions postées aux environs de Capoue n'avaient pu l'envelopper encore; mais elles gênaient l'agriculture, empêchaient les récoltes, et la populeuse cité en était réduite à demander au loin ses approvisionnements et ses vivres. Hannibal, prenant soin lui-même d'organiser un grand convoi, avait donné rendez-vous aux Campaniens pour en venir prendre la livraison à Bénévent : mais ils tardèrent, et les consuls *Quintus Flaccus* et *Appius Claudius* les ayant devancés, battirent à fond Hannon, qui protégeait le convoi, prirent son camp et firent main basse sur les vivres. Les deux consuls purent enfin investir Capoue, pendant que Tibérius Gracchus, se plaçant sur la voie Appienne, fermait le passage à Hannibal accourant au secours des Campaniens. A ce moment le vaillant Gracchus périt par la trahison d'un Lucanien, et sa mort équivalut à une grande défaite; car son armée, composée des esclaves affranchis, se débanda dès qu'elle n'eut plus à sa tête le capitaine qu'elle aimait. Hannibal, trouvant ouverte la route de Capoue, se montra tout à coup en face des deux consuls, et les força à abandonner leurs travaux d'investissement à peine commencés. Déjà, avant son arrivée, leur cavalerie avait été complétement battue par la cavalerie phénicienne, qui, sous les ordres d'Hannon et de Bostar, gardait Capoue, et s'y était réunie à celle non moins bonne des Campaniens. La longue série des désastres de l'année se clôt par la destruction totale d'un corps de troupes régulières et de partisans, que *Marcus Centénius* avait amenés en Lucanie. D'officier subalterne qu'il était on l'avait imprudemment promu au généralat. Au même moment, le préteur *Gnæus Fulvius Flaccus*, à la fois présomptueux et négligent, est écrasé en Apulie.

Mais le courage persévérant des Romains saura mettre encore à néant, à l'heure décisive, tous ces rapides succès d'Hannibal. A peine a-t-il tourné le dos à Capoue et pris le chemin de l'Apulie, que leurs armées se rassemblent de nouveau autour de la place : l'une, commandée par *Appius Claudius*, se poste à *Puteoli* et à *Vulturnum*; l'autre, sous *Quintus Fulvius*, occupe *Casilinum*; une troisième, conduite par le préteur *Gaius Claudius Néron*, garde la route de Nola. Retranchés dans leurs camps, et rattachés ensemble par des lignes fortifiées, ces trois corps ferment désormais tout passage, et la grande ville qu'ils enveloppent, insuffisamment pourvue de vivres, voit déjà, par le seul effet de ce blocus, arriver l'heure prochaine d'une capitulation inévitable, à moins que les Carthaginois ne la dégagent à tout prix. A la fin de l'hiver (542-543), ses ressources sont épuisées; et ses messagers, se glissant avec peine au travers des postes vigilants des Romains, courent à Hannibal alors occupé au siège de la citadelle de Tarente, et sollicitent des secours. Le Carthaginois part en hâte pour la Campanie avec trente-trois éléphants et ses meilleurs soldats, enlève une division romaine placée à *Calatie*, et va camper sur le mont *Tifata*, près de Capoue, comptant sûrement que comme l'année d'avant, les généraux romains lèveront le siège à la vue de son armée. Mais ceux-ci avaient eu tout le temps de compléter leurs lignes et leurs retranchements. Ils ne bougèrent pas et assistèrent tranquilles, du haut de leurs remparts, aux impuissantes attaques des cavaliers campaniens d'un côté, aux incursions également impuissantes des Numides de l'autre. Impossible pour Hannibal de songer à donner l'as-

212-201 av. J.-C.

saut dans les règles. Il savait trop que son mouvement sur Capoue allait attirer aussitôt en Campanie tous les autres corps romains, et que d'ailleurs il ne lui était pas possible à lui-même de tenir longtemps dans cette contrée, à dessein et à l'avance dévastée. Le mal était sans remède. Dans son désir de sauver Capoue, il recourt à un expédient hardi, le dernier qui s'offrit à son génie inventif. Après avis donné aux Campaniens de son projet, pour qu'ils ne se relâchent en rien de leur opiniâtre défense, il quitte soudain le pays de Capoue, et marche sur Rome. Recommençant les habiles audaces de ses premières campagnes, il se jette avec sa petite armée entre les corps ennemis et les forteresses romaines, traverse le Samnium, suit la voie *Valérienne*, arrive par *Tibur* au pont de l'Anio, le franchit; et plante son camp sur la rive gauche, à un mille (allemand, ou deux lieues) de la capitale. Longtemps après, les neveux des Romains tressailliront d'effroi encore, quand on leur parlera « d'Hannibal devant les portes! »

Hannibal marche sur Rome.

— En réalité, Rome ne courait aucun danger. L'ennemi ravagea les villas et les champs autour de la ville ; mais il y avait là deux légions qui lui tinrent tête et ne lui permirent pas l'attaque des murailles. Jamais, d'ailleurs, le Carthaginois n'avait songé à prendre la ville par surprise, comme Scipion, un peu plus tard, fera à Carthagène : encore moins voulait-il en ouvrir le siége. Il voulait seulement effrayer les Romains, se faire suivre par le gros de l'armée qui investissait Capoue, et se donner ainsi le moyen de la débloquer.

— Aussi ne fit-il que paraître dans le Latium. Les Romains virent dans son brusque départ un miracle de la faveur divine : des signes, des visions effrayantes avaient contraint leur terrible ennemi à la retraite; ce qu'il est aussi bien vrai que les deux légions n'auraient jamais pu faire. A la place où Hannibal s'était approché des murs, à la deuxième borne milliaire de la voie Appienne, en sortant par la porte Capène, Rome pieusement reconnaissante éleva un autel au dieu *protecteur qui éloigne l'ennemi (Tutanus Rediculus)*! Hannibal s'en retournait en Campanie, uniquement parce qu'il entrait dans ses plans de revenir sur Capoue : mais les généraux romains n'avaient point commis la faute sur laquelle il avait compté. Leurs légions étaient restées immobiles dans leurs lignes ; seule, une faible division, à la nouvelle du mouvement d'Hannibal, s'était détachée et l'avait suivi. Le Carthaginois, averti de son côté, se retourna tout à coup contre le consul *Publius Galba*, sorti de Rome sans précaution. Jusqu'alors il l'avait laissé marcher sur ses traces ; aujourd'hui, il l'attaque, le défait et enlève son camp. Mince victoire à côté de la perte de Capoue !

Depuis longtemps déjà, les citoyens de la capitale campanienne, ceux des hautes classes surtout, avaient le pressentiment d'un triste et inévitable avenir. Les meneurs du parti populaire, hostile à Rome, dominaient exclusivement dans le Sénat, et administraient la cité en maîtres absolus. Mais voici que le désespoir s'empare de la population tout entière, petits et grands, Campaniens et Phéniciens. Vingt-huit sénateurs se donnent la mort ; et les autres livrent la ville à merci à un ennemi irrité, impitoyable. Aussitôt, comme il va de soi, un tribunal de sang fonctionne ; on ne discute que sur la condamnation avec ou sans la forme d'un procès. Y aura-t-il convenance ou sagesse à rechercher et poursuivre jusque hors de Capoue les ramifications les plus éloignées de la haute trahison commise? Ne vaut-il pas mieux qu'une prompte justice mette fin aux représailles? Appius Claudius et le Sénat romain tenaient pour le premier parti ; la dernière opinion, moins inhumaine après tout, prévalut. Cinquante-trois officiers

Capoue capitule.

ou magistrats capouans, traînés sur les places publiques de Calès et Téanum, furent fouettés et décapités par les ordres et sous les yeux du consul *Quintus Flaccus*. Les autres sénateurs furent jetés en prison, une bonne partie du peuple réduite en esclavage, et les biens des riches confisqués. De semblables sentences s'exécutèrent contre *Atella* et *Calatie*. Châtiments cruels, sans nul doute, mais qui se comprennent, quand l'on met en regard la gravité de la défection de Capoue et les rigueurs autorisées alors, sinon justifiées, par le droit de la guerre. La cité de Capoue ne s'était-elle pas condamnée d'avance, lorsque, à l'heure de sa révolte, tous les Romains trouvés dans ses murs avaient péri de la main des meurtriers? — Mais Rome, dans son inexorable vengeance, saisit avidement l'occasion de mettre fin à la rivalité sourde qui divisait les deux plus grandes villes de l'Italie : elle supprime la constitution des cités campaniennes, et jette à bas du même coup une rivale politique longtemps enviée et haïe.

Supériorité décidée des Romains.

La chute de Capoue produisit une impression profonde. On se disait qu'il n'y avait point eu là un simple coup de main, mais bien un vrai siége conduit pendant deux années, et prenant fin heureusement, en dépit de tous les efforts d'Hannibal. De même que, six ans avant, la défection de la ville avait été le signe éclatant du triomphe des Carthaginois, de même aujourd'hui la capitulation manifestait la supériorité reconquise par la République. En vain Hannibal, pour contre-balancer dans l'esprit de ses alliés l'effet d'un tel désastre, avait tenté de s'emparer de Rhégium ou de la citadelle de Tarente. Une pointe dirigée sur Rhégium ne produisit rien. Dans la citadelle de Tarente, les Romains manquaient de vivres, l'escadre des Tarentins et des Carthaginois fermant le port; mais en haute mer la flotte romaine, plus forte, coupait à son tour tous les

arrivages, et affamait l'ennemi. Hannibal trouvait à peine de quoi nourrir les siens sur le terrain dont il était maître. Les assiégeants souffraient donc du côté de la mer autant que les assiégés dans l'acropole ; et un jour ils durent quitter le havre. Rien ne leur réussissait plus : la fortune était sortie du camp des Carthaginois.
— Telles furent les suites de la reddition de Capoue : la considération et la confiance qu'Hannibal avait inspirées d'abord à ses alliés, ébranlées profondément ; les villes qui ne s'étaient point irrémissiblement compromises, cherchant à rentrer aux meilleures conditions possibles dans la Symmachie romaine : tout cela constituait un dommage plus sensible encore que la perte même de la métropole de la basse Italie. S'il se décidait à jeter des garnisons dans les cités douteuses, il affaiblissait son armée déjà trop faible, et exposait ses meilleurs soldats à être trahis ou massacrés en détail (déjà en 544, la révolte de *Salapia*[1] lui avait coûté cinq cents cavaliers Numides d'élite). S'il préférait raser les forteresses peu sûres, ou les brûler pour les soustraire à l'ennemi, une mesure aussi extrême n'était rien moins que faite pour relever le moral de ses clients. En rentrant dans Capoue, les Romains avaient reconquis l'assurance d'une issue heureuse de la guerre. Ils en profitent aussitôt pour envoyer des renforts en Espagne, où la mort des deux Scipions a mis leur empire en danger ; et pour la première fois depuis l'ouverture des hostilités, ils diminuent le nombre total des soldats sous les armes, alors que dans les années précédentes, en dépit des difficultés croissantes dans les levées, ils ont toujours fait de plus nombreux appels, et ont mis jusqu'à vingt-trois légions en ligne. Aussi, en 544, la guerre est-elle moins active-

---

[1] [*Salpi*, sur la côte, au nord de l'*Ofanto*. — Elle était considérée comme le port d'*Arpi*.]

ment poussée par eux en Italie, quoique Marcus Marcellus, la Sicile pacifiée, y soit venu prendre le commandement du principal corps. Il parcourt l'intérieur du pays, attaque les villes et livre aux Carthaginois des combats sans résultats décisifs. On se bat toujours autour de l'acropole de Tarente, sans changement dans la situation. En Apulie, Hannibal défait à *Herdonea* [1] le proconsul *Gnæus Fulvius Centumalus*. Mais dans l'année qui suit (545), les Romains veulent reprendre la seconde grande ville des Italo-Grecs, qui s'est donnée aux Carthaginois. Pendant que M. Marcellus tient tête à Hannibal avec sa constance et son énergie ordinaires — vaincu une première fois dans une bataille qui dura quarante-huit heures, il lui inflige le second jour un rude et sanglant échec ; — pendant que le consul Quintus Fulvius ramène les Lucaniens et les Hirpins depuis longtemps hésitants, et se fait livrer par eux les garnisons phéniciennes de leurs villes; pendant que des sorties bien conduites des soldats de Rhégium obligent Hannibal à courir à l'aide des Bruttiens serrés de trop près, le vieux Quintus Fabius, pour la cinquième fois consul, et qui s'est chargé de reprendre Tarente, s'établit fortement sur le territoire des Messapiens. Bientôt la trahison d'un corps de Bruttiens faisant partie de la garnison lui livre la ville, où le vainqueur irrité se montre terrible et cruel comme toujours. Tout ce qui tombe dans ses mains, soldats ou citoyens, est passé au fil de l'épée ; les maisons sont pillées. Trente mille Tarentins sont vendus comme esclaves; trois mille talents (cinq millions de *Thal.* [ou quinze millions trois cent soixante-quinze mille fr.]) enlevés vont enrichir le trésor de la République. La prise de Tarente fut le dernier fait d'armes du général octogénaire. Quand Hannibal arriva

[Au S. E. de Lucérie, en Apulie.]

au secours de la place, il était trop tard. Il ne lui restait plus qu'à se retirer dans *Métaponte*.

Le Carthaginois a donc perdu ses plus importantes conquêtes : peu à peu réduit à s'enfoncer vers l'extrémité méridionale de la Péninsule, sa détresse est grande. Alors, Marcus Marcellus, consul élu pour l'année suivante (546), conçoit l'espoir de finir d'un coup la guerre en concertant une attaque décisive avec son collègue, l'habile et brave *Titus Quinctius Crispinus*. Rien n'arrête le vieux soldat, ni ses soixante ans, ni le nom d'Hannibal. Jour et nuit, éveillé ou en rêve, il n'a qu'une pensée, battre le Carthaginois et délivrer l'Italie. Mais la fortune destinait de tels lauriers à une plus jeune tête. Les deux consuls allant en reconnaissance, dans le pays de Venouse, furent assaillis tout à coup par un parti d'Africains. Marcellus, dans cette lutte inégale, combattit comme il avait fait quarante ans avant, contre Hamilcar, et quatorze ans avant, devant Clastidium. Il fut jeté mourant à bas de son cheval. Crispinus put fuir ; mais à peu de temps de là il mourut aussi de ses blessures (546).

La guerre durait depuis onze ans. Le danger qui, dans les années précédentes, avait menacé la République jusque dans son existence, semblait passé. Mais on n'en sentait que plus lourdement peser et s'accroître chaque jour les sacrifices immenses nécessités par une lutte sans fin. Les finances étaient dans un état indicible de souffrance. Après la bataille de Cannes (538), il avait été institué une commission de trésorerie *(tres viri mensarii, triumvirs-banquiers*[1]*)*, composée d'hommes notables, ayant, dans ces temps difficiles, une compétence étendue et à long terme en matière de finances pu-

---

[1] [*V.* le mot *Mensarii* au Dict. de Smith. — Tit. Liv., 23, 21-26, 36.]

bliques. Ils firent ce qu'ils purent ; mais les circonstances étaient telles qu'elles déjouaient tous les efforts de la science financière. Dès le commencement de la guerre, il avait fallu rapetisser la monnaie d'argent et de bronze, élever de plus du tiers le cours légal de la pièce d'argent, et donner à celle d'or une valeur fictive supérieure à la valeur métallique. Ces tristes expédients n'ayant pas suffi, on prit à crédit les fournitures; on passa tout aux fournisseurs, parce qu'on avait besoin d'eux ; et les choses allèrent si loin, qu'un exemple devint absolument nécessaire; et que les fraudes des plus fourbes d'entre eux durent enfin être déférées par les édiles à la justice du peuple. On fit appel souvent et utilement au patriotisme des riches, qui, sous bien des rapports, souffraient le plus. Par un mouvement spontané, ou par l'entraînement de l'esprit de corps, les soldats des classes aisées, les sous-officiers et les chevaliers refusèrent tous la solde. Les propriétaires des esclaves armés par la République, et affranchis après la journée de Bénévent (p. 220), répondirent aux banquiers publics leur offrant leur payement, qu'ils attendraient volontiers jusqu'à la fin de la guerre (540). Comme il n'y avait plus de fonds en caisse pour les fêtes et pour l'entretien des édifices publics, les *associations*, qui jusqu'alors s'en chargeaient à forfait, se dirent prêtes à y pourvoir gratuitement jusqu'à nouvel ordre (540). De plus, et comme au temps de la première guerre punique, une flotte fut construite et armée à l'aide d'un emprunt volontaire souscrit par les riches (544). On mit la main sur les *deniers pupillaires*, et dans l'année même de la reprise de Tarente, on employa les dernières réserves, longtemps économisées, du trésor (1,144,000 *Thal.* [4,290,000 fr.]). Malgré tant d'efforts, l'État ne suffisait point encore à toutes les dépenses. La solde du soldat fut suspendue d'une façon

inquiétante, surtout dans les pays les plus éloignés.
Mais les embarras financiers, si grands qu'ils fussent,
n'étaient pas le pire mal. Partout les champs restaient
en friche : là où la guerre n'arrêtait pas la culture, les
bras manquaient au hoyau et à la faucille. Le prix du
médimne (1 boisseau de Prusse [ou 52,53 lit.]) était
monté à 15 deniers (3 1/8 *Thal.* [11. fr. 84 c.]), le
triple au moins du cours moyen à Rome. Beaucoup seraient morts de faim, s'il n'était venu du blé d'Égypte,
et si l'agriculture renaissante en Sicile n'avait pas fourni
de quoi parer aux plus pressantes nécessités (p. 199).
Les récits qui nous sont parvenus, et l'expérience de
semblables guerres, nous enseignent assez quelle est,
en pareil cas, la misère du petit laboureur, combien
vite disparaissent ses épargnes péniblement amassées,
et comment, enfin, les villages se changent en des repaires de mendiants ou de brigands.

A ces souffrances matérielles des Romains s'ajoutait *Les alliés*
un danger bien plus grand, le dégoût de la guerre
chaque jour croissant chez les alliés de Rome. La guerre
leur coûtait leur sang et leurs biens. A la vérité, les
dispositions des non-Latins importaient peu. Toute cette
lutte témoignait assez de leur impuissance : tant que les
Latins restaient fidèles à la République, on n'avait rien
à redouter de leur mécontentement, quel qu'il fût. Mais
voici que le Latium à son tour chancelle. La plupart
des cités latines de l'Étrurie, du Latium, du pays Marse
et de la Campanie septentrionale, et même des contrées
italiques où la guerre n'avait point directement porté
ses ravages, font savoir au Sénat romain (545) qu'elles 209 av. J.-C.
ne veulent envoyer désormais ni contingents, ni
contributions, et qu'elles laisseront Rome se tirer toute
seule de ces longs combats, où seule elle est intéressée.
A Rome, la stupeur est grande à cette nouvelle, mais
quel moyen de contraindre les récalcitrants? Heureuse-

ment toutes les cités latines n'agirent point de même. Les colonies de la Gaule, du Picentin et de la basse Italie, la puissante et patriotique Frégelles à leur tête, protestèrent, au contraire, de leur fidélité plus que jamais étroite et inébranlable. Elles avaient la vue claire de la situation. Elles savaient leur existence en péril plus encore que celle de la métropole. L'enjeu de la guerre n'était point seulement Rome, mais bien plutôt l'hégémonie latine en Italie, et plus encore l'indépendance nationale des Italiens. La demi-défection des autres n'était point trahison, mais étroitesse de vue et fatigue : les villes réfractaires eussent repoussé avec horreur toute alliance avec les Phéniciens. Mais entre Latins et Romains, un schisme ne se produisait pas moins, dont le contre-coup se fit aussitôt sentir sur la population sujette des pays colonisés. A Arrétium, une fermentation dangereuse éclate. On y fait la découverte d'une conspiration qui se propage chez les Étrusques, dans l'intérêt d'Hannibal : le mal est tel qu'il faut que des soldats romains marchent sur la ville. Rome étouffe sans peine le mouvement à l'aide des mesures militaires ou de police prises : il n'en est pas moins le signe d'un sérieux danger. Si les populations ne sont plus tenues en respect par les forteresses latines, il faut tout craindre d'elles.

208 av. J.-C.

Arrivée d'Hasdrubal.

On en était là, quand soudain, pour comble de difficultés, on apprit qu'Hasdrubal avait passé les Pyrénées (546). Ainsi donc, l'année d'après, on allait avoir affaire à la fois aux deux fils d'Hamilcar. Ce n'était point en vain qu'Hannibal avait attendu, s'opiniâtrant dans ses positions durant tant de longues et dures campagnes, cette armée que lui avaient jusque-là refusée et la jalousie de l'opposition dans Carthage, et l'imprévoyante politique de Philippe : cette armée, son frère, en qui revivait aussi le génie d'Hamilcar, la lui amenait enfin. Déjà huit mille Ligures, gagnés par l'or punique, se tiennent prêts à se réunir à Hasdrubal : s'il triomphe dans un premier combat, il a l'espoir d'entraîner aussi contre Rome et les Gaulois et les Etrusques. L'Italie n'est plus ce qu'elle était il y a onze ans : états et particuliers, tous se sont épuisés ; la Ligue latine est à demi dissoute ; le meilleur général des Romains a péri sur le champ de bataille, et Hannibal est toujours debout. Certes, Scipion pourra justement s'appeler le favori des dieux, s'il lui est un jour donné d'écarter de la tête de ses compatriotes et de la sienne l'orage amoncelé par son impardonnable faute.

Comme au temps du plus extrême péril, Rome lève vingt-trois légions : elle appelle les volontaires, et fait rentrer dans les cadres jusqu'aux soldats légalement libérés du service. Elle n'en est pas moins prise au dépourvu. Hasdrubal a franchi les Alpes beaucoup plus tôt qu'amis et ennemis n'y comptent (547) : les Gaulois, habitués maintenant à ces passages d'armées, ont ouvert, à prix comptant, les défilés des montagnes et fourni des vivres. Rome avait-elle songé à occuper les portes de l'Italie ? Cette fois encore, dans tous les cas, elle serait arrivée trop tard. — Déjà la nouvelle se répand qu'Hasdrubal est dans les plaines du Pô ; qu'à l'exemple de son frère, il a soulevé les Gaulois. Plaisance est cernée.

Le consul *Marcus Livius* se rendit en toute hâte à l'armée du Nord : il était grand temps. L'Étrurie et l'Ombrie s'agitaient sourdement, et donnaient des volontaires à l'armée d'Hasdrubal. L'autre consul, *Gaius Néron*, retire de Venouse et ramène à soi le préteur *Gaius Hostilius Tubulus* ; puis, avec quarante mille hommes, va barrer en toute hâte la route du nord à Hannibal. Celui-ci, en effet, a rassemblé toutes ses forces dans le Bruttium ; il s'avance sur la grande voie qui va de Rhégium en Apulie, et rencontre Néron à *Grumen-*

Nouveaux armements.

207 av. J.-C.

Marches d'Hasdrubal et d'Hannibal.

tum [1]. Le combat s'engage sanglant, opiniâtre. Néron s'attribue la victoire; mais il ne peut empêcher Hannibal de se dérober habilement par une de ces marches de flanc qui lui sont coutumières, et d'entrer en Apulie, non sans pertes sensibles. Là, il s'arrête, campe d'abord en vue de Venouse, puis sous Canusium. Néron le suit pas à pas, et campe partout en face de lui. Il est manifeste d'ailleurs qu'en restant en Apulie, Hannibal agissait à dessein, et que s'il l'avait voulu, il eût pu continuer d'avancer vers le nord malgré le voisinage de Néron. Quant aux motifs qui le décidèrent à ne pas aller plus loin et à se poster sur l'Aufidus, il faudrait, pour les juger, savoir quelles communications avaient été échangées entre lui et son frère, et ce qu'il conjecturait sur la route que ce dernier allait suivre. De tout cela, nous ne savons rien. — Pendant que les deux armées se regardent immobiles, une dépêche d'Hasdrubal, impatiemment attendue dans le camp carthaginois, est interceptée aux avant-postes romains. Elle porte qu'Hasdrubal veut prendre par la voie Flaminienne: conséquemment, il longera la côte jusqu'à *Fanum*, pour tourner ensuite à droite, et descendre par l'Apennin sur *Narnia* [2], où il espère qu'Hannibal et lui se rencontreront. Aussitôt Néron dirige sur le point de jonction désigné des deux armées phéniciennes toutes les réserves de la capitale, où une division qui se tenait à Capoue reçoit l'ordre d'aller les remplacer ; enfin une autre réserve se forme à Capoue même. Convaincu qu'Hannibal ignore le plan de son frère, et va demeurer en Apulie à l'attendre, il conçoit audacieusement l'idée de prendre un corps d'élite de sept mille hommes, de partir avec lui pour le nord à marches forcées, et, se

---

[1] [*Agrimonte*, sur l'*Agri* (ancien *Aciris*), dans la *Basilicate*, selon l'opinion la plus commune.]

[2] [*Narni*, par le col du *Furlo*.]

réunissant à son collègue, de contraindre Hasdrubal à recevoir la bataille, seul contre deux. Il ne courait nul risque à laisser son armée amoindrie en face d'Hannibal. Elle comptait assez de soldats encore pour lutter en cas d'attaque, ou pour suivre le Carthaginois jusqu'au lieu du rendez-vous, s'il se mettait aussi en marche. Néron trouve son collègue à *Sena Gallica*, attendant l'ennemi ; et tous deux aussitôt ils marchent contre Hasdrubal, en ce moment occupé au passage du *Métaure*. Le frère d'Hannibal voulait éviter le combat ; il essaya de défiler sur le flanc des Romains, mais ses guides l'abandonnèrent ; il s'égara dans une contrée qu'il ne connaissait pas. La cavalerie romaine le rattrapa et l'obligea à faire tête jusqu'à ce qu'enfin l'infanterie arrivant, la bataille ne pût plus être refusée. Hasdrubal alors rangea ses Espagnols à l'aile droite, avec ses éléphants par devant : il mit les Gaulois à sa gauche retirée en arrière. Longtemps le combat resta indécis entre les Espagnols et les Romains. Déjà le consul Livius, qui commandait ceux-ci, se voyait rudement poussé, quand Néron, renouvelant sur le terrain la manœuvre de son grand mouvement stratégique, laisse là l'ennemi immobile qu'il a devant lui, passe avec l'aile droite romaine derrière toute l'armée dont il fait le tour, et vient tomber en flanc sur les Espagnols. Cette nouvelle audace enleva la journée. La victoire si chaudement disputée et sanglante était complète. Privée de toute issue, l'armée carthaginoise fut détruite, et son camp pris d'assaut. Quand il vit la bataille perdue malgré toute son habileté et sa vaillance, Hasdrubal, à l'exemple de son père, chercha et trouva la mort du soldat. Comme général, comme homme, il s'était montré aussi le digne frère d'Hannibal. Le lendemain, Néron repartit, et après quatorze jours d'absence à peine, il reprenait son poste en Apulie, en regard d'Hannibal, qui n'ayant point reçu

Bataille de Séna.

de message, n'avait pas bougé. Le consul seul lui apportait la nouvelle du désastre. Il lui fit jeter aux avant-postes la tête de son frère, répondant en barbare à la magnanimité d'un adversaire qui dédaignait de faire la guerre aux morts, et avait rendu les honneurs funèbres aux Lucius Paullus, aux Gracchus et aux Marcellus. Ce fut ainsi qu'Hannibal apprit l'anéantissement de ses espérances, et que c'en était fait de ses succès. Abandonnant l'Apulie, la Lucanie et même Métaponte, il se réfugia aussitôt au fond du Bruttium, où les havres de la côte lui offraient un unique et dernier asile. L'énergie des généraux de Rome et les hasards inouïs d'une heureuse fortune avaient conjuré un danger aussi grand que le péril de Cannes, et qui seul suffirait à justifier l'opiniâtre séjour du héros carthaginois en Italie. A Rome, la joie fut sans bornes. Les affaires reprirent leur cours comme en temps de paix. Chacun sentait que l'heure de la crise était passée.

<small>Hannibal dans le Bruttium.</small>

<small>Temps d'arrêt dans la guerre.</small>

On ne se pressa pas d'en finir pourtant. Sénat et citoyens, tous se sentaient épuisés par tant d'efforts et de dépenses en énergie morale et matérielle : on se laissait aller au repos et à la sécurité. L'armée, la flotte diminuées; les paysans romains et latins retournant à leurs métairies désertes ; le trésor remplissant ses caisses par la vente d'une partie des domaines de Campanie ; l'administration publique réformée; les désordres invétérés supprimés ; les emprunts volontaires de guerre se payant régulièrement ; les cités latines encore en arrière rappelées à leurs devoirs, et contraintes à verser de lourds intérêts : tel est le tableau que nous offre la Métropole. Pendant ce temps, la guerre semble morte en Italie. Preuve nouvelle et étonnante du génie militaire d'Hannibal ; preuve bien grande aussi de l'incapacité des généraux romains envoyés alors contre lui ; on le voit, pendant quatre années encore, tenir le champ dans le pays des Bruttiens. Ses adversaires, malgré la supériorité du nombre, ne le peuvent forcer ni à s'enfermer dans les places, ni à prendre la mer. Sans doute, il lui fallut battre sans cesse en retraite, non point tant après les combats indécis qui lui sont tous les jours livrés, que parce qu'il cède pas à pas devant les défections de ses alliés, et qu'il ne peut plus compter que sur les villes où ses soldats restent les maîtres. C'est ainsi qu'il abandonne spontanément Thurium : un détachement expédié de Rhégium, par les soins de Publius Scipion, reprend Locres (549). Alors, comme pour donner aux plans du héros une justification éclatante, ceux-là même qui les avaient entravés pendant tant d'années, menacés qu'ils se voyaient aujourd'hui d'une descente des Romains en Afrique, les magistrats suprêmes de Carthage, reviennent à lui (548, 549) et lui envoient des subsides et des renforts. Ils en envoient à Màgon en Espagne. Ils ordonnent de rallumer en Italie la torche de la guerre. Il leur faut bien, au prix de combats nouveaux, conquérir un temps de répit pour les possesseurs tremblants des villas de Libye et pour les boutiquiers de la Métropole africaine! Une ambassade part pour la Macédoine, demandant à Philippe un renouvellement d'alliance, et une descente en forces sur la côte ennemie (549). Vains et tardifs efforts! Depuis quelques mois Philippe a conclu la paix. L'anéantissement politique de Carthage, chose prévue pour lui, lui sera fâcheux sans doute, mais il ne fera plus rien ostensiblement contre Rome. On verra bien arriver en Afrique un petit corps de soldats macédoniens payés par lui, diront les Romains. L'accusation, du moins, sera vraisemblable ; mais la République n'en aura pas suffisamment les preuves, à en juger par les événements ultérieurs. Quant à une descente de Philippe en Italie, elle ne s'en préoccupe

205 av. J. C

206 205.

205.

Magon en Italie.

205.

même pas. — Cependant Magon, le plus jeune des fils d'Hamilcar, s'était mis sérieusement à l'œuvre. Ramassant les débris des armées d'Espagne, il les transporte à Minorque, et abordant, en 549, dans les environs de Genua, qu'il détruit, il appelle aux armes les Ligures et les Gaulois accourus en foule et alléchés, comme toujours, par son or et la nouveauté de l'entreprise. Il a des intelligences jusque dans toute l'Étrurie, où les exécutions politiques n'ont point cessé. Mais ses troupes sont trop peu nombreuses pour qu'il puisse entreprendre rien de sérieux contre l'Italie propre ; et Hannibal affaibli, presque sans influence dans la basse Italie, ne saurait tenter de marcher à lui avec quelque espoir de succès. Les maîtres de Carthage n'avaient pas voulu la sauver quand la sauver était possible : ils ne le peuvent plus, aujourd'hui qu'ils le veulent.

Expédition de Scipion en Afrique.

Nul ne doutait dans l'État romain que la guerre de Carthage contre Rome ne fût finie, et que le temps ne vînt de commencer la guerre de Rome contre Carthage. Mais quelque inévitable qu'elle semblât à tous, on n'avait point hâte d'organiser l'expédition d'Afrique. Avant tout, il fallait un chef capable et aimé, et ce chef manquait. Les meilleurs capitaines étaient tombés sur le champ de bataille ; ou bien, comme Quintus Fabius et Quintus Fulvius, ils étaient trop vieux pour cette guerre toute nouvelle, qui probablement se prolongerait. Gaius Néron et Marcus Livius, les vainqueurs de Séna, se fussent montrés à la hauteur d'une telle mission ; mais tenant tous les deux à l'aristocratie, leur défaveur était grande auprès du peuple. Réussirait-on jamais à les faire élire? Les choses en étaient à ce point déjà que la valeur et l'aptitude ne commandaient plus les choix, si ce n'est à l'heure de l'extrême détresse. Et si leur élection passait, sauraient-ils entraîner le peuple épuisé à des efforts nouveaux? Rien de plus douteux. A ce moment revint d'Espagne Publius Scipion, favori de la multitude, illustré par le succès complet, ou paraissant tel, de ses campagnes dans la Péninsule : il fut aussitôt appelé au consulat pour l'année suivante. Il entra en charge (549) avec l'intention bien arrêtée de conduire l'armée en Afrique, exécutant ainsi un projet formé durant son séjour en Espagne. Mais dans le Sénat, les partisans de la guerre méthodique ne voulaient point entendre parler d'une expédition transmaritime, tant qu'Hannibal était encore en Italie ; et le jeune général ne disposait point de la majorité, tant s'en faut. Les rudes et austères pères conscrits voyaient d'un œil mécontent ces habitudes d'élégance toute grecque, cette culture et ces façons de penser modernes. Scipion donnait prise à plus d'une attaque sérieuse, et par ses fautes stratégiques durant son commandement en Espagne, et par la mollesse de sa discipline aux armées. N'était-on pas fondé à lui reprocher une coupable indulgence envers ses chefs de corps? Ne le vit-on pas bientôt, quand Gaius Pleminius commettait des atrocités infâmes dans Locres, fermer les yeux pour n'avoir pas à sévir, et assumer ainsi sur soi tout l'odieux de la conduite de son lieutenant [1] ?

205 av. J.-C.

Dans les délibérations du Sénat, touchant l'organisation de la flotte et de l'armée, et la nomination d'un général, le nouveau consul, toutes les fois que son intérêt privé entrait en conflit avec les usages ou la règle, passait sans se gêner par-dessus tous les obstacles, et montrait assez clairement qu'en cas de résistance extrême, il en appellerait au peuple, à sa gloire, et à son

---

[1] [V. Tite Live, 29, 16 et s. — *Omnes rapiunt, spoliant, verberant, vulnerant, occidunt : constuprant matronas, virgines, ingenuos, raptos ex complexu parentum. Quotidie capitur urbs nostra...* » Il faut lire tout cet épisode. — C'est alors que Q. Fabius s'écrie en plein sénat : « *natum eum* (Scipion) *ad corrumpendam disciplinam militarem!* »

crédit auprès de la foule contre un pouvoir gouvernant incommode. De là des blessures vivement ressenties, et la crainte qu'un tel chef d'armée ne se crut jamais lié par ses instructions, ni dans la conduite des opérations militaires les plus décisives, ni dans celle des négociations éventuelles de la paix. On ne savait que trop déjà comment dans la guerre d'Espagne, il n'avait écouté que ses propres inspirations. Ces objections étaient graves : toutefois et d'un commun accord on fut sage assez pour ne point pousser les choses à l'extrême. Le Sénat ne pouvait nier que l'expédition d'Afrique ne fût nécessaire. Il y aurait eu imprudence à la différer et injustice à méconnaître les grands talents de Scipion, son aptitude singulière pour la guerre prochaine. Seul enfin, peut-être, il saurait obtenir du peuple et la prolongation de son commandement pour tout le temps nécessaire, et des sacrifices en hommes et en argent. La majorité consentit donc à le laisser libre d'agir suivant ses desseins, après que, pour la forme, tout au moins, il eut témoigné de son entière déférence pour les représentants du pouvoir suprême, et qu'il se fut soumis à l'avance à la décision du Sénat. Il reçut mission de se rendre cette année même en Sicile, d'y pousser les travaux de construction de la flotte, l'organisation d'un matériel de siège, et la formation du corps expéditionnaire, à l'effet de descendre en Afrique au printemps suivant. La République mettait à sa disposition l'armée de Sicile, les deux légions formées des débris des soldats de Cannes. Pour la protection de l'île, il suffisait d'une faible garnison et de la flotte. De plus, on lui permit de recruter des volontaires en Italie. Le Sénat, cela était clair, tolérait l'expédition, plutôt qu'il n'en était l'ordonnateur. Scipion n'avait pas en main la moitié des forces que Régulus avait jadis emmenées; et les soldats qu'on lui donnait, cantonnés par punition en Sicile, depuis plusieurs années étaient en butte à un mauvais vouloir marqué. Dans l'esprit de la majorité des sénateurs, l'armée d'Afrique était lancée au loin dans un poste perdu, bon au plus pour des *compagnies de discipline* ou des volontaires : peu importait qu'elle n'en revint pas.

Tout autre que Scipion aurait protesté sans doute, et déclaré qu'il fallait renoncer à l'entreprise ou réunir auparavant d'autres moyens d'exécution. Mais Scipion avait foi en lui-même : quelques fussent les conditions, il les subit toutes, pourvu qu'il obtint enfin ce commandement tant souhaité. Pour ne point nuire à la popularité de l'entreprise, il évita avec soin d'en faire trop directement peser les charges sur les citoyens. Les principales dépenses, et surtout celles de la flotte, furent défrayées, partie à l'aide d'une soi-disant contribution volontaire des villes étrusques, ou, pour tout dire, d'une contribution de guerre imposée aux Arrétins et aux autres cités jadis coupables de défection ; partie par les villes de Sicile. En 40 jours les vaisseaux purent mettre à la voile. Le corps d'armée se renforça de 7000 volontaires accourus de tous les points de l'Italie à la voix du général aimé des soldats. Enfin au printemps de 550, Scipion partit avec deux fortes légions (environ 30,000 hommes), 40 navires de guerre, 400 transports ; et sans rencontrer l'ombre d'une résistance, s'en vint aborder au *Beau Promontoire* [1], près d'Utique.

204 av. J.-C.

Les Carthaginois, s'attendaient depuis longtemps, à voir succéder une plus sérieuse tentative aux incursions et aux pillages que les escadres romaines avaient pratiqués souvent sur la côte d'Afrique, dans le cours des dernières années. Pour se défendre, ils avaient essayé de rallumer la guerre Italo-macédonienne : ils s'étaient aussi préparés chez eux à recevoir les Romains.

Armements à Carthage.

[1] [Voisin du cap Bon, v. II, p. 231, not. 2.]

Des deux rois berbères rivaux, leurs voisins, de Massinissa de *Cirta* (Constantine), chef des *Massyles*; et de Syphax, de *Siga* (aux bouches de la *Tafna*, à l'ouest d'Oran), chef des *Massæsyliens*, ils avaient détaché l'un, Syphax, de beaucoup le plus puissant, de son ancienne alliance avec Rome. Ils avaient traité avec lui; et lui avaient donné une femme de Carthage. Quant à Massinissa, le vieil ennemi de Syphax, et l'allié des Carthaginois, ceux-ci le trahirent. Après s'être défendu en désespéré contre les forces unies de Syphax et des Phéniciens, contraint de laisser ses États devenir la proie du premier, il s'en alla avec une faible escorte de cavaliers, errer fugitif dans le désert. Sans compter les renforts promis par leur nouvel allié, les Carthaginois possédaient une armée de vingt mille fantassins, six mille chevaux et cent quarante éléphants (Hannon, envoyé lui-même en expédition, leur avait donné la chasse, et les avait amenés). Ces forces, prêtes au combat, couvraient la ville. Un général éprouvé de l'armée d'Espagne, Hasdrubal, fils de Gisgon, les commandait. Une flotte puissante se tenait dans le port. On attendait l'arrivée prochaine d'un corps macédonien, conduit par *Sopater*, et une division de mercenaires Celtibériens. — A la nouvelle du débarquement de Scipion, Massinissa accourut dans le camp de celui que, peu d'années avant, il combattait pour le compte des Carthaginois en Espagne. Mais ce prince « sans terre », n'apportait rien avec lui que ses talents personnels : les Libyens, quoique fatigués de tous les contingents et contributions prélevés sur eux, avaient payé trop de fois et trop cher leurs révoltes pour oser se déclarer aussitôt. Scipion se mit en marche. Tant qu'il n'eut devant lui que l'armée carthaginoise plus faible que la sienne, il conserva l'avantage, et après quelques combats de cavalerie, il vint mettre le siége devant Utique. Mais bientôt Syphax parut à la tête de cinquante mille hommes de pied environ, et de dix mille cavaliers. Il fallut lever le siége, et se retrancher pour l'hiver dans un *camp naval*, construit sur un promontoire facile à défendre, entre Utique et Carthage. Là les Romains passèrent toute la mauvaise saison (550-551). La situation au printemps n'était rien moins que favorable : Scipion s'en tira par un heureux coup de main. Des négociations de paix, qui n'étaient qu'une feinte assez peu honorable, lui servirent à endormir la vigilance des Africains. Puis, par une belle nuit, il se jeta sur leurs deux camps : les huttes de roseaux des Numides furent d'abord livrées aux flammes, et quand les Carthaginois volèrent à leurs secours, l'incendie dévora aussi leurs tentes. Fuyant éperdus et sans armes, des détachements apostés les passèrent au fil de l'épée. Cette surprise de nuit avait fait plus de mal qu'une suite de batailles et de défaites. Les Carthaginois ne se laissèrent point abattre. Les plus timides ou les plus intelligents voulaient rappeler Magon et Hannibal ; ce rappel fut rejeté. Les secours de Macédoine et de Celtibérie venaient d'arriver : on voulut livrer encore une bataille rangée dans les « Grands Champs », à cinq jours de marche d'Utique. Scipion releva le défi avec empressement : ses vétérans et ses volontaires, dispersèrent facilement les hordes ramassées à la hâte des Numides et des Carthaginois : les Celtibères, qui ne pouvaient espérer merci, se firent tailler en pièces après une défense obstinée.

Deux fois battus, les Africains ne pouvaient plus se montrer en rase campagne. Leur flotte attaqua le *camp naval*, sans essuyer une défaite, mais sans un succès décisif. Le revers d'ailleurs fut, et au delà, compensé pour les Romains par la prise de Syphax, que la merveilleuse étoile de Scipion fit tomber dans ses mains. A dater de là, Massinissa devient aussi pour les Romains ce

Scipion refoulé à la côte.

204-203 av. J.-C.

Surprise des camps carthaginois.

que le roi captif a d'abord été pour les Carthaginois.

C'est alors que la faction de la paix, qui depuis seize ans se taisait, releva la tête dans Carthage, et rentra en lutte ouverte avec le gouvernement des enfants de Barca et le parti patriote. Hasdrubal, fils de Gisgon, est condamné à mort pendant son absence, et l'on tente d'obtenir de Scipion un armistice, puis la paix. Il exige l'abandon des possessions espagnoles et des îles de la Méditerranée, la remise de Syphax à Massinissa, celle des vaisseaux de guerre, n'en laissant plus que vingt à Carthage, et une contribution de 4,000 talents (près de 7,000,000 de *Thal.*, ou 26,250,000 francs.) Ces conditions étaient tellement favorables qu'on peut se demander dans quel intérêt Scipion les avait dictées, celui de Rome ou plutôt le sien propre? Les plénipotentiaires de Carthage les acceptèrent sous réserve de la ratification de leur gouvernement, et une ambassade carthaginoise partit pour Rome : mais les patriotes n'entendaient point vider le champ à si bon marché. La foi en leur plus noble cause, la confiance dans leur grand capitaine, l'exemple même que Rome leur avait donné les encouragèrent à la résistance. D'ailleurs la paix n'allait-elle pas ramener leurs adversaires à la tête du gouvernement et les condamner, eux, à une perte certaine? Parmi le peuple ils étaient sûrs de la majorité. Ils convinrent de laisser l'opposition négocier la paix : pendant ce temps, ils prépareraient un dernier et décisif effort. Ils envoyèrent à Magon et à Hannibal l'ordre de revenir sans délai. Magon, qui depuis trois ans (549-551), luttait dans le nord de l'Italie, y ressuscitant la coalition contre Rome, venait de livrer bataille dans le pays des Insubres à une double armée romaine, de beaucoup supérieure en nombre à la sienne. Il avait forcé pourtant la cavalerie ennemie à reculer, et serré de près l'infanterie. Déjà l'habile général croyait tenir la victoire, quand une division romaine vint hardiment se jeter sur les éléphants. À ce moment il reçut une blessure grave, et la fortune de la guerre changea. L'armée phénicienne rétrograda vers la côte; et recevant l'ordre de revenir en Afrique, elle se rembarqua aussitôt. Magon mourut pendant la traversée. Quant à Hannibal, il eût déjà devancé son rappel si les négociations pendantes avec Philippe ne lui avaient donné à croire qu'il pouvait encore mieux servir sa patrie dans les champs d'Italie qu'en Afrique. Le messager vint le trouver à Crotone, où depuis quelque temps il se tenait : aussitôt il obéit. Il fit tuer tous ses chevaux, tous les soldats italiens qui se refusaient à le suivre, et s'embarqua sur les transports qu'il tenait prêts dans le port. Le peuple romain respira enfin. Il tournait le dos à la terre italique, ce puissant « lion de Libye, » que nul n'avait pu forcer à fuir ! A cette occasion, le Sénat et les citoyens décernèrent la couronne de gazon (*corona graminea*), au dernier survivant des vieux généraux romains qui avaient honorablement porté le faix de cette pénible guerre, à Quintus Fabius, alors presque nonagénaire. Recevoir de tout un peuple la récompense que l'armée votait d'ordinaire au capitaine qui l'avait sauvée, c'était là le plus grand des honneurs auquel un citoyen romain pût prétendre ! Ce fut aussi la distinction dernière offerte au vieux général, qui mourut dans cette même année (554). Hannibal débarqua à Leptis, sans obstacle, non pas grâce à la trêve, mais grâce à sa rapidité et à une heureuse chance. Le dernier survivant des « lionceaux » d'Hamilcar, après trente-six ans d'absence, il foulait encore une fois le sol de la patrie. Il l'avait quittée presqu'enfant, commençant sa course héroïque et ses aventures finalement inutiles : partant de l'Occident pour revenir par l'Orient, et décrivant le long cercle de ses victoires autour de la mer carthaginoise. Il voyait s'accomplir l'événement qu'il avait tout fait

Retour d'Hannibal en Afrique.

203 av. J.-C.

pour prévenir, et qu'il eût empêché, s'il lui eût été donné de le pouvoir. A l'heure présente, il fallait son bras pour aider et sauver Carthage elle-même : il se mit à l'œuvre sans se plaindre, sans accuser. Son arrivée relève le parti des patriotes ; la sentence honteuse prononcée contre Hasdrubal est cassée. Souple et habile comme d'ordinaire, Hannibal renoue avec les *scheiks* numides; la paix déjà conclue en fait est rejetée par l'assemblée du peuple, et en signe de rupture de la trêve, les populations du littoral pillent une flotte de transports qui vient d'échouer, pendant qu'une galère, amenant les envoyés de Rome, est également assaillie et capturée. Scipion, irrité justement, lève aussitôt son camp sous Tunis (552), parcourt toute la riche vallée du *Bagradas* (*Medjerdah*); n'y fait point de quartier aux villes et villages, et fait saisir en masse et vendre comme esclaves tous les habitants. Il avait déjà pénétré fort avant dans l'intérieur, et s'était posté près de *Naraggara* (à l'ouest de *Sicca*, aujourd'hui *El-Kaf*, près de *Ras o Djaber*). Hannibal, venant d'*Hadrumète*, l'y rejoint. Les deux généraux eurent une entrevue où le Carthaginois tenta d'obtenir du Romain des conditions de paix meilleures. Mais celui-ci était allé déjà jusqu'à l'extrême limite des concessions : après la trêve violemment rompue, toute condescendance lui était interdite.

Reprise des hostilités. 202 av. J.-C.

Zama.

D'ailleurs, on doit croire qu'Hannibal en faisant cette démarche n'avait pas autre chose à cœur que de montrer à son peuple que le parti des patriotes n'était point absolument hostile à la paix. Rien ne sortit de la conférence, et la bataille se donna à Zama (dans les environs de *Sicca*, ce semble) [1]. Hannibal avait rangé son

202 av. J.-C.

[1] Le lieu et la date de la bataille du Zama sont assez mal déterminés. Le champ de bataille fut voisin, bien certainement, de la localité connue sous le nom de *Zama regia* ; et quant à la date, il la faut placer vers le printemps de 552. On a tort, quand on la met au 19 octobre, à raison de l'éclipse de soleil dont parlent les historiens.

infanterie sur trois lignes : au premier rang se tenaient
les mercenaires carthaginois ; au second, les milices
africaines et les Phéniciens, avec le corps des Macédoniens ; au troisième, combattaient les vétérans de l'armée d'Italie. En avant étaient quatre-vingts éléphants :
la cavalerie garnissait les ailes. Scipion partagea de
même son armée en trois divisions, selon la coutume
romaine, et combina ses lignes de façon à ce que les
éléphants pussent les traverser ou passer le long d'elles,
sans les rompre. Le succès couronna complétement ses
prévisions : en se rejetant de côté, les éléphants mirent le
désordre dans la cavalerie carthaginoise. Quand celle des
Romains, bien supérieure en nombre grâce aux escadrons auxiliaires de Massinissa, vint à l'attaque des ailes,
elle en eut facilement raison, et se précipita à leur poursuite. La lutte fut plus sérieuse au centre. Longtemps
le combat demeura indécis entre les deux premières
lignes des deux infanteries ennemies. Après une sanglante lutte, chacune se retirant en désordre, alla chercher un soutien dans les secondes lignes. Les Romains
l'y trouvèrent facilement : mais les milices de Carthage
se montrèrent peu sûres et timides ; et les mercenaires
se croyant trahis, en vinrent aux mains avec les Carthaginois eux-mêmes. Hannibal s'empressa de retirer
vers les ailes ce qui lui restait de ses deux divisions, et
déploya en face de l'ennemi ses réserves de l'armée
d'Italie. A ce moment, Scipion poussant sur le centre de
l'ennemi tout ce qui lui restait de sa première ligne de
combat, et portant ses deux autres divisions sur sa
droite et sa gauche, recommença la bataille sur tout le
front. Il y eut une mêlée nouvelle avec un horrible carnage. En dépit du nombre des Romains, les vieux soldats
d'Hannibal ne lâchaient pas pied. Mais tout à coup ils
se virent enveloppés par la cavalerie de Scipion et par
celle de Massinissa, revenues de la poursuite de la cava-

lerie carthaginoise. La lutte finit par l'anéantissement total de l'armée phénicienne. Vainqueurs à Zama, les vaincus de Cannes vengeaient leur ancienne injure. Cependant Hannibal, avec une poignée de monde, avait pu gagner Hadrumète.

La paix. Après un tel désastre, il y eût eu folie chez les Carthaginois à tenter encore les chances de la guerre. Rien n'empêchait le général romain de commencer aussitôt le siége de Carthage. Ses approches étaient ouvertes; elle était sans approvisionnements. Il dépendait de Scipion, à moins d'événements imprévus, de lui faire subir le sort qu'Hannibal avait prémédité contre Rome. Scipion
201 av. J.-C. s'arrêta; il accorda la paix (553), à de plus dures conditions toutefois. En outre des renonciations exigées, lors des derniers préliminaires, en faveur de Rome et de Massinissa, Carthage se soumit à une contribution de guerre annuelle de 200 talents (340,000 *Thal.* ou 1,275,000 francs), pendant cinquante années; elle s'engagea à ne jamais rentrer en lutte contre Rome ou les alliés de Rome; à ne plus porter ses armes hors de l'Afrique; et en Afrique même, à ne faire jamais la guerre sans la permission de la République. Par le fait, elle descendait au rang de tributaire, et perdait son indépendance politique. Ajoutons que, selon toutes les vraisemblances, elle était tenue, dans certains cas déterminés, à envoyer à la flotte romaine un contingent de vaisseaux.

On a blâmé Scipion. Pour mettre seul à fin la plus grande guerre qu'ait menée Rome; pour ne point transmettre la gloire de son achèvement à son successeur dans le commandement suprême, il aurait fait, dit-on, à l'ennemi de trop favorables concessions. L'accusation serait fondée si le mobile attribué était vrai : quant aux conditions de la paix, cette accusation ne se justifie pas davantage. D'abord, l'état des choses à Rome n'était en rien tel qu'au lendemain de Zama, le favori du peuple dut craindre sérieusement son rappel : même avant sa victoire, une motion en ce sens portée du Sénat devant l'assemblée populaire, avait rencontré un refus péremptoire. Mais le traité n'était-il pas tout ce qu'il pouvait être ? A dater du jour où elle eut les mains liées, avec un puissant voisin placé à ses côtés, Carthage n'a plus une seule fois tenté, non pas de se refaire la rivale de Rome, mais simplement de se soustraire à la suprématie de sa rivale d'autrefois. Quiconque avait des yeux pour voir savait que cette seconde grande guerre même, Hannibal l'avait de son chef entreprise, bien plutôt que la République phénicienne, et que c'en était fait à tout jamais des gigantesques desseins de la faction des patriotes. Pour ces Italiens altérés de vengeance ce n'était point assez de cinq cents galères livrées aux flammes : il leur aurait fallu aussi l'incendie de la cité tant haïe ! Mais l'esprit et les colères de clocher n'étaient point satisfaits : Rome n'était pas complétement victorieuse tant qu'elle n'avait point anéanti son adversaire; et on ne pardonna pas au général d'avoir laissé la vie à un ennemi coupable d'avoir naguère fait trembler les Romains. Scipion en jugea autrement : nous ne nous reconnaissons ni droit ni motif de suspecter sa détermination. Il n'obéit pas à l'impulsion de passions mesquines et communes : il suivit tout simplement les nobles et généreux penchants de son caractère. Non, il ne craignait ni son rappel, ni les revirements de la fortune, ni l'explosion d'une guerre en réalité prochaine avec le roi de Macédoine. Sûr de sa position et de sa destinée, heureux jusqu'à ce jour dans toutes ses entreprises, il eut ses raisons légitimes en n'exécutant pas la sentence capitale, dont son petit-fils adoptif sera l'instrument cinquante ans après, et que peut-être il eût pu consommer en ce jour. Très-vraisemblablement à mon sens, les deux grands capitaines, alors maîtres des affaires, en offrant et en acceptant la paix, avaient voulu contenir dans de justes et prudentes limites, l'un la fureur vengeresse des vainqueurs, l'autre l'opiniâtreté inintelligente et pernicieuse des vaincus. La magnanimité des sentiments, la hauteur de la pensée politique se montrent égales chez Hannibal et chez Scipion : le premier se résignant stoïquement à l'inévitable nécessité, le second ne voulant ni de l'abus inutile ni des odieux excès de la victoire. Ne s'est-il pas demandé, ce libre et généreux penseur, en quoi il pouvait être utile à Rome, la puissance politique de Carthage une fois à bas, de détruire aussi cette antique capitale du commerce et de l'agriculture ? N'était-ce pas attenter à la civilisation, que de renverser brutalement l'une de ses colonnes ? Les temps ne sont point venus, encore, où les hommes d'État de Rome, se faisant les bourreaux des États voisins, croiront laver suffisamment l'ignominie romaine, en donnant à l'heure de leurs loisirs une larme à leurs victimes !

Résultats de la guerre. Telle fut la fin de la deuxième guerre punique, ou de la guerre d'Hannibal, comme l'appelèrent les Romains. Durant dix-sept années, elle promena ses ravages par les îles et les continents, des colonnes d'Hercule à l'Hellespont. Auparavant, Rome n'avait guère songé qu'à la conquête et à la domination de la terre ferme d'Italie, en deçà de ses frontières naturelles en y ajoutant les îles et les mers voisines. Les conditions de la paix, imposées à l'Afrique, font clairement voir qu'en finissant la guerre, la pensée ne lui était point encore venue d'englober les États méditerranéens dans sa domination, ou de fonder, à son profit, la monarchie universelle. Elle voulait seulement mettre un rival dangereux hors d'état de nuire, et donner à l'Italie de plus commodes voisins. Mais les résultats allèrent bien au delà : la conquête de l'Espagne, notamment, était peu d'accord avec ces visées moindres : les effets dépassèrent de beaucoup les prévisions premières; et l'on peut dire que Rome a été poussée à la conquête de la péninsule pyrénéenne par la seule fortune des combats. C'est de dessein prémédité qu'elle a pris l'empire en Italie ; c'est presque sans y avoir pensé qu'elle s'est vu jeter dans les mains le sceptre de la Méditerranée, et la domination des contrées environnantes.

Les conséquences immédiates de la guerre punique ont été, hors d'Italie, la transformation de l'Espagne en une double province romaine, à l'état d'insurrection perpétuelle, il est vrai; la réunion du royaume sicilien de Syracuse avec le reste de l'île, qui déjà appartenait à la République; la substitution du patronat de Rome à celui de Carthage sur les chefs numides les plus importants ; Carthage tombant du rang de métropole commerciale à celui d'une simple ville de commerce; en un mot, la suprématie incontestée de Rome dans tous les parages de la Méditerranée occidentale. Bientôt les systèmes des États de l'Ouest et de l'Orient s'abordent et s'entreprennent, après s'être rapprochés seulement durant la première guerre. Bientôt nous verrons Rome s'immiscer décidément dans les conflits des monarchies des successeurs d'Alexandre. En Italie, la fin de la guerre punique était une menace d'anéantissement certain pour les Gaulois de la Cisalpine, à supposer qu'auparavant leur sort ne fût pas déjà fixé. La consommation de leur ruine n'est plus désormais qu'une question de temps. A l'intérieur de la confédération italienne, la victoire de Carthage achève de mettre la nation latine au premier rang. En dépit de quelques hésitations locales, elle s'est maintenue fidèle et compacte en face du commun danger. En même temps s'accroît la sujétion des Italiques non Latins, ou seulement latinisés, celle surtout des Étrusques ou des Sabelliens de la basse Italie. Mais c'est

Hors de l'Italie.

— En Italie.

sur le plus puissant allié d'Hannibal, et aussi sur son premier et dernier allié, sur le peuple de Capoue et sur celui des Bruttiens que tombe le plus lourd châtiment, ou pour mieux dire la plus impitoyable vengeance de Rome. La constitution de Capoue est détruite, et la seconde cité de l'Italie se voit réduite à n'en être que le plus gros village. Il fut un instant question d'abattre ses murailles et de les raser. A l'exception de quelques champs appartenant à des étrangers ou à des Campaniens du parti philo-romain, le Sénat décrète l'adjonction de tout le territoire au domaine public ; et à dater de ce jour, le divise en parcelles abandonnées à de minimes fermiers. Les Picentins, sur le *Silarus* (*Salo*), sont traités de même. Leur ville principale est détruite et ses habitants sont répartis dans les villages environnants.

Le sort des Bruttiens fut encore plus rigoureux. Les Romains les réduisirent en une sorte d'esclavage, leur interdisant à toujours le droit de porter les armes. Les autres alliés d'Hannibal expièrent aussi leur défection. Ainsi en fut-il des villes grecques, à l'exception des rares cités qui avaient tenu pour les Romains, comme celles de Campanie et Rhégium. Enfin les habitants d'Arpi et une foule d'autres cités apuliennes, lucaniennes ou samnites perdirent la plus grande partie de leur territoire. Sur le terrain confisqué, des colonies nouvelles vinrent s'établir. En 560 notamment, des essaims de citoyens colonisèrent les meilleurs hâvres de la basse Italie, *Sipontum* (près de *Manfredonia*) et Crotone; *Salerne*, érigée dans le sud du pays des Picentins, avec mission de les contenir ; et surtout *Puteoli* (*Pouzzoles*), qui bientôt devient le lieu favori de la villégiature des hautes classes, et le marché du commerce de luxe avec l'Asie et l'Égypte. Ailleurs Thurium se change en forteresse latine et prend le nom de *Copia* (560) ; de même la riche cité bruttienne de *Vibo* s'appelle désormais *Va-*

lentia (562). Dans le Samnium et l'Apulie, les vétérans de l'armée victorieuse d'Afrique furent disséminés sur divers domaines : le surplus devint terre publique; et les pâtures communes des citoyens riches de la métropole romaine remplacèrent les jardins et les métairies des anciens habitants de ces campagnes. Partout, dans les autres cités de la Péninsule, quiconque avait marqué par ses tendances anti-romaines se vit aussitôt recherché : les procès politiques et les confiscations en eurent raison bien vite. Partout, les fédérés non latins purent reconnaître la vanité de leur titre d'allié : ils ne furent plus que les sujets de Rome. Hannibal vaincu, elle mit une seconde fois le joug sur toute la contrée ; et les peuples simplement italiques eurent à porter le faix de la colère et de l'arrogance du vainqueur. Les événements du jour ont laissé leur empreinte jusque dans le théâtre comique contemporain, tout incolore et censuré qu'il était. Les cités humiliées de Capoue et d'*Atella* y sont officiellement livrées à la raillerie sans frein des poëtes bouffons de Rome : Atella même prête son nom à leur genre, et nous entendrons les autres comiques raconter, en se jouant, comment dans ce séjour pestilentiel où périssent les plus robustes esclaves, ceux même venus de Syrie, les mols Campaniens asservis ont enfin appris à vaincre le climat. Tristes moqueries d'un barbare vainqueur, et qui laissent arriver jusqu'à nous les cris de désespoir de tout un peuple foulé aux pieds[1] ! Aussi, quand

192 av. J.-C.

---

[1] [V. infra, ch. xiv. *Comédie Romaine.*

Tum autem Syrorum genus quod patientissimum est
Hominum, nemo extat, qui ibi sex menseis vixerit.
Ita cuncti solstitiali morbo decidunt.
. . . . *Sed Campas genus*
Multo Syrorum jam antidit patientia :
Sed iste est ager profecto . . . .
Malos in quem omneis publice mitti decet. . . .
Hospitium'st calamitatis. . . .

Plaut.; *Trinumus* 2, 4, 141, etc. — V. aussi le *Rudens* 3, 2, 17.]

éclatera la guerre de Macédoine, avec quel soin anxieux le Sénat veillera sur l'Italie! Il enverra des renforts dans les principales colonies, à Venouse (554), à Narnia (555), à Cosa (557), à Calès (un peu avant 570).

La guerre et la faim avaient décimé d'ailleurs toute la terre italique. A Rome même, le nombre des citoyens était diminué de près d'un quart, et si l'on suppute le chiffre des Italiens moissonnés par les armes d'Hannibal, on n'exagèrera point en l'évaluant à trois cent mille têtes. Et ces pertes sanglantes tombaient sur le gros des citoyens appelés à fournir aux armées leur noyau le plus solide. Les rangs du Sénat s'étaient incroyablement éclaircis : après la bataille de Cannes, il fallut le compléter : cent vingt-trois siéges seulement y restaient occupés, et ce fut à grand'peine, que suppléant aux nécessités du moment, une promotion extraordinaire de cent soixante-dix-sept sénateurs le ramena à son nombre normal. Pendant seize années consécutives la guerre avait promené ses ravages dans tous les coins de l'Italie, et au dehors, dans la direction des quatre vents du ciel : peut-on douter des souffrances qu'elle avait entraînées dans l'état économique des peuples ? La tradition atteste le fait général sans préciser les détails. Les caisses de l'État romain s'enrichirent, il est vrai, grâce aux confiscations, et le territoire campanien fut changé en une source intarissable pour le trésor. Mais qu'importent les accroissements du domaine public, quand ils sont la ruine des populations et quand ils amènent autant de misère qu'avait fait de bien autrefois le partage des terres communes? Une foule de cités florissantes (on n'en comptait pas moins de quatre cents), gisant détruites et désertes ; les capitaux d'une pénible épargne dissipés ; les hommes démoralisés par la vie des camps ; toutes les saines traditions des mœurs perdues dans les cités et dans les campagnes : voilà le tableau qui s'offre à nos yeux, et à Rome et dans le dernier des villages. Les esclaves et les gens ruinés se réunissaient en bandes pour le vol et le pillage. Veut-on la preuve de leurs dangereux excès? En une seule année (569), dans la seule Apulie, sept mille brigands passèrent en justice : les pâtures immenses, abandonnées à des bergers esclaves, à demi sauvages, ne favorisaient que trop ces irrémédiables dévastations. Enfin, l'agriculture italienne fut aussi menacée dans son avenir par un exemple funeste qui, pour la première fois se produisit durant cette guerre : le peuple romain apprit qu'à la place des céréales semées jadis et récoltées de ses mains, il pouvait désormais aller puiser dans les greniers de la Sicile et de l'Égypte.

195 av. J.-C.

Quoi qu'il en soit, tout soldat romain, à qui les dieux avaient donné de revenir vivant de ces guerres gigantesques, pouvait se montrer fier du passé, et envisager l'avenir avec confiance. Si bien des fautes avaient été commises, bien des maux avaient été noblement supportés; et alors que la jeunesse en masse était restée pendant près de dix années sous les armes, le peuple romain avait droit, certes, à ce que beaucoup lui fût pardonné. L'antiquité n'a jamais connu la pratique de ces relations pacifiques et amicales de nation à nation, durant et persistant jusqu'au milieu des querelles réciproques, et qui semblent de nos jours le but principal du progrès civilisateur. Alors point de milieu : il fallait être le marteau ou l'enclume! Dans la lutte entre les peuples vainqueurs, les Romains remportaient la victoire! Sauraient-ils jamais en tirer profit? Rattacher plus fortement encore les Latins à la République; latiniser peu à peu toute l'Italie; gouverner les peuples conquis des provinces comme d'utiles sujets, sans les asservir et les écraser; réformer leurs institutions; fortifier et accroître leurs classes moyennes affaiblies :

questions redoutables, et que beaucoup pouvaient et devaient se faire? Rome saura-t elle les résoudre? Qu'elle compte alors sur une ère de prospérité, où le bien-être de tous, les plus heureuses circonstances y aidant, se fondera sur l'effort individuel ; où la suprématie de la République s'étendra sans conteste sur l'univers civilisé ; où tous les citoyens auront la noble conscience du vaste système politique dont ils seront parties intégrantes, et verront devant eux un digne but offert à toutes les fiertés, une large carrière ouverte à tous les talents. Mais si Rome ne suffit pas à sa tâche, tout autre sera l'avenir ! — Il n'importe ! A cette heure se taisaient les voix chagrines et les soucis méfiants. De tous les côtés les soldats rentraient victorieux dans leurs maisons : il n'y avait à l'ordre du jour que fêtes d'actions de grâce, que jeux publics ou largesses aux armées et au peuple : les captifs libérés revenaient de la Gaule, de l'Afrique et de la Grèce ; et le jeune général menant la pompe de son triomphe par les rues joyeusement parées de Rome, s'en allait au Capitole déposer les palmes de la victoire dans le temple du Dieu, « son » confident intime, » disaient tous bas les plus crédules, « et son aide tout puissant dans le conseil et dans l'ac- » tion » !

CHAPITRE VII

L'OCCIDENT APRÈS LA PAIX AVEC HANNIBAL, JUSQU'A LA FIN
DE LA TROISIÈME PÉRIODE

Les guerres d'Hannibal avaient mis une interruption forcée à l'œuvre de l'extension de l'empire Romain jusqu'à la frontière des Alpes, ou, comme l'on disait déjà, jusqu'à la frontière de l'Italie, ainsi qu'à l'œuvre de l'organisation et de la colonisation de la Gaule cisalpine. Il allait de soi que la République reprenait les choses au point où elle s'était vue obligée de les laisser. Les Gaulois, tout les premiers, le savaient. Dès l'année de la paix avec Carthage (553), la lutte avait recommencé sur le territoire le plus voisin celui des Boïes. Les Boïes remportèrent un premier succès sur les milices romaines de nouvelle et trop rapide formation. Obéissant aux conseils d'Hamilcar, officier carthaginois de l'armée de Magon, resté dans l'Italie du Nord après le départ de celui-ci, les Gaulois firent l'année suivante une levée de boucliers en masse (554). Les Romains eurent à combattre non pas seulement les Boïes et les Insubres, immédiatement exposés à leurs armes, mais aussi les Ligures, surexcités par l'approche du danger

Soumission de la région du Pô. Guerres avec les Gaulois.

201 av. J.-C.

200.

commun : enfin la jeunesse cénomane, en révolte cette fois contre l'avis de ses chefs plus prudents, répondit aux cris de détresse des peuples frères. Des « deux barrières fermant le passage aux invasions gauloises », de Plaisance et de Crémone, la première fut renversée, et tous les habitants y périrent à l'exception de deux mille environ : la seconde fut cernée. Les légions coururent du côté où quelque chose restait à sauver. Une grande bataille se donna sous Crémone. L'habileté militaire du général carthaginois ne put suppléer à l'infériorité des soldats : les Gaulois ne tinrent pas devant les légionnaires, et Hamilcar tomba parmi les morts qui couvraient le champ de bataille. La guerre se prolongea néanmoins, et l'armée victorieuse à Crémone essuya l'année d'après (555), de la part des Insubres, une sanglante défaite, principalement due à l'incurie de son chef. En 556 seulement, on put à grand'peine rétablir la colonie de Plaisance. Mais pour cette lutte désespérée il eût fallu être unis, or la désunion affaiblissait la ligue gauloise. Boïes et Insubres se querellèrent, et non contents de se retirer de l'alliance nationale, les Cénomans achetèrent un honteux pardon en trahissant leurs frères. Dans une bataille livrée sur les bords du Mincio par les Insubres, ils firent tout à coup défection, les attaquèrent à dos, et aidèrent au massacre (557). Humiliés, laissés seuls en face de l'ennemi, et Côme ayant été prise, les Insubres conclurent séparément la paix (558). Cénomans et Insubres subirent des conditions plus dures que celles d'ordinaire imposées aux alliés italiens. Rome n'oublia point de fixer et de renforcer la séparation légale entre Italiens et Gaulois. Il fut dit que nul chez l'un ou l'autre des deux peuples Celtes ne pourrait acquérir le droit de cité; on laissa d'ailleurs aux Transpadans leur existence et leurs institutions nationales : ils continuèrent de vivre organisés, non en cités, mais en tribus éparses : aucune taxe périodique ne paraît avoir été exigée d'eux ; et ils eurent pour mission de servir de boulevard aux établissements romains de la rive cispadane, et de repousser de la frontière italienne les hordes venues du nord ou les bandes pillardes cantonnées dans les Alpes, qui se jetaient à toute heure sur ces fertiles contrées. Leur *latinisation*, au surplus, alla très-vite : il n'était pas dans le génie de la race gauloise de résister longuement, comme avaient fait les Sabelliens et les Étrusques. Le fameux poëte comique *Statius Cœcilius*, mort en 586, n'était autre qu'un Insubre affranchi; et Polybe qui visita la Gaule cisalpine, vers la fin du VIe siècle, affirme, non sans exagération, sans doute, qu'il n'y restait plus qu'un très-petit nombre de villages celtiques, encore cachés sous les contreforts des Alpes. Quant aux Vénètes, ils paraissent avoir défendu leur nationalité plus longtemps.

158 av. J.-C.

Mais la principale attention des Romains se porta, comme on peut le croire, sur les moyens d'empêcher les incursions des Gaulois transalpins, et de faire aussi une barrière politique de la barrière naturelle qui s'élève entre le massif du continent et la péninsule. Déjà la crainte du nom romain s'était fait jour parmi les cantons voisins d'au delà des Alpes. Autrement, comment expliquer l'immobilité de ces Gaulois assistant impassibles à la destruction ou à l'asservissement de leurs frères cisalpins ? Bien plus, les peuples établis au nord de la chaîne, depuis les *Helvétiens* (entre le lac Léman et le Mein), jusqu'aux *Carnes* ou *Taurisques* (*Carinthie* et *Styrie*), désapprouvent et désavouent officiellement, dans leurs réponses aux envoyés de Rome qui leur ont apporté les griefs de la République, la tentative de quelques tribus celtes osant franchir la montagne pour s'établir paisibles dans l'Italie du nord; et ces émigrants eux-mêmes, après avoir humblement sollicité du Sénat

Mesures prises contre les incursions des Transalpins.

une assignation de terres, obéissent dociles à la dure injonction qui leur est faite d'avoir à repasser les monts (568 et 575) : ils laissent raser la ville que déjà ils avaient fondée aux environs d'*Aquilée*. Le Sénat ne souffre pas d'exception à sa règle de prudence ! Désormais les portes des Alpes resteront fermées aux Celtes. Il punira de peines rigoureuses quiconque, parmi les sujets cisalpins de Rome, essayerait d'attirer en Italie les essaims des émigrants. Une tentative de ce genre, dont le théâtre se place à l'angle le plus enfoncé de la mer Adriatique, dans une contrée jusque-là peu connue : peut-être aussi, et plus encore, le dessein formé par Philippe de Macédoine de pénétrer en Italie par la route du nord-est, comme Hannibal l'avait fait naguère par celle du nord-ouest, amènent la fondation dans ces parages de la colonie italienne la plus septentrionale (571-573). Aquilée ne fermera pas seulement la route à l'ennemi ; elle garantira aussi la sûreté de la navigation dans ce golfe ouvert et commode, et en même temps elle aidera à purger ses eaux des incursions des pirates, qui parfois s'y montrent encore. L'établissement d'Aquilée fit éclater la guerre avec l'Istrie (576-577), guerre promptement terminée par la prise de quelques châteaux et la chute du roi *Aepulo*, et qui n'offre aucun incident à noter, si ce n'est peut-être la terreur panique dont fut saisie la flotte, à la nouvelle de la surprise d'un camp romain par une poignée de barbares. Il y eut comme un frisson qui parcourut toute la Péninsule.

En deçà du Pô, les Romains procédèrent autrement. Le Sénat avait pris la ferme résolution d'incorporer le pays à l'Italie romaine. Les Boïes, atteints dans leur existence, se défendirent avec l'opiniâtreté du désespoir. Ils passèrent le fleuve, et essayèrent de soulever les Insubres (560) : ils bloquèrent un consul dans son camp, et peu s'en fallut qu'ils ne le détruisissent. Plaisance se défendait péniblement contre leurs attaques furieuses. Enfin le dernier combat se donna sous Mutine : il fut long et sanglant, mais les Romains l'emportèrent (561). A partir de là, la lutte n'est plus une guerre, mais une chasse aux esclaves. Bientôt, sur le territoire boïen, il n'y eut plus pour l'homme libre d'asile que dans le camp des légionnaires : les restes des notables s'y vinrent réfugier, et le vainqueur put, sans trop se vanter, annoncer à Rome, que de la nation des Boïes il ne subsistait plus que quelques vieillards et quelques enfants. Elle se résigna aux rigueurs de son sort. Les Romains exigèrent la moitié du territoire (563). Ils ne pouvaient éprouver de refus, mais même dans les limites réduites qui leur furent assignées, les Boïes disparurent vite et se noyèrent dans le peuple vainqueur[1].

Ayant ainsi fait table rase dans la Cisalpine, les Romains réinstallèrent les forteresses de Plaisance et de Crémone, dont les dernières années de la guerre avaient

193 av. J.-C.

191.

---

[1] Selon le dire de Strabon, les Boïes d'Italie refoulés par Rome au delà des Alpes, auraient fondé un établissement nouveau dans les plaines de la Hongrie actuelle, entre les lacs de *Neusiedel* et *Balaton* [*Volcaeae paludes*] : puis attaqués, au temps d'Auguste, par les Gètes venus d'au delà du Danube, ils auraient été entièrement détruits. Leur dernière patrie aurait gardé après eux le nom de *Désert Boïen* [*deserta Boiorum*]. Ce récit concorde mal avec celui plus authentique des *Annales romaines*. Selon celles-ci, Rome se serait contentée de confisquer la moitié du territoire des Boïes au sud du Pô. Pour expliquer la prompte disparution de ce peuple, il n'est nullement besoin d'une expulsion violemment consommée. Les autres races celtiques, bien moins que les Boïes, attaquées par la guerre et la colonisation, disparaissent tout aussi vite et aussi complètement de la liste des nations italiennes. D'autres documents rattachent d'ailleurs l'origine des Boïes du lac Balaton à la souche mère de ce peuple, implantée jadis en Bavière et en Bohème, et poussée plus tard vers le sud par l'invasion des tribus germaniques. Ajoutons qu'il est douteux que tous les Boïes, que l'on retrouve aux environs de Bordeaux, sur le Pô et en Bohème, aient appartenu jamais à une seule et même race, un jour dispersée. Il n'y a là peut-être rien de plus qu'une ressemblance de nom. Dans cette hypothèse, le récit de Strabon se baserait uniquement sur cette concordance fortuite. Il en aurait déduit le fait des origines, sans autrement l'approfondir. Les anciens en agissaient ainsi, souvent : témoins leurs traditions sur les *Cimbres*, les *Vénètes*, et tant d'autres.

emporté ou dispersé les habitants. De nouveaux colons y furent conduits sur l'ancien territoire des Sénons, ou à côté. Rome fonda encore *Potentia* (près de *Recanati*, non loin d'Ancône (570); *Pisaurum* (Pesaro 570); et plus loin, dans le pays boïen nouvellement acquis, les places fortes de *Bononia* (565) de *Mutine* (571) et de *Parme* (571). Déjà Mutine, avant la guerre d'Hannibal, avait reçu une colonie, dont cette guerre avait interrompu l'organisation définitive. Comme toujours, des voies militaires furent construites pour relier toutes les citadelles. La voie *Flaminienne* fut continuée d'Ariminum, son point extrême au nord, jusqu'à Plaisance : son prolongement prit le nom de voie *Emilienne* (567). La chaussée *Cassienne* allant de Rome à Arretium, et qui depuis longtemps existait à titre de voie de communication municipale, fut reprise et reconstruite par la métropole (probablement en 583). Mais dès l'an 567, elle avait franchi l'Apennin, d'Arretium à Bononia, où elle aboutissait à la voie Emilienne, raccourcissant par son trajet direct la distance entre Rome et les villes de la région du Pô. Tous ces travaux eurent pour effet la suppression de la frontière de l'Apennin entre les territoires italien et gaulois. Le Pô devint alors la vraie frontière. En deçà, domine désormais le système des municipes italiques; au delà, commencent les cantons celtiques, et le nom de territoire gaulois (*Ager Gallicus*) laissé d'ailleurs à la région d'entre l'Apennin et le Pô n'a plus désormais de signification politique.

Les Ligures.

Rome se comporta de même à l'égard de l'âpre contrée du nord-ouest, où les vallées et les montagnes étaient habitées par les peuplades éparses et désunies des Ligures. Tout ce qui touchait à la rive nord de l'Arno fut anéanti. Tel fut notamment le triste sort des *Apouans*. Logés sur l'Apennin entre l'Arno et la Magra, ils pillaient et ravageaient sans cesse tantôt le territoire de Pise, et tantôt celui de *Mutine* et de *Bononia*. Ceux que l'épée épargna furent emmenés dans la basse Italie, aux environs de Bénévent (574). A l'aide de ces énergiques mesures, la nation tout entière des Ligures, sur qui, en 578, Rome eut encore à reprendre la colonie de Mutine par elle conquise, se vit écrasée ou enfermée dans les monts d'entre l'Arno et le Pô. La forteresse de *Luna* construite sur l'ancien territoire des Apouans (non loin de *la Spezzia*), couvrit de ce côté la frontière, comme Aquilée la défendait ailleurs contre les Transalpins. Rome y gagna un port magnifique qui devint la station ordinaire des navires à destination de Massalie ou de l'Espagne. Il convient de reporter aussi à ce temps la construction de la route côtière, ou voie *Aurélienne*, allant de Rome à Luna, et de celle transversale, qui mettant en communication les voies Aurélienne et Cassienne, conduisait de *Luca* à *Arretium* par *Florentia*. Avec les tribus plus occidentales, cantonnées dans l'Apennin génois et dans les Alpes maritimes, les combats continuèrent sans trêve. C'était là d'incommodes voisins, adonnés à la piraterie sur mer et au brigandage sur terre. Tous les jours les Pisans et les Massaliotes avaient à souffrir des incursions de leurs hordes pillardes ou des attaques de leurs corsaires. Pourchassés sans répit, ils ne se tinrent jamais pour battus, et peut-être que Rome n'avait pas dessein de les détruire. A côté de la voie de mer régulière, il y allait de son intérêt, sans doute, de s'ouvrir une communication terrestre avec la Gaule transalpine et l'Espagne; aussi s'efforça-t-elle de tenir libre, au moins jusqu'aux Alpes, la grande route côtière allant de *Luna* à *Empuries*, par Massalie : mais ce fut tout. Au delà des Alpes, les Massaliotes se chargeaient de surveiller la côte pour les voyageurs de terre, et les parages maritimes du golfe pour les navires romains. Quant au massif de l'intérieur, avec ses infranchissables

180 av. J.-C.

176.

vallées et ses rochers, vrais nids des brigands, avec ses habitants pauvres, alertes et rusés, il fut un excellent champ d'école, où s'endurcissaient et se formaient les soldats et les officiers des armées de la République.

La Corse et la Sardaigne.

Des guerres toutes semblables ensanglantèrent la Corse, et plus encore la Sardaigne, où les insulaires se jetant sur les établissements de la côte, tiraient fréquemment vengeance des *razzias* effectuées par les Romains à l'intérieur.

177 av. J.-C.

L'histoire a conservé le souvenir de l'expédition de *Tiberius Gracchus* contre les Sardes (577), non point tant parce qu'il les avait « pacifiés », que parce qu'il se vantait de leur avoir tué 80,000 hommes et d'avoir envoyé à Rome une immense multitude d'esclaves. « *A vil prix comme un Sarde!* » était alors une phrase proverbiale.

Carthage.

Mais, en Afrique, la politique de Rome se montre à la fois étroite dans ses vues, et sans aucune générosité. Toute à la pensée de mettre obstacle à la résurrection de la puissance de Carthage, elle tient la malheureuse ville sous une pression perpétuelle : comme une épée de Damoclès, la déclaration de guerre est constamment suspendue sur sa tête. Voyez tout d'abord le traité de paix de 553. S'il laisse aux Carthaginois leur ancien territoire, il n'en garantit pas moins à Massinissa, leur redoutable voisin, toutes les possessions qui lui appartenaient, à lui ou à ses ancêtres, au dedans des limites carthaginoises. Une telle clause ne semble-t-elle pas écrite exprès pour créer les difficultés bien plutôt que pour les aplanir? Il en faut dire autant de cette autre condition imposée aux Phéniciens, de ne jamais faire la guerre aux alliés de Rome; en telle sorte, que selon la lettre du traité, ils n'avaient pas même le droit de repousser le Numide lorsqu'il envahissait le territoire qui leur appartenait sans conteste. Enlacés qu'ils étaient

101.

dans ces clauses perfides, avec leurs frontières, en Afrique, incertaines et tous les jours débattues; placés entre un voisin puissant que rien n'arrêtait, et un vainqueur à la fois juge et partie dans tout litige, la condition des Carthaginois était, dès le début, mauvaise, et à la pratique, elle fut reconnue pire encore qu'ils ne s'y attendaient. Dès l'an 561, Massinissa les attaque sous de frivoles prétextes : la contrée la plus riche de leur empire, le pays d'*Empories* sur la *petite Syrte* (*Byzacène*), est pillée en partie, en partie occupée par les Numides. Puis les empiétements se continuant tous les jours, toute la campagne est enlevée : les Carthaginois ne se maintiennent plus qu'avec peine dans les localités les plus importantes. « Dans ces deux dernières années seulement », viennent-ils dire à Rome en 582, « il nous a été arraché soixante-dix villages ! » Ils envoyent en Italie message sur message : ils conjurent le Sénat ou de leur permettre de se défendre les armes à la main, ou d'envoyer sur les lieux un plénipotentiaire, ou enfin de délimiter leur frontière, en telle sorte qu'ils sachent une bonne fois ce que la paix leur coûte. Qu'ils soient purement et simplement déclarés sujets de Rome, plutôt que d'être ainsi livrés en détail aux Libyens ! — Mais le gouvernement romain, qui, dès 554, avait fait luire aux yeux de son client numide, la perspective d'un accroissement de territoire, naturellement aux dépens de Carthage, ne vit pas grand mal à ce que celui-ci fît main basse sur la proie promise. Il refréna cependant une ou deux fois l'ardeur avide et excessive des Libyens, acharnés à tirer pleine vengeance de leurs souffrances passées. Au fond, c'était dans ce seul et unique but que Rome avait fait de Massinissa le voisin immédiat de Carthage. Les plaintes, ni les supplications n'amenèrent rien d'efficace. Tantôt les commissaires romains, venus en Afrique, s'en retournaient sans

193 av. J.-C.

172.

200.

rendre leur sentence, après longue enquête faite tantôt quand le procès se suivait à Rome, les envoyés de Massinissa prétextaient l'absence d'instructions, et l'ajournement était prononcé. Il fallait une patience vraiment phénicienne aux Carthaginois, pour savoir se résigner à une situation intenable, et pour se montrer, en outre, prêts à tous les services, obéissants jusqu'à la prévenance, infatigablement dociles enfin envers ces maîtres si durs, dont ils briguaient la dédaigneuse faveur par de riches envois de blés.

Hannibal.

Toutefois, dans cette attitude des vaincus, il n'y avait pas seulement patience et résignation. Le parti patriote n'était pas mort. Il avait encore à sa tête le héros, qui, en quelque lieu que le mit le sort, restait redoutable aux Romains. Ce parti n'avait point renoncé pour toujours à profiter des complications prochaines et faciles à prévoir entre Rome et les empires de l'Est. Alors, peut-être, il redeviendrait possible de recommencer la lutte. Les grands desseins d'Hamilcar et de ses fils avaient péri principalement par la faute de l'oligarchie de Carthage. Il fallait, en vue des futurs combats, refaire d'abord ses institutions. La réforme politique et financière s'opéra donc sous la pression de la nécessité, qui montrait la voie meilleure; sous l'influence des idées sages et grandes d'Hannibal, et de son empire merveilleux sur les hommes. Les oligarques avaient comblé la mesure de leurs criminelles folies en commençant contre le grand capitaine une instruction en forme, « pour avoir à dessein omis de prendre Rome » d'assaut, et pour s'être frauduleusement emparé du » butin ramassé en Italie. » Leur faction corrompue fut abattue et dispersée sur la motion d'Hannibal lui-même. A sa place il installa un régime démocratique mieux approprié aux besoins du peuple (avant 559). On fit rentrer l'arriéré et les sommes détournées : on

Réformes dans la constitution de Carthage.

195.

organisa un contrôle régulier, et bientôt les finances remises sur un pied excellent, permirent de payer la contribution de guerre due à Rome sans surcharger les citoyens d'impôts additionnels. Rome, alors sur le point d'entamer la lutte avec le Grand-Roi, en Asie, suivait ces progrès, comme on pense, d'un œil inquiet et jaloux : ce n'était point imagination pure, que de redouter et de prévoir le débarquement d'une flotte carthaginoise en Italie, et une seconde guerre conduite par Hannibal, pendant que les légions seraient occupées en Asie mineure. Il y aurait injustice à faire aux Romains un gros crime d'avoir envoyé à Carthage des ambassadeurs, probablement chargés de demander qu'Hannibal leur fût remis (559). Certes, on se sent un profond mépris pour ces oligarques rancuneux, écrivant lettre sur lettre aux ennemis de leur patrie, et dénonçant les intelligences secrètes du grand homme qui les avait renversés avec les puissances hostiles à Rome. Mais leurs accusations étaient fondées, tout porte à le croire. La mission des envoyés romains contenait le honteux aveu des terreurs de la puissante République. Elle tremblait devant un simple *suffète* de Carthage ! Conséquent avec lui-même, et généreux jusqu'au bout, le fier vainqueur de Zama avait en plein Sénat combattu la mesure. Une telle confession, dans la bouche des Romains, était après tout celle de la vérité nue. Rome ne pouvait tolérer à la tête du gouvernement de Carthage Hannibal et son extraordinaire génie. La politique de sentiment n'était point ici de mise. Quant à Hannibal, le poids que Rome attachait à son nom n'était pas fait pour l'étonner. Comme il avait combattu les Romains, lui seul et non Carthage, il eut à son tour aussi à subir la condition du vaincu. Les Carthaginois s'humilièrent. Ils durent remercier le ciel, quand le héros, toujours prudent et rapide dans ses décisions,

Fuite d'Hannibal.

195 av. J.-C.

s'enfuit en Orient, leur épargnant l'ignominie plus grande, et ne leur laissant que l'ignominie moindre à commettre. Ils bannirent à toujours leur plus grand citoyen, confisquèrent ses biens, et rasèrent sa maison. — Ainsi s'accomplit, en la personne d'Hannibal, cette profonde maxime que « ceux-là comptent parmi les fa- » voris des dieux, à qui les dieux versent comble la me- » sure des joies et des douleurs ! »

Son départ, et ce fut là le tort nouveau de Rome, ne changea rien à la conduite de celle-ci. Plus que jamais, elle se montra dure, soupçonneuse et vexatoire envers la ville infortunée. Les factions s'y agitaient toujours : mais une fois éloigné l'homme étonnant qui avait presque changé la marche du monde politique, la faction des patriotes dans Carthage n'avait guère plus d'importance que celle des patriotes en Etolie ou en Achaïe. Parmi les agitateurs, il en était quelques-uns qui, non sans une certaine sagesse, auraient voulu se réconcilier avec Massinissa, et faire de leur oppresseur du moment le sauveur des Phéniciens. Mais ni le parti national, ni le parti libyen dans la faction patriote, ne put s'emparer du gouvernail : il resta dans les mains des oligarques philo-romains. Or ceux-ci, sans renoncer à tout jamais à l'avenir, s'entêtaient dans le présent à ne chercher le salut et la liberté intérieure de Carthage, que dans le protectorat de la République. Certes il y avait là de quoi tranquilliser Rome. Néanmoins ni la multitude, ni les gouvernants, ceux du moins qui avaient le cœur moins haut placé n'y pouvaient maîtriser leurs craintes. D'un autre côté, les marchands romains portaient toujours envie à cette ville, restée en possession de sa vaste clientèle commerciale en dépit de sa déchéance politique, et toujours puissante par ses richesses et ses inépuisables ressources. Déjà, en 567, le gouvernement carthaginois avait offert le

paiement intégral et anticipé des annuités de la taxe de
guerre stipulée par le traité de 553. Mais Rome, qui
tenait bien plus à avoir Carthage comme tributaire
qu'à toucher sa créance, répondit par un refus, tout
en constatant une fois de plus que, malgré ses efforts
et tous les moyens employés, Carthage n'était en
aucune façon ruinée, et que la ruiner était impossible.
Les rumeurs reprirent cours : on disait que les perfides
Phéniciens se livraient à de sourdes menées. Tantôt on
avait vu dans Carthage un émissaire d'Hannibal,
Ariston de Tyr, dépêché tout exprès pour y annoncer
au peuple l'arrivée prochaine d'une flotte asiatique
(561) : tantôt le Sénat réuni de nuit dans le temple de
l'Esculape carthaginois y avait secrètement donné au-
dience aux ambassadeurs de Persée (581) : une autre
fois il n'était question dans Rome que de la flotte formidable armée à Carthage dans l'intérêt du roi macédonien (583). Très-probablement il n'y avait rien au fond
de tous ces bruits si ce n'est les sottes imaginations de
quelques rêveurs ; mais qu'importe, s'ils étaient le signal
de nouvelles exigences de la part de la diplomatie romaine, de nouvelles incursions de la part de Massinissa ?
Moins il y avait de bon sens et d'intelligence à la subir,
plus allait, s'enracinant dans les esprits, la conviction
qu'une troisième guerre punique était absolument nécessaire pour se débarrasser de la rivale de Rome.

Mais pendant que la puissance des Phéniciens décroit
dans leur patrie d'élection, comme déjà elle est tombée
dans leur patrie d'origine, un nouvel état grandit à côté
d'eux. Depuis les temps anté-historiques jusqu'à nos
jours, la côte septentrionale de l'Afrique a été habitée
par un peuple, qui dans sa langue s'appelle les *Schiluh*
ou *Tamazigt*, et que les Grecs et les Romains ont désigné sous le nom de *Nomades* ou *Numides* « peuple
pasteur. » Les Arabes le désignent sous le nom de

201 av. J.-C.

193.

173.

171.

Les Numides.

Berbères, qu'ils appellent aussi « *Schâwie (pasteurs)* »; pour nous, nous les nommons *Berbères* ou *Kabyles*. A en juger par son idiôme, ce peuple ne se rattache à aucune autre race connue. A l'époque des prospérités de Carthage, si l'on excepte toutefois ceux qui vivaient dans les alentours immédiats de la ville ou qui se tenaient le long de la côte, les Numides avaient su se maintenir indépendants. Mais tout en s'obstinant dans leur genre de vie pastorale ou équestre, comme font les habitants actuels de l'Atlas, ils avaient reçu l'alphabet phénicien et les rudiments de la civilisation phénicienne (p. 15), et souvent leurs *scheiks* faisaient élever leurs fils à Carthage et s'alliaient par mariage avec les Carthaginois. Comme il n'entrait point dans la politique de Rome d'avoir des possessions et des établissements en propre en Afrique, elle préféra y favoriser l'essor d'une puissance trop peu considérable encore pour n'avoir pas besoin de protection, assez forte déjà pour comprimer Carthage abattue, réduite à son territoire africain, et pour lui rendre tout libre mouvement au dehors impossible. Les princes indigènes donnaient le moyen cherché. A l'heure des guerres d'Hannibal les peuples du nord de l'Afrique obéissaient à trois grands chefs ou rois, trainant à leur suite une multitude d'autres princes feudataires, selon la coutume locale. Le roi maure *Bocchar* venait le premier. Ses États allaient de l'océan Atlantique au fleuve *Molochath* (auj. l'*Oued M'louia*, sur la frontière marocaine de l'Algérie). Après lui, on rencontrait Syphax, roi des *Massaesyliens*, maître de la contrée située entre la M'louia et le *cap Percé*[1], s'étendant, comme on voit, sur les deux provinces actuelles d'*Oran* et d'*Alger*. Le troisième enfin n'était autre que Massinissa, le roi des *Massylès*, dont le territoire allait

---

[1] [*Tretum* ou *Tritum promontorium* : auj. *cap Boujaroun* entre *Djidjelli* et *Bône*].

du cap Percé à la frontière de Carthage (province de *Constantine*). Le plus puissant d'entre eux, Syphax, roi de *Siga* [près de l'embouchure de la *Tafna*] avait été vaincu durant la dernière guerre punique. Emmené captif en Italie, il y était mort dans sa prison, et la plus grande partie de son vaste royaume avait passé dans les mains de Massinissa. En vain *Vermina*, son fils, qui à force d'humbles supplications avait obtenu des Romains la restitution d'une parcelle des États paternels (554), avait tenté de ravir à l'allié plus ancien et préféré de la République le titre fructueux d'exécuteur des hautes œuvres contre Carthage ; il n'avait rien pu gagner de plus. Massinissa fut donc le vrai fondateur du royaume numide. Choix ou hasard, jamais l'homme qu'il fallait à la situation n'a été mieux trouvé. Sain et souple de corps jusque dans sa vieillesse, sobre et calme comme un Arabe, supportant sans peine les plus dures fatigues ; comme lui épiant, immobile à la même place, du matin jusqu'au soir, ou chevauchant sans interruption vingt-quatre heures de suite : éprouvé comme soldat ou général dans les vicissitudes aventureuses de sa jeunesse, et sur les champs de bataille de l'Espagne ; possédant à fond l'art plus difficile d'imposer la règle dans sa nombreuse maison, et de maintenir l'ordre dans ses états ; également prêt à se jeter, sans nulle honte, aux pieds d'un protecteur plus puissant, ou à marcher sans pitié sur le corps de son ennemi plus faible : de plus, connaissant à fond la situation de Carthage, où il avait été élevé et avait fréquenté les plus notables maisons ; rempli enfin d'une haine amère et toute africaine contre ses anciens oppresseurs, cet homme remarquable fut l'âme du mouvement de son peuple dans sa voie de transformation. En lui s'étaient incarnés les vertus et les vices de sa race. La fortune le seconda en tout et lui laissa le temps d'accomplir son œuvre. Il mourut dans la quatre-vingt-

200 av. J.-C.

Massinissa.

238-149 av. J.-C.

Accroissement et civilisation des Numides

dixième année de sa vie (516-605), dans la soixantième de son règne, conservant jusqu'au bout ses forces physiques et intellectuelles, laissant un fils âgé d'une année, et le renom de l'homme le plus vigoureux, du meilleur et du plus heureux roi de son siècle. Nous avons fait voir déjà la partialité calculée des Romains dans la conduite de leur politique africaine, et comment Massinissa, mettant ardemment à profit leur bonne volonté tacite, agrandissait tous les jours son royaume aux dépens de Carthage. Toute la région de l'intérieur jusqu'à la limite du désert se rangea comme d'elle-même sous son sceptre : la vallée supérieure du Bagradas (*Medjerdah*) avec la ville de *Vaga* se soumit à lui ; il étendit ses conquêtes jusque sur la côte à l'est de Carthage et s'empara de la *Grande Leptis*, l'antique colonie de *Sidon* [*Lébédah*], et d'autres pays circonvoisins. Son royaume allait de la frontière mauritanienne à celle de la *Cyrénaïque*, et enveloppait de tous les côtés le domaine réduit de Carthage ; les Phéniciens étaient comme étouffés par lui. Nul doute qu'il ne vît dans Carthage sa future capitale : témoin le parti libyen que nous y avons déjà vu à l'œuvre. Mais ce n'était point seulement par la perte de son territoire que la métropole phénicienne avait souffert. A l'instigation de Massinissa les pasteurs de la Libye étaient devenus un autre peuple : imitant l'exemple de leur prince qui élargissait partout les travaux de l'agriculture, et laissa d'immenses domaines en plein rapport à chacun de ses fils, les Numides se fixèrent sur le sol, et entamèrent aussi le travail de leurs champs. En même temps que de ses nomades il faisait des citoyens, il changeait ses hordes de pillards en bataillons de soldats, dignes désormais de combattre à côté des légions romaines, et à sa mort, il légua à son successeur un trésor richement rempli, une armée bien disciplinée et même une flotte. *Cirta* (*Constantine*), sa résidence royale était devenue la florissante capitale d'un puissant état, l'un des grands centres de la civilisation phénicienne que le roi Berbère s'appliquait à propager, en vue de l'empire carthaginois-numide auquel tendait son ambition. Les Libyens, avant lui opprimés, se relevaient à leurs propres yeux : la langue, les mœurs nationales reconquirent leur terrain dans les vieilles villes phéniciennes et jusque dans Leptis la Grande. Le simple Berbère se sentit l'égal du Phénicien et bientôt son supérieur, sous l'égide de la République : un jour les envoyés de Carthage à Rome s'entendirent répondre qu'ils n'étaient que des étrangers, et que le pays appartenait aux Libyens. Enfin l'on trouve la civilisation nationale et phénicienne vivace encore et puissante dans le nord de l'Afrique jusque sous le niveau des empereurs de Rome : elle devait moins assurément à Carthage qu'aux efforts de Massinissa.

En Espagne, les villes grecques et phéniciennes de la côte, Empuries (*Ampurias*), Sagonte, Carthagène, *Malaca*, Gadès, se soumirent d'autant plus volontiers à la domination romaine que laissées à elles-mêmes, elles eussent eu peine à se défendre contre les indigènes. Par les mêmes raisons, Massalie, quoiqu'autrement forte et grande, se rattacha sans hésiter et étroitement à la République. Lui servant tous les jours de station entre l'Italie et l'Espagne, elle avait dans Rome une puissante protectrice assurée. Mais les indigènes d'Espagne donnèrent incroyablement à faire aux Romains. Non qu'il n'y eût à l'intérieur du pays quelques éléments de civilisation propre, et dont nous ne saurions d'ailleurs suffisamment retracer le tableau. Nous trouvons chez les Ibères une écriture nationale au loin répandue, qui se divise en deux branches principales : celle d'en deçà de l'Èbre et celle de l'Andalousie. L'une et l'autre se subdivisant sans doute en une foule de ra-

L'Espagne. Sa civilisation.

meaux, remontaient jusque dans les temps anciens et se renouaient à l'ancien alphabet grec plutôt qu'à celui des Phéniciens. On rapporte que les *Turdétans* (pays de *Séville*) possédaient d'antiques chants, un code de lois versifiées contenant six mille vers, et des annales historiques. Ce peuple était assurément l'un des plus avancés parmi tous les autres : il était aussi l'un des moins belliqueux; et ne faisait la guerre qu'avec des soldats mercenaires. C'est à la même contrée que s'appliquent les récits de Polybe, lorsque parlant de l'état florissant de l'agriculture et de l'élève des bestiaux chez les Espagnols, il raconte que faute de débouchés suffisants le blé et la viande y étaient à vil prix, et énumère les magnificences des palais des rois, avec leurs vases d'or et d'argent remplis de « vin d'orge. » Une partie de l'Espagne, tout au moins, s'appropria rapidement les usages de la civilisation romaine, et même se *latinisa* de meilleure heure que les autres provinces transmaritimes. Les bains chauds par exemple, sont dès cette époque dans les habitudes des indigènes, à l'instar de l'Italie. Il en est de même de la monnaie romaine : nulle part hors de l'Italie elle n'entre aussi vite dans la circulation usuelle, et la monnaie frappée en Espagne l'imite et la prend pour type, ce dont les riches mines d'argent locales donnent aisément l'explication. « L'*argent d'Osca* » (*Huesca* en Aragon), ou le *denier espagnol* avec légende en langue ibère est mentionné dès 559, et son monnayage en effet ne peut avoir commencé beaucoup plus tard, puisqu'il est l'exacte copie de l'ancien *denier romain*. Mais s'il est vrai que dans le sud et dans l'est, les indigènes avaient ouvert en quelque sorte le chemin à la civilisation et à la domination romaines, et si elles s'y implantèrent sans obstacle, il n'en fut point ainsi, tant s'en faut, dans l'ouest, dans le nord et à l'intérieur du pays. Là les nombreuses et

195 av. J.-C.

rudes peuplades se montraient absolument réfractaires. A *Intercatia* [non loin de *Palencia* (Palantia), chez les *Vaccéens*, dans la *Tarraconaise*] par exemple, l'usage de l'or et de l'argent était ignoré encore vers l'an 600. Elles ne s'entendaient ni entre elles, ni avec les Romains. La hauteur chevaleresque de l'esprit chez les hommes, et au moins autant chez les femmes, formait le trait caractéristique de ces libres Espagnols. En envoyant son fils au combat, la mère l'enflammait par le récit des exploits des aïeux, et la jeune fille allait spontanément offrir sa main au plus brave. Ils pratiquaient les duels, soit pour remporter le prix de la valeur guerrière, soit pour vider leurs litiges. Les questions d'héritage entre les princes, parents du chef défunt, étaient ainsi tranchées.

154 av. J.-C.

Fréquemment, un guerrier illustre sortait des rangs et s'en allait devant l'ennemi provoquer, en l'appelant par son nom, un adversaire choisi : le vaincu laissait au vainqueur son épée et son manteau, et parfois concluait avec lui le pacte d'hospitalité. Vingt ans après les guerres d'Hannibal, la petite cité celtibère de *Complega* (vers les sources du Tage) fit savoir au général des Romains qu'elle réclamait par chaque homme tombé dans la bataille un cheval et un manteau, ajoutant qu'il lui en coûterait cher s'il refusait. Excessifs dans leur fierté et leur honneur militaire, beaucoup ne voulaient pas survivre à la honte de se voir désarmés. Avec cela, toujours prêts à suivre le premier recruteur venu, à aller jouer leur vie dans la querelle des étrangers : témoin ce message qu'un Romain, qui les savait par cœur, expédia un jour à une bande de Celtibères, à la solde des Turdétans : « Ou retournez chez vous, ou passez au service de Rome avec double paye, ou fixez le lieu et le jour pour le combat ! » Que si nul ne venait les acheter, ils se réunissaient en bandes et allaient guerroyer pour leur compte, ravageant les contrées où régnait la paix, prenant et occupant les villes, absolument comme les brigands de Campanie. Telle était l'insécurité, la sauvagerie des régions de l'intérieur qu'on regardait chez les Romains comme une peine rigoureuse d'être interné dans l'ouest de Carthagène, et qu'au moindre trouble sur un point de la contrée les commandants romains dans l'*Espagne ultérieure* ne se mouvaient plus sans une escorte sûre, comptant parfois jusqu'à six mille hommes. En veut-on une autre preuve? Empuries, à la pointe occidentale des Pyrénées, formait une double ville gréco-espagnole, où les colons grecs vivaient côte à côte avec leurs voisins. Installés tous sur une presqu'île séparée de la cité espagnole, du côté de la terre, par une forte muraille, ils y plaçaient chaque nuit, pour la garder, le tiers de leurs milices civiques, et à la porte unique, un de leurs premiers magistrats se tenait à toute heure. Nul Espagnol n'avait l'entrée : les Grecs n'apportaient les marchandises à vendre aux indigènes que sous bonne et solide escorte.

Guerres entre les Romains et les Espagnols.

C'était une rude tâche que s'imposaient les Romains, à vouloir dompter et civiliser quand même ces peuples turbulents, amoureux des combats, ardents déjà à la façon du *Cid*, et emportés comme *Don Quichotte*. Militairement parlant, l'entreprise n'offrait pas de grandes difficultés. Sans nul doute, les Espagnols avaient fait voir derrière les murailles de leurs villes ou à la suite d'Hannibal, qu'ils n'étaient point de méprisables adversaires : souvent ils firent reculer ou ébranlèrent les légions, quand leurs colonnes d'attaque se lançaient sur elles, terribles et armées de la courte épée à deux tranchants que les Romains leur empruntèrent plus tard. S'ils avaient pu se soumettre à la discipline; s'ils avaient eu quelque cohésion politique, ils eussent été assez forts, peut-être, pour repousser victorieusemenl'envahisseur venu de l'étranger : mais leur bravoure était celle du *guerillero* et non celle du soldat, et le sens politique leur faisait absolument défaut. Il n'y eut jamais chez eux ni la guerre ni la paix, à vrai dire, comme le leur reprochera César un jour : en paix, ils ne se tinrent jamais tranquilles ; en guerre, ils se comportèrent toujours mal. Les généraux de Rome culbutaient aisément les bandes d'insurgés auxquelles ils avaient affaire : mais l'homme d'État romain ne savait où se prendre pour apaiser leurs incessantes révoltes et leur donner la civilisation : tous les moyens employés n'étaient que des palliatifs, dès que hors d'Italie on ne voulait pas encore, à l'époque où nous sommes, avoir recours au seul et unique procédé qui eût pu être efficace, à la colonisation latine sur une grande échelle.

Le pays acquis par Rome au cours des guerres d'Hannibal se divisait naturellement en deux vastes régions : l'ancien domaine de Carthage, comprenant les provinces modernes d'*Andalousie*, de *Grenade*, de *Murcie* et de *Valence*; et la région de l'Èbre, ou la *Catalogne* et l'*Aragon* actuels, station principale des armées romaines durant la seconde guerre punique. Ces deux contrées formèrent plus tard les noyaux des deux *Provinces ultérieure* et *citérieure*. Quant à l'intérieur du pays, où sont aujourd'hui l'une et l'autre *Castille*, les Romains lui donnaient le nom de *Celtibérie*. Ils voulurent aussi le conquérir pied à pied, se contentant de tenir en bride les habitants de l'ouest, les *Lusitaniens* entre autres (*Portugal* et *Estramadure*), et de les repousser quand ils envahissaient l'Espagne romaine. Restaient les peuples de la côte septentrionale, les *Galléques*, les *Asturiens* et les *Cantabres* [*Galice*, *Asturie* et *Biscaye*] : ceux-là, Rome les laissa complétement de côté.

Corps permanent d'occupation.

Mais pour se maintenir et se fortifier dans les conquêtes récentes, il fallait une armée permanente d'occupation : le gouverneur de l'Espagne citérieure avait entre autres à tenir en bride les Celtibères, et celui de l'Espagne ultérieure à repousser chaque année les attaques des Lusitaniens. Il devint nécessaire d'avoir constamment sur pied quatre fortes légions, soit environ 40,000 hommes, sans compter les milices du pays soumis qui venaient s'y joindre, et les renforcer sur les réquisitions des Romains : mesure nouvelle et sous un double rapport fort grave. Entreprenant pour la première fois du moins, sur une vaste échelle et d'une façon continue, l'occupation de toute une populeuse contrée, il fallut, pour y pourvoir, allonger le temps du service des légionnaires. N'envoyer les troupes en Espagne que dans les conditions du congé ordinaire, alors que les exigences de la guerre étaient purement transitoires; ne garder les hommes dans les cadres que pour un an, par exemple, comme il était d'usage, sauf dans les guerres difficiles et dans les expéditions importantes, c'eût été aller à l'encontre des nécessités réelles de la situation ; c'eût été laisser presque sans défense ces fonctionnaires préposés à des gouvernements éloignés au delà des mers, en butte à des révoltes continuelles. Retirer les légions était chose impossible : les licencier par masses était chose au plus haut point périlleuse. Les Romains commencèrent à sentir que l'établissement de la domination d'un peuple sur un autre ne coûte point cher seulement à celui qui porte les chaînes, mais aussi à celui qui les impose. On murmurait tout haut dans le Forum contre les odieuses rigueurs du recrutement pour l'Espagne. Quand les chefs de corps se refusèrent, et avec raison, au licenciement de leurs légions après le temps expiré, il y eut des émeutes, et les soldats menacèrent de quitter l'armée, malgré toutes les défenses.

Pour ce qui est des opérations même de la guerre, on peut dire qu'elles n'avaient qu'une importance secondaire. Elles recommencent après le départ de Scipion (p. 218), et durent pendant tout le temps de la lutte avec Hannibal. Quand la paix est conclue avec Carthage (553), le calme se fait aussi dans la Péninsule; mais il est bien vite troublé. En 557 une insurrection générale met le feu aux deux provinces : le gouverneur de l'Espagne citérieure se voit serré de près; celui de l'Espagne ultérieure est battu complétement et tué. Tout est à recommencer. Un habile préteur, *Quintus Minucius* a pu parer au premier danger, mais le Sénat juge prudent d'envoyer sur les lieux un consul. C'était *Marcus Caton* (559). A son arrivée à Empories, il trouve la province en deçà de l'Èbre inondée d'insurgés : à peine, avec la place où il débarque, s'il reste encore à l'intérieur un ou deux châteaux qui tiennent encore. L'armée consulaire livre bataille aux révoltés : après une lutte sanglante et corps à corps, la tactique romaine l'emporte, grâce à des réserves sagement ménagées, et qui entrent en ligne au moment décisif. Toute la Citérieure se soumet, soumission qui n'en est point une, car au bruit du départ du consul pour l'Italie, le soulèvement recommence, mais la nouvelle était fausse. Caton écrase rapidement les peuplades deux fois coupables de révolte : il vend en masse les captifs comme esclaves; ordonne le désarmement de tous les Espagnols de la province. Enfin toutes les villes indigènes, des Pyrénées au Guadalquivir, reçoivent l'ordre d'abattre leurs murailles le même jour. Dans l'ignorance où chacune était de l'universalité de la mesure ; n'ayant d'ailleurs point le temps de se reconnaître et de se concerter elles obéissent presque toutes, et s'il en est quelques unes qui résistent, à la vue des Romains se présentant en armes, elles n'osent affronter les maux d'un assaut.

201 av. J.-C.
197.

195.
M. Caton.

— Ces moyens énergiques produisirent un effet durable. Néanmoins il ne se passa guère d'année où il ne fallut dans la province soi-disant « pacifiée » réduire encore quelque vallée, quelque forteresse perchée sur un rocher. Les incursions continuelles des Lusitaniens dans l'Espagne ultérieure donnèrent aussi maille à partir aux Romains, parfois battus dans de rudes rencontres.

191 av. J.-C. En 563, par exemple, leur armée dut abandonner son camp après avoir perdu nombre de soldats, et s'en revenir au plus vite en pays ami. Après deux victoires,

189. remportées l'une en 565 par le consul *Lucius Æmilius Paullus*, l'autre plus considérable encore, où se signala au delà du Tage la bravoure d'un autre préteur, *Gaius*

185. *Calpurnius* (569), les Lusitaniens se tinrent pour quelque temps tranquilles.

En deçà de l'Èbre, la domination des Romains sur les Celtibères, simplement nominale jusque là, s'affermit par les efforts de *Quintus Fulvius Flaccus*, qui les défit

181. tous en 573, et réduisit les cantons les plus voisins, et par les efforts surtout de Tiberius Gracchus son suc-

279-178. cesseur (575-576). Celui-ci soumit trois cents villes
Tiberius ou villages, mais sa douceur et son habileté lui pro-
Gracchus. fitant mieux encore que la force, il établit enfin d'une manière durable l'empire de Rome sur ces fières et droites natures. Le premier il sut amener les notables de la nation à prendre du service dans les rangs des légionnaires : il se créa parmi eux une clientèle ; assigna des terres aux bandes errantes, ou les réunit dans les villes (témoin la cité espagnole de *Graccurris* [l'ancienne *Illurcis*[1]] à laquelle il avait donné son nom romain). C'était là le meilleur remède à la piraterie de terre ! Enfin il régla par de justes et sages traités les

---

[1] [Chez les *Vascons*, dans la *Tarraconaise*, auj. *Corella*, en Navarre, près de l'Èbre. — *V.* Tite Live. *Epitom.* 41.]

rapports entre les divers peuples et les Romains, arrêtant ainsi dans leur source les insurrections futures. Sa mémoire resta vénérée, et malgré de fréquents et partiels tressaillements, on peut dire qu'après lui la Péninsule, relativement du moins, a connu le repos.

Tout en ressemblant à l'administration de la Sardaigne et de la Sicile, celle des deux provinces espagnoles ne fut cependant point identique. Ici comme là, le pouvoir suprême fut confié à deux proconsuls, pour la première fois nommés en 557. Cette même année les frontières furent délimitées, et l'organisation administrative complétée dans l'une et l'autre Espagne. La loi *Bœbia* (562?) décida sagement que les préteurs pour la Péninsule seraient à l'avenir nommés pour deux ans : malheureusement les compétitions croissantes en vue des hauts emplois, et la jalousie du Sénat à l'encontre des hauts fonctionnaires, empêchèrent son application régulière : la biennalité des prétures resta l'exception, même dans ces provinces lointaines, difficiles à connaître pour l'administrateur ; et tous les douze mois le préteur en charge se voyait dépossédé par l'effet d'une mutation intempestive. Toutes les cités soumises étaient tributaires : mais au lieu des dîmes et péages réclamés aux Siciliens et aux Sardes, les Romains, faisant ce que les Carthaginois avaient fait avant eux, levaient sur les peuplades et les villes d'Espagne des taxes fixes en argent ou d'autres redevances en nature. Seulement, sur la plainte des intéressés, le Sénat défendit en 583 de les percevoir à l'avenir par la voie des réquisitions militaires. Les prestations en céréales étaient fournies contre indemnité : les préteurs ne pouvaient réclamer que le vingtième de la récolte, et de plus, le même sénatus-consulte interdisait à l'autorité suprême locale de fixer toute seule le tarif de la valeur en taxe. En revanche et par une mesure toute

Administration de l'Espagne.

197 av. J.-C.

192.

171.

différente de celles prises ailleurs et notamment dans la tranquille Sicile, les Espagnols eurent à fournir leurs contingents aux armées, contingents soigneusement réglés par les traités. Souvent aussi leurs villes reçurent le droit de battre monnaie, tandis qu'en Sicile, au contraire, Rome se l'était réservé à titre régalien. Ici, elle avait trop besoin du concours de ses sujets, pour ne pas leur donner les institutions provinciales les plus douces, et y conformer de même son administration. Parmi les cités les plus favorisées, on comptait d'abord les villes maritimes de fondation grecque, phénicienne ou romaine même, comme Gadès, Tarragone, colonies et soutiens naturels de son empire. Rome les avait admises à titre tout particulier dans son alliance. — Somme toute, financièrement et militairement parlant, l'Espagne coûtait à la République plus qu'elle ne rapportait, et l'on peut se demander pourquoi elle ne s'était pas débarrassée de son onéreuse conquête, alors que les conquêtes transmaritimes ne cadraient manifestement point encore avec les visées de sa politique extérieure. Sans doute, elle avait pris en grande considération les intérêts du commerce croissant, les richesses de l'Espagne en minerais de fer, ses mines d'argent plus riches encore et depuis longtemps fameuses jusque dans l'Orient [1]; elle s'en était emparée, comme Carthage avant elle, et Marcus Caton, lui-même, en avait organisé l'exploitation (559). Mais la raison déterminante de son occupation directe est à mon sens celle-ci. Il n'y avait point en Espagne de puissance intermédiaire, comme la république massaliote dans les Gaules, comme

---

[1] *Macchab.*, I, 8, 3 : « Il (Judas) avait encore appris tout ce qu'ils (les Romains) avaient fait dans l'Espagne; de quelle manière ils avaient encore réduit en leur puissance les mines d'or et d'argent qui sont en ce pays là, et avaient conquis toutes ces provinces par leur conseil et leur patience. » [Lemaistre de Sacy.]

le royaume numide en Libye. Or, abandonner la Péninsule à elle-même, c'eût été l'offrir de nouveau à l'ambition d'une autre famille de Barcides, et des aventuriers qui ne manqueraient pas d'accourir aussitôt pour s'y tailler un empire !

CHAPITRE VIII

LES ÉTATS ORIENTAUX. — SECONDE GUERRE DE MACÉDOINE.

L'Orient Grec.   L'œuvre commencée par Alexandre le Grand, un siècle avant que les Romains ne vinssent mettre le pied sur le territoire qu'il appelait son royaume, cette œuvre, avec le cours des années, s'était transformée et agrandie, ses successeurs ayant poursuivi la réalisation de sa grande pensée, la conversion de l'Orient à l'hellénisme. Un vaste système d'États gréco-asiatiques était sorti de là. L'invincible génie des Grecs, avec cet amour des voyages et de l'émigration qui jadis avait poussé leurs trafiquants jusqu'à *Massalie* et *Cyrène*, jusque sur le *Nil* et dans la *mer Noire*, avait su garder les conquêtes du héros. La civilisation hellénique s'était partout paisiblement assise, sous la protection des *sarisses* macédoniennes, dans l'ancien royaume des *Achaeménides*. Les généraux qui héritèrent de l'empire d'Alexandre s'arrangèrent entre eux, et se firent peu à peu équilibre, équilibre souvent dérangé, mais dont la régularité même se manifeste dans ses vicissitudes. Trois puissances de premier ordre s'étaient formées, la Macédoine, l'Asie et l'Égypte. La Macédoine, sous Philippe V,

Les grandes puissances. — La Macédoine.

monté en 534 sur le trône, ne différait guère de ce qu'elle avait été sous le second Philippe, père d'Alexandre. Elle constituait le même état militaire compact, arrondi, avec des finances solides et régulières. Sa frontière du nord s'était refaite après le flot passé de l'inondation gauloise : et en temps ordinaire, il suffisait de quelques postes pour contenir de ce côté les barbares d'Illyrie. Au sud, toute la Grèce n'était pas seulement dans sa dépendance : une grande partie même était complétement sujette, et avait reçu garnison macédonienne. Ainsi en était-il de la Thessalie tout entière, de l'*Olympe* jusqu'au *Sperchius* et à la presqu'île de *Magnésie*; de la grande et importante île d'*Eubée*, de la *Locride*, de la *Doride* et de la *Phocide*; enfin dans l'*Attique* et le *Péloponèse*, d'un grand nombre de localités, comme *Sunium* et son promontoire, *Corinthe, Orchomène, Héraea*[1], et la *Triphylie*. Les places fortifiées de *Démétriade* dans la Magnésie, de *Chalcis* d'Eubée, et de *Corinthe* surtout, étaient appelées « les trois chaînes de la Grèce! » Mais la force de la Macédoine résidait dans la Macédoine même et dans le peuple macédonien. Si la population y était très-peu dense eu égard à la superficie du sol; si l'on n'y pouvait guère lever de soldats qu'en nombre égal à peine au contingent des deux légions de l'armée consulaire normale; s'il convient enfin de reconnaître que le pays ne s'était pas pleinement remis encore des vides causés par les expéditions d'Alexandre et par l'invasion gauloise, ces désavantages trouvaient ailleurs leur ample compensation. Dans la Grèce propre, les nationalités avaient perdu leur force morale et leur nerf politique. Là plus de peuple, à vrai dire : plus de vie méritant la peine de vivre. Parmi les meilleurs, l'un s'adonnait à l'ivrogne-

---

[1] [*Orchomène*, en *Bœotie*; *Hérée*, en *Arcadie*, sur l'*Alphée*; la *Triphylie*, dans l'Elide, au sud.]

rie, l'autre aux jeux de l'escrime ; un troisième usait les heures et l'huile de sa lampe à de frivoles études. Pendant ce temps, en Orient, à Alexandrie, perdus en petit nombre au milieu des masses indigènes, quelques Grecs semaient pêle-mêle autour d'eux, avec d'autres éléments meilleurs, leur idiome, leur agile faconde, et leur fausse science avec leur science vraie. Mais à peine pouvaient-ils fournir en nombre suffisant les officiers d'armée, les hommes politiques et les maîtres d'école qui leur étaient demandés. Ils étaient trop peu nombreux pour constituer, dans ces pays nouveaux, une classe moyenne de pur sang hellénique. Dans la Grèce septentrionale, au contraire, la Macédoine offrait encore un solide noyau national, issu de la race qui jadis avait combattu à Marathon. Aussi voyez avec quelle superbe confiance les Étoliens, les Acarnaniens, les Macédoniens s'avancent partout dans les pays d'Orient. Ils se donnent comme gens de meilleure souche et passent pour tels ! Ils jouent le principal rôle dans les cours d'Antioche et d'Alexandrie. Est-il besoin de citer cet habitant d'Alexandrie qui, revenant dans sa ville natale, après avoir fait un long séjour en Macédoine où il avait pris les mœurs et le costume du lieu, se croyait devenu un autre homme, et ne voyait plus dans les Alexandrins que des esclaves ? La vigueur et l'habileté, le sens national toujours vivace avaient fait du royaume macédonien le plus puissant et le mieux ordonné des États du nord de la Grèce. L'absolutisme s'y était établi, il est vrai, sur les ruines des anciennes institutions de représentation aristocratique. Toutefois, jamais ni le maître, ni les sujets ne s'y virent dans la condition respective qui leur était alors faite en Asie et en Égypte. Les Macédoniens se sentaient, par comparaison, indépendants et libres. Brave, ardent contre l'ennemi national quel qu'il soit : inébranlable dans sa fidélité à la patrie et à la race de ses rois; luttant jusqu'au bout contre les malheurs publics, d'où qu'ils viennent; ce peuple, de tous ceux de l'ancienne histoire, est celui qui se rapproche le plus des Romains. Au lendemain de l'invasion gauloise sa régénération tient du prodige et lui fait honneur, à lui comme à ceux qui le gouvernaient.

La seconde des grandes puissances, le royaume d'Asie, n'était autre que la Perse ancienne, transformée à la surface et *hellénisée*. Le nouveau « Roi des rois, » — car il prenait ce titre pompeux si mal justifié par sa faiblesse, — se prétendait le souverain des contrées qui vont de l'Hellespont au *Pendjab*. Comme du temps de l'ancien monarque de Perse, ses États n'avaient point d'organisation solide, et n'offraient aux yeux qu'un faisceau sans lien de provinces plus ou moins dépendantes, de *satrapies* insoumises, et de villes grecques à demi-libres. L'Asie-Mineure, par exemple, appartenait nominalement au royaume des Séleucides; et néanmoins toute la côte du nord et la majeure partie de l'intérieur étaient occupées par des dynastes locaux, ou par des bandes de Celtes envahisseurs. A l'ouest, une autre région appartenait aux rois de *Pergame* : les îles et les places maritimes étaient ou libres ou possédées par l'Égyptien : il n'y restait plus guère, en réalité, appartenant au Grand-Roi d'Asie, que la *Cilicie* intérieure, la *Phrygie* et la *Lydie*, avec le titre d'un droit nominal et inefficace sur les autres villes ou princes : sa suprématie ressemblant de tous points à celle de l'ancien empereur d'Allemagne au delà des domaines immédiats de sa maison. Le royaume d'Asie usait ses forces dans de vaines tentatives pour chasser les Égyptiens de leurs possessions sur les côtes; dans ses débats de frontière avec les peuples orientaux, avec les Parthes et les Bactriens; dans ses luttes continuelles avec les Gaulois

L'Asie.

établis dans l'Asie-Mineure au grand dommage du pays, et avec les satrapes de l'Est, ou encore avec les Grecs de l'Asie-Mineure, tous les jours à l'état d'insurrection ; et enfin dans des querelles de famille et dans des guerres continuelles contre les prétendants au trône. Aucun des royaumes fondés par les *Diadoques* n'échappait d'ailleurs à ce dernier fléau, ni aux autres maux qu'entraîne avec elle la monarchie absolue et dégénérée. Mais nulle part ces maux n'étaient funestes autant qu'en Asie : là, tôt ou tard, les provinces, sans lien entre elles, étaient entraînées à une séparation inévitable.

L'Égypte. Toute autre était l'Égypte, dans son unité puissante. La politique intelligente des premiers *Lagides* avait su mettre à profit les antiques traditions nationales et religieuses, et instituer un gouvernement absolu, concentré : là, même en face des abus administratifs les plus criants, les idées d'émancipation ou de séparation n'auraient ni pu naître, ni pu se produire. Bien étrangère à ce royalisme national, fondement et expression politique du sentiment populaire en Macédoine, la nation égyptienne restait purement passive. La capitale y était tout : or la capitale dépendait de la cour et du roi. D'où la conséquence que si la mollesse et la lâcheté du prince y faisaient plus de mal qu'en Macédoine et même en Asie, la machine de l'État y réalisait aussi des prodiges sous la main active d'un *Ptolémée Ier*, et d'un *Ptolémée Evergète*. L'Égypte avait encore un avantage sur les deux grands royaumes rivaux : c'est qu'au lieu de courir après l'ombre, la politique de ses rois s'était proposé un but clair et prochain. La Macédoine, patrie du grand Alexandre ; l'Asie, continent qu'il avait donné pour assiette à son trône, ne cessaient pas de se croire les héritières immédiates de la monarchie alexandrine ; tout haut ou tout bas, elles prétendaient, sinon à la reconstituer, du moins à la représenter. Les Lagides, au contraire, n'aspiraient en aucune façon à la monarchie universelle : jamais ils n'avaient songé à la conquête de l'Inde ; mais ils n'en attirèrent pas moins des ports de Phénicie dans celui d'Alexandrie tout le commerce d'entre l'Inde et la Méditerranée ; et faisant de l'Égypte la première puissance marchande et maritime de l'époque, ils dominaient dans toute la Méditerranée orientale, sur les côtes et dans les îles. Un jour *Ptolémée III Évergète* rendit spontanément à *Séleucus Callinicus* toutes ses conquêtes, jusqu'au port d'*Antioche*. Grâce à cette habileté pratique, et aux avantages de sa situation naturelle, l'Égypte était redoutable aux deux autres États continentaux, aussi bien dans l'attaque que dans la défense. Tandis que son adversaire, même victorieux, ne pouvait pas la menacer sérieusement dans son existence, inaccessible qu'elle était aux armées ennemies, elle avait pris la mer, s'était établie dans *Cyrène*, à *Chypre*, dans les *Cyclades*, sur les côtes phénico-syriennes, sur toute la côte méridionale et occidentale de l'Asie-Mineure, et en Europe, jusque dans la *Chersonèse de Thrace*. Le cabinet d'Alexandrie avait aussi sur ses adversaires la supériorité de l'argent. Il exploitait la vallée du Nil avec un succès inouï : les caisses publiques regorgeaient. La science des financiers d'État, qui ne voient que leur but, et marchent sans jamais dévier, y avait donné d'ailleurs un habile et grand essor aux intérêts matériels. Enfin les Lagides, avec leur munificence sagement calculée, entraient spontanément dans les tendances du siècle ; ils poussaient leur royaume dans toutes les voies où peuvent s'agrandir le pouvoir et le savoir de l'homme, enfermant d'ailleurs toutes les études dans les limites de leur absolutisme monarchique, et entremêlant habilement les intérêts de la science avec ceux de leur empire. L'État tout le premier y gagna. Les constructions navales et mécaniques profitèrent grandement des découvertes des mathématiciens d'Alexandrie. La puissance intellectuelle des lettres et des sciences, le seul et le plus fort levier qui restât encore dans les mains de la Grèce, après le démembrement de son empire politique, cette puissance, pour autant qu'elle sait se faire à la servitude, se courbait docile devant le souverain d'Alexandrie. Si l'empire du grand conquérant macédonien lui avait survécu, certes l'art et le savoir des Grecs auraient trouvé en Égypte un champ immense et digne d'eux ! Malheureusement la grande nation n'était plus qu'une ruine. Toutefois, une sorte de cosmopolitisme érudit prospérait encore au milieu d'elle; et bientôt il trouva son pôle magnétique dans Alexandrie. Là étaient mises à sa disposition des ressources, des collections inépuisables ; là les rois écrivaient des tragédies dont leurs ministres écrivaient les commentaires ; là florissaient les académies et les pensions données aux académiciens.

De tout ce qui précède ressort la situation respective des trois grands États orientaux. La puissance maritime, maîtresse des côtes et de la Méditerranée, après le premier grand résultat obtenu, à savoir, la séparation politique du continent européen et du continent d'Asie, était conduite à poursuivre son œuvre dans l'affaiblissement des deux autres puissances rivales, et à donner sa protection intéressée à tous les petits États. Pendant ce temps la Macédoine et l'Asie, sans cesser de se jalouser entre elles, voyaient dans le royaume d'Égypte un commun adversaire contre lequel elles s'alliaient, ou contre lequel, du moins, elles avaient à se tenir constamment unies.

Royaumes de l'Asie Mineure.

Quant aux États de second ordre, certains d'entre eux eurent aussi leur influence médiate dans les événements sortis des contacts de l'Orient avec l'Occident.

Tels étaient les petits royaumes s'étageant de l'extrémité méridionale de la mer Caspienne à l'Hellespont, et qui, s'avançant vers l'intérieur, occupaient toute la partie septentrionale de l'Asie-Mineure : l'*Atropatène* (aujourd'hui l'*Aderbaïdjan*, au sud-ouest de la Caspienne); l'*Arménie*, la *Cappadoce* (dans l'intérieur), le *Pont* sur la rive sud-est, la *Bithynie* sur la rive sud-ouest de la mer Noire ; tous débris détachés du grand empire de Darius, tous gouvernés par des dynastes orientaux, la plupart d'origine persane ; ainsi qu'il en était dans l'Atropatène, par exemple, dans cet asile de l'antique nationalité des Perses, où le flot tumultueux de l'expédition d'Alexandre avait passé sans laisser de traces ; tous enfin, subissant à la surface, et pour un moment, la suprématie de la dynastie grecque qui avait pris, ou croyait occuper en Asie la place des Grands-Rois.

La *Galatie*, au centre de l'Asie-Mineure, pesait davantage dans les destinées communes de l'Orient. Au centre du massif qui touchait à la Bithynie, à la Paphlagonie, à la Cappadoce et à la Phrygie, cet État avait eu pour fondateurs trois peuples celtiques, les *Tolistoboïes*, les *Tectosages* et les *Trocmes*[1], qui s'étant établis dans la contrée, y avaient apporté leur langue et leurs coutumes, et y continuaient leur vie d'aventuriers pillards. Leurs douze tétrarques, préposés à chacun des quatre cantons des trois tribus, assistés du conseil des *Trois cents*, y constituaient le pouvoir suprême, et tenaient l'assemblée sur le « lieu sacré » (*Drunemetum*); rendant la justice, et prononçant les sentences capitales. L'institution cantonale des Gaulois était chose insolite aux yeux des Asiatiques ; mais ils ne s'étonnaient pas

Gaulois de l'Asie-Mineure.

---

[1] [Débris des bandes qui avaient naguère envahi la Grèce: les *Tolistoboïes* et les *Tectosages* étaient des *Belges*, frères des *Volces Tectosages* de *Tolosa* (*Toulouse*).—V. Am. Thierry, *Hist. des Gaulois*, part. I, ch. v.]

moins de la fougue téméraire de ces intrus venus du nord ; de leurs habitudes de soldats de fortune, mettant leur épée au service de leurs voisins moins belliqueux, quelle que fût d'ailleurs la guerre à entreprendre, ou se précipitant, pour les piller ou les ravager, sur tous les pays d'alentour. Ces irrésistibles barbares étaient la terreur des peuples dégénérés de l'Asie ; et le Grand-Roi lui-même, après avoir eu ses armées maintes fois battues, après qu'*Antiochus I Sôter* eut perdu la vie dans un combat livré contre eux (493), avait fini par s'engager à leur payer tribut.

<small>261 av. J.-C.</small>

<small>Pergame.</small>

Seul, un riche citoyen de *Pergame*, Attale, leur avait tenu tête, et les avait refoulés : sa patrie reconnaissante lui décerna le titre de roi, pour lui et les siens après lui. La nouvelle cour de Pergame était, en petit, l'image de la cour d'Alexandrie : mêmes soins donnés aux intérêts matériels, aux arts, à la littérature ; même *gouvernement de cabinet* sagace et prévoyant ; mêmes tendances à aider à l'affaiblissement des deux autres puissances continentales. Les *Attalides* tentèrent de fonder une Grèce indépendante dans l'Asie-Mineure occidentale. Possesseurs d'un trésor toujours plein, ils s'en servirent à leur avantage, tantôt prêtant aux rois syriens de grosses sommes, dont le remboursement figurera plus tard dans les stipulations du traité de paix avec Rome, tantôt achetant des accroissements de territoire. C'est ainsi que les Romains et les Étoliens, ligués naguère contre Philippe et ses alliés, ayant enlevé Égine aux Achéens, les Étoliens, à qui elle appartenait comme part réglée du butin commun, la vendirent à Attale, au prix de 30 talents (51,000 *thalers* ou 191,250 fr.). Quoi qu'il en soit, et en dépit du luxe de la cour et du titre donné à son chef, le royaume de Pergame ne cesse pas d'être une sorte de république, se gérant au dedans et au dehors à la façon des cités libres. Attale, le *Lau-*

rent de Médicis de l'antiquité, ne fut jamais qu'un citadin opulent, menant la vie intime de la famille, lui et les siens. La concorde et la paix demeurèrent jusqu'au bout dans la maison royale : contraste louable à côté des souillures des dynasties plus nobles assises sur les trônes voisins.

Dans la Grèce européenne, si l'on retranche les possessions romaines de la côte occidentale, où résidaient des gouverneurs spéciaux, du moins dans les localités les plus importantes, comme à Corcyre (p. 98); si l'on retranche les provinces sous l'autorité immédiate de la Macédoine, on ne trouve plus de peuples ayant encore leur existence propre et leur politique, sauf les *Épirotes*, les *Acarnaniens* et les *Étoliens* au nord ; les *Bœotiens* et les *Athéniens* au centre; les *Achéens*, les *Lacédémoniens*, les *Messéniens* et les *Éléens* dans le Péloponnèse. Les républiques des Épirotes, des Acarnaniens et des Bœotiens se rattachaient par toutes sortes de liens à la Macédoine ; les Acarnaniens surtout, que sa protection seule pouvait couvrir contre la menace et les armes des Étoliens leurs oppresseurs. Nul de ces trois peuples n'avait d'ailleurs d'importance. Au dedans, les conditions variaient. Chez les Bœotiens par exemple, ceux-ci, il est vrai, les plus mal en point, il était passé en usage à défaut d'héritiers en ligne directe, de léguer sa fortune à des associations de taverne, et depuis plusieurs dizaines d'années les candidats aux charges publiques n'obtenaient les votes qu'à la condition *sine quâ non* de s'engager à refuser au créancier, au créancier étranger surtout, l'action en justice contre le débiteur.

Les Athéniens avaient d'ordinaire l'appui du cabinet d'Alexandrie contre la Macédoine : ils étaient en intime alliance avec les Étoliens. Mais, en même temps, leur puissance avait disparu ; et n'eût été le nimbe glorieux

La Grèce.

Épirotes.
Acarnaniens.
Bœotiens.

Les Athéniens.

dés arts et de la poésie des anciens jours, leur ville, triste héritière d'un illustre passé, serait descendue au rang des petites cités, ses égales.

Les Étoliens. — Plus viriles étaient les forces de la ligue étolienne. Là subsistait encore intacte l'antique vigueur de la Grèce ; mais là aussi l'indiscipline sauvage, l'impraticabilité d'un gouvernement régulier trahissaient la dégénérescence. C'était une maxime de droit public, que l'Étolien pouvait vendre ses services contre toute autre puissance, fût-elle alliée à l'Étolie. Un jour les Grecs ayant instamment demandé qu'il fût mis un terme à l'abus, la diète répondit qu'on arracherait l'Étolie de l'Étolie plutôt que de supprimer une telle loi. Ce peuple eût pu être grandement utile au reste de la Grèce, s'il ne lui avait fait plus de mal encore, avec son brigandage organisé, ses hostilités irréconciliables contre la confédération achéenne, et sa malheureuse opposition contre le grand État macédonien.

Les Achéens. — Dans le Péloponnèse, l'Achaïe, combinant ensemble les éléments meilleurs de la Grèce propre, avait fondé une fédération, imposante par l'honnêteté, le sens national, et les institutions d'une paix armée pour la guerre. Malheureusement, en dépit des accroissements qu'elle avait pris au dehors, elle se flétrissait au moment le plus florissant : ses ressources défensives avaient péri. Conduite à mal par l'égoïsme et la triste diplomatie d'*Aratus*, elle s'était jetée dans les démêlés les plus funestes avec les Spartiates. Faute plus grande ! Aratus avait appelé l'intervention de la Macédoine dans le Péloponnèse, et par là, complétement abaissé sa patrie devant la suprématie étrangère. Aujourd'hui les principales places du pays recevaient garnison macédonienne, et chaque année le serment de fidélité était prêté à Philippe. Quant aux petits États du Péloponnèse, *Élis*, *Messène*, *Sparte*, leur vieille haine contre l'Achaïe, accrue tous les jours par des querelles de frontières, faisait toute leur politique. Ils tenaient pour les Étoliens; et les Achéens marchant avec Philippe, ils prenaient parti contre la Macédoine. Seul, le royaume militaire des Spartiates avait conservé quelque prestige. *Machanidas*[1] mort, un certain *Nabis* avait pris sa place. Celui-ci, s'appuyant effrontément sur les mercenaires qui cherchaient partout aventure, leur donna les champs, les maisons, et jusqu'aux femmes et aux enfants des citoyens. Il entretint aussi d'étroites relations avec l'île de Crète, alors le grand repaire des corsaires et des soudards. Il y possédait quelques villes, et y organisa même une association en compte à demi pour l'exercice de la piraterie. Ses brigandages à terre, ses corsaires guettant à l'ancre au promontoire *Malée*, avaient répandu au loin la terreur de son nom : il était haï en même temps que tenu pour cruel et vil. Néanmoins il avait su étendre son territoire, et dans l'année de la bataille de Zama, il s'était emparé de Messène.

Mais parmi tous les États intermédiaires, la situation la plus indépendante était encore celle des villes grecques marchandes, échelonnées sur les rivages de la *Propontide*, le long de la côte d'Asie-Mineure, ou éparses dans les îles de la mer Égée. Ces libres cités sont le point lumineux dans les ténèbres confuses du système hellénique, dans ces temps. Il en était trois surtout qui, depuis la mort d'Alexandre, avaient conquis les franchises les plus complètes, et que leur activité commerciale faisait politiquement et territorialement considérables : *Byzance*, la reine du *Bosphore*, riche et puissante, par les produits du péage du détroit et le commerce des blés dans la *mer Noire*; *Cyzique*, sur la *Propontide* asiatique,

Ligue des villes grecques.

---

[1] [Mercenaire Tarentin devenu *Tyran* de Sparte vers 210 : vaincu et tué à *Mantinée* par *Philopémen*.]   344 av. J.-C.

fille et héritière de *Milet*, vivant en rapports étroits avec la cour de Pergame ; enfin et avant elles, *Rhodes*. Les Rhodiens, Alexandre mort, avaient aussitôt chassé leur garnison macédonienne. Mettant à profit les avantages maritimes et commerciaux de leur position géographique, ils s'étaient faits les intermédiaires de tout le mouvement de la Méditerranée orientale. Leur flotte excellente, leur courage mis glorieusement à l'épreuve lors du siége fameux de 450 [1], dans ce siècle de luttes continuelles et universelles, leur fournissaient les moyens d'une politique de neutralité commerciale, prévoyante et énergique. Ils l'assuraient, quand il le fallait, par les armes. Témoin leur guerre avec les Byzantins qu'ils avaient forcés à laisser le Bosphore ouvert à leurs vaisseaux. Ils n'avaient pas davantage permis aux dynastes de Pergame de leur fermer la mer Noire. D'ailleurs, ennemis de toute expédition tentée sur terre, ils avaient acquis pourtant des possessions importantes sur la côte de *Carie*, en face de leur île : en cas de besoin, ils prenaient à loyer des soldats pour leurs guerres. Partout ils avaient noué des relations amicales, à Syracuse, en Macédoine, en Syrie, et surtout en Égypte. Ils étaient en haute estime auprès des grandes cours, tellement qu'ils furent choisis souvent comme arbitres. Ils avaient continuellement l'œil sur les villes grecques maritimes, si nombreuses le long des rivages des royaumes de Pont, de Bithynie et de Pergame, le long des côtes et dans les îles enlevées par l'Égypte aux *Séleucides*, comme *Sinope*, *Héraclée*, *Pontique*, *Cius*[2], *Lampsaque*, *Abydos*, *Mytilène*, *Chios* (aujourd'hui *Scio*), *Smyrne*, *Samos*, *Halicarnasse* et tant d'autres encore. Toutes ces cités étaient libres

---

[1] [Soutenu avec succès contre Démétrius Poliorcète, qui ne put réduire la place.]

[2] [*Cius* ou *Cionte*, ville de Bithynie, sur la Propontide, aujourd'hui *Ghio*].

en réalité ; elles n'avaient affaire à leurs suzerains que pour en recevoir la confirmation de leurs priviléges ou leur payer parfois un modique tribut : contre les tentatives des dynastes voisins, elles savaient ou résister en pliant, ou lutter de vive force. Elles pouvaient compter toujours sur l'aide de Rhodes, qui défendit énergiquement Sinope contre l'agression d'un *Mithridate*, du Pont. Au milieu des haines et des guerres des rois, elles avaient si fortement assis leurs libertés locales, que quand, un peu plus tard, Antiochus et les Romains en vinrent aux mains, leurs franchises, à vrai dire, n'étaient plus en jeu, mais bien seulement la question de savoir si elles auraient à les tenir ou non de la munificence du roi. — Pour nous résumer, la ligue des villes grecques, dans ses conditions générales comme aussi dans ses rapports spéciaux avec les souverains du pays, constituait une véritable *hanse* avec Rhodes à sa tête. Rhodes traitait et stipulait pour elle-même et pour ses associées. Dans leurs murs, la liberté républicaine avait élu domicile et tenait tête à l'intérêt monarchique ; et pendant qu'aux alentours sévissait la guerre, se reposant dans leur calme relatif, elles avaient des citoyens patriotes savourant le bien-être de la vie des cités maîtresses d'elles-mêmes : les arts et la science y florissaient enfin, sans avoir à craindre les entreprises du régime militaire ou la corruption de l'air des cours.

Tel était le tableau qu'offrait l'Orient à l'heure où tomba la barrière qui le séparait de l'Occident ; à l'heure où les puissances orientales, Philippe de Macédoine en tête, se virent enveloppées dans les vicissitudes et les affaires de l'autre partie du monde ancien. Nous avons raconté ou indiqué ailleurs[1] les premiers incidents de

Le roi Philippe de Macédoine.

---

[1] [V. *suprà*, ch. III, p. 94 ; et s. ; ch. V. p. 175 ; et ch. VI, p. 190 à 204.]

cette période nouvelle : nous avons dit comment la première guerre de Macédoine (540-549) avait débuté et fini ; comment Philippe pouvant influer sur l'issue de la guerre d'Hannibal, n'avait rien ou presque rien fait pour répondre à l'attente et aux combinaisons du grand Carthaginois. Une fois de plus on avait eu la preuve que, de tous les jeux de hasard, le plus funeste est le jeu de l'absolutisme héréditaire. Philippe n'était pas l'homme qu'il eût fallu à la Macédoine. Non pourtant qu'il fût sans valeur. Il était roi, dans le meilleur et dans le pire sens du mot. Le trait caractéristique, chez lui, était le sentiment profond de son autorité royale : il voulait régner seul et par lui-même. Il était fier de sa pourpre, mais non pas de sa pourpre seule, et cela avec quelque droit. Joignant la bravoure du soldat au coup d'œil du capitaine, il avait aussi ses hautes vues sur la conduite des affaires publiques, dès qu'il y allait de l'honneur de la Macédoine. Intelligent et spirituel à l'excès, il gagnait ceux qu'il voulait gagner, les plus instruits et les plus capables tout les premiers, comme Flamininus et Scipion ; d'ailleurs, bon compagnon à table, et séduisant auprès des femmes, autrement que par le prestige de son rang. Mais il était aussi l'un des hommes les plus orgueilleux et les plus criminels de ce siècle éhonté. A l'entendre, et c'était là un de ses mots favoris, il ne craignait personne que les dieux ; mais ses divinités, à lui, n'étaient autres que celles-là même à qui son amiral *Dicéarque* offrait tous les jours un sacrifice, l'*Impiété* (ἀσέβεια), et l'*Iniquité* (παρανομία). Rien ne lui était sacré, pas même la vie de ceux qui l'avaient conseillé ou aidé dans l'exécution de ses desseins. Dans sa colère contre les Athéniens ou Attale, il assouvissait sa fureur jusque sur les monuments consacrés à des souvenirs respectables ou sur les plus illustres œuvres de l'art. Il se targuait de cette maxime d'État que, « qui fait tuer le père, doit aussi faire tuer le fils. » Il se peut qu'il ne trouvât pas de volupté à être cruel ; tout au moins la vie et la souffrance d'autrui lui étaient-elles choses absolument indifférentes, et l'inconséquence dans les mouvements du cœur, seul défaut par où le méchant se rende supportable, ne pénétrait pas même dans sa rigide et dure nature. Il professait encore que le roi absolu « ne se doit ni à sa parole, ni à la loi morale ; » et il fit si impudemment si crûment parade de ses opinions malsaines, qu'on les tourna un jour contre lui, et qu'elles devinrent souvent l'obstacle principal à ses plans. On ne lui refusera ni la prévoyance, ni la décision, mais qui s'unissaient chez lui avec les hésitations et le laisser-aller : contradictions explicables, sans doute, quand l'on songe qu'il avait dix-huit ans à peine à son avénement au trône d'un roi absolu. S'emportant sans frein contre quiconque osait le contredire ou se mettre par le conseil en travers de sa voie, il avait, par sa violence, écarté de bonne heure tous les donneurs d'avis utiles et indépendants. Comment avait-il pu se montrer si faible et si lâche dans la conduite de sa première guerre contre Rome ? C'est ce que nous ne saurions dire. Peut-être avait-il alors seulement l'insouciance superbe qui ne se réveille et ne fait place à l'activité et à l'énergie qu'à l'approche du danger ; peut-être encore n'avait-il pas pris à cœur un plan qu'il n'avait pas conçu lui-même, ou, enfin, avait-il jalousé la grandeur d'Hannibal, qui le rejetait dans l'ombre ! Ce qu'il y a de sûr, c'est qu'à le voir agir désormais, il semblera qu'il n'est plus ce même homme dont la négligence a fait échouer jadis les vastes combinaisons du général de Carthage.

Philippe, en concluant le traité de 548-549 avec les Étoliens et les Romains, avait la ferme pensée que la paix serait durable. Il voulait se consacrer librement et tout entier aux affaires de l'Orient. Nul doute, pourtant,

206-205 av. J.-C.

La Macédoine et l'Asie coalisées contre l'Égypte.

qu'il n'ait vu avec chagrin Carthage sitôt abaissée. J'admets qu'Hannibal avait de sérieux motifs de croire à l'explosion prochaine d'une seconde guerre en Macédoine ; j'admets qu'ils étaient sous main envoyés par Philippe, ces renforts qui vinrent se joindre à la dernière heure à l'armée carthaginoise (p. 237). Mais une fois lancé dans les complications immenses de l'Orient, le secret même de cet appui donné aux ennemis de Rome, et surtout le silence de celle-ci à l'égard d'une pareille infraction à la paix, quand pourtant elle est à la recherche d'un cas de guerre, tout démontre en effet qu'alors (554) Philippe ne songeait plus aux projets qu'il aurait dû mettre à exécution, dix ans avant. — Il avait effectivement tourné ses yeux d'un autre côté. Ptolémée *Philopator*, roi d'Égypte, était mort en 549. Les rois de Macédoine et d'Asie, Philippe et Antiochus, s'étaient unis contre son successeur, Ptolémée *Epiphanes*, un enfant de cinq ans ; saisissant l'occasion d'assouvir la vieille haine des deux monarchies continentales contre la puissance maritime, leur rivale. Ils voulaient abattre et dissoudre le royaume d'Alexandrie : Antiochus devait prendre l'Égypte et Chypre : Cyrène, l'Ionie et les Cyclades étaient le lot réservé à Philippe. La guerre commence à la façon de ce dernier, qui se rit des procédés du droit des gens ; sans cause apparente, sans motif donné, « comme font les gros poissons quand ils dévorent les petits. » Les deux alliés avaient bien calculé, Philippe surtout. L'Égypte ayant sur les bras son voisin immédiat de Syrie, laissait forcément sans défense ses possessions d'Asie-Mineure et les Cyclades. Philippe se jette sur elles : c'est sa part du butin. Dans l'année même où Rome fait sa paix avec Carthage (553), il embarque ses troupes sur une flotte que lui ont fournie les cités maritimes ses sujettes, et qui fait voile vers la côte de Thrace. *Lysimachie* est enlevée, malgré sa garnison étolienne; et *Périnthe*, cliente de Byzance, est occupée. Du premier coup, Philippe a violé la paix avec cette dernière ; et quant aux Étoliens signataires aussi d'une paix toute récente, il a rompu avec eux la bonne entente. Passer en Asie ne lui fut pas difficile, vu son alliance avec *Prusias*, roi de Bithynie : pour le récompenser, il l'aida à annexer à son territoire les villes grecques marchandes qui le confinaient. *Chalcédoine* se soumit. Cius résiste, est prise d'assaut et rasée, ses habitants sont vendus comme esclaves : barbarie inutile qui mécontente Prusias, désireux de la posséder intacte, et qui irrite profondément le monde grec. Mais les plus indisposés furent les Étoliens encore, dont le stratége avait commandé dans la place, et les Rhodiens dont les tentatives de conciliation avaient été insolemment et perfidement écartées. Même sans le crime de Cius, l'intérêt de toutes les villes marchandes était en jeu. Il ne se pouvait faire qu'on laissât la Macédoine conquérante abolir ou resserrer le commode et nominal empire de l'Égypte. Les républiques grecques, le libre commerce de l'Orient, étaient incompatibles avec la domination macédonienne, et le sort fait aux malheureux citoyens de Cius montrait assez qu'il s'agissait pour les unes et les autres, non pas d'une question de libertés locales à confirmer par un suzerain, mais d'une question de vie ou de mort. Déjà *Lampsaque* venait de tomber : *Thasos* avait été traitée comme Cius : il n'y avait plus de temps à perdre. Le brave *Théophiliscus*, stratége de Rhodes, exhorta ses concitoyens à une résistance commune dans le péril commun ; il convenait de ne point laisser les villes devenir la proie de l'ennemi les unes après les autres. Rhodes prit son parti et déclara la guerre à Philippe. Byzance se joignit à elle : le vieux roi de Pergame, Attale, l'ennemi politique et personnel du Macédonien en fit autant. Pendant que les alliés rassemblaient leur flotte sur la

La hanse rhodienne et Pergame contre Philippe.

côte d'Éolie, Philippe avec une partie de la sienne fit enlever Chios et Samos. Avec l'autre division il parut en personne devant Pergame, qu'il investit sans la prendre : mais il ne put rien faire que parcourir la rase campagne, et que laisser sur les temples partout dévastés les traces de la valeur macédonienne. Tout à coup, il revient sur ses pas, regagne ses vaisseaux, et veut aller rejoindre l'autre escadre encore devant Samos. A ce moment les flottes coalisées de Rhodes et de Pergame l'atteignent, et le forcent au combat dans le détroit de Chios. Ses vaisseaux pontés étaient en moindre nombre; toutefois leur infériorité se compensait par la multitude de ses embarcations découvertes. Ses soldats firent bravement leur devoir; mais ils furent défaits. 24 vaisseaux, la moitié environ de ses grands navires, coulés ou pris, 6,000 matelots et 3,000 soldats tués, y compris *Démocrate*, l'amiral; 2,000 prisonniers laissés aux mains des Grecs, voilà ce que lui coûta la journée. Les alliés n'avaient perdu que 800 hommes et 6 navires. D'un autre côté, des deux chefs qui les commandaient, l'un, Attale, coupé de sa flotte, fut forcé d'aller échouer son vaisseau amiral sur la plage d'*Erythrées*: l'autre, Théophiliscus le Rhodien, dont le courage civique avait provoqué la déclaration de guerre, et dont la bravoure avait décidé du sort de la journée, mourut le lendemain de ses blessures. Aussi, pendant qu'Attale allait refaire sa flotte à Pergame, et que les Rhodiens demeuraient devant Chios, Philippe s'attribuant faussement la victoire, poussa en avant vers Samos, pour de là, se jeter sur les villes de Carie. Mais sur la côte même de Carie, les Rhodiens, seuls et sans le secours d'Attale vinrent livrer un second combat à sa flotte commandée par *Héraclide*, dans les parages de l'île de *Ladé* et devant le port de *Milet*. Des deux côtés on se proclama vainqueur. Les Macédoniens pourtant semblent avoir eu le dessus; car, pendant que les Rhodiens se retirent à *Mindos*, et de là à *Cos*, ils occupent Milet, et une autre de leurs escadres, sous les ordres de l'Étolien Dicéarque prend possession des Cyclades. A la même heure Philippe poursuit sur la terre ferme de Carie la conquête des établissements Rhodiens et des villes grecques. S'il était entré dans ses plans de combattre Ptolémée, au lieu de ne faire que saisir sa part de butin, il eût alors songé (l'heure était opportune) à pousser directement une expédition vers l'Égypte. En Carie, d'ailleurs, les Macédoniens n'avaient pas d'armée devant eux, et Philippe put s'avancer dans tout le pays de *Magnésie* jusqu'à *Mylasa*. Mais chaque ville y était une forteresse : les siéges trainèrent en longueur, sans donner ni promettre de grands résultats. Zeuxis, satrape de Lydie, ne prêtait pas à l'allié du roi de Syrie, son maître, un secours plus actif que Philippe lui-même n'avait pris à cœur les intérêts de ce dernier; et les républiques grecques ne lui fournissaient d'aide que contraintes par la force ou la peur. Tous les jours les approvisionnements devenaient plus difficiles : Philippe était obligé de piller le lendemain ceux qui lui avaient la veille volontairement fourni des vivres : d'autres fois, quoiqu'en eût son orgueil, il lui fallait descendre à les demander. La belle saison se passa. Les Rhodiens, pendant ce temps, avaient renforcé leur flotte, réuni à leurs vaisseaux ceux d'Attale : ils étaient les plus forts sur mer. Déjà le roi pouvait craindre d'avoir sa retraite coupée, et d'avoir alors à passer l'hiver en Carie, quand les événements en Macédoine, quand l'intervention prochaine des Étoliens et des Romains nécessitaient son prompt retour. Il vit le danger, et laissant garnison, 3,000 hommes en tout, à *Myrina*, pour tenir Pergame en échec, et dans les petites villes voisines de *Mylasa*, à *Iassos*, *Bargylie*, *Euromos* et *Pedasa*, s'assurant ainsi un port excellent et un lieu de débarquement en Carie, il mit à profit la négligence des confédérés à garder les passages, réussit à gagner la côte de Thrace avec sa flotte, et rentra dans ses foyers avant l'hiver (553-554).

201-200 av. J.-C. Intervention diplomatique de Rome.

Pendant ce temps, un orage s'était formé dans l'Occident. Le roi de Macédoine l'avait attiré sur sa tête, et déjà il ne lui était plus permis de continuer son œuvre de pillage contre l'Égypte, hier encore sans défense. Dans l'année même où ils mettaient si heureusement à fin la guerre contre Carthage, les Romains se tournèrent inquiets du côté de l'Orient, où ces complications graves avaient surgi. Combien n'a-t-on pas dit et répété souvent, qu'après la conquête de l'Ouest, ils avaient aussitôt prémédité et entamé celle de l'Est? Opinion injuste, et dont un examen attentif démontre la fausseté! A moins de s'entêter aveuglément devant l'évidence, on reconnaîtra qu'à l'heure où nous sommes, Rome ne prétendait point encore à la suprématie universelle sur les Etats méditerranéens. Tout ce qu'elle voulait, c'était de n'avoir pas en Afrique et en Grèce de voisins qu'elle dût redouter. Or la Macédoine, par elle-même, n'était pas un danger pour l'Italie. Sa puissance était considérable sans doute, et ce n'était pas sans mauvaise humeur que le Sénat avait conclu jadis (en 548-549) la paix qui la laissait intacte : mais de là à des craintes sérieuses il y avait loin. Pendant la première guerre macédonienne, la République n'avait envoyé des troupes qu'en petit nombre, et celles-ci pourtant n'avaient jamais eu en face un ennemi qu'il leur fallût combattre à trop grande inégalité de forces. L'humiliation de la Macédoine eût été chose agréable au Sénat ; mais elle lui aurait coûté trop cher, l'achetant au prix d'une guerre continentale, et ayant à mettre les armées romaines en ligne : aussi, dès que les Étoliens s'étaient retirés, il avait aussi consenti à la paix, sur la base du *statu*

206-205.

quo ante bellum. — C'est aussi émettre une opinion sans preuve que de soutenir qu'au moment même du traité, les Romains auraient eu la ferme intention de reprendre les armes à la première heure favorable. N'est-il point certain, au contraire, que dans l'épuisement des ressources de l'Italie, au lendemain de la seconde guerre punique, avec le peuple décidément hostile à toute expédition nouvelle au delà des mers, recommencer la lutte contre Philippe eût été chose au suprême degré fâcheuse et incommode? Et pourtant, la lutte ne put être évitée. Rome acceptait bien, à titre de voisine, la Macédoine telle qu'elle était en 549 : elle ne pouvait permettre que Philippe s'annexât la meilleure partie de l'Asie-Mineure grecque, et l'important état de Cyrène; qu'il opprimât les villes marchandes neutres, et doublât ainsi ses forces. En outre, la chute de l'Égypte, l'abaissement et bientôt, peut-être, la conquête de Rhodes ne pouvaient qu'infliger une blessure profonde au commerce de l'Italie et de la Sicile. Rome allait-elle tolérer que le commerce de l'Italie, surtout, tombât dans la dépendance des deux grandes puissances orientales? L'honneur ne lui faisait-il pas un devoir de défendre Attale, son fidèle allié durant la première guerre macédonienne? Ne fallait-il pas à tout prix empêcher Philippe, qui déjà l'avait assiégé dans sa capitale, de le chasser de son royaume, de lui enlever ses sujets? Ce n'était point par jactance ambitieuse et vaine, que l'on parlait du bras protecteur de Rome s'étendant au-dessus de tous les Hellènes! Les habitants de Naples, de Rhegium, de Massalie et d'Empories l'auraient attesté au besoin : sa protection était sérieuse. Quelle autre nation était alors plus rapprochée qu'elle de la Grèce? La Macédoine hellénisée, Rome alors en serait-elle beaucoup plus voisine? Il serait étrange que l'on contestât aux Romains sous l'empire de la pitié et des sympathies qu'ils ressentaient

205 av. J.-C.

pour la Grèce, le droit de s'irriter à la nouvelle des crimes de *Cius* et de *Thasos*. Non, tout se réunissait, les intérêts de leur politique et de leur commerce, et la loi morale, pour les pousser à une guerre nouvelle, l'une des plus justes, peut-être, qu'ils aient jamais faites. Ajoutons, à l'honneur du Sénat, qu'il prit sur-le-champ son parti ; qu'il passa aux préparatifs nécessaires sans plus songer à l'épuisement de la République, et à l'impopularité d'une déclaration de guerre. Donc, dès 553, le propréteur *Marcus Valerius Lævinus* se montrait dans la mer d'Orient, avec les 38 navires de la flotte de Sicile. Ce n'était pas que le Sénat ne fût embarrassé de trouver un *casus belli* à mettre en avant. Il le lui fallait pour le peuple, alors même que dans sa profonde politique, et qu'à l'instar de Philippe, il attachait assez peu d'importance à l'exposé régulier des motifs de la guerre. L'appui que le roi de Macédoine avait donné aux Carthaginois constituait certes une violation du traité : mais la preuve n'en était pas faite. Les sujets de Rome en Illyrie, se plaignaient depuis longtemps d'abus commis par les Macédoniens. En 551, l'envoyé de Rome s'était mis à la tête des milices locales, et avait chassé les bandes de Philippe. Le Sénat avait expédié au roi une ambassade (552), chargée de lui dire que « s'il cherchait la guerre, il la trouverait plus tôt qu'il ne le voudrait peut-être ! » Mais ces quelques empiétements n'étaient rien autre chose que des infractions dont Philippe était coutumier envers tous ses voisins : procéder à leur encontre aurait de suite amené la reconnaissance et la réparation du tort, et non la guerre.

— La République était en termes d'amitié avec tous les autres belligérants en Orient, et à ce titre elle aurait pu leur prêter appui. Mais si Rhodes et Pergame implorèrent sans tarder son secours, il faut convenir que dans la forme, l'agression première venait d'elles ; et quant à l'Egypte, si ses envoyés vinrent demander au Sénat de prendre la tutelle de son roi enfant, elle ne se montra point empressée d'appeler chez elle l'intervention des armes de Rome. Pour conjurer les dangers du moment, elle eût aussi ouvert les mers de l'Est à la plus grande puissance occidentale ! Et puis, c'était en Syrie qu'il aurait fallu tout d'abord conduire une armée auxiliaire. Du même coup, Rome aurait eu sur les bras la guerre, et avec l'Asie, et avec la Macédoine. Il importait de ne pas se jeter dans de tels embarras, d'autant plus qu'on était alors bien décidé à ne pas se mêler des affaires d'Asie. Le Sénat se contenta donc d'envoyer d'abord des ambassadeurs en Orient. Ils avaient d'une part, et en ce point leur mission était facile, à obtenir l'assentiment de l'Égypte à l'intervention de Rome dans les affaires de la Grèce ; de l'autre, à donner satisfaction à Antiochus par l'abandon de la Syrie tout entière ; enfin, à hâter autant que possible l'occasion de la rupture avec Philippe, et en même temps à nouer contre lui la coalition de tous les petits États gréco-asiatiques (fin de 553). A Alexandrie, l'ambassade réussit de suite. La cour d'Égypte n'avait pas le choix : elle reçut avec reconnaissance *Marcus Æmilius Lepidus*, « le tuteur du jeune roi », envoyé pour prendre en main ses intérêts, en tant qu'il serait possible, sans intervention directe de la République. Antiochus ne brisa pas son alliance avec Philippe, et ne donna point les explications demandées par les Romains : mais, soit fatigue et mollesse, soit qu'il lui suffît au fond de la promesse de non intervention apportée aussi de Rome, il se renferma dans l'exécution de ses desseins sur la Syrie, et ne prit plus aucune part aux événements de l'Asie-Mineure et de la Grèce.

201 av J.-C.

Sur ces entrefaites, le printemps était venu (554), et la guerre avait recommencé. Philippe se jeta tout d'abord sur la Thrace, y prit toutes les places maritimes : *Ma-*

Les hostilités continuent en Orient.
200.

ronée, *Ænos*, *Elaeos*, *Sestos* et d'autres encore, voulant garantir ses possessions d'Europe contre une tentative de débarquement des Romains. Il attaqua ensuite *Abydos* sur la côte d'Asie. Cette position était pour lui d'un grand prix. Par Sestos et Abydos, il avait ses communications assurées avec Antiochus : il ne craignait plus de se voir barrer le passage par les flottes des alliés, soit qu'il allât en Asie-Mineure, soit qu'il en revînt. Ceux-ci restaient maîtres de la mer Égée depuis la retraite de la flotte du roi, qui se contenta de maintenir de fortes garnisons dans trois des Cyclades, à *Andros*, à *Cythnos* et à *Paros*, et n'envoya plus en mer que des corsaires. Les Rhodiens allèrent à *Chios*, et de là à *Ténédos*, où vint les rejoindre Attale, qui avait passé l'hiver devant Égine, s'amusant à écouter les déclamations des Athéniens. A ce moment, ils auraient pu dégager encore Abydos, qui se défendait héroïquement. Ils ne bougèrent pas, et la place se rendit : presque tous les hommes valides s'étaient fait tuer sur les murailles ; la plupart des autres habitants périrent de leur propre main après la capitulation. Comme ils s'étaient livrés à merci, le vainqueur leur avait laissé trois jours pour se donner volontairement la mort. Ce fut dans son camp, sous Abydos, que Philippe reçut l'ambassade romaine. Sa mission terminée en Égypte et en Syrie, elle avait visité et travaillé les cités grecques. Elle venait enfin notifier au roi les demandes du Sénat, et l'inviter à s'abstenir de toute agression contre les États helléniques ; à restituer à Ptolémée les possessions qu'il lui avait arrachées, et à soumettre à un arbitre la question des indemnités dues aux Rhodiens et à Pergame. Les Romains, en tenant ce langage, croyaient le pousser à une déclaration de guerre immédiate. Il n'en fit rien ; et l'envoyé de Rome, *Marcus Æmilius*, ne reçut qu'une fine et malicieuse réponse : « à un ambassadeur
» si bien doué, beau, jeune et Romain, le roi n'en pou-

» vait vouloir de ses audaces de langage! » — Quoiqu'il en soit, le *casus belli* tant souhaité vint d'un autre côté s'offrir. Dans leur folle et cruelle vanité, les Athéniens avaient envoyé à la mort deux malheureux Acarnaniens qui, par hasard, s'étaient fourvoyés au milieu de leurs *mystères*. Leurs compatriotes, furieux, comme on le conçoit, requirent Philippe de leur faire rendre satisfaction. Celui-ci, qui ne pouvait refuser leur juste demande à de fidèles alliés, leur permit de lever des hommes en Macédoine et de se jeter avec eux et avec leurs propres milices sur l'Attique, sans autre forme de procès. A vrai dire, ce n'était point encore la guerre. Aux premières observations menaçantes des envoyés de Rome, qui justement alors se trouvaient dans Athènes, le chef des Macédoniens auxiliaires, *Nicanor*, se mit en retraite avec sa bande (fin de 553). Mais il était trop tard. Les Athéniens avaient expédié aussi une ambassade à Rome, se plaignant de l'attentat de Philippe contre un ancien allié de la République. Le Sénat la reçut de manière à faire comprendre au roi qu'il n'y avait plus à parlementer. Dès le printemps (554), le commandant des troupes royales en Grèce, *Philoclès*, a l'ordre de ravager l'Attique et de serrer de près Athènes. Le Sénat tenait enfin l'occasion officielle qu'il voulait avoir : au cours de l'été, la motion de la déclaration de guerre fondée sur « l'attaque injuste de Philippe contre une ville alliée de Rome, » est portée devant l'assemblée du peuple. Une première fois, elle est repoussée presqu'à l'unanimité des votes. Certains tribuns, insensés ou traîtres, se plaignaient tout haut des sénateurs qui ne laissaient aux citoyens ni trêve ni repos. Mais comme la guerre était nécessaire et, pour ainsi dire, déjà commencée, le Sénat ne dut ni ne voulut céder. A force de représentations et de concessions, il arracha au peuple son consentement : concessions, d'ailleurs, dont l'effet retomba sur les alliés

201 av. J.-C.

200. Rome déclare la guerre.

italiens. On tira de leurs contingents encore en activité de service, et cela, contre toutes les règles anciennement pratiquées, vingt mille hommes environ, répartis alors dans les garnisons de la Gaule cisalpine, de la basse Italie, de la Sicile et de la Sardaigne ; donnant en même temps leur congé à tous les citoyens encore dans les rangs des légions qui avaient combattu Hannibal. Pour la guerre de Macédoine, il ne fut fait appel qu'aux hommes de bonne volonté, lesquels, par parenthèse, se trouvèrent plus tard n'être que des *volontaires contraints et forcés;* et qui, pendant l'arrière-saison de 555, s'ameutèrent pour cela même dans le camp, sous *Apollonie.* On forma six légions des recrues nouvelles : deux restèrent à Rome, deux en Étrurie : deux autres s'embarquèrent à Brindes pour la Macédoine. Le consul *Publius Sulpicius Galba* les commandait. — Cette fois encore l'événement faisait voir qu'au milieu des immenses et difficiles complications des rapports politiques, résultat immédiat des victoires de Rome, le peuple souverain, réuni dans ses assemblées, avec ses décisions à courte vue ou dominées par le hasard, était désormais hors d'état de suffire à sa tâche. Il ne mettait plus la main à la machine gouvernementale que pour changer, d'une façon dangereuse, la conduite des opérations militaires les plus nécessaires; ou pour infliger, non moins dangereusement, d'injustes passe-droits aux autres membres de la fédération latine.

199 av. J.-C.

La ligue romaine en Grèce.

La situation de Philippe devenait fort critique. Les États d'Orient, qui auraient dû se coaliser avec lui contre Rome, et qui dans d'autres circonstances n'auraient peut-être pas manqué de le faire, excités et poussés les uns contre les autres, principalement par sa faute, ne pouvaient empêcher une invasion romaine, si encore ils ne se laissaient point aller jusqu'à la provoquer. Philippe avait négligé le roi d'Asie, son allié naturel et le plus puissant, et qui, d'ailleurs, empêché par sa querelle avec l'Égypte et par la guerre sévissant en Syrie, ne lui eût point apporté un actif concours. L'Égypte avait le plus grand intérêt à ne point voir les flottes de Rome dans les mers de l'Orient, et une ambassade récemment expédiée à Rome, montrait sans détours que le cabinet d'Alexandrie aurait eu fort à cœur d'épargner aux Romains la peine d'intervenir en Attique. Mais d'un autre côté, le traité de partage de l'Égypte, conclu entre l'Asie et la Macédoine, la jetait, quoiqu'elle en eût, dans les bras de la République, et forçait les Alexandrins à déclarer qu'en se mêlant des affaires de la Grèce, ils n'entendaient agir que de l'assentiment formel des Romains. Il en était de même des cités marchandes, Rhodes, Pergame et Byzance à leur tête : là, le danger était plus pressant encore. En d'autres temps, ces villes auraient tout fait pour fermer aux Romains la Méditerranée orientale : mais, Philippe, par sa politique d'agrandissement cruelle et dévastatrice, les avait forcées à une lutte inégale; et les nécessités de leur salut voulait qu'elles appellassent dans la querelle le grand et formidable État italien. Dans la Grèce propre, où les envoyés de Rome travaillaient à l'édification d'une seconde ligue contre Philippe, ils trouvèrent les matériaux tout préparés par les fautes de l'ennemi. Dans le parti anti-macédonien, Spartiates, Éléens, Athéniens, Étoliens, peut-être le roi eût-il pu gagner ces derniers; la paix qu'ils avaient conclue en 548, en dehors de leurs alliés romains, ayant creusé entre eux et Rome comme un fossé profond non encore comblé : mais sans compter leurs anciens différends avec Philippe, et les rancunes suscitées par l'enlèvement de leurs villes thessaliennes *Echinus*, *Larisse*, *Crémaste*, et *Thèbes de Phtiotide*, des attentats nouveaux, l'expulsion de leurs garnisons de Lysimachie et de Cius, les avaient exaspérés.

206 av. J.-C.

Si ce n'avait été leur désaccord avec Rome, ils n'auraient point un seul instant hésité à se joindre à la ligue. — Autre chose grave pour Philippe : de tous les peuples grecs, jusque-là demeurés fidèles à l'intérêt macédonien, Epirotes, Acarnaniens, Bœotiens et Achéens, les Acarnaniens et les Bœotiens furent les seuls qui se rangèrent inébranlablement de son côté. Les députés de Rome s'abouchèrent, non sans succès, avec les Epirotes; et le roi des Athamaniens, *Amynandre*, fit cause commune avec la République. Chez les Achéens, Philippe s'était fait de nombreux ennemis par le meurtre d'Aratus; l'odieux de ce crime avait fourni à la ligue matière à s'étendre sans opposition. Sous le commandement de *Philopœmen* (502-571, stratége pour la première fois en 546), elle avait régénéré son état militaire, ramené chez elle-même la confiance après d'heureux combats contre Sparte : elle ne marchait plus aveuglément, comme au temps d'Aratus, dans le sillon de la politique macédonienne.

252-183 av. J.-C.
203.

Seule dans la Grèce, la confédération achéenne n'avait à attendre, ni profit, ni pertes, de l'ambition conquérante du roi; et seule envisageant l'orage qui menaçait, d'un coup d'œil impartial et avec les lumières du sens national, elle comprit (ce qui n'était pas difficile à comprendre) que les Grecs, en allant au devant de la guerre, s'allaient livrer à Rome pieds et poings liés. Elle avait donc voulu s'entremettre entre Philippe et les Rhodiens: malheureusement l'heure était passée. Le patriotisme national avait mis fin à la dernière guerre sociale, et principalement contribué à la première lutte entre les Macédoniens et Rome : mais ce patriotisme s'était éteint déjà, et les tentatives des Achéens échouèrent. En vain, Philippe parcourut les villes et les îles, cherchant à soulever la Grèce. La Némésis le suivait, les noms de Cius et d'Abydos à la bouche. Voyant qu'ils ne pouvaient ni rien changer à la situation, ni se rendre utiles, les Achéens restèrent neutres.

A l'automne de l'an 554 le consul *Publius Sulpicius Galba* débarqua près d'Apollonie, avec ses deux légions, mille chevaux numides et plusieurs éléphants pris aux Carthaginois. A cette nouvelle le roi quitta aussitôt l'Hellespont et revint en Thessalie. Mais la saison déjà avancée et la maladie du général romain, empêchèrent de rien faire d'important, à terre. Les troupes de la République ne poussèrent qu'une forte reconnaissance dans le pays voisin, et occupèrent la colonie macédonienne d'*Antipatrie*. Cependant, pour l'année d'après, une attaque combinée fut convenue contre la Macédoine. Les barbares du nord, *Pleuratos*, le maître de Scodra, et *Bato*, prince des *Dardaniens*, enchantés de mettre l'occasion à profit, avaient promis d'y prendre part. Quant à la flotte romaine, qui comptait cent navires pontés et quatre-vingts navires légers, elle entreprit de plus vastes opérations. Pendant que le gros des vaisseaux passait l'hiver à Corcyre, une escadre conduite par *Gaius Claudius Cento* se rendit au Pyrée, pour dégager les Athéniens. Après avoir mis le pays à l'abri des incursions des corsaires macédoniens et des coups de main de la garnison de Corinthe, elle reprit la mer, et se montra tout à coup devant Chalcis d'Eubée, principale place d'armes de Philippe en Grèce. Là étaient ses magasins, un arsenal, et ses captifs. *Sopater* qui commandait la ville ne s'attendait en aucune façon à l'attaque des Romains. Les murailles furent escaladées sans résistance, la garnison passée au fil de l'épée, les captifs délivrés, les approvisionnements livrés aux flammes : malheureusement les Romains n'avaient point de troupes auxquelles ils pussent laisser la garde de cette position importante. Philippe, furieux de cet échec, part de *Démétriade* (en Thessalie), accourt à Chalcis, et n'y

Les Romains abordent en Macédoine. 200 av. J.-C.

trouvant plus que les traces de l'incendie laissées par l'ennemi, repart pour Athènes, qu'il menace de représailles terribles. Il échoue : son assaut est repoussé, quoiqu'il y paye de sa personne ; et il lui faut battre en retraite devant Claudius et devant Attale qui s'avancent, l'un du Pyrée, l'autre d'Égine. Il demeure quelque temps encore en Grèce, mais sans avantage ni politique ni militaire. En vain il tente de pousser les Achéens à prendre les armes : en vain il essaye de surprendre Eleusis et le Pyrée lui-même ; partout il est repoussé. Dans son irritation facile à concevoir, il s'attaque à la contrée, qu'il ravage indignement ; et avant de reprendre le chemin du nord il détruit les arbres des jardins d'*Académus*. L'hiver se passe. — Au printemps de 555, Galba, actuellement proconsul, quitte ses quartiers, bien décidé à marcher tout droit avec ses légions, d'Apollonie au cœur de la Macédoine. Pendant qu'il attaque à l'ouest, des trois autres côtés on se prépare à le seconder. Au nord, les *Dardaniens* et les *Illyriens* se jettent sur la frontière : à l'est, les flottes combinées des Romains et des Grecs coalisés se rassemblent devant Égine ; et les Athamaniens s'avancent au sud, espérant voir aussi se joindre à eux les Étoliens, décidés enfin à entrer dans la lutte. Après avoir franchi les montagnes au milieu desquelles l'*Apsos* (auj. *Beratino*) se fraye son cours, et traversé les plaines fertiles des *Dassarètes*, Galba arrive au pied de la chaîne qui sépare l'Illyrie et la Macédoine : il la passe encore et entre dans la Macédoine propre. Philippe accourait au devant de lui : mais les deux adversaires s'égarant dans un pays vaste et dépeuplé perdirent du temps à se chercher, et ne se rencontrèrent que dans la *Lyncestide*, fertile mais marécageuse région, non loin de la frontière du nord-ouest. Ils plantèrent leurs camps à mille pas l'un de l'autre. Philippe avait rappelé à lui les corps

Les Romains essaient de pénétrer en Macédoine. 199 av. J.-C.

détachés d'abord vers les passes du nord : il avait vingt mille fantassins et deux mille cavaliers sous ses ordres. L'armée romaine était à peu près égale en nombre. Mais les Macédoniens avaient l'avantage, combattant chez eux, de connaître les routes et les chemins : ils s'approvisionnaient plus facilement de vivres. Postés qu'ils étaient en vue des Romains, ceux-ci n'osaient s'aventurer au loin et battre le pays en fourrageurs. A plusieurs reprises Galba offrit le combat, que le roi s'obstina à refuser. En vain dans plusieurs escarmouches entre les troupes légères, le proconsul eut le dessus : les choses en restaient au même point. Enfin Galba forcé de lever son camp, s'en alla camper de nouveau à *Octolophos*, à un mille et demi de là, espérant y trouver des facilités meilleures pour ses vivres. Là encore ses fourrageurs sont enlevés dans la plaine ou détruits par les troupes légères et les cavaliers de Philippe.

Un jour cependant, les légions, allant au secours des détachements romains, se heurtèrent contre l'avant-garde macédonienne qui s'était imprudemment avancée. Elles la repoussent, lui tuent du monde : le roi lui-même perd son cheval, et ne s'échappe que grâce au dévouement héroïque d'un de ses cavaliers. La situation des légions n'en était pas moins critique. Les Romains toutefois s'en tirèrent à leur honneur grâce aux diversions des alliés sur les autres points, grâce surtout à la faiblesse des armées macédoniennes. Quoique Philippe eût levé dans son royaume tous les soldats disponibles ; quoiqu'il eut pris à sa solde les transfuges du camp romain et recruté des mercenaires en foule, il n'avait pas pu, laissant des garnisons dans les places d'Asie-Mineure et de Thrace, mettre sur pied une armée plus forte que celle en ce moment campée en face des légions. Encore avait-il dû, pour la former, dégarnir les défilés du nord dans la *Pélagonie*.[1] Pour se couvrir à l'est, il avait ordonné la mise à sac des îles de *Scyathos* et de *Péparéthos* [2], où l'ennemi aurait pu trouver un lieu de stationnement facile : *Thasos* était occupée, ainsi que la côte adjacente ; et *Héraclide* avec la flotte se tenait non loin de Démétriade. Pour la défense du sud, il était obligé de compter sur la neutralité douteuse des Étoliens. Mais voici qu'entrant tout à coup dans la ligue, ceux-ci, unis aux Athamaniens, se jettent sur la Thessalie. Au même moment les Dardaniens et les Illyriens envahissent les provinces du nord ; et la flotte romaine, sous les ordres de *Lucius Apustius*, quitte les parages de Corcyre, et se montre dans les eaux d'Orient, où les vaisseaux d'Attale, des Rhodiens et des Istriens viennent la rejoindre.

Philippe, quittant aussitôt ses positions, se retira dans l'est. Voulait-il repousser l'invasion probablement inattendue des Étoliens ? Voulait-il attirer les Romains dans l'intérieur du pays, afin de les y détruire ? Avait-il l'un et l'autre objet en vue tout à la fois ? C'est ce qu'on ne peut dire. Quoi qu'il en soit, sa retraite s'effectua si habilement, que Galba, lancé témérairement à sa poursuite, perdit sa trace. Le roi, pendant ce temps, revenait par des sentiers de traverse, et occupait en force les défilés de la chaîne qui sépare la *Lyncestide* et l'*Eordée*[3]. Là il attend les Romains et leur prépare une chaude réception. La bataille s'engagea sur le lieu par lui choisi : mais sur ce terrain boisé et inégal, les longues lances macédoniennes étaient d'un usage incommode. Les troupes de Philippe, dépassées, enveloppées, rompues, perdirent beaucoup d'hommes. Après ce combat malheureux, le roi était hors d'état de s'opposer aux progrès

Les Romains s'en retournent.

---

[1] [Dans la Roumélie, N.-O.]
[2] [*Skiatho*, et *Chilidromi*, au N.-E. de l'Eubée.]
[3] [Les défilés de *Kara Kaia*, à l'est d'*Orsovo* et de *Bitolia*].

de l'armée romaine : mais celle-ci n'osa pas s'exposer à des dangers inconnus en pénétrant dans une contrée hostile et sans routes. Elle revint à Apollonie, après avoir ravagé les champs fertiles de la haute Macédoine, l'*Eordée*, l'*Elymée*, l'*Orestide*. Seule, l'importante place d'*Orestis Keletron* (aujourd'hui *Castoria*, sur la presqu'île qui se projette dans le lac du même nom) leur avait ouvert ses portes. En Illyrie, *Pelion*, la ville des Dassarètes, sur les affluents du haut *Apsos*, fut prise d'assaut, et reçut une forte garnison, qui assurait la route pour l'avenir. — Philippe n'avait point attaqué les Romains dans leur retraite : aussitôt leur départ, il s'était dirigé à marches forcées du côté des Étoliens et des Athamaniens, qui le croyant encore occupé avec l'armée romaine, ravageaient sans crainte et en sauvages toute la riche vallée du Pénée. Battus, passés au fil de l'épée, le peu qui ne resta pas sur le champ de bataille, s'enfuit par les sentiers bien connus des montagnes. Cette défaite et les recrues nombreuses ramassées en Étolie pour le compte de l'Égypte avaient sensiblement diminué les forces des alliés. Les Dardaniens facilement repoussés par les troupes légères d'*Athenagoras*, l'un des généraux du roi, qui leur tua beaucoup de monde, repassèrent aussi leurs montagnes en toute hâte. Pendant ce temps, la flotte des Romains n'était guère plus heureuse. Après avoir chassé les Macédoniens d'*Andros*, visité l'Eubée et Sciathos, elle fit une démonstration contre la *péninsule Chalcidique*. La garnison macédonienne de *Mendé* la repoussa vaillamment. Le reste de l'été se passa à prendre *Oréos*, en Eubée, non moins bien défendue, et dont le siége traîna en longueur. La flotte de Philippe, trop faible, resta inactive dans le port d'*Héraclée* : son amiral, Héraclide, n'osait pas disputer la mer à l'ennemi, qui s'en alla prendre ensuite ses quartiers d'hiver, les Romains au Pirée et à Corcyre, les Rhodiens et les Pergaméniens chez eux.

Somme toute, Philippe n'avait point trop à se plaindre des résultats de la campagne. Après de rudes et fatigantes marches, les Romains se trouvaient à l'arrière saison ramenés à leur point de départ. Sans l'invasion opportune des Étoliens et le combat heureux, contre toute espérance, de la passe de l'Eordée, pas un de leurs soldats peut-être ne serait rentré sur le territoire de la République. Sur tous les points la quadruple attaque des alliés avait échoué : Philippe, à la fin de l'automne, voyait la Macédoine entière purgée de la présence de l'ennemi, et se sentait encore assez fort pour essayer, sans succès il est vrai, d'enlever aux Étoliens la forte place de *Thaumacœ*, qui, placée entre leur pays et la Thessalie, commandait toute la vallée du Pénée. L'avenir lui promettait donc de grands résultats, pourvu qu'Antiochus, dont il implorait au nom des dieux le secours, se mît enfin en mouvement et vînt le rejoindre. Un moment celui-ci parut prêt à partir : son armée, se montrant en Asie-Mineure, enleva même quelques villes à Attale, qui, de son côté, appelait les Romains à son aide. Mais les Romains n'avaient nulle hâte d'arriver, et, se gardant bien de pousser le Grand-Roi à une rupture, ils se contentèrent de lui envoyer des ambassadeurs : leur intervention suffit après tout. Il évacua les terres d'Attale. A dater de ce moment, Philippe n'avait plus rien à espérer de ce côté.

Philippe campé sur l'Aoüs.

Mais l'issue heureuse de la dernière campagne avait enflammé son courage, ou plutôt sa présomption. Il croit s'être assuré de nouveau de la neutralité des Achéens, et de la fidélité de ses peuples de Macédoine, en sacrifiant quelques places fortes aux premiers, et son amiral Héraclide à la haine des seconds. A peine le printemps de 556 s'est-il ouvert qu'il prend l'offensive, pénètre chez les Atintans, et y établit un camp retranché dans l'étroit défilé où coule l'Aoüs (la *Vyossa*), entre les monts *Æropos* et *Asmaos*[1]. En face de lui vint s'établir aussi l'armée romaine, commandée par *Publius Villius*, consul de l'année précédente; puis, à partir de l'été, par le consul d'alors, *Titus Quinctius Flamininus*. Celui-ci, à peine âgé de trente ans, appartenait à cette jeune génération, qui, délaissant les antiques traditions des aïeux, commençait aussi à se défaire du vieux patriotisme romain, et qui, sans songer le moins du monde à renier Rome, n'avait plus guère d'yeux que pour l'hellénisme et pour soi-même. Habile officier d'ailleurs, et diplomate encore plus habile sous beaucoup de rapports, il avait été admirablement choisi pour mettre la main aux affaires de la Grèce; et pourtant, je ne puis m'empêcher de le dire, il eût mieux valu, et pour Rome et pour les Grecs, que l'élection eût appelé au commandement un homme moins sympathique à l'hellénisme, un général que ni les délicates flatteries n'eussent pu corrompre, ni les réminiscences artistiques et littéraires n'eussent pu aveugler devant les misères politiques de la Grèce. Traitant celle-ci selon ses mérites, il aurait évité à Rome, peut-être, les tendances d'un idéal défendu à son génie.

Le nouveau général eut une entrevue avec le roi, alors que les deux armées restaient immobiles l'une devant l'autre. Philippe fit des propositions de paix : il offrit de rendre toutes ses conquêtes récentes, et de réparer au moyen d'une équitable indemnité le préjudice souffert par les villes grecques. Mais les négociations échouèrent quand on voulut en outre exiger de lui l'abandon des anciennes conquêtes macédoniennes, et notamment de la Thessalie. Les armées restèrent encore quarante jours dans les défilés de l'Aoüs, sans que Phi-

Flamininus.

---

[1] [L'Aoüs, aujourd'hui la *Voïoutza*, ou *Vyossa*, au Nord-Est de *Jañina*].

lippe reculât, sans que Flamininus pût se décider lui-même à l'attaque ou à un mouvement, qui laissant le roi dans son camp, portât, comme l'année d'avant, les Romains dans l'intérieur du pays. Mais un jour, ceux-ci se virent tirés d'embarras par la trahison de quelques notables parmi les Épirotes, pour la plupart, cependant, favorables à Philippe. L'un d'eux, nommé *Charops*, et d'autres encore conduisirent sur les hauteurs et par des sentiers perdus, un corps romain de quatre mille fantassins et de trois cents chevaux. Ils avaient sous eux le camp macédonien, et pendant que le consul attaquait le roi de front, ils tombèrent tout à coup sur lui du haut de leur embuscade. Philippe, forcé dans son camp et ses retranchements, s'enfuit, avec perte d'environ deux mille hommes, jusqu'aux passes de *Tempé*, porte de la Macédoine propre. Il abandonna toutes ses villes sans les défendre, à l'exception des places fortes, abattant de ses mains les cités thessaliennes où il ne pouvait plus tenir garnison. Seule la ville de *Phères* lui ferma ses portes et échappa à la destruction. Ce brillant succès, et l'habile douceur de Flamininus détachèrent aussitôt les Épirotes de l'alliance macédonienne. A la première nouvelle de la victoire des Romains, les Athamaniens et les Étoliens s'étaient aussi rués sur la Thessalie : les Romains les suivirent, enlevant tout le plat pays : mais les places dévouées à la Macédoine, et renforcées par des envois de troupes, ne se rendirent qu'après avoir vaillamment résisté, ou tinrent bon même devant un ennemi démesurément supérieur. A *Atrax*, sur la rive gauche du Pénée, la phalange s'établit comme un nouveau mur dans la brèche et repoussa l'assaut. A l'exception de ces places thessaliennes, et du territoire des fidèles Acarnaniens, toute la Grèce septentrionale était dans les mains de la coalition. Le sud, au contraire, grâce aux forteresses de Corinthe et de Chalcis, communiquant entre elles par la

Philippe repoussé jusqu'à Tempé.

La Grèce au pouvoir des Romains.

Bœotie, dont les habitants tenaient pour Philippe, grâce aussi à la neutralité de la ligue Achéenne, appartenait presque tout entier à Philippe. Comme l'année trop avancée ne permettait plus guère de pousser à l'intérieur de la Macédoine, Flamininus se décida à agir par terre et par mer contre Corinthe. La flotte, de nouveau renforcée par les escadres de Rhodes et de Pergame, s'était jusqu'alors attardée à l'investissement de deux petites cités de l'Eubée, *Érétrie* et *Carystos*. Après y avoir pris tout le butin, elle les avait abandonnées ainsi qu'*Oréos*; et *Philoclès*, le commandant macédonien de Chalcis, y était entré après le départ des alliés. Ceux-ci firent alors voile sur *Cenchrée*, le port oriental de Corinthe. De son côté Flamininus se portant en Phocide, occupa tout le pays, où seule *Élatée* nécessita un plus long siége. Il avait choisi cette contrée et surtout *Anticyre*, sur le golfe de Corinthe, pour y installer ses quartiers d'hiver. Les Achéens qui voyaient les légions tout proche, et d'un autre côté la flotte romaine manœuvrant déjà dans leurs eaux, abandonnèrent enfin leur neutralité, honnête, si l'on veut, mais politiquement intenable. Les députés des villes les plus étroitement attachées à la Macédoine, *Dymé*, *Mégalopolis*, *Argos*, ayant d'abord quitté la diète, l'entrée dans la coalition fut votée sans difficulé. *Cycliade* et les autres chefs de la faction macédonienne s'en allèrent, et les troupes de la confédération se joignant aussitôt à la flotte romaine, enfermèrent par terre Corinthe, la citadelle de Philippe contre l'Achaïe. Les Romains l'avaient promise aux Achéens pour prix de leur adhésion. Mais la ville était, comme on sait, à peu près imprenable. Elle avait treize cents hommes de garnison, presque tous transfuges italiens, qui se défendirent avec un courage opiniâtre; et Philoclès accourant de Chalcis avec un autre détachement de quinze cents hommes, dégagea la place, pénétra dans l'Achaïe, et

Les Achéens entrent dans l'alliance romaine.

s'aidant du concours du peuple d'Argos, enleva cette dernière ville à la confédération. Philippe ne sut récompenser les fidèles Argiens qu'en les livrant au gouvernement terroriste de Nabis de Sparte. Ce tyran jusqu'alors était resté dans l'alliance romaine : or, en voyant les Achéens s'unir aussi aux Romains, Philippe conçut l'espoir de le voir revenir à lui. Nabis n'était entré dans la coalition que par haine de la confédération achéenne, avec laquelle il guerroyait depuis 550. Mais Philippe se trompait. Sa cause était trop mauvaise, pour que personne songeât à passer de son côté. Nabis reçut Argos qu'on lui donnait : mais trahissant aussitôt le traître, il persista à se déclarer pour Flamininus, fort embarrassé d'abord de son alliance avec deux peuples en guerre l'un contre l'autre : Il s'entremit, et une trêve de quatre mois fut conclue.

204 av. J.-C.

Tentatives de paix sans résultat.

L'hiver arriva. Philippe voulut en profiter et négocier la paix à de bonnes conditions. Une conférence se tint à *Nicée*, sur le golfe *Maliaque*. Le roi en personne s'y efforça d'amener une entente avec Flamininus. Plein de hauteur et de malicieux dédain envers les prétentions et la pétulance des petites puissances, il montra une déférence marquée pour les Romains, comme ses seuls et vrais adversaires. Nul doute que Flamininus, avec sa culture et sa délicatesse d'esprit, ne se soit senti flatté de cette urbanité du vaincu, si fier encore envers ces Grecs unis que Rome avait appris à mépriser autant que Philippe les méprisait lui-même; mais ses pouvoirs n'allaient pas aussi loin que les désirs du Macédonien. Il ne lui accorda qu'une trêve de deux mois, en échange de l'évacuation de la Locride et de la Phocide, et pour le surplus le renvoya au Sénat. Dans le Sénat, chacun, depuis longtemps, voulait que Philippe renonçât à toutes ses conquêtes, à toutes ses possessions extérieures. Aussi, quand ses envoyés arrivèrent à Rome, on se contenta de leur demander s'ils avaient mission de promettre l'abandon de la Grèce, et surtout de Corinthe, de Chalcis et de Démétriade; et leur réponse ayant été négative, on rompit aussitôt les négociations, et on se résolut à pousser vigoureusement la guerre. Aidé cette fois par les tribuns du peuple, le Sénat avait pris ses mesures pour empêcher les mutations si fâcheuses dans le commandement de l'armée. Flamininus y fut indéfiniment prorogé. On lui envoya des renforts, et les deux généraux ses prédécesseurs, Publius Galba et Publius Villius, vinrent le joindre et se placer sous ses ordres. De son côté Philippe essaya encore d'en appeler aux armes. Pour rester maître de la Grèce, où à l'exception des Acarnaniens et des Bœotiens, il avait désormais contre lui tout le monde, il porta à six mille hommes la garnison de Corinthe; et ramassant jusqu'aux dernières ressources de la Macédoine épuisée, faisant entrer dans la phalange jusqu'aux enfants et aux vieillards, il se remit en marche avec une armée d'environ vingt-six mille hommes, dont seize mille phalangites macédoniens. La campagne de 557 commença. Flamininus expédia une partie de la flotte contre les Acarnaniens, qui furent assiégés dans *Leucate*: dans la Grèce propre, une ruse de guerre le rendit maître de Thèbes; et leur capitale tombée, les Bœotiens entrèrent de force, et de nom, tout au moins, dans la ligue contre la Macédoine. C'était un succès que d'avoir ainsi coupé les communications entre Corinthe et Chalcis. Flamininus pouvait maintenant marcher vers le nord et y porter des coups décisifs. Jadis, obligée de se nourrir en un pays ennemi et désert, l'armée romaine avait rencontré d'insurmontables obstacles. Aujourd'hui elle marchait appuyée sur la flotte qui longeait la côte, et lui apportait les vivres envoyés d'Afrique, de Sicile et de Sardaigne. L'heure du combat sonna plus tôt que le général romain ne le croyait. Impatient et tou-

197 av. J.-C.

Philippe en Thessalie.

jours confiant en lui-même, Philippe ne voulut pas attendre que son adversaire eût mis le pied sur la frontière : il réunit à *Dium* toute son armée, s'avance en Thessalie par les défilés de Tempé, et rencontre Flamininus déjà arrivé dans la contrée de *Scotussa*.

<small>Bataille des Cynoscéphales.</small>

L'armée romaine, renforcée des contingents des Apolloniens, des Athamaniens, des Crétois de Nabis et surtout d'une forte bande d'Étoliens, égalait à peu près en nombre l'armée de Philippe (vingt-six mille hommes) ; mais la cavalerie de Flamininus était supérieure à la sienne. Il pleuvait. Tout à coup, et sans l'avoir prévu, l'avant-garde romaine se heurte contre celle des Macédoniens, en avant de Scotussa (sur le plateau du *Karadagh*). Les Macédoniens occupaient en force une hauteur escarpée se dressant entre les deux camps, et connue sous le nom des *Cynoscéphales* [*les têtes de chien*]. Rejetés dans la plaine, les Romains reviennent à la charge avec des troupes légères et les escadrons excellents de la cavalerie étolienne. A leur tour, ils ramènent l'avant-garde de Philippe, et la pressent sur la hauteur. Mais de nouveaux renforts lui arrivant, toute la cavalerie macédonienne, une partie de l'infanterie légère se mettent en mouvement ; et les Romains, qui s'étaient imprudemment avancés, sont encore une fois chassés, et perdent du monde. Déjà ils reculent en désordre vers leur camp : toutefois la cavalerie étolienne soutient bravement le combat dans la plaine, et donne à Flamininus le temps d'accourir avec les légions rapidement mises en ordre de bataille. Le roi, de son côté, cédant aux cris et à l'ardeur de ses troupes victorieuses, ordonne la continuation du combat. Il range en hâte ses hommes pesamment armés, et se porte sur ce champ de bataille improvisé, auquel ne songeaient une heure avant ni les soldats ni les généraux. Il s'agissait de réoccuper les Cynoscéphales, à ce moment dégarnies. L'aile droite de la phalange, où se tenait le roi en personne, y arriva la première et y rangea ses lignes en bon ordre : la gauche était encore loin, quand déjà les troupes légères, refoulées par les Romains, remontaient précipitamment la colline. Philippe les rassemble aussitôt dans le rang et les pousse en avant à côté de la phalange ; puis, sans attendre l'autre moitié de celle-ci, que Nicanor amenait plus lentement vers sa gauche, il lui donne ordre de se précipiter, la lance baissée, sur les légions, pendant que l'infanterie légère, remise en état et se déployant, ira envelopper les Romains et les assaillir de flanc. L'attaque de la phalange, descendant de la colline, fut irrésistible : elle culbuta l'infanterie des Romains, dont toute la gauche se mit en déroute. A la vue du mouvement du roi, Nicanor accéléra le sien de l'autre côté : mais les rangs étaient mal observés dans la vitesse de la marche. Pendant que les premiers arrivés quittaient déjà la colline pour rejoindre la droite victorieuse, et accouraient tumultueusement sur le terrain, dont l'inégalité accroissait encore le désordre des bataillons de Philippe, l'arrière-garde n'avait pas encore achevé de gravir les Cynoscéphales. Tirant aussitôt parti de la faute de l'ennemi, l'aile droite des Romains attaqua et défit sans peine les troupes dispersées qu'elle avait devant elle. Les éléphants seuls, qu'elle poussait en avant, auraient suffi pour refouler les Macédoniens de Nicanor. Il s'ensuivit un épouvantable massacre ; et pendant ce temps, un officier romain, réunissant vingt manipules, se jeta à son tour sur la droite de Philippe, qui, lancée trop loin à la poursuite de l'aile gauche de Flamininus, avait maintenant à dos toute la droite de l'armée romaine. Ainsi pris par derrière, les phalangites ne pouvaient se défendre : ce mouvement des Romains mit bientôt fin au combat. Les deux phalanges ainsi rompues et complétement détruites, treize mille hommes restèrent sur le carreau ou tombèrent dans les mains du vainqueur. Il y eut d'ailleurs plus de morts que de prisonniers, les Romains ne comprenant pas d'abord qu'en relevant leurs *sarisses*, les Macédoniens faisaient voir qu'ils se rendaient. Du côté des Romains les pertes n'étaient pas très-grandes. Philippe s'enfuit à *Larisse*, où il brûla toutes ses archives, afin de ne compromettre personne; puis, évacuant la Thessalie, il rentra en Macédoine. Au même moment, et comme si ce n'était point assez de ce désastre, les Macédoniens avaient encore le dessous dans d'autres contrées occupées par eux. En Carie, les Rhodiens battirent les troupes de l'ennemi, et les forcèrent à s'enfermer dans *Stratonicée*. A Corinthe, la garnison fut refoulée avec perte par *Nicostrate* et ses Achéens; et en Acarnanie, *Leucate*, après une héroïque résistance, fut emportée d'assaut. Philippe était partout et complétement vaincu. Ses derniers alliés, les Acarnaniens, se rendirent à la Ligue en recevant la nouvelle de la journée malheureuse des Cynoscéphales.

Préliminaires de paix.

Les Romains pouvaient dicter la paix. Ils usèrent de leur force sans en abuser. Ils pouvaient anéantir l'ancien royaume d'Alexandre; les Étoliens le demandaient dans les conférences. Mais à faire cela, n'eût-on pas détruit la muraille qui protégeait la civilisation grecque contre les Thraces et les Gaulois? Déjà, pendant la guerre qui venait de finir, la florissante *Lysimachie*, de la Chersonèse de Thrace, avait été dévastée et rasée par les premiers; il y avait là un sévère avertissement. Flamininus, dont les regards pénétraient jusqu'au fond des tristes discordes des États grecs, ne pouvait donner les mains à ce que les Romains se fissent les exécuteurs des hautes œuvres des rancunes étoliennes. En même temps que ses sympathies d'Helléniste le portaient vers l'intelligent et quelquefois chevaleresque roi de Macédoine, il se sentait blessé dans son orgueil de Romain par la forfanterie de ces Étoliens qui se proclamaient les « vainqueurs des Cynoscéphales. » Il leur répondit que les Romains n'avaient point coutume d'anéantir l'ennemi vaincu, et qu'après tout il les laissait maîtres d'agir pour leur compte et d'en finir avec la Macédoine, s'ils en avaient la force. Il usa d'ailleurs d'égards envers le roi. Philippe ayant témoigné qu'il était prêt à souscrire aux conditions naguère repoussées, il lui accorda une trêve contre payement d'une somme d'argent et la remise d'otages, de Démétrius son fils, entre autres. Cette trêve vint à point; et Philippe en profita aussitôt pour chasser les Dardaniens du royaume.

La conclusion définitive de la paix et la réglementation des affaires de Grèce furent renvoyées par le Sénat à dix commissaires, dont Flamininus était l'âme et la tête. Philippe obtint des conditions pareilles à celles que subissait Carthage. Il se vit enlever toutes ses possessions du dehors, en Asie-Mineure, en Thrace, en Grèce et dans les îles de la mer Égée. Il conservait la Macédoine tout entière, sauf quelques cantons sans importance, et la région de l'*Orestide* déclarée indépendante, dernière concession qui lui fut par-dessus tout pénible. Mais était-il permis aux Romains, le sachant ardent et irascible, de lui restituer, avec le pouvoir absolu, des sujets qui, dès le début, avaient fait défection? La Macédoine s'interdisait en outre de conclure, à l'insu de Rome, une alliance extérieure, ou de mettre garnison au delà de la frontière; de faire la guerre hors de chez elle contre un autre État civilisé, et nommément contre un allié de la République; enfin d'avoir plus de cinq mille hommes sous les armes. Point d'éléphants; pour toute flotte, cinq vaisseaux pontés, le reste devant être remis aux Romains: ainsi le voulaient encore les clauses du traité. Philippe entrait dans la Symmachie romaine, obligé qu'il était d'envoyer son contingent à la première de-

Paix avec la Macédoine.

mande : à peu de temps de là, en effet, l'on vit les soldats de la Macédoine combattre à côté des légions. En outre, il fut payé à la République une contribution de 1,000 talents (1,700,000 *Thal.*, ou 6,375,000 fr.).
— La Macédoine abaissée, réduite à l'impuissance politique, et n'ayant plus que tout juste assez de force pour servir de barrière contre les barbares, restait à régler le sort des possessions abandonnées par Philippe. A ce moment même, les Romains apprenaient, à leurs dépens, dans les guerres d'Espagne, que rien n'est moins sûr que le profit des conquêtes transmaritimes. Ils n'avaient pas fait la guerre à Philippe pour conquérir un nouvel accroissement de territoire. Ne se réservant point de part dans le butin, ils imposèrent la modération à leurs alliés, et se résolurent à proclamer l'indépendance de tous les peuples grecs sur lesquels Philippe avait régné. Flamininus reçut la mission de faire lire le décret d'affranchissement en présence des Hellènes assemblés à l'occasion des *jeux Isthmiques* (558). Des hommes sérieux se seraient demandé peut-être si la liberté est un bien qui se donne; si la liberté signifie quelque chose, sans l'unité et l'union de la nation. Il n'importe. L'allégresse fut grande et sincère, comme était sincère aussi l'intention qui avait dicté le sénatus-consulte [1].

Il y eut pourtant une exception à ces mesures générales. Les contrées illyriennes, à l'est d'Epidamne, furent abandonnées à *Pleuratos*, dynaste de Scodra, dont le royaume, humilié un siècle avant par ces mêmes Romains, qui y pourchassaient alors les pirates de l'Adriatique (p. 97), redevint l'un des plus considérables parmi les petits États de la contrée. Dans la Thessalie occidentale,

---

[1] Il existe encore une *statère* d'or portant la tête de Flamininus et l'inscription «*T. Quincti (us)* ». Elle a été frappée sans nul doute au cours de l'administration du *libérateur de la Grèce*. L'emploi de la langue latine était ici une fine et caractéristique flatterie.

on laissa à *Amynandre* quelques minces localités : enfin Athènes, en réparation de ses nombreuses infortunes, en récompense de ses adresses courtoises et de ses actions de grâces innombrables, reçut les îles de *Paros*, de *Scyros* et d'*Imbros*. Il va de soi que les Rhodiens gardèrent leurs possessions de Carie, et qu'Égine resta aux Pergaméniens. Les autres alliés n'eurent d'autre récompense que l'accroissement indirect résultant de l'accession des villes déclarées libres à leurs diverses confédérations. Les Achéens furent les mieux pourvus, quoiqu'ils n'eussent pris que les derniers les armes contre Philippe. Ils méritaient cet honneur, car entre tous les Grecs, ils constituaient l'État le mieux ordonné et le plus digne d'estime. Leur ligue s'agrandit de toutes les possessions de Philippe dans le Péloponèse et dans l'isthme, et surtout de l'adjonction de Corinthe. Quant aux Étoliens, on agit avec eux sans beaucoup de façons : ils eurent la permission d'annexer à leur Symmachie les villes de la Phocide et de la Locride : ils demandaient encore l'Acarnanie et la Thessalie ; mais leurs efforts aboutirent ou à un refus positif, ou à un renvoi à d'autres temps. Les villes thessaliennes se répartirent dans quatre petites fédérations indépendantes. La ligue des villes rhodiennes bénéficia de l'affranchissement de *Thasos* et de *Lemnos*, et des cités de la Thrace et de l'Asie-Mineure.

Agrandissement de la ligue Achéenne. — Les Étoliens.

L'organisation intérieure de la Grèce se compliquait des difficultés inhérentes à chaque peuple, et aussi de celles surgissant d'État à État. L'affaire la plus pressante à régler était la querelle des Achéens et des Spartiates. Entre eux la guerre sévissait depuis 550, et il était nécessaire que Rome s'entremît. En vain Flamininus essaya d'amener Nabis à des concessions, à restituer, par exemple, aux Achéens la ville fédérale d'Argos, que Philippe lui avait livrée. Le petit chef de brigands résista à toutes les instances. Il comptait sur la colère non dé-

Guerre contre Nabis.

204 av. J.-C.

guisée des Étoliens contre Rome, sur une descente d'Antiochus en Europe : bref, il refusa net. Il fallut que Flamininus, dans une grande assemblée de tous les Grecs convoqués à Corinthe, déclarât la guerre à l'entêté, et entrât, appuyé par sa flotte, dans le Péloponnèse, à la tête des Romains et des alliés auxquels s'étaient joints et le contingent envoyé par Philippe, et une division d'émigrés laconiens sous la conduite d'*Agésipolis*, le roi légitime de Sparte (559).

195 av. J.-C.

Afin de l'écraser du premier coup sous les masses armées contre lui, cinquante mille hommes furent mis en campagne. Négligeant les places moins importantes, Flamininus alla droit investir sa capitale, mais sans le succès décisif qu'il cherchait tout d'abord. Nabis avait aussi une armée assez considérable (quinze mille hommes au moins, dont cinq mille mercenaires). Il avait inauguré chez lui le régime de la terreur, mettant à mort tous les officiers, tous les habitants suspects. Obligé de céder devant la flotte et l'armée romaines, il avait accepté déjà les conditions, d'ailleurs favorables, que lui offrait Flamininus : mais « le peuple, » ou mieux les bandits appelés par lui dans Sparte ne voulurent pas de la paix. Ils craignaient, non sans raison, d'avoir à rendre gorge après la victoire des Romains. Trompés par les mensonges obligés du traité de paix, par le faux bruit de l'arrivée des Étoliens et des Asiatiques, ils en appelèrent encore aux armes ; et la bataille s'engagea sous les murs mêmes de Sparte. Bientôt l'assaut fut donné ; et les Romains enlevèrent la place. Mais tout à coup, voilà que l'incendie se déclarant dans toutes les rues, les força à reculer !... Enfin, la résistance cessa.

Arrangements à Sparte.

On laissa à Sparte son indépendance. Elle ne fut contrainte ni à recevoir les émigrés, ni à entrer dans la ligue d'Achaïe. La constitution monarchique de l'État fut respectée, et Nabis lui-même maintenu. Mais il lui fallut remettre toutes ses possessions du dehors, Argos, Messine, les villes crétoises et toute la côte; s'engager à ne plus contracter d'alliances hors de la Grèce; à ne plus faire la guerre; à n'avoir plus de flotte (on lui laissa deux canots non pontés); à restituer enfin toutes ses prises, puis à donner aux Romains des otages et à leur payer contribution. Les émigrés reçurent les villes de la côte de Laconie, et prenant le nom « Laconiens libres » par opposition aux Spartiates régis en monarchie, ils allèrent prendre place dans la confédération d'Achaïe. Leurs biens ne leur furent point rendus : les terres à eux assignées leur tinrent lieu d'indemnité. Seulement, on stipula que leurs femmes et leurs enfants, jusque-là retenus dans Sparte, auraient la faculté de les aller rejoindre. A tous ces arrangements, les Achéens gagnaient Argos et les Laconiens libres. Ils trouvèrent cependant que ce n'était point assez, et auraient voulu encore l'expulsion de l'odieux et redoutable Nabis, la réintégration pure et simple des émigrés, et l'incorporation de tout le Péloponnèse à la ligue. Mais tout homme impartial reconnaîtra qu'au milieu de tant de difficultés, que dans ce conflit des prétentions les plus exagérées et les plus injustes, Flamininus avait agi en homme juste et modéré, autant qu'il était possible de le faire. Alors qu'il y avait entre Spartiates et Achéens une haine ancienne et profonde. forcer Sparte à entrer dans la confédération, c'était l'assujettir à ses ennemis : l'équité et la prudence s'y opposaient également. Le rappel des émigrés, la restauration d'un régime depuis vingt ans aboli, n'eussent fait que remplacer une « terreur » par une autre : le moyen terme adopté par Flamininus, par cela même qu'il ne donnait satisfaction à aucun des deux partis extrêmes, était aussi le meilleur. Enfin, on pourvoyait à l'essentiel en mettant fin aux brigandages des Spartiates sur terre, et sur mer. Que si le gouvernement actuel tournait mal, il n'était plus incommode qu'aux siens, après tout. Et puis, n'est-il pas possible que Flamininus, qui connaissait bien Nabis, et savait mieux que personne combien son renversement eût été chose désirable, se soit néanmoins abstenu de le détruire, pressé qu'il était d'en finir au plus vite avec les affaires de Grèce, et craignant d'aller compromettre la gloire et l'influence des succès acquis dans les complications à perte de vue d'une révolution nouvelle? N'était-il pas de l'intérêt de Rome de maintenir dans l'État spartiate un contrepoids considérable à la prépondérance de l'Achaïe dans le Péloponnèse? Quoique, à dire le vrai, de ces considérations, la première n'aurait eu trait qu'à un détail tout accessoire; et pour ce qui est de Rome, je ne suppose pas qu'elle descendît alors jusqu'à craindre les Achéens.

Organisation définitive de la Grèce.

Extérieurement, à tout le moins, la paix était constituée entre les petits États de la Grèce. Mais l'arbitrage de Rome s'étendit aussi aux affaires intérieures des cités. Même après l'expulsion de Philippe, les Bœotiens continuèrent de faire parade de leurs sentiments macédoniens. Flamininus, à leur demande, avait autorisé ceux de leurs compatriotes jadis attachés au service du roi à rentrer dans leur patrie. Mais eux aussitôt, d'élire pour président de leur confédération *Brachyllas*, le plus entêté des fauteurs de la Macédoine, et d'indisposer le général romain de cent façons. Il se montra d'abord patient outre mesure : les Bœotiens de la faction romaine, effrayés du sort qui les attendait, une fois Flamininus parti, complotèrent la mort de Brachyllas. Flamininus, dont ils crurent devoir prendre d'abord l'attache, ne leur répondit ni oui ni non. Brachyllas fut assassiné. Alors le peuple, non content de

poursuivre les assassins, guetta au passage les soldats
romains qui traversaient la campagne : plus de 500 périrent. Pour le coup, il fallait agir : Flamininus les
condamna à payer un talent par chaque tête de victime.
Comme ils ne s'exécutaient point, il ramassa en hâte
les troupes qu'il avait sous la main, et mit le siége devant *Coronée* (558). Les Bœotiens se font de nouveau 176 av. J.-C.
suppliants ; et les Achéens et les Athéniens intercédant
pour les coupables, le Romain leur pardonne moyennant
une amende des plus modérées. Le parti macédonien
n'en resta pas moins dans cette petite contrée à la tête
des affaires, et les Romains, avec la longanimité des
forts, les laissèrent impunément s'agiter dans leur opposition puérile. — Dans le reste de la Grèce, Flamininus apporte la même modération et la même douceur
dans le règlement des affaires intérieures. Il lui suffit
notamment, au sein des cités qu'il a proclamées libres,
de faire arriver au pouvoir les notables et les riches qui
appartiennent à la faction anti-macédonienne. Il intéresse les communautés au succès de la prépondérance
romaine, en attribuant au domaine public dans chaque
cité tout ce que la guerre y avait donné à Rome.
Enfin, au printemps de 560, sa tâche était ache- 194 av. J.-C.
vée. Il réunit à Corinthe, pour la dernière fois, les
députés de toutes les villes de la Grèce, les exhorte à
user modérément et sagement de la liberté qui leur a
été rendue, et réclame, pour unique récompense des
bienfaits de Rome, la remise, dans les trente jours, des
captifs italiens vendus en Grèce durant les guerres
d'Hannibal. Puis il évacue les dernières places qui ont
encore garnison romaine, Démétriade, Chalcis avec
les moindres forts qui en dépendaient dans l'île d'Eubée,
et l'Acrocorinthe ; et donnant par les faits un démenti
aux Étoliens, selon lesquels les Romains s'étaient
substitués à Philippe comme geôliers de la Grèce, il se

rembarque avec toutes les troupes italiennes et les prisonniers restitués, et rentre enfin dans sa patrie.

Résultat.

A moins de mauvaise foi coupable, ou de sentimentalité ridicule, il convient de le reconnaître, les Romains, en proclamant la liberté des Grecs, y allaient de franc jeu. Mais quoi ! De leur plan grandiose il n'est sorti qu'un édifice pitoyable ! La faute n'en est point à eux. Elle est toute dans l'irremédiable dissolution morale et politique de la nation hellène. Certes, ce n'était pas peu de chose que cet appel à la liberté parti d'une bouche puissante, que le bras de Rome planant sur cette terre où elle cherchait sa patrie d'origine, et le sanctuaire de son plus haut idéal ! Ce n'était pas peu de chose que d'avoir délivré toutes les cités grecques du tribut étranger, que de les avoir rendues à l'indépendance absolue de leur gouvernement national ! Il faut plaindre ceux qui n'ont vu là qu'un étroit calcul de la politique. Oui, les calculs de la politique rendaient possible pour Rome l'affranchissement de la Grèce : mais pour aller du possible à la réalité, il fallut chez les Romains, et avant tout chez Flamininus, l'impulsion irrésistible d'une ardente sympathie pour le monde hellénique. Qu'on leur reproche à tous, si l'on veut, et à Flamininus le premier, lui qui, dans cette circonstance, ne voulut pas tenir compte des justes inquiétudes du Sénat, de s'être laissés aveugler par l'éclat magique de ce nom de la Grèce ! Ils s'abusèrent sur sa décadence sociale et politique ; ils eurent tort, peut-être, de donner tout à coup libre champ à ces républiques, incapables de concilier et de dominer tous les éléments antipathiques qui s'agitaient dans leur sein, incapables de conquérir le calme et la paix ! Dans l'état des choses, la nécessité voulait plutôt qu'il fût mis fin une bonne fois à cette liberté misérable et dégradante; et que la domination durable de la République amenée par les événements jusque sur le sol de la Grèce s'imposât à elle aussitôt. Avec tous les tempéraments d'une humanité affectée, la politique de sentiment faisait bien plus de mal aux Hellènes que la pire des occupations territoriales. Voyez l'exemple de la Bœotie ! Là Rome dut, sinon provoquer, du moins tolérer l'assassinat ; et pourquoi ? Parce qu'il était décidé que les légions se rembarqueraient quand même, et qu'il n'était dès lors pas possible d'interdire à la faction romaine de se défendre par les armes usitées dans le pays.

Rome paya cher bientôt les demi-mesures de sa politique. Sans cette erreur généreuse de l'affranchissement de la Grèce, elle n'eût point eu sur les bras dès le lendemain la guerre contre Antiochus : de même, cette guerre eût été sans dangers, sans la faute militaire également commise du retrait des garnisons romaines de toutes les principales forteresses qui commandaient la frontière d'Europe sur ce point. Aspirations déréglées vers la liberté ou générosité maladroite, peu importe ! Derrière toute faute, l'histoire nous montre l'infaillible Némésis !

CHAPITRE IX

GUERRE CONTRE ANTIOCHUS EN ASIE

223 av. J.-C.
Antiochus
le Grand.

Depuis l'an 531, le roi Antiochus III, petit-fils du fondateur de sa dynastie, portait en Asie le diadème des *Séleucides*. Comme Philippe, il était monté à neuf ans sur le trône. Dans ses premières expéditions en Orient, il avait montré assez d'activité et d'entreprise pour se voir, sans trop de ridicule, décerner le titre de Grand par ses courtisans. La mollesse ou la lâcheté de ses adversaires, de l'Égyptien *Philopator* notamment, le servant bien mieux encore que ses propres talents, il avait en quelque sorte reconstitué la monarchie asiatique dans son intégrité; et réuni pour la première fois sous son sceptre les satrapies de la *Médie*, de la *Parthyène*, et aussi l'État indépendant jadis fondé par *Achæos*, dans l'Asie-Mineure, en deçà du Taurus. Une première fois aussi, il avait tenté d'arracher à l'Égypte la province de la côte de Syrie, dont la possession lui tenait à cœur. Mais dans l'année même de la bataille

247.

du lac de Trasimène (537), Philopator lui ayant infligé une sanglante défaite à *Raphia*[1], le Syrien se promet de

---

[1] [Sur les confins de la Syrie et de l'Égypte, non loin de *Gaza*.]

ne plus recommencer la lutte tant qu'il y aura un homme assis sur le trône d'Alexandrie, cet homme fût-il mol et insouciant lui-même. Mais Philopator meurt (549) : et le moment semble venu d'en finir avec l'Égypte. Dans ce but, le roi d'Asie s'associe avec Philippe; et pendant que ce dernier attaque les villes d'Asie-Mineure, il se jette sur la *Cœlésyrie*. Les Romains interviennent; ils doivent croire un instant que le Syrien fera contre eux cause commune avec le Macédonien. Les circonstances, son traité d'alliance, tout le lui commande. Ils prêtaient à Antiochus des vues trop grandes et trop sages. Loin de repousser de toutes ses forces l'immixtion des Romains dans les affaires de l'Orient, le roi se figura qu'il y aurait pour lui grand avantage à profiter de la défaite de son allié par les Romains, défaite d'ailleurs trop facile à prévoir. Il voulut saisir seul la proie qu'il était convenu de partager avec le Macédonien. Malgré les liens étroits qui rattachaient à Rome Alexandrie et son roi mineur, le sénat n'avait en aucune façon la velléité de se faire autrement que de nom le « *Protecteur* » de l'héritier des Ptolémées. Fermement décidé à n'entrer qu'à la dernière extrémité dans le réseau des complications asiatiques, assignant pour limites à l'empire de Rome les colonnes d'Hercule d'une part, et l'Hellespont de l'autre, il laissa faire le Grand-Roi. Conquérir l'Égypte était d'ailleurs chose plus facile à annoncer qu'à accomplir; et puis Antiochus n'y songeait point sérieusement, peut-être. En revanche, celui-ci s'en prend à toutes les possessions extérieures de l'Égypte; il assaillit et soumet les unes après les autres les villes de Cilicie, de Syrie et de Palestine. En 556, il remporte une grande victoire, au pied du *Panion*, non loin des sources du *Jourdain*, sur le général égyptien *Scopas*. Ce succès lui donne la possession désormais incontestée de tout le territoire qui s'étend jusqu'à la

205 av. J.-C.

198.

frontière de l'Égypte propre. Épouvantés, les tuteurs du petit roi, afin d'empêcher Antiochus de la franchir, sollicitent la paix, qu'ils scellent par les fiançailles de leur souverain avec une fille du roi d'Asie. Antiochus a atteint son premier but. Dans l'année suivante, au moment même où Philippe va être vaincu aux Cynoscéphales (557), il s'avance contre l'Asie-Mineure avec une flotte de deux cents vaisseaux, dont cent pontés et cent découverts, et commence l'occupation de tous les établissements appartenant naguère à l'Égypte, sur la côte du sud et de l'ouest. L'Égypte les lui avait sans doute concédés à la paix, bien qu'ils fussent alors dans les mains de Philippe, de même qu'elle avait aussi renoncé à toutes ses autres possessions du dehors. Antiochus ne prétend à rien moins qu'à ramener tous les Grecs de l'Asie-Mineure sous son empire. En même temps il réunit une puissante armée à *Sardes*. Par là il atteignait indirectement les Romains, qui tout d'abord avaient imposé à Philippe la condition de retirer ses garnisons des places d'Asie-Mineure, de laisser aux Rhodiens, aux Pergaméniens, leurs territoires intacts, aux villes libres leurs constitutions particulières. Aujourd'hui, Antiochus, au lieu de Philippe, était devenu l'ennemi commun : Attale et les Rhodiens se voyaient de son chef exposés aux graves dangers dont l'imminence, peu d'années avant, les avait contraints à faire la guerre au Macédonien. Naturellement ils s'efforcèrent d'entraîner les Romains dans la guerre nouvelle comme ils avaient fait pour celle qui venait à peine de finir. Dès 555-556, Attale avait demandé du secours à ses alliés d'Italie contre le roi d'Asie, qui se jetait sur ses domaines, pendant que les troupes de Pergame combattaient ailleurs à côté des Romains. Plus énergiques que lui, les Rhodiens, en voyant, au printemps de 557, la flotte d'Antiochus faire voile vers la côte d'Asie-Mineure, lui firent savoir qu'ils tiendraient pour déclaré l'état de guerre, si ses vaisseaux dépassaient les îles *Chélidoniennes* (sur la côte de *Lycie*) [1]. Et Antiochus allant de l'avant, enhardis qu'ils étaient d'ailleurs par la nouvelle arrivée sur l'heure même de la bataille des Cynoscéphales, ils commencèrent aussitôt les hostilités, et couvrirent les villes importantes de Carie, *Caunos, Halicarnasse, Myndos*, ainsi que l'île de *Samos* contre toute agression.

Parmi les villes à demi libres, le plus grand nombre s'était soumis, mais quelques autres, comme la grande cité de *Smyrne*, comme *Alexandrie de Troade* et *Lampsaque*, en apprenant la défaite de Philippe, avaient repris courage; faisaient mine de résister au Syrien, et joignaient leurs instances à celles des Rhodiens auprès de Rome. On ne peut mettre en doute les desseins d'Antiochus, si tant est qu'il fût capable de prendre une résolution, et de la garder. Il ne se contentait plus des possessions asiatiques de l'Égypte, il voulait encore faire des conquêtes sur le continent d'Europe, dût-il en venir aux mains avec Rome, sans d'ailleurs chercher directement la guerre. Rome était donc parfaitement en droit d'exaucer les vœux de ses alliés, et d'intervenir immédiatement en Asie. Pourtant elle montra peu d'empressement. Tant qu'elle eut sur les bras la guerre de Macédoine, elle traîna les choses en longueur; elle ne donna à Attale que le secours d'une intervention purement diplomatique, et tout d'abord efficace, il faut le dire. Après la victoire, elle s'occupa aussi des villes ayant appartenu à Ptolémée et ensuite à Philippe; et déclara qu'Antiochus devait ne point songer à les prendre. On a vit même dans les messages d'État envoyés au Grand-Roi réserver expressément la liberté des

---

[1] [Auj. cap. et îles *Chélidonia*, au S.-O. du golfe d'*Adalia*.]

villes asiatiques d'*Abydos*, de *Cius*, de *Myrina*. Mais elle ne passa point des paroles à l'action; et Antiochus, profitant du départ des garnisons macédoniennes, s'empressa de mettre les siennes à leur place. Rome ne bouge pas. Elle le laisse même opérer une descente en Europe en 558, s'avancer dans la *Chersonèse de Thrace*, y occuper *Sestos* et *Madytos*, consacrer plusieurs mois au châtiment des barbares du pays, et à la reconstruction de *Lysimachie*, dont il fait sa principale place d'armes et la capitale de la nouvelle satrapie dite de *Thrace*. Flamininus, encore préposé aux affaires de la Grèce, lui envoya à Lysimachie des députés, revendiquant l'intégrité du territoire égyptien, et la liberté de tous les Grecs : ambassade inutile! Le roi, comme toujours, invoqua ses droits incontestables sur l'ancien royaume de Lysimaque, jadis conquis par son aïeul Séleucus : « ce n'est point un pays nouveau qu'il veut prendre, ajoute-t-il; il ne fait que restaurer dans son intégrité l'empire de ses pères; et il ne peut accepter l'intervention de Rome dans ses démêlés avec les villes sujettes d'Asie. » Il eût pu dire encore, non sans apparence de raison, qu'il avait conclu la paix avec l'Égypte, et qu'il manquait même un prétexte aux Romains[1]. Mais tout à coup le roi s'en retourne en Asie. Il y est rappelé par la fausse nouvelle de la mort du jeune roi d'Égypte; par le projet aussitôt conçu d'une descente dans l'île de Chypre ou même à Alexandrie. Les conférences avec Rome sont rompues, sans que rien ait été conclu, et à plus forte raison, sans aucun résultat matériel. Cependant l'année suivante (559), Antiochus

---

[1] Si l'on rapproche le témoignage formel de *Hiéronyme* qui place en 556 les fiançailles de la syrienne *Cléopâtre* avec *Ptolémée Épiphanes*, des indications fournies par Tite-Live (33, 40) et par Appien (*Syr.* 3), et du mariage effectivement consommé en 561, il ressort, sans l'ombre d'un doute, que l'immixtion des Romains dans les affaires de l'Égypte en Asie-Mineure n'était en aucune façon motivée de ce chef.

revient à Lysimachie à la tête d'une flotte et d'une armée plus nombreuses, et reprend l'organisation de la satrapie qu'il destine à son fils Séleucus. A Éphèse, il a été rejoint par Hannibal, venu de Carthage en fugitif : l'accueil et les honneurs exceptionnels qu'il rend au grand homme équivalent à une déclaration de guerre avec Rome.

Quoi qu'il en soit, dès le printemps de 560, Fla- *194 av. J.-C* mininus, comme on l'a dit plus haut, retire de Grèce toutes les garnisons romaines. Maladresse insigne dans les circonstances actuelles, sinon même mesure coupable et condamnable alors qu'il agissait en pleine connaissance de cause. On voit trop clairement en effet que, pour pouvoir rapporter à Rome les palmes d'une complète victoire, et l'honneur apparent de la liberté rendue à la Grèce, Flamininus s'est contenté de recouvrir à la surface la flamme non éteinte de la révolte et de la guerre. En tant qu'homme d'État, il avait raison peut-être de considérer comme une faute tout essai d'assujettissement direct de la Grèce, toute immixtion de Rome dans les affaires d'Asie : mais était-il possible de s'abuser sur les symptômes de l'heure actuelle ? L'agitation des partis opposants en Grèce, la folle et infirme jactance des Asiatiques, l'arrivée dans le camp syrien de l'irréconciliable ennemi, qui jadis avait tourné contre Rome les armes de l'Occident : tout cela ne présageait-il pas clairement l'imminence d'une nouvelle levée de boucliers de l'Orient hellénique, dans le but d'arracher la Grèce à la clientèle de Rome, de la placer exclusivement dans celle des États hostiles aux Romains ; et ce but atteint, de pousser plus loin encore ? Rome évidemment ne pouvait tolérer que les choses en vinssent là. Pendant ce temps, Flamininus, les yeux fermés devant les signes avant-coureurs de la guerre, retirait de Grèce les garnisons romaines, et faisait à la même heure notifier au Grand-Roi les exigences de la République, sans avoir la volonté de les appuyer par l'envoi de soldats. Enfin, parlant trop et n'agissant point assez, il oubliait son devoir de général et de citoyen pour ne sacrifier qu'à sa vanité personnelle.

Tout cela était bien, pourvu qu'il pût se vanter d'avoir donné la paix à Rome; et à la Grèce, sur les deux continents, la liberté.

Antiochus se prépare à la guerre.

Antiochus met à profit le répit inespéré qui lui était laissé au dedans et au dehors avec ses voisins; il fortifie sa position avant d'entamer la guerre qu'il a résolue, et qu'il prépare d'autant plus activement que son ennemi semble hésiter. Il conclut le mariage du jeune roi d'Égypte avec sa fille Cléopâtre (561) qu'il lui a naguère fiancée. Les Égyptiens soutinrent plus tard qu'à cette occasion il aurait promis à son gendre la restitution des provinces enlevées au royaume d'Alexandrie; mais leur assertion me semble invraisemblable. De fait, les pays conquis demeurèrent annexés à l'empire syrien [1].

193 av. J.-C.

197.

Il offrit à Eumène, qui était monté sur le trône de Pergame en 557, à la mort d'Attale, son père, de lui rendre les villes prises : il lui offrit aussi une autre de ses filles en mariage, à la condition qu'il abandonnerait l'alliance romaine. Il maria enfin une troisième fille à *Ariarathe*, roi de Cappadoce, gagna les Galates avec des présents, et dompta par la force des armes les Pisidiens et d'autres petits peuples, en état de continuelle révolte. Aux Byzantins il accorde des priviléges étendus. Pour ce qui est des cités grecques d'Asie-Mineure, il proclame qu'il laissera leur indépendance aux

---

[1] Nous avons à cet égard le témoignage formel de Polybe (28,1), confirmé d'ailleurs par l'histoire ultérieure de la Judée. — Eusèbe se trompe (p. 117), quand il fait de *Ptolémée Philométor* le maître de la Syrie. A la vérité, nous voyons en 567; les fermiers syriens des impôts verser à Alexandrie leurs redevances (Josèphe, 12, 4, 7); mais, sans que le droit de souveraineté en fût en rien atteint, la dot de Cléopâtre n'avait-elle pas pu être assignée précisément sur ces redevances? Toute la difficulté, sans doute, vient de là.

187.

anciennes villes libres, comme Rhodes et Cyzique, et qu'il se contentera dans les autres de la reconnaissance purement nominale de sa souveraineté ; ajoutant même qu'il est prêt, à cet égard, à s'en remettre à la décision des Rhodiens, comme arbitres.. Dans la Grèce d'Europe il était sûr du concours des Étoliens, et il espérait bien faire reprendre les armes à Philippe. Il donne son approbation royale aux plans qu'Hannibal lui a soumis. Il lui fournira une flotte de cent voiles, et une armée de dix mille hommes de pied avec mille cavaliers, pour aller à Carthage rallumer une troisième guerre punique, et même pour faire une seconde descente en Italie. Des émissaires tyriens sont expédiés à Carthage afin d'y préparer la nouvelle levée de boucliers (p. 269). On comptait de plus sur le succès de l'insurrection qui mettait toute l'Espagne en feu au moment où Hannibal avait quitté sa patrie (p. 279).

Ainsi se préparait de longue main un immense orage contre Rome : mais comme toujours, ce furent encore les Hellènes, les plus impuissants parmi ceux de ses ennemis appelés à prendre part à l'entreprise, qui témoignèrent de la plus fiévreuse impatience. Les Étoliens, dans leur irascibilité et leur forfanterie, se prirent à croire qu'eux seuls, et non Rome, avaient su vaincre Philippe. Ils n'attendirent pas l'arrivée d'Antiochus en Grèce. Rien ne caractérise mieux leur politique que la réponse de leur stratége à Flamininus, quand celui-ci les sommait d'avoir à déclarer franchement la guerre à Rome : « Cette déclaration de guerre, je la porterai » moi-même, en allant camper sur les bords du Tibre » à la tête de l'armée étolienne ! » Les Étoliens se firent les fondés de pouvoirs du roi syrien en Grèce : mais ils trompèrent tout le monde : Antiochus, en lui faisant croire que tous les Grecs voyaient en lui leur libérateur et lui tendaient les bras ; les Grecs, ou ceux

Manœuvres des coalitions contre Rome.

d'entre les Grecs qui leur prêtaient l'oreille, en leur disant que l'arrivée du roi était prochaine, alors que la nouvelle était de tout point un mensonge. C'est ainsi qu'ils agirent sur l'amour-propre aveugle de Nabis, qui, se déclarant tout à coup, ralluma le feu de la guerre, deux ans à peine après le départ de Flamininus ; et au printemps de l'an 562. Mais leur succès conduisit d'abord à une catastrophe. Nabis s'était jeté sur *Gythion*, l'une des cités libres de *Laconie* que le dernier traité avait concédées aux Achéens, et l'avait prise. Aussitôt l'habile stratége d'Achaïe, *Philopœmen*, marcha contre lui, et le battit près du mont *Barbosthénès* [à l'E. de Sparte]. Le tyran ne rentra qu'avec le quart à peine de ses hommes dans les murs de Sparte, où il se vit aussitôt investi. Un tel début promettant trop peu pour appeler Antiochus en Europe, les Étoliens songèrent à se rendre eux-mêmes maîtres de Sparte, de Chalcis et de Démétriade. Après ces conquêtes importantes, le roi n'hésiterait plus. Tout d'abord ils comptaient prendre Sparte. L'Étolien *Alexamène*, sous couleur d'amener à Nabis les contingents fédéraux, devait pénétrer dans la ville avec mille hommes, se défaire du tyran et occuper la place. Le coup réussit d'abord, et Nabis périt pendant une revue des troupes : mais les Étoliens s'étant répandus dans Sparte pour piller, les Lacédémoniens se rassemblèrent et les tuèrent tous jusqu'au dernier. Làdessus Sparte accepte les conseils de Philopœmen, et entre dans la Ligue achéenne. Les Étoliens ont eu le sort qu'ils méritaient : leur belle entreprise a échoué, et ils n'ont fait que promouvoir la réunion du Péloponnèse presque tout entier dans la faction philo-romaine. A Chalcis, ils ne sont pas plus heureux. Le parti romain a le temps d'y appeler à son secours, contre l'armée étolienne et les exilés chalcidiens servant dans leurs rangs, les citoyens d'*Érétrie* et de *Carystos* d'Eubée appartenant à son opinion. Il n'en fut pourtant pas de même à Démétriade : là les *Magnètes*, à qui la ville était échue, craignaient, non sans raison, que les Romains ne l'eussent promise à Philippe pour prix de sa coopération contre Antiochus. Sous le prétexte de donner la conduite à *Eurylochos*, chef du parti anti-romain, et rappelé dans la ville, quelques escadrons de cavalerie étolienne s'y glissèrent avec lui et l'occupèrent. Moitié de gré, moitié de force, les Magnètes se rangèrent de leur côté, et l'on fit sonner bien haut ce succès auprès du Séleucide.

Antiochus prit son parti. La rupture avec Rome était désormais inévitable, de quelques palliatifs qu'on eût usé jusque-là, ambassades ou autres voies dilatoires. Dès le printemps de 561, Flamininus, qui dans le Sénat gardait la haute main sur les affaires d'Orient, avait dénoncé l'*ultimatum* de la République aux ambassadeurs royaux *Ménippe* et *Hégésianax* : « Qu'Antiochus vide » l'Europe et fasse selon son bon plaisir en Asie, ou » qu'il retienne la Thrace, mais en reconnaissant le » protectorat de Rome sur Smyrne, Lampsaque et » Alexandrie de Troade ! » Une autre fois, à l'ouverture de la campagne de 562, il avait été négocié sur les mêmes bases, à Éphèse, où le roi avait sa principale place d'armes et sa résidence d'Asie-Mineure. Les envoyés du Sénat, *Publius Sulpicius* et *Publius Villius*, s'en étaient allés sans rien terminer. Des deux parts on savait désormais que les difficultés ne pouvaient plus se régler à l'amiable. Rome avait pris son parti de faire la guerre. Pendant l'été (562), une flotte italienne de trente voiles, ayant trois mille soldats à bord et *Aulus Atilius Serranus* pour chef, se montre devant *Gythion* où il suffit de sa présence pour activer la conclusion du traité entre les Achéens et les Spartiates. Les côtes orientales de la Sicile et de l'Italie sont fortement

Rupture entre Antiochus et les Romains.

193 av. J.-C.

192.

192.

garnies et peuvent repousser toute tentative de débarquement : une armée de terre descendra en Grèce à l'automne. De l'ordre exprès du Sénat, Flamininus, depuis le printemps, parcourait toute la Grèce, refoulant dans l'ombre les intrigues du parti hostile, et réparant de son mieux les conséquences de son évacuation prématurée. Chez les Étoliens, les choses en étaient venues au point qu'en pleine diète la guerre contre Rome avait été formellement votée. Mais Flamininus put encore sauver Chalcis, en y jetant une garnison de cinq cents Achéens et de cinq cents Pergaméniens. Il tenta de regagner Démétriade, où les Magnètes se montrèrent hésitants. Quant au roi, occupé qu'il était encore à vaincre la résistance de plusieurs villes de l'Asie-Mineure, qu'il aurait voulu avoir avant d'entreprendre une plus grande guerre, il ne pouvait différer davantage sa descente en Grèce, à moins de laisser les Romains reprendre tous les avantages que deux ans avant ils avaient compromis et perdus, en retirant trop tôt leurs garnisons de l'intérieur du pays. Le roi réunit donc les troupes et la flotte qu'il avait sous la main : il part avec quarante navires pontés, dix mille hommes de pied, cinq cents chevaux et six éléphants : il se dirige vers la Grèce par la Chersonèse de Thrace, aborde dans l'automne de 562 à *Ptéléon*, sur le golfe de *Pagasée*, et occupe aussitôt la place voisine, Démétriade. Presque au même moment une armée romaine d'environ vingt-cinq mille hommes, commandée par le préteur *Marcus Bœbius*, débarquait à Apollonie. La guerre était commencée des deux parts.

192 av. J.-C.

Puissances secondaires.

Qu'allait-il advenir de cette vaste coalition contre Rome à la tête de laquelle Antiochus voulait se mettre ? Le nœud de la question était là.

Carthage et Hannibal.

Quant à Carthage et aux ennemis suscités à Rome en Italie, disons tout d'abord qu'Hannibal, à la cour d'Éphèse comme partout ailleurs, vit échouer ses vastes et courageux desseins devant les petits calculs de gens vils et égoïstes. C'était là le sort du grand homme. Rien ne se fit pour exécuter ses plans, qui ne servirent qu'à compromettre plusieurs patriotes de Carthage : mais Carthage elle-même n'avait pas le choix, et se mit sans condition dans la main de Rome. La *camarilla* du roi ne voulait pas d'Hannibal. Sa grandeur était incommode aux courtisans. Ils eurent recours aux plus ignobles moyens : ils accusèrent un jour de conspiration secrète avec les envoyés de la République celui « dont le nom servait à Rome d'épouvantail pour les enfants. » Ils firent tant et si bien que le *grand* Antiochus, qui, comme tous les rois faibles, se complaisait dans la soi-disant indépendance de son génie, et se laissait dominer d'autant plus qu'il redoutait davantage d'être dominé, prit la résolution, très-sage à ses yeux, de ne point aller se perdre dans l'ombre glorieuse de « l'hôte carthaginois. » Il fut décidé en grand conseil qu'Hannibal ne recevrait que d'insignifiantes missions, et qu'on se contenterait de lui demander des avis; sauf, comme de juste, à ne jamais les suivre. Hannibal se vengea noblement de tous ces misérables : à quoi qu'on l'employât, il réussit avec éclat.

En Asie, la *Cappadoce* tint pour le Grand-Roi ; mais *Prusias*, roi de *Bithynie*, se mit, comme toujours, du côté du plus fort. Eumène resta fidèle à la politique de sa maison. Il allait enfin toucher sa récompense. Non content de rejeter obstinément les propositions d'Antiochus, il avait poussé les Romains à une guerre dont il attendait l'agrandissement de son royaume. Les Rhodiens et les Byzantins n'abandonnèrent pas non plus Rome, leur ancienne alliée. L'Égypte enfin se rangea de son côté, offrant des munitions et des hommes que les Romains ne voulurent point accepter.

États de l'Asie-Mineure.

La Macédoine. Mais c'était surtout en Europe que l'attitude du roi de Macédoine pouvait devenir décisive. Peut-être que la saine politique eût conseillé à Philippe d'oublier le passé, tout ce qu'Antiochus avait fait ou omis de faire, et de réunir ses armes aux siennes: mais ce n'était point par de telles raisons que Philippe avait coutume de se conduire. N'obéissant qu'à ses affections, à ses antipathies, il haïssait bien davantage l'infidèle allié qui l'avait laissé seul exposé aux coups de l'ennemi commun, pour enlever à son détriment, à lui Philippe, une part du butin, et qui s'était fait en Thrace son voisin incommode. Les Romains, ses vainqueurs, ne s'étaient-ils pas, au contraire, montrés pour lui pleins d'égards? Antiochus commit encore la double faute d'accorder faveur à d'indignes prétendants au trône de Macédoine, et de faire enterrer avec une pompe affectée les ossements blanchis des soldats macédoniens trouvés sur le champ de bataille des Cynoscéphales : c'étaient là autant d'injures mortelles à l'adresse de Philippe. Le fougueux roi mit aussitôt toutes ses forces, et sans arrière pensée, à la disposition des Romains.

Les petits États grecs. Le second État grec, la Ligue achéenne, s'était prononcé en leur faveur avec la même énergie. Parmi les moindres républiques, deux seulement restaient en dehors, celle des Thessaliens et celle des Athéniens : chez les derniers, une garnison achéenne, placée par Flamininus dans l'Acropole, tenait en respect les patriotes, assez nombreux d'ailleurs. Les Épirotes se donnèrent beaucoup de peine pour ne déplaire ni aux uns ni aux autres. En somme, Antiochus ne vit venir à lui, en sus des Étoliens et des Magnètes auxquels s'était jointe une partie des *Perrhébes*, leurs voisins, que le faible roi des Athamaniens, *Amynandre*, ébloui par ses folles visées à la couronne de Macédoine; que les Bœotiens, toujours dominés par la faction hostile à Rome, et que les Éléates et les Messéniens dans le Péloponnèse, toujours du côté des Étoliens contre l'Achaïe. C'était là certes un pauvre début; et les Étoliens, comme pour ajouter le ridicule à la faiblesse, décernèrent au Grand-Roi le titre de général en chef avec le pouvoir absolu dans le commandement. Comme d'ordinaire, on s'était dupé des deux parts : au lieu des armées innombrables de l'Asie, Antiochus n'amenait qu'une troupe à peine égale à une armée consulaire; et au lieu d'être reçu à bras ouverts par tous les Grecs, acclamant leur libérateur, il ne voyait venir à lui qu'une ou deux hordes de *Klephtes*, et que les citoyens affolés d'une ou deux cités.

Pourtant, dès cette heure, il avait pris en Grèce les devants sur Rome. Chalcis, où les alliés des Romains avaient une garnison, refusa de se rendre à la première sommation : mais le roi, approchant avec toutes ses troupes, elle ouvrit ses portes, et une division romaine, accourue trop tard, fut anéantie par Antiochus à *Delium*. L'Eubée était perdue. Durant l'hiver, le roi, de concert avec les Étoliens et les Athamaniens, poussa une pointe vers la Thessalie, et occupa les Thermopyles; il prit ensuite Phères et d'autres villes. Mais *Appius Claudius* arrivant d'Apollonie avec deux mille hommes, dégagea Larisse et s'y logea. Pour Antiochus, las déjà de sa campagne d'hiver, il choisit Chalcis pour ses quartiers, y menant joyeuse vie, oublieux de ses cinquante ans et de la guerre qu'il avait sur les bras, et célébrant ses noces nouvelles avec une belle Chalcidienne. L'hiver de 562 à 563 se passa donc à ne rien faire en Grèce, si ce n'est à écrire et recevoir force missives; le roi « menait la guerre avec l'encre et la plume, » selon le mot d'un officier romain. Aux premiers jours du printemps (563), l'état-major de l'armée romaine prit terre enfin à Apollonie. Son chef était *Manius Acilius Glabrio*, homme d'extraction obscure, mais vigoureux capitaine et par

Antiochus en Grèce.

192-191 av. J.-C.

191.

Arrivée des Romains.

cela même redouté de ses ennemis comme de ses soldats. L'amiral de la flotte était *Gaius Livius*. Parmi les tribuns militaires, on comptait *Caton*, qui naguère avait dompté l'Espagne, et *Lucius Valerius Flaccus;* ces anciens consulaires, fidèles à la tradition des Romains d'autrefois, s'estimaient honorés de rentrer dans l'armée comme simples chefs de légion. Avec eux arrivèrent des renforts en vaisseaux et en soldats, des cavaliers numides, et des éléphans envoyés de Libye par Massinissa. Le Sénat les autorisait à demander aux alliés non italiens jusqu'à cinq mille auxiliaires : par là bientôt l'armée romaine put mettre quarante mille hommes en ligne. Le roi avait débuté par une course chez les Étoliens ; puis il avait fait une pointe inutile en Acarnanie. A la nouvelle du débarquement de Glabrion, il revint à son quartier général pour entamer enfin sérieusement les opérations ; mais il subit la peine de sa négligence et de celle de ses hauts fonctionnaires d'Asie. Chose incroyable, nul renfort ne lui vint, et il demeura impuissant à la tête de la petite armée qu'il avait amenée l'automne d'avant à *Ptéléon*, celle-ci encore décimée durant l'hiver par la maladie et les désertions, résultat des débauches de Chalcis. Les Étoliens, qui devaient aussi fournir d'innombrables soldats, quand l'heure eut sonné, ne lui donnèrent que quatre mille hommes. Déjà les Romains agissaient en Thessalie. Leur avant-garde y faisait sa jonction avec l'armée macédonienne, chassait des villes les garnisons du roi, et occupait le territoire des Athamaniens. Le consul suivit bientôt avec le gros de l'armée, qu'il réunit tout entière sous Larisse. Antiochus n'avait qu'un parti à prendre, celui de s'en retourner au plus vite en Asie et de céder partout à un ennemi démesurément plus fort. Loin de là, il imagina de se retrancher dans les Thermopyles, dont il occupait les positions, et d'y attendre l'arrivée de ses renforts. Se

Bataille des Thermopyles.

plaçant sur la route principale, il ordonna aux Étoliens de garder le sentier du haut, par où Xerxès avait autrefois tourné les Spartiates. Mais les Étoliens n'obéirent qu'incomplétement ; et la moitié de leur petit corps, deux mille hommes environ, se jeta dans la place voisine d'*Héraclée*, où ils ne prirent part au combat qu'en essayant, à l'heure où les deux armées en venaient aux mains, de surprendre et de piller le camp des Italiens. Quant à ceux apostés au haut de la montagne, ils tenaient pour au-dessous d'eux de se garder et d'observer la discipline. Caton enleva leurs postes sur le *Callidromos*; et la phalange des Asiatiques, attaquée déjà de front par le consul, fut rompue en peu d'instants par les Romains tombés sur ses flancs du haut de la montagne. Antiochus n'avait songé à rien, pas même à la retraite : son armée périt tout entière sur le champ de bataille et dans la déroute.

Quelques hommes seulement purent entrer dans Démétriade : le roi revint à Chalcis avec cinq cents soldats. Il fit voile aussitôt pour Éphèse. Toutes ses possessions d'Europe étaient perdues, sauf les villes de Thrace. Il n'y avait point à songer à se défendre. Chalcis se rendit aux Romains, Démétriade à Philippe. De plus, et pour l'indemniser de la restitution de *Lamia*, dans la *Phthiotide achéenne*, que le Macédonien avait assiégée, puis aussitôt relâchée à la demande de Rome, on abandonna à ses armes toutes les villes de la Thessalie propre, toutes celles de la frontière étolienne, du pays des *Dolopes* et des *Apérans* qui avaient tenu pour Antiochus. Quiconque dans la Grèce s'était prononcé en sa faveur s'empresse de faire la paix. Les Épirotes sollicitent le pardon de leur duplicité. Les Bœotiens se rendent à merci : pour les Éléates et les Messéniens, — ceux-ci du moins après quelque résistance, — ils entrent en accord avec la Ligue achéenne. La prédiction d'Han-

Les Romains maîtres de la Grèce.

nibal au roi s'accomplissait à la lettre. Nul fond à faire sur ces Grecs, toujours à plat ventre devant le vainqueur ! Il n'y eut pas jusqu'aux Étoliens qui ne demandassent la paix : leur petit corps enfermé dans Héraclée n'avait capitulé qu'après une défense opiniâtre. Mais les Romains étaient irrités : le consul leur fit de dures conditions ; et Antiochus leur ayant envoyé à propos un secours d'argent, ils reprirent courage, et tinrent tête à l'ennemi durant deux mois, dans les murs de Naupacte. La place, réduite aux abois, allait enfin capituler ou subir l'assaut, quand Flamininus s'entremit. Toujours désireux de préserver les villes grecques des suites désastreuses de leurs folies, et de les tirer des mains de ses rudes collègues, il procure aux Étoliens une trêve telle quelle. Pour quelque temps, dans toute la Grèce, les armes du moins reposent.

Résistance des Étoliens.

Et maintenant Rome avait à porter la guerre en Asie : entreprise qui semblait difficile, non point tant à cause de l'ennemi qu'à cause de l'éloignement, et des communications peu sûres entre l'armée et l'Italie. Avant tout, il fallait se rendre maître de la mer. Pendant la campagne de Grèce, la flotte romaine avait eu la mission de couper les communications entre l'Europe et l'Asie-Mineure : à l'époque même de la bataille des Thermopyles, elle avait eu la bonne chance d'enlever près d'Andros un fort convoi venant de l'Orient. A l'heure actuelle, elle est occupée à préparer pour l'année qui va suivre le passage des Romains de l'autre côté de la mer Egée, et d'en expulser les navires de l'ennemi. Ceux-ci se tenaient dans le port de *Cyssos*, sur la rive sud du promontoire ionien qui s'avance vers *Chios* : les Romains allèrent les y chercher. Gaius Livius avait sous ses ordres soixante-quinze vaisseaux pontés italiens, vingt-cinq pergaméniens et six carthaginois. L'amiral syrien *Polyxénidas*, émigré de Rhodes, n'avait que soixante-dix na-

Guerre sur mer et préparatifs de débarquement en Asie.

vires à mettre en ligne; mais comme l'ennemi allait s'augmenter encore du renfort des Rhodiens, Polyxénidas comptant d'ailleurs sur l'excellence de ses marins de Tyr et de Sidon, accepta le combat sans hésiter. Tout d'abord, les Asiatiques coulèrent bas un des vaisseaux carthaginois; mais dès qu'on en vint à l'abordage, et que les *corbeaux* jouèrent, l'avantage fut du côté de la bravoure romaine. Les Asiatiques durent à leurs rames et à leur voilure plus rapides de ne perdre que vingt-trois de leurs embarcations. Au moment même où ils poursuivaient les vaincus, les Romains virent encore venir à eux vingt-cinq voiles rhodiennes; ils avaient dès lors une supériorité décidée dans les eaux de l'Orient. L'ennemi se tint clos dans le port d'Éphèse. Ne pouvant l'amener à tenter une seconde bataille, les coalisés se séparèrent durant l'hiver, et la flotte romaine s'en alla dans le port de *Cané*, non loin de Pergame. — Des deux côtés, les préparatifs sont activement menés pour la prochaine campagne. Les Romains s'efforcent d'entraîner à eux les Grecs d'Asie-Mineure, et Smyrne, qui avait opiniâtrément résisté au roi, lorsqu'il avait voulu la prendre, les reçoit à bras ouverts. Il en arrive de même à Samos, à Chios, à *Érythrées*, à *Clazomène*, à Phocée, à Cymé : partout le parti romain triomphe. Mais Antiochus voulait à tout prix empêcher le passage de l'armée italienne en Asie. Il pousse partout ses armements maritimes. La flotte stationnant à Éphèse sous les ordres de Polyxénidas se refait et s'augmente, pendant qu'en Lycie, en Syrie et en Phénicie, Hannibal en forme une seconde. De plus il rassemble en Asie-Mineure une puissante armée de terre appelée de tous les coins de son vaste empire.

Dès les premiers mois de l'an 564 la flotte romaine se met en mouvement. Gaius Livius donne l'ordre de surveiller l'escadre asiatique d'Éphèse aux Rhodiens, qui

190 av. J. C.

cette fois sont arrivés à l'heure dite avec trente-six voiles : puis prenant avec lui les vaisseaux de Rome et de Pergame, il met le cap sur l'Hellespont. Il a reçu mission d'y enlever les forteresses dont la possession devra faciliter le passage. Déjà il a occupé Sestos : déjà Abydos est aux abois, quand tout à coup il apprend que la flotte rhodienne a été battue. L'amiral de Rhodes, *Pausistratès*, s'endormant sur les paroles de son compatriote, qui faisait mine de déserter le service d'Antiochus, s'était laissé surprendre dans le port de Samos. Il avait trouvé la mort dans le combat : tous ses vaisseaux, sauf cinq rhodiens et deux navires de *Cos*, avaient péri : Samos, Phocée, Cymé s'étaient aussitôt soumises à *Séleucus*, chargé par son père du commandement des troupes de terre dans ces parages. Mais bientôt les Romains arrivant les uns de Cané, les autres de l'Hellespont, les Rhodiens viennent les renforcer avec vingt nouvelles voiles; et toute la flotte réunie devant Samos oblige encore Polyxénidas à se renfermer dans le port d'Éphèse. Là, il refuse obstinément le combat, et comme les Romains ne sont point assez forts en hommes pour attaquer par terre, ils se voient réduits à leur tour à l'immobilité dans leur poste. Ils envoient seulement une division à *Patara*, sur la côte de Lycie, pour tranquilliser les Rhodiens menacés de ce côté, et surtout pour barrer la route de la mer Égée à Hannibal, chargé de la conduite de la seconde escadre ennemie. L'expédition contre Patara ne produit rien. Irrité de ces insuccès, l'amiral romain, *Lucius Æmilius Régulus*, à peine arrivé de Rome avec vingt vaisseaux pour relever Gaius Livius de charge, lève l'ancre et veut emmener toute sa flotte dans les eaux de Lycie. Ses officiers ont peine, durant la route, à lui faire entendre raison.

 Il ne s'agit point tant de prendre Patara, que d'être maîtres de la mer. Régulus se laisse donc ramener sous

Samos. Sur le continent d'Asie, Séleucus a mis le siége devant Pergame, pendant qu'Antiochus, avec le gros de son armée, ravage le pays pergaménien et les terres des Mytiléniens. Le roi espère qu'il pourra en finir avec ces odieux Attalides avant l'arrivée des secours que Rome leur envoie. La flotte romaine se porte sur *Elée*, sur *Hadramytte*, pour tenter de dégager l'allié de Rome : vaine démarche ! Que faire sans troupes de terre ? Pergame semble perdue sans ressources. Mais le siége est mollement, négligemment conduit : Eumène en profite pour jeter dans la ville un corps auxiliaire achéen que commande *Diophanès* : et des sorties hardies et heureuses obligent à se retirer les Gaulois qu'Antiochus avait envoyés pour investir la place. Dans les eaux du sud, le roi n'a pas meilleure chance. Longtemps arrêtée par des vents d'ouest constants, la flotte qu'Hannibal avait armée et commandait, remonta enfin vers la mer Égée ; mais arrivée devant *Aspendos* en Pamphylie, aux bouches de l'*Eurymédon*, elle se heurta contre une escadre rhodienne sous les ordres d'*Eudamos*. Le combat s'engagea. L'excellence des vaisseaux rhodiens, mieux construits et pourvus de meilleurs officiers, leur donna l'avantage sur la tactique du grand Carthaginois et sur le nombre des Asiatiques. Hannibal fut défait dans cette bataille maritime, la première qu'il eût jamais livrée. Ce fut aussi là son dernier combat contre Rome. Les Rhodiens victorieux allèrent ensuite se poster devant Patara, empêchant ainsi la réunion des deux flottes ennemies. Dans la mer Égée, les coalisés s'étaient affaiblis en détachant une escadre pergaménienne avec mission d'appuyer l'armée de terre au moment où elle atteindrait l'Hellespont. Polyxénidas vint les chercher devant leur station de Samos. Il avait neuf vaisseaux de plus qu'eux. Le 23 décembre 564, selon le calendrier ancien, vers la fin d'août de la même année, selon le calendrier ré-

190 av. J.-C.

formé, la bataille eut lieu sous le promontoire de *Myonnèsos*, entre *Téos* et *Colophon*. Les Romains rompant la ligne ennemie, enveloppèrent l'aile gauche de Polyxénidas, et lui prirent ou coulèrent quarante-deux navires. Pendant de longs siècles, une inscription en vers saturniens, placée sur les murs du temple des dieux de la mer, construit au Champ de Mars en commémoration de cette victoire, a raconté à la postérité comment les flottes d'Asie avaient été défaites sous les yeux d'Antiochus et de son armée de terre; et comment les Romains « avaient par là tranché un grand débat, et triomphé des rois. » A dater de ce jour nulle voile ennemie n'osa plus se montrer en pleine mer, et nul ne tenta désormais de s'opposer au passage des soldats de la République.

Expédition d'Asie. Pour diriger l'expédition d'Asie, Rome avait fait choix du vainqueur de Zama. A l'*Africain* appartenait en réalité le commandement suprême, nominalement conféré à *Lucius Scipion*, son frère, homme médiocre par l'esprit et par le talent militaire. Les réserves jusque-là maintenues en Italie étaient expédiées en Grèce : l'armée de *Glabrio* devait passer en Asie. Aussitôt qu'on sut qui allait la conduire, cinq mille vétérans des guerres puniques se firent inscrire, voulant servir encore une fois sous leur général favori. Au mois de juillet romain, au mois de mars, dans la réalité, les Scipions arrivèrent à l'armée, pour y commencer les opérations de la guerre : mais quelle ne fut pas la déception chez tous, quand, au lieu d'aller en Orient, il fallut s'engager d'abord dans des combats sans fin avec les Étoliens soulevés par le désespoir? Le Sénat, fatigué des ménagements infinis de Flamininus pour la Grèce, leur avait donné à choisir entre le payement d'une contribution de guerre énorme et la reddition à merci. Ils avaient aussitôt couru aux armes. Impossible de prévoir le terme de cette guerre de montagnes et de forteresses. Scipion tourna l'obstacle en leur accordant une trêve de six mois, et prit immédiatement le chemin de l'Asie. L'ennemi ayant encore dans la mer Égée une flotte, il est vrai bloquée ; et son escadre du sud, malgré la surveillance des vaisseaux apostés sur sa route, pouvant au premier jour déboucher dans l'Archipel, il parut plus sage de prendre par la Macédoine et la Thrace. De ce côté, on pouvait atteindre l'Hellespont sans encombre. Philippe de Macédoine inspirait toute confiance ; et, sur l'autre rive, on trouvait un allié fidèle, *Prusias*, roi de Bithynie ; enfin, la flotte romaine pouvait se poster dans le détroit en toute facilité. L'armée longea donc la côte, non sans fatigues, mais sans pertes sensibles ; et Philippe qui veillait sur ses approvisionnements, lui ménagea aussi un amical accueil chez les peuples sauvages de la Thrace. Mais le temps avait marché : on avait perdu bien des jours en Étolie, et dans ces longues étapes : l'armée ne toucha la Chersonnèse de Thrace qu'à l'heure même de la bataille navale de *Myonnèsos*. Qu'importe ! La fortune sert Scipion en Asie comme elle l'a jadis servi en Espagne et en Afrique ; et elle balaye devant lui les obstacles.

A la nouvelle du désastre de Myonnèsos, Antiochus a perdu la tête. En Europe, tandis qu'il fait évacuer la forte place de Lysimachie, toute remplie de soldats et de munitions, et dont la population nombreuse se montrait dévouée au reconstructeur de la cité : tandis qu'il oublie et abandonne les garnisons d'*Ænos* et de *Maronée*, négligeant d'anéantir les riches magasins dont l'ennemi fera sa proie, sur la rive d'Asie il ne fait rien pour opposer aux Romains même l'ombre de la résistance. Alors qu'ils débarquent tout à l'aise, il se tient dans *Sardes*, immobile et consumant les heures en de vaines lamentations contre le sort. Nul doute pourtant que si

Les Romains passent l'Hellespont.

Lysimachie eût résisté jusqu'à la fin de l'été, alors prochaine, ou que si la grande armée du roi se fût avancée jusqu'à la rive d'Asie, Scipion se serait vu contraint de prendre ses quartiers d'hiver sur la côte d'Europe, en lieu peu sûr, militairement et politiquement parlant. Quoi qu'il en soit, les Romains s'établissant sur la côte d'Asie prirent quelques jours de repos, et attendirent leur général retenu en arrière par l'accomplissement de ses devoirs religieux. A ce moment arrivèrent au camp des envoyés du Grand-Roi, sollicitant la paix. Antiochus offrait la moitié des frais de la guerre, et l'abandon de toutes ses possessions en Europe, comme de toutes les villes grecques d'Asie-Mineure qui s'étaient tournées du côté de Rome. Scipion exigea le payement entier des dépenses de guerre et l'abandon de toute l'Asie-Mineure. « Les propositions d'Antiochus, » ajouta-t il, « eussent » été acceptables si l'armée se fût encore trouvée devant » Lysimachie ou en deçà de l'Hellespont ; elles ne suf- » fisent plus aujourd'hui que les chevaux tout bridés » portent déjà leurs cavaliers ! » Le Grand-Roi voulut alors acheter la paix selon la mode orientale ; il offrit des monceaux d'or au général ennemi, la moitié, dit-on, de ses revenus d'une année ! Il échoua, cela va sans dire : pour tout remercîment de la remise sans rançon de son fils capturé par les Asiatiques, le fier citoyen de Rome lui fit dire, à titre de conseil d'ami, qu'il n'avait rien de mieux à faire que de subir la paix sans conditions ; et pourtant la situation n'était point désespérée. Si le roi avait su se décider à traîner la guerre en longueur, s'enfonçant dans les profondeurs de l'Asie, et attirant les Romains derrière lui, peut-être eût-il changé la face des affaires. Au lieu de cela, il s'exaspère follement contre l'orgueil sans doute calculé du Romain ; et trop peu ferme d'ailleurs pour conduire avec suite et méthode une lutte qui pourrait durer, il aime mieux précipiter sur les légions les masses bien plus nombreuses et indisciplinées de ses troupes. Les légions n'avaient rien à craindre de la rencontre. Elle eut lieu non loin de Smyrne, à *Magnésie*, dans la vallée de l'*Hermos*, au pied du mont *Sipyle*, dans les derniers jours de l'automne de 564. Antiochus avait quatre-vingt mille hommes, dont douze mille cavaliers, en ligne ; les Romains, en comptant leurs cinq mille auxiliaires, Achéens, Pergaméniens, Macédoniens volontaires, n'atteignaient pas à la moitié de ce chiffre ; mais sûrs qu'ils étaient de vaincre, ils n'attendirent pas la guérison du général, demeuré malade à Élée. *Gnæus Domitius* prit le commandement à sa place. Pour pouvoir utiliser toutes ses forces, Antiochus les partagea en deux divisions. Dans l'une étaient toutes les troupes légères, les *Peltastes*, archers et frondeurs, les *Sagittaires* à cheval des *Mysiens*, des *Dahes* et des *Élyméens* ; les Arabes montés sur leurs dromadaires, et les chars armés de faux : dans l'autre, rangée sur les deux ailes, était la grosse cavalerie des *Cataphractes* (espèce de cuirassiers) : près d'eux, en allant vers le centre, l'infanterie gauloise et cappadocienne, et enfin, au milieu, la phalange, armée à la Macédonienne ; celle-ci comptant seize mille soldats, vrai noyau de l'armée, mais qui ne put se développer faute d'espace, et qui se rangea en deux corps, sur trente-deux rangs de profondeur. Dans les deux grandes divisions, cinquante-quatre éléphants étaient répartis entre les masses des *phalangites* et celles de la grosse cavalerie. Les Romains ne placèrent que quelques escadrons à leur aile gauche : là, le fleuve les couvrait. Toute leur cavalerie, toute leur infanterie légère se mit à la droite, où commandait Eumène, les légions se tenant au centre. Eumène commença le combat. Il lança ses archers et ses frondeurs contre les chars, avec ordre de tirer sur les attelages. Les chars, rapidement dispersés, se rejettent sur les cha-

Bataille de Magnésie.

190 av. J.-C.

meaux qu'ils entraînent avec eux; et dès ce moment le désordre se met dans la grosse cavalerie massée derrière, à l'aile gauche de la seconde division des Asiatiques. Aussitôt Eumène, avec les trois mille chevaux qui composent toute la cavalerie romaine, se jette sur les mercenaires à pied de la même division qui se tiennent entre la phalange et la gauche des *cataphractes* : les mercenaires fléchissent, et avec eux les cavaliers tournent le dos et s'enfuient pêle-mêle. C'est alors que la phalange, après les avoir tous laissés passer, se prépare à marcher contre les légions : mais Eumène l'attaque de flanc avec sa cavalerie, et l'arrête, obligée qu'elle est de faire face sur deux fronts. La profondeur de son ordonnance lui fut ici utile. Si la grosse cavalerie eût pu lui prêter aide, le combat se serait rétabli ; mais toute l'aile gauche était dispersée; mais Antiochus, avec sa droite qu'il conduisait, après avoir repoussé les quelques escadrons postés devant lui, avait marché sur le camp romain, qui ne se défendit qu'à grande peine. Aux Romains eux-mêmes la cavalerie faisait défaut à l'heure décisive. Se gardant de pousser les légions sur la phalange, ils envoient contre elle aussi leurs archers et les frondeurs dont tous les coups portent dans ses rangs épais. Les phalangites reculent en bon ordre; mais tout à coup les éléphants placés dans les intervalles prennent peur, et les rompent. C'était la fin du combat. Toute l'armée se débande et fuit. Antiochus veut défendre le camp, mais sans succès; cet effort ne sert qu'à accroître les pertes en morts et en prisonniers. En les évaluant à cinquante mille hommes, il se peut que la tradition n'exagère pas, tant fut grande la confusion, tant fut grand le désastre. Quant aux Romains, qui n'avaient pas même eu à engager les légions, cette victoire, qui leur livrait le troisième continent du monde, leur coûtait vingt-quatre cavaliers et trois cents fantassins. L'Asie-Mineure se soumit, Éphèse, toute la première, d'où l'amiral d'Antiochus dut aussitôt s'enfuir, et y compris Sardes, la résidence royale. Le roi demanda la paix à tout prix : les conditions furent celles exigées avant le combat ; elles comprenaient l'évacuation totale de l'Asie-Mineure. Jusqu'à la ratification des préliminaires, l'armée romaine resta dans le pays aux frais du vaincu ; il ne lui en coûta pas moins de 3,000 talents (5,000,000 de *Thal.*, ou 18,750,000 fr.). Antiochus se consola vite de la perte de la moitié de ses États, et au milieu des jouissances de sa vie sensuelle on l'entendit même un jour se targuer de la reconnaissance due à ces Romains, « qui l'avaient débarrassé des fatigues d'un trop grand empire ! » Quoi qu'il en soit, au lendemain de la journée de Magnésie, le royaume des Séleucides demeura rayé de la liste des grandes puissances ; chute honteuse et rapide s'il en fut jamais, et qui marque le règne du *Grand Antiochus !* Pour lui, à peu de temps de là (567), il s'en alla piller le temple de Bel, à *Elymaïs*, sur le golfe Persique. Il comptait sur les trésors sacrés pour remplir ses coffres vides. Le peuple furieux le tua.

La paix est conclue.

187 av J.-C.

Vaincre n'était point assez. Rome avait encore à régler les affaires de l'Asie et de la Grèce. Antiochus abattu, ses alliés et ses satrapes dans l'intérieur du pays, les Dynastes de Phrygie, de Cappadoce et de Paphlagonie hésitaient à se soumettre, se fiant à leur éloignement. Pour les Gaulois d'Asie-Mineure, qui sans être les alliés officiels d'Antiochus l'avaient laissé, suivant leur usage, acheter chez eux des mercenaires, ils croyaient de même n'avoir rien à craindre des Romains. Mais le général qui était venu remplacer Lucius Scipion en Asie au commencement de 565 (il se nommait *Gnæus Manlius Vulso*) trouva dans le fait de cette tolérance le prétexte dont il avait besoin. Il voulait à la fois se faire valoir auprès du gouvernement de la République.

Expédition contre les Celtes d'Asie-Mineure.

189 av. J.-C.

et établir sur les Grecs d'Asie le protectorat puissant que Rome infligeait déjà aux Espagnes et à la Gaule. Sans donc autrement se soucier des objections des plus notables sénateurs, lesquels ne voyaient ni cause ni but suffisants à la guerre, il partit tout à coup d'Éphèse, saccageant sans raison ni mesure les villes et les principautés du *Haut-Méandre* et de la Pamphylie, et tourna au nord vers la région des Celtes. Leur tribu occidentale, celle des *Tolistoboïes*, s'était cantonnée sur le mont *Olympe*; une autre peuplade plus centrale s'était réfugiée, corps et biens, sur les hauteurs de *Magaba*. Là elles espéraient pouvoir tenir jusqu'à ce que l'hiver obligeât l'étranger à battre en retraite. Vain espoir! Les frondeurs et les archers romains allèrent les atteindre jusque dans leurs repaires : les armes de jet, inconnues aux barbares, produisaient en toute occasion l'irrésistible effet de ces armes à feu que les Européens employèrent plus tard contre les sauvages du nouveau monde. Les Romains furent bientôt maîtres de la montagne; et les Gaulois succombèrent dans une sanglante affaire, pareille à tant d'autres batailles qui s'étaient jadis livrées sur les bords du Pô, ou qui devaient se livrer un jour sur les bords de la Seine. Étrange rencontre, sans doute, moins étrange pourtant que l'immigration même des Celtes du Nord au milieu des populations grecques et phrygiennes de l'Asie! Dans l'une et l'autre région *galates*, les morts, les prisonniers furent innombrables : ce qui resta des deux tribus s'enfuit vers l'*Halys*, dans la contrée du troisième peuple frère, les *Trocmes*. Le consul ne les suivit pas : il n'osa franchir une frontière délimitée déjà dans les préliminaires convenus entre Antiochus et Scipion [1].

---

[1] [Tout ce curieux épisode de la guerre des Galates est raconté compendieusement par Tite-Live (38, 12 et s.). Il a fait récemment l'objet d'une intéressante dissertation archéologique et scientifique de M. Félix

Revenons au traité de paix. Il comprenait en partie le règlement des affaires de l'Asie-Mineure (565), règlement qu'acheva une commission romaine présidée par Vulso. Outre les otages donnés par le roi (parmi eux l'on comptait son plus jeune fils, portant aussi le nom d'Antiochus); outre une contribution de guerre en rapport avec la richesse de l'Asie et qui ne s'élevait pas à moins de 15,000 talents *eubéens* (25,500,000 *thal.*, ou 87,625,000 fr.), le premier cinquième payable comptant, le reste remboursable en onze termes annuels, Antiochus se vit enlever, comme on l'a vu, toutes ses possessions européennes; et en Asie-Mineure le pays à l'ouest de l'*Halys* dans tout son cours, et à l'ouest du rameau du Taurus, qui sépare la Cilicie de la *Lycaonie* : bref, il ne lui resta rien que la Cilicie dans toute cette vaste contrée. C'en était fait, naturellement, de son droit de patronage sur les royaumes et les principautés de l'Asie occidentale. Même au delà de la frontière romaine, la Cappadoce se déclara indépendante du roi d'Asie, ou mieux du roi de Syrie, comme dorénavant on appellera plus justement le Séleucide. S'aidant de l'influence de Rome, en dehors d'ailleurs des termes mêmes du traité, les satrapes des deux *Arménies*, *Artaxias* [*Arschag*, selon Moyse de Chorène] et *Zariadris*, s'érigent aussi en rois indépendants et fondent des dynasties nouvelles. Le roi de Syrie n'a plus le droit de guerre offensive contre les États de l'ouest; en cas de guerre défensive, il lui est interdit de se faire céder à la paix une portion quelconque de territoire. Ses vaisseaux de guerre n'iront plus à l'ouest au delà des bouches du *Calycadnos* de Cilicie, sauf au cas d'ambassades, d'otages ou de tributs à convoyer. Il n'aura pas plus de dix vaisseaux pontés

Arrangement des affaires de l'Asie-Mineure. 189 av. J.-C.

La Syrie.

Robiou : *Mémoire sur les invasions des Gaulois en Orient et leurs établissements en Asie-Mineure*; et *Revue archéologique*, octobre 1863.]

à la mer, à moins de guerre défensive à soutenir ; il n'aura plus d'éléphants de combat; il ne pourra plus enrôler de soldats chez les nations de l'ouest ; il ne recevra ni transfuges politiques ni déserteurs. — Antiochus en conséquence livra tous les vaisseaux qu'il avait en sus du nombre préfixé, tous les éléphants, tous les réfugiés qui se trouvaient dans ses États. Comme dédommagement, Rome lui octroya le titre d'« ami de la République! » Ainsi la Syrie fut à toujours repoussée dans l'Orient sur terre comme sur mer : chose remarquable, et qui témoigne de la faiblesse et du peu de cohésion de l'empire des Séleucides, parmi les grands États que Rome a dû vaincre et abattre, seule, elle a subi sa première défaite sans jamais tenter une seconde fois le sort des armes! — Le roi de Cappadoce, *Ariarathe*, dont le royaume était au delà de la frontière du protectorat romain, se vit taxé à une amende de 600 talents (1,000,000 *thal.*, ou 3,750,000 fr.), dont il fut rabattu moitié à la prière de son gendre, Eumène. — Prusias, roi de Bithynie, garda son territoire intact : il en fut de même des Galates, ceux-ci s'engageant à ne plus envoyer de bandes armées au dehors. Par là, il fut mis fin aux tributs honteux que leur payaient les villes d'Asie-Mineure. Rome rendait un service considérable aux Grecs asiatiques; ils ne faillirent point à le reconnaître avec force couronnes d'or et force éloges d'apparat.

Les villes libres grecques.

Dans la péninsule asiatique l'arrangement des territoires n'était point sans difficultés. Les intérêts politiques et dynastiques d'Eumène y entraient en conflit avec ceux de la *hanse* grecque. A la fin pourtant on s'entendit. La franchise fut confirmée à toutes les villes encore libres au jour de la bataille de Magnésie et qui avaient tenu pour les Romains. A l'exception de celles payant tribut à Eumène, elles furent déclarées exemptes à toujours de toute taxe envers les autres dynastes. Ainsi furent proclamées libres *Dardanos* et *Ilion*, vieilles cités apparentées à Rome du chef des *Énéades*, puis Cymé, *Smyrne, Clazomène, Erythrée, Chios, Colophon, Milet,* et d'autres encore aux noms pareillement illustres. *Phocée*, en violation de sa capitulation, avait été pillée par les soldats de la flotte. Pour l'indemniser quoiqu'elle ne se trouvât pas comprise dans les catégories énumérées au traité, elle recouvra, à titre exceptionnel, son territoire et sa liberté. La plupart des cités appartenant à la *hanse* grecque asiatique, reçurent de même des augmentations de territoire et d'autres avantages. Rhodes, on le pense bien, fut la mieux pourvue : elle eut la Lycie, moins la ville de *Telmissos*, et la plus grande partie de la Carie au sud du Méandre : de plus, Antiochus garantit aux Rhodiens, dans l'intérieur de ses États, leurs propriétés, leurs créances et les immunités douanières dont ils avaient joui jusque-là.

Quant aux surplus des territoires, ou mieux quant à la plus grande partie du butin, les Romains l'abandonnèrent aux *Attalides*, dont la fidélité constante envers la République méritait récompense, non moins que les souffrances et les services d'Eumène pendant la guerre et à l'heure décisive du combat. Rome le combla comme jamais roi n'a comblé son allié. Il eut, en Europe, la Chersonnèse avec Lysimachie; et en Asie, outre la *Mysie* qui lui appartenait déjà, les provinces de Phrygie sur l'Hellespont, la Lydie avec Éphèse et Sardes, la Carie septentrionale avec *Tralles* et *Magnésie*, la Grande-Phrygie et la *Lycaonie* avec une portion de la Cilicie, le pays de *Mylos* entre la Phrygie et la Lycie, et enfin la place maritime lycienne de Telmissos sur la côte du Sud. La Pamphylie fut, plus tard, l'objet des prétentions rivales d'Eumène et d'Antiochus. Selon qu'elle était tenue pour située en deçà ou au delà de la chaîne

Agrandissement du royaume de Pergame.

frontière du Taurus, elle devait appartenir à l'un ou à l'autre. Eumène eut aussi le protectorat et le droit de tribut sur les villes grecques non dotées de la liberté plénière : il fut seulement entendu qu'elles conservaient d'ailleurs leurs lettres de franchise intérieure, et que les taxes à leur charge ne pourraient être augmentées. Antiochus s'engagea en outre à payer au Pergaménien les 350 talents (600,000 *thal.*, ou 2,259,500 fr.) qu'il devait à Attale, père de ce dernier, et 127 talents (2,800 *thal.*, ou 1,217,500 fr.) encore, à titre d'indemnité, pour arriéré de fournitures de grains. Toutes les forêts royales, tous les éléphants furent de plus remis au roi de Pergame ; mais les Romains brûlèrent les vaisseaux de guerre ; ils ne voulaient plus de puissance maritime à côté d'eux. Le royaume des Attalides, s'étendant désormais dans l'Europe orientale et dans l'Asie, formait, comme l'empire numide en Afrique, une monarchie absolue et puissante, dans la dépendance de Rome ; ayant pour mission, avec la force suffisante pour le faire, de tenir en bride la Macédoine et la Syrie, sans avoir besoin jamais, si ce n'est dans des cas rares, de réclamer l'appui de ses patrons. En même temps qu'elle créait cet édifice de sa politique, Rome avait aussi voulu donner satisfaction aux sympathies républicaines et nationales, et se faire, dans la mesure du possible, la libératrice des Grecs d'Asie. — Quant aux peuples et aux choses d'au delà du Taurus et de l'Halys, elle était décidée à ne pas s'en occuper : nous en avons la preuve dans le traité même conclu avec Antiochus, et plus encore dans le refus opposé par le Sénat aux Rhodiens, qui demandaient la liberté de la ville de *Soloï*, en Cilicie. De même elle resta fidèle à la règle qu'elle s'était faite de ne point avoir de possessions directes au delà des mers d'Orient. — Après une dernière expédition navale en Crète, où l'on alla briser les fers des Romains jadis vendus en esclavage, la flotte et l'armée quittèrent les parages d'Asie (vers la fin de l'été de 566) ; mais cette dernière, en repassant par la Thrace, eut beaucoup à souffrir des attaques des barbares, par la faute et la négligence de son chef. De toute cette mémorable campagne, les Romains ne rapportèrent en Italie que de l'honneur et de l'or. Dans ces temps déjà, en y joignant de riches et précieuses couronnes, les villes donnaient à leurs adresses d'actions de grâce une forme plus pratique et plus solide.

188 av. J.-C.

La Grèce avait ressenti les secousses de la tempête et de la guerre d'Asie : elle avait besoin de quelques remaniements. Les Étoliens, qui ne savaient point se faire à leur nullité politique, avaient, dès le printemps de 564, aussitôt la fin de la trêve conclue avec Scipion, lancé en mer leurs corsaires de Céphallénie, inquiétant et incommodant le commerce entre l'Italie et la Grèce. Pendant la trêve même, trompés par de faux rapports sur l'état des affaires en Asie, ils s'étaient follement ingérés de rétablir Amynandre sur son trône en Athamanie ; et se jetant sur les cantons étoliens et thessaliens occupés par Philippe, ils avaient livré une foule de combats, et infligé de sérieux dommages au roi de Macédoine. Aussi, lorsqu'ils demandèrent définitivement la paix, Rome leur répondit-elle par l'envoi d'une armée et du consul *Marcus Fulvius Nobilior*. Au printemps de 565, ce dernier rejoignit ses légions, et investit *Ambracie* dont la garnison obtint une capitulation honorable au bout de cinquante jours de siège. A la même heure, Macédoniens, Illyriens, Épirotes, Acarnaniens et Achéens, tous tombaient sur l'Étolie. Résister n'était point possible : l'Étolie supplie de nouveau pour avoir la paix, et les Romains consentent à déposer les armes. Les conditions faites à ces ennemis misérables autant qu'incorrigibles furent, ce semble, équitables et mo-

Arrangements en Grèce.

190.

Combats et paix avec les Étoliens.

189.

dérées. Les Étoliens perdirent toutes les villes, tous les pays déjà tombés dans les mains de leurs adversaires; Ambracie, qui, grâce à une cabale ourdie dans Rome contre Marcus Fulvius, se vit plus tard déclarée libre et indépendante; *OEnia*, qui fut donnée aux Acarnaniens. Céphallénie dut aussi être évacuée. Les Étoliens perdirent encore le droit de faire la guerre et la paix, dépendants à l'avenir et noyés dans le courant des affaires extérieures de la République; enfin ils payèrent une forte rançon. Céphallénie s'insurgea contre le traité, et ne se soumit que devant les armes de Marcus Fulvius, descendu dans l'île. Aux habitants de *Samé*, les avantages topographiques de leur position donnaient lieu de craindre que Rome ne voulût faire de leur ville une colonie : ils se révoltèrent de nouveau, et il fallut un siège de quatre mois pour les réduire. Maîtres enfin de la place, les Romains vendirent toute la population comme esclave.

Ici encore Rome voulut suivre la loi qu'elle s'imposait de ne point s'établir en dehors de l'Italie et des îles italiennes. De tout le pays conquis elle ne garda que Céphallénie et Zacynthe, qui complétèrent à souhait la possession de Corcyre et des autres stations maritimes de la mer Adriatique. Elle abandonna le reste à ses alliés : toutefois les deux puissances les plus considérables, Philippe et les Achéens, ne se montrèrent en aucune façon satisfaites du lot qui leur échut. Pour

La Macédoine.

Philippe, il avait grande raison de se plaindre. Il pouvait dire que dans la dernière grande guerre, son loyal appui avait principalement contribué à lever tous les obstacles, alors que les Romains luttaient bien moins contre l'ennemi que contre l'éloignement et les difficultés des communications. Le Sénat, reconnaissant la justesse de ses réclamations, lui donna quittance du tribut qu'il restait devoir, et lui renvoya ses otages :

mais il espérait de grands accroissements de territoire, et son attente fut de ce côté trompée. Il eut pourtant le pays des Magnètes et Démétriade, enlevés par lui aux Étoliens, et il garda la possession de la Dolopie, de l'Athamanie, et d'une partie de la Thessalie, d'où il les avait aussi chassés. En Thrace, le pays du centre demeura assujetti à sa clientèle. Mais on ne décida rien à l'égard des villes des côtes et des îles de Thasos et de Lemnos, qui, de fait, étaient dans ses mains : la Chersonnèse fut expressément donnée à Eumène; et il n'était que trop manifeste qu'en établissant ce dernier en Europe, les Romains avaient voulu qu'au besoin, il contînt non-seulement l'Asie, mais aussi la Macédoine. De là, chez Philippe, roi d'humeur fière, et sous certains côtés, chevaleresque, une irritation toute naturelle. Les Romains pourtant n'agissaient point ainsi par esprit de chicane : ils obéissaient aux nécessités fatales de la politique. La Macédoine expiait le tort d'avoir été un État de premier ordre, d'avoir lutté avec Rome à égalité de forces : aujourd'hui, bien plus que contre Carthage elle-même, il fallait prendre des gages contre Philippe, et l'empêcher de reconquérir son ancienne puissance.

Avec les Achéens, les conditions étaient autres. Pendant la guerre contre Antiochus ils avaient vu se réaliser le plus ardent de leurs vœux : le Péloponnèse tout entier appartenait désormais à leur ligue : Sparte d'abord, puis, après l'expulsion des Asiatiques de la Grèce, Élis et Messène y étant bon gré mal gré entrées. Les Romains avaient laissé faire, bien qu'en tout cela on agît sans compter avec eux. Messène avait déclaré d'abord qu'elle se donnait aux Romains, et se refusait à entrer dans la confédération ; et Flamininus, la confédération usant de violence, avait fait remarquer aux Achéens, combien se tailler ainsi sa part était en soi chose inique, ajoutant qu'au regard de Rome et dans l'état des relations exis-

Les Achéens.

tantes, les Achéens commettaient un acte coupable : mais dans son impolitique faiblesse de Philhellène, il s'en était tenu au blâme, et avait laissé les faits s'accomplir. Ce n'était point assez pour arrêter les fédérés. Poursuivis par leur folle ambition de nains qui veulent se grandir, les Achéens gardèrent la ville de *Pleuron* en Étolie, où ils étaient entrés pendant la guerre, l'annexèrent en dépit d'elle à la ligue : ils achetèrent Zacynthe à l'agent d'Amynandre, son dernier possesseur, et essayèrent de s'établir aussi à Égine. Mais il fallut, si mécontents qu'ils fussent, rendre les îles à Rome et subir le conseil de Flamininus, leur faisant entendre qu'ils eussent à se contenter du Péloponnèse. Moins ils étaient leurs maîtres, et plus ils affectaient les grands airs de l'indépendance politique; ils se réclamèrent du droit de la guerre, de la fidèle assistance donnée aux Romains dans tous les combats. « Pourquoi vous occupez-vous de Messène? Est-ce que l'Achaïe s'occupe de Capoue? » L'impertinente question est adressée aux envoyés de Rome en pleine diète! Le courageux patriote qui la faisait se voit applaudi à outrance, et pourra compter sur l'unanimité des voix à l'élection prochaine! Rien de plus beau et de plus noble que le courage, quand l'homme et la cause ne sont pas ridicules! Mais quelques sincères efforts que fît Rome pour restaurer la liberté chez les Grecs et mériter leur reconnaissance, elle n'arriva jamais qu'à leur laisser l'anarchie, et qu'à recueillir leur ingratitude. C'était justice autant que male chance. Certes, dans la haine des Grecs contre tout protectorat, il y avait bien au fond quelques nobles sentiments; et la bravoure personnelle ne faisait point défaut à certains hommes donnant le ton à l'opinion. Il n'importe! Tous ces grands airs patriotiques des Achéens ne sont que sottise ou grimace devant l'histoire. Au milieu des élans de leur ambition et de leur susceptibilité nationale,

partout, chez le premier comme chez le dernier d'entre
eux, se fait jour le sentiment complet de leur impuissance politique. Voyez-les, libéraux ou serviles,
l'oreille tendue du côté de Rome ! Ils rendent grâces au
ciel quand le décret qu'ils redoutent n'arrive pas : ils
boudent quand le Sénat leur fait savoir qu'il vaut mieux
céder à l'amiable, pour n'avoir point à céder à la
force ; ils obéissent, mais de la façon qui blessera le
plus les Romains et « *en sauvant les apparences* : » ils
accumulent les rapports, les explications, les délais et
les ruses ; et quand ils n'en peuvent mais, ils se rési-
gnent avec force soupirs patriotiques. Une telle attitude
peut mériter quelque indulgence, sinon gagner complète
satisfaction ; encore faudrait-il que les meneurs fussent
résolus à se battre, et que la nation aimât mieux la
mort que l'esclavage ! Mais ni *Philopœmen* ni *Lycortas*
ne songeaient à ce qui eût été un véritable suicide. On
eût voulut être libres si la chose avait pu être ; mais
avant tout on voulait vivre. Je répéterai ici encore que
jamais à cette époque les Romains ne sont intervenus de
mouvement spontané dans les affaires intérieures de la
Grèce ; les Grecs, les Grecs seuls, appelèrent sur eux cette
intervention tant redoutée, comme les écoliers qui pro-
voquent, tour à tour, la férule qu'ils craignent. Quant
au reproche répété jusqu'à satiété par la cohue érudite
de l'ère contemporaine et des temps postérieurs à la
Grèce ; quant à soutenir que Rome a perfidement attisé
les dissensions intestines de la Grèce, c'est bien là l'une
des plus absurdes inventions des philologues, s'érigeant
en politiques. Non, les Romains n'apportèrent point la
discorde chez les Grecs ; autant eût valu « envoyer des
hiboux à Athènes ! » Ce sont les Grecs, au contraire,
qui ont apporté leurs querelles à Rome. Ici, encore,
citons les Achéens comme exemple. Dans leur ardeur
d'agrandissement, ils ne virent pas quel signalé service

Lutte
entre les Achéens
et les Spartiates.

leur rendait Flamininus en leur refusant l'incorporation des villes du parti étolien ; Lacédémone et Messène n'ont été pour la Ligue qu'une hydre de séditions et de guerres intestines. Jusqu'à la fin les habitants de ces deux villes sollicitèrent et supplièrent pour que Rome les dégageât des liens d'une communauté odieuse : et, témoignage frappant dans la cause, les plus zélés solliciteurs étaient ceux-là même qui devaient aux Achéens leur rentrée dans leur patrie. Tous les jours, sans fin ni trêve, la Ligue fait œuvre de restauration et de régénération dans les deux villes récalcitrantes ; et les plus furieux parmi leurs anciens émigrés dirigent toutes les décisions de la diète centrale. Quoi d'étonnant, qu'après quatre années d'incorporation, la guerre ouverte ait éclaté dans Sparte : une restauration nouvelle et plus radicale encore s'y accomplit : tous les esclaves admis par Nabis au droit de cité sont de nouveau vendus ; et le produit de la vente sert à bâtir un portique à *Mégalopolis*, principale ville des Achéens. Enfin la propriété est rétablie sur l'ancien pied dans la cité lacédémonienne, les lois achéennes d'ailleurs y remplaçant le code de *Lycurgue*; et les murailles qui entouraient la ville sont rasées (566). Mais au lendemain de ces excès administratifs, le Sénat de Rome est par tous invoqué comme arbitre ; difficile et maussade mission : juste peine aussi de la politique de sentiment suivie.

Ne voulant plus à aucun titre se mêler du règlement de toutes ces affaires, le Sénat supporte avec une indifférence exemplaire les coups d'épingle que lui inflige la malice ingénieuse des Achéens : quelques scandales qui se commettent, il ferme obstinément les yeux. Pour l'Achaïe, elle entre en joie, quand, après que tout est consommé, la nouvelle arrive que la République a blâmé, mais qu'elle n'a point cassé les actes de la diète. On ne fit rien pour les Lacédémoniens, si ce n'est qu'un jour, soixante ou quatre-vingts d'entre eux ayant été victimes d'un meurtre judiciaire, Rome irritée enleva à la diète le droit de haute justice sur Sparte : entreprise blessante au premier chef dans les affaires intérieures d'un État soi-disant indépendant! Les hommes d'État de l'Italie se souciaient fort peu, à vrai dire, de ces tempêtes dans une coquille de noix ; on en a tous les jours la preuve dans les plaintes soulevées incessamment par les décisions superficielles, contradictoires ou obscures du Sénat. Mais comment trancher net de tels litiges? Nous voyons un jour quatre partis se combattant les uns les autres dans Sparte, et tous les quatre apportant leurs doléances à Rome. Ajoutez à cela l'opinion que donnaient d'eux les hommes politiques du Péloponnèse! Flamininus lui-même secouait de dégoût la tête, quand il voyait l'un de ces hommes danser devant lui, puis le lendemain lui venir parler d'affaires! Les choses en arrivèrent au point que le Sénat perdit tout à fait patience, et renvoya les parties dos à dos, les prévenant qu'il ne les jugerait pas, et qu'elles eussent à s'arranger comme elles le voudraient (572). On comprend sa conduite : pourtant elle n'eut rien de juste. La République, bon gré mal gré, moralement et politiquement, avait assumé le devoir d'agir avec fermeté et suite, et de rétablir en Grèce les choses sur un pied tolérable. L'Achéen *Callicrate*, qui vint à Rome en 575, pour faire connaître au Sénat les misères de la situation, et lui demander son intervention active et suivie, ce Callicrate ne valait point assurément l'autre Achéen Philopœmen, le grand et principal champion de la politique des patriotes : mais il avait raison, après tout.

Quoi qu'il en soit, la clientèle de Rome embrassait désormais tous les États allant de l'extrémité orientale à l'extrémité occidentale de la mer Méditerranée. Nulle

182 av. J.-C.

179.

Mort d'Hannibal.

part ne se rencontrait plus de puissance qui méritât d'être crainte. Mais un homme vivait encore, à qui Rome faisait l'honneur de l'estimer redoutable; je veux parler du Carthaginois sans patrie, qui après avoir armé l'Occident contre Rome, avait ensuite soulevé tout l'Orient, n'échouant peut-être dans l'une et dans l'autre entreprise, que par la faute d'une aristocratie déloyale, à Carthage, et en Asie, que par la sottise de la politique des cours. Antiochus, faisant la paix, avait dû promettre de livrer le grand homme; et celui-ci s'était réfugié en Crète d'abord, puis en Bithynie [1]. Il vivait actuellement à la cour de Prusias, lui prêtant son concours dans ses démêlés avec Eumène, et, comme d'ordinaire, victorieux sur terre et sur mer. On a soutenu qu'il voulait lancer le roi bithynien dans une guerre contre Rome : absurdité dont l'invraisemblance saute aux yeux de qui la lit reproduite dans les livres. Pour sûr, le Sénat aurait cru au-dessous de sa dignité d'aller jusque dans son dernier asile pourchasser l'illustre vieillard; et je n'ajoute pas foi davantage à la tradition qui l'accuse : ce qui semble vrai, c'est que toujours en quête, dans son infatigable vanité, de projets et d'exploits nouveaux, Flamininus, après s'être fait le libérateur de la Grèce, aurait aussi voulu débarrasser Rome de ses terreurs. Si le droit des gens d'alors défendait de pousser le poignard contre la poitrine d'Hannibal, il n'empêchait ni d'aiguiser l'arme ni de montrer la victime. Prusias, le plus misérable des misérables princes de l'Asie, se fit un plaisir d'accorder à l'envoyé romain la satisfaction que celui-ci n'avait demandée qu'à mots couverts. Hannibal un jour vit sa maison tout

---

[1] On veut qu'il ait été aussi en Arménie, où il aurait bâti sur l'Araxe la ville d'*Artaxata* à la demande du roi Artaxias (Strabon, II, p. 528; Plutarch. *Lucull.*, 31). Mais c'est là un conte pur, et qui, seulement, atteste qu'Hannibal, comme Alexandre, a pris aussi sa grande place dans les légendes de l'Orient.

à coup investie par les assassins. Il prit du poison. Depuis longtemps « *il se tenait prêt,* » ajoute un Romain, « *connaissant Rome, et la parole des rois !* » L'année de sa mort est incertaine ; ce fut sans doute dans la seconde moitié de l'an 571, qu'il se suicida, à l'âge de soixante-dix ans. A l'époque de sa naissance Rome luttait, à chances douteuses, pour la conquête de la Sicile : il vécut assez pour voir l'Occident tout entier sous le joug ; pour rencontrer devant lui, dans son dernier combat contre Rome, les vaisseaux de sa ville natale devenue la vassale des Romains ; pour voir Rome encore enlever l'Orient, comme l'ouragan emporte le vaisseau sans pilote, et pour constater que lui seul, il eût été de force à le conduire ! Au jour de sa mort, il avait épuisé toutes ses espérances : du moins, dans sa lutte de cinquante années, il avait accompli à la lettre le serment d'Hannibal enfant.

183 av. J.-C.

Vers le même temps, dans la même année, à ce qu'il semble, mourait aussi *Publius Scipion*, celui que les Romains avaient coutume d'appeler « le vainqueur d'Hannibal ! » Qu'ils fussent ou ne fussent pas siens, la fortune l'accabla de tous les succès qu'elle refusait à son adversaire ; il donna à la République l'empire sur l'Espagne, l'Afrique et l'Asie. Il trouva Rome la première cité de l'Italie : il la laissa, en mourant, la souveraine du monde civilisé. Il eut des surnoms de victoire à n'en savoir que faire : il en donna à son frère, à son cousin [1]. Et pourtant, lui aussi, il consuma ses dernières années dans l'amertume et la tristesse : et il finit ses jours dans l'exil volontaire. Il avait passé la cinquantaine. Il défendit à ses proches de ramener son corps dans cette patrie pour laquelle il avait vécu et où reposaient ses aïeux. On ne sait pas bien pourquoi il avait

Mort de Scipion

---

[1] *Africanus, Asiagenus, Hispallus.*

dû quitter Rome ; ce n'était que calomnie pure, sans nul doute, que ces accusations de corruption, de détournement de deniers, bien moins dirigées contre lui que contre son frère; elles ne suffisent point à expliquer sa rancune. Il se montra vraiment le Scipion que nous connaissons, quand au lieu de se justifier par l'apport de ses livres de comptes, il les lacéra devant le peuple et devant son accusateur, et invita les Romains à monter avec lui au temple de Jupiter pour y célébrer le jour anniversaire de la victoire de Zama ! Le peuple laissa là le dénonciateur, et suivit l'Africain au Capitole : ce fut son dernier beau jour ! D'humeur altière, se croyant pétri d'un autre et meilleur limon que le commun des hommes, tout adonné au système des influences de famille, traînant derrière lui dans la voie de ses grandeurs son frère Lucius, triste homme de paille d'un héros, il s'était fait beaucoup d'ennemis, et non sans motifs. Une noble hauteur est le bouclier du cœur : l'excès de l'orgueil le découvre, et le met en butte à toutes les blessures, grandes et petites : un jour même cette passion étouffe le sentiment natif de la vraie fierté. Et puis, n'est-ce pas toujours le propre de ces natures étrangement mêlées d'or pur et de poussière brillante, comme était Scipion, d'avoir besoin, pour charmer les hommes, de l'éclat du bonheur et de la jeunesse ? Quand l'un et l'autre s'en vont, l'heure du réveil arrive, heure triste et douloureuse par-dessus tout pour l'enchanteur dédaigné !

APPENDICE

A

DU POINT DE LA CHAÎNE DES ALPES OÙ S'EST EFFECTUÉ LE PASSAGE D'HANNIBAL.

Le passage des Alpes par Hannibal, comme fait militaire, a appelé de tout temps et appellera longtemps encore l'attention des historiens et des stratégistes. Nous avons dit ailleurs (p. 144, en sous-note) pourquoi nous nous rangeons à l'opinion commune, à celle que toutes les traditions locales indiquent, à celle aussi qui concorde le mieux avec les vagues documents fournis par les auteurs latins ou grecs, peu soucieux, il faut l'avouer, de l'exactitude topographique; et enfin avec les souvenirs attestés peut-être par les dénominations même des localités. — La détermination du point précis où s'est effectué ce passage (*diu vexata quæstio*, s'il en fut jamais!) n'a plus peut-être d'intérêt que pour les érudits et les antiquaires. Quel que soit le col par où le grand capitaine a franchi la chaîne, l'audace, les difficultés et la gloire du haut fait demeurent les mêmes. — Nous ne reviendrions pas sur ce sujet, épuisé par tant d'écrivains (voy. encore Uckert, *Geographie der Griechen und der Rœmer* (Géographie des Grecs et des Romains); — Walckenaer, *Géographie des Gaules* (t. I, p. 221 et s.); — Dr Arnold, *Hist. of Rome*, t. III. — King, *Italian valleys of the Alps*, 1858, ch. III; — etc., etc.), si tout récemment encore les antiquaires anglais, qui exploitent et connaissent mieux que nous mêmes les passes et les montagnes du Dauphiné, n'avaient soutenu qu'Hannibal a franchi les Alpes, non par le petit Saint-Bernard, mais bien par le *petit mont Cenis*, laissant par conséquent sur sa gauche le point où la grande route construite par Napoléon se porte aujourd'hui au delà de la chaîne, et laissant également sur sa droite le sentier plus court qui va directement de *Lans-le-Bourg* et *Bramans* à *Suze* par *le col de Clapier*. Cette opinion, qui n'est d'ailleurs point nouvelle, a trouvé un avocat remarquable dans *Robert Ellis*, de l'Université de *Cambridge* (*Treatise on Hannibal's passage of the Alpes, in which his route is traced over the little mount Cenis*, 1853, et *Observations in reply on M. Law's criticisms* (*Journal of classical and sacred philology*, n⁰ˢ VI et VII). — Selon Ellis, Hannibal venant directement de Valence, par le Grésivaudan, aurait pris par la vallée de l'*Arc* et par la route de la *Maurienne*, au lieu de remonter par la haute *Isère* et la *Tarentaise*. Les arguments principaux du Dʳ Ellis portent : 1° sur les distances à franchir, moins considérables par le petit mont Cenis que par l'autre route ; 2° sur l'existence de la *grande roche blanche* de Polybe (λευκόπετρον ὀχυρόν), « à moitié chemin entre la ville des Allobroges et le sommet, » que l'auteur croit retrouver dans le *rocher de Baune*, à deux lieues au-dessus de *Saint-Jean de Maurienne* ; 3° sur la conformation du plateau du petit mont Cenis, permettant un campement pour les troupes ; 4° sur la vue qu'on a des plaines du Pô, entre le *Plateau* et la *Grande-Croix* (*progressus signa Hannibal in promontorio quodam unde longe ac late prospectus erat... Italiam ostentat, subjectosque Alpinis montibus circumpadanos campos...* Tit. Liv., 53, 21) ; — tandis qu'au haut du petit Saint-Bernard on n'a devant soi que les immenses glaciers du mont-Blanc ; 5° sur l'analogie de nom existant entre la localité d'*Avigliana*, entre *Suze* et *Turin*, et celle appelée *Ad fines* par les anciens auteurs ; 6° et enfin sur ce que, par cette voie, Hannibal serait directement descendu chez les *Taurini* et les *Segusiani*, alors que le chemin du petit Saint-Bernard le menait seulement chez les *Libui*, dans le val d'*Aoste*. — Tous ces raisonnements ne nous touchent pas suffisamment. Le val d'Aoste conduit aussi dans les plaines des Taurins et du Pô, en suivant le cours de la *Doire Baltée* et passant par le pays des *Salasses*. Hannibal et ses soldats n'ont pas vu l'Italie du *point culminant*, mais alors seulement qu'ils *avaient franchi le faîte* et descendaient vers les plaines ! Et puis, est-on bien sûr qu'il n'y a pas là chez les historiens un simple détail de pur ornement, et sentant son rhéteur?—Ce qu'il y a de vrai, c'est que l'incertitude était grande chez les anciens déjà; et Tite Live, qui s'en étonne (*eo mugis miror ambigi, quanam Alpes transierit*), se contente d'écarter l'hypothèse du passage par les *Alpes Pennines* (21, 38). — Encore une fois, le plus prudent nous paraît être de nous en tenir, avec M. Mommsen, à l'opinion la plus commune et aux traditions locales.

(*Note du Traducteur.*)

FIN DU TOME TROISIÈME

TABLE DU TOME III

TROISIÈME LIVRE

DEPUIS LA RÉUNION DE L'ITALIE JUSQU'A LA SOUMISSION DE CARTHAGE ET DE LA GRÈCE.

Chapitre	I. — Carthage.	3
Chapitre	II. — Guerre de Sicile entre Rome et Carthage.	37
Chapitre	III. — L'Italie portée jusqu'à ses frontières naturelles.	80
Chapitre	IV. — Hamilcar et Hannibal.	110
Chapitre	V. — Les guerres d'Hannibal jusqu'à la bataille de Cannes.	148
Chapitre	VI. — Les guerres d'Hannibal, depuis Cannes jusqu'à Zama.	183
Chapitre	VII. — L'Occident depuis la paix avec Hannibal, jusqu'à la fin de la troisième période.	257
Chapitre	VIII. — Les États de l'Orient, et la seconde guerre de Macédoine.	284
Chapitre	IX. — La guerre contre Antiochus, en Asie.	336
Appendice.	— Note sur le passage des Alpes par Hannibal	377

FIN DE LA TABLE.

Saint-Germain. — Imprimerie L. TOINON et Cie.

ERRATA DU DEUXIÈME VOLUME

P. 2, à l'épigraphe, *rétablir ainsi le texte cité* : Δεῖ οὖν ἐκπλήττειν τὸν συγγραφέα διὰ τῆς ἱστορίας τοὺς ἐντυγχάνοντας.

P. 6, note 2, l. 1 : *lisez* : fait justice d'elle-même.

P. 10, l. 27, *lisez* : leur valeur n'est presque que morale.

P. 17, l. 15 ; *au lieu de* : on avait donné à l'armée, *lisez* : on avait retiré à l'armée pour le donner aux centuries.

P. 48, *en marge, au lieu de* : 400 ans av. J.-C., *lisez* : 460.

P. 50, l. 23 : au retour des ambassadeurs (303), *lisez* : au retour des ambassadeurs, dix nobles furent nommés décemvirs, pour l'an 303, avec mission...

P. 51, l. 19 : les décemvirs devaient à leur retour, *lisez* : devaient, en se retirant....

P. 72, l. 6 : et de sauver par là, *lisez* : et de sauver du naufrage, par une sorte de jeu de bascule politique, quelques débris ..

P. 109, l. 3 : et qui ne durera pas moins de quatre années, *lisez* : et qui dura bon nombre d'années.

P. 132, *en note*, l. 1, *lisez* : Il s'agit ici des *décurions des Turmes*, et des *préfets des cohortes* (decuriones turmarum... præfecti cohortium)...

P. 147, l. 25 : *lisez* : appuyé sur un centre...

P. 191, l. 8 : mutellement, *lisez* : mutuellement.

P. 232, *en note, lisez* : au sud de *Cotrone*.]

P. 252, *en note*, l. 24, deinde vicit : *lisez* : deinde victi...

P. 283, l. 31 : *lisez* : Rome apparaît dorénavant au premier rang, non pas seulement par un effet des lacunes et du silence des documents que le hasard a laissés subsister sur les anciens temps ; mais sa position....

P. 286, l. 14 : sans avis du Sénat, *lisez* : sans décision préalable du peuple...

P. 289, l. 3 : Latium, *lisez* : Samnium.

P. 298, l. 6 : Tables *Varoniennes*, *lisez* : *Varroniennes*.

P. 300, *note* 1 : p. 88, *lisez* : p. 288.

P. 308, l. 31 : dans l'art historique, *lisez* : de l'art historique...

P. 311, l. 3, *après ces mots* : pour le commun public, *ajoutez* : qui écouté sans comprendre...

www.ingramcontent.com/pod-product-compliance
Lightning Source LLC
Chambersburg PA
CBHW060615170426
43201CB00009B/1025